Hoffmann

12/84

Die Familie

Geschichte
Geschichten und Bilder
Ingeborg Weber-Kellermann
Insel Verlag

Umschlagbilder:
Links: Meister Simon, Die Familie Werbrun.
Wallraf-Richartz-Museum und Museum Ludwig, Köln.
Rechts: Johann Andreas Herrlein, Vesperstunde im Bauernhaus.
Städel Frankfurt/M.

Erste Auflage
dieser Ausgabe 1989
© Insel Verlag Frankfurt am Main 1976
Alle Rechte vorbehalten
Einleitende Texte aus: Die deutsche Familie
© Suhrkamp Verlag Frankfurt am Main 1974
Quellenhinweise am Schluß des Bandes
Gestaltet von Rolf Staudt und Gerhard Voltz
Druck: Kösel, Kempten
Printed in Germany

Die Familie

Inhalt

Vorbemerkung

Eine umfassende Sozialgeschichte der Familie zu schreiben, kann sich eigentlich ein Einzelner nicht vornehmen. Als vor zwei Jahren »Die deutsche Familie« in Taschenbuchform erschien, war das von mir mehr oder weniger nur als Grundlage für Seminare und zur Unterstützung eigener Weiterarbeit gedacht: also als Denk- und Arbeitsgerüst. Die Weiterarbeit hat inzwischen stattgefunden; eine große historische Bildsammlung ist in Marburg entstanden und aufgrund ausgedehnter Lektüre vor allem von Memoiren und Selbstbiographien eine Fülle von Exzerpten zusammengekommen, die das Bild der Familie von vergangenen Jahrhunderten bis zur Gegenwart auch literarisch beleben.

Aus diesen historischen Belegen formte sich die Auswahl, die hier vorliegt. Der sozialgeschichtlichen Darstellung in ihren einzelnen Kapiteln und Abschnitten und den volkskundlichen Exkursen folgen jeweils die Bildseiten mit entsprechenden zeitgenössischen Textquellen. Doch sollen weder historische Bilder die Texte illustrieren, noch historische Texte die Bilder interpretieren. Vielmehr erbrachte die ausgedehnte Suche nach stimmigen Quellen das Phänomen kultur- und sozialgeschichtlicher Gleichzeitigkeit für bildende Kunst und Literatur. Denn die Art und Weise, in der die Künstler der verschiedenen Epochen »Familie« dargestellt haben, ist nicht austauschbar; mehr als Haartracht und Kostüm unterscheidet die gemalten Familien. Was den heutigen Betrachter schön, erhebend, rührend, ergreifend oder auch komisch anmutet, überzeugte zu seiner Zeit als »richtig« und »wahr« und entsprach dem inneren Verständnis derjenigen, die sich so darstellen ließen, so dargestellt wurden und so darstellten. Das ist zumindest eine mögliche Betrachtungsweise, die zu sozialhistorischer Einordnung führt, und darum geht es in diesem Buch. Durch Anschauung möchte es Eindrücke über die geschichtliche Wirklichkeit der Familie vermitteln in ihren vielfältigen gesellschaftlichen Wandlungsprozessen.

Jeder Bilddoppelseite ist ein kurzer Text zum besseren Verständnis für den kulturgeschichtlichen Zusammenhang vorangestellt, aber nicht alles Denkbare wird erläutert und angesprochen. Es bleibt dem Leser überlassen, weiter zu reflektieren und nach weiteren Zeugnissen zu suchen oder auch das vorgelegte Angebot kritisch zu prüfen.

Es ist also kein lexikografisches Nachschlagewerk beabsichtigt, sondern ein höchst subjektives »Hausbuch« – in dem Sinne, daß es den verschiedensten Lesern Denkanregungen für das reizvolle und anreizende Thema Familie bieten möchte.

Zu danken ist all jenen, die mich direkt durch Bilder und Texte, aber auch mit Gesprächen und Anregungen unterstützt haben – Hilfestellungen, die in den Quellenhinweisen nicht ausreichend dokumentiert werden konnten. Zu danken ist Lektorat und Herstellung des Insel Verlages, ohne deren einfühlsame Mitarbeit dieser komplizierte Band nie hätte gestaltet werden können, und nicht zuletzt meiner unermüdlichen Mitarbeiterin Frau Dorothea Zeh.

Einleitung

Das Thema Familie wird stets auf ein breites populäres und wissenschaftliches Interesse stoßen, denn fast jeder Mensch hat Familie erlebt und ihre Erlebnisinhalte selbst aktiv mitgestaltet. Fühlt man sich schon von solcher Erfahrungsebene her angesprochen und für alle die Familie betreffenden Probleme kompetent, so befördert ein derartiges Bewußtsein auch zugleich die Reflexion über diese soziale Primärform. Die Erinnerung an ihre stützende und verläßliche Funktion in Notzeiten, an die familiale Geborgenheit der Kinderzeit begleitet den Menschen durch sein Leben. Und mit solchen emotional durchwärmten Überlegungen scheint sich die Überzeugung zu verbinden, daß sich hier in der Eltern-Kind-Beziehung eine Stätte der Stabilität, ein Hort des Friedens zu erkennen gäbe, der unangetastet von allen übrigen sozialen Bewegungen als fester Kern der Gesellschaft beharre. Ein so gefärbtes Wunschdenken, bei dem einem unwillkürlich die Genrebilder Ludwig Richters in den Sinn kommen, abgestimmt auf Harmonie in Zeit und Ewigkeit, ist bei näherem Zusehen nicht unbedingt aufrechtzuerhalten. Denn die Systeme, in denen die Familie im Verlauf der Geschichte als Lebensform erscheint, sind weder im diachronen noch im synchronen Sinne identisch. Sie hängen vielmehr zusammen mit ihrem geschichtlichen Kontext in Raum und Zeit und sind Teile der jeweiligen Gesamtgesellschaft. Regeln bestimmen ihre sozialen Interaktionen, organisieren die Form der mehrgeschlechtlichen Gesellung, die Produktion und Sozialisation von Nachkommen, die Verwaltung, Bewirtschaftung, Erbschaft, Erweiterung und Verteidigung des Besitzes, die Erfahrungsvermittlung und die Umsetzung der Normen in kulturelle Zeichen. So vollzieht sich die Sozialgeschichte der Familie in der Form von Anpassung an gesellschaftliche Regeln, die in den verschiedenen geschichtlichen Epochen herrschend waren und sich durch unterschiedliche kulturelle Norm- und Brauchsysteme verwirklichten. Dazu bewirkt die Familie als dynamische Primärform aber auch selbst derartige Regeln und die sie darstellenden kulturellen Objektivationen.

Die Art und Weise, in der sich die Familie als soziales Gebilde im Laufe der Geschichte in Deutschland mit diesen Aufgaben und Gegebenheiten auseinandergesetzt hat, ist der Gegenstand des folgenden sozialhistorischen Überblicks. Wir verfügen auch heute noch über keine umfassende und zuverlässige Darstellung der Entwicklung der Familie von den archaischen (jüdisch-griechisch-römischen) Hochkulturen bis heute, schreibt René König 1969[1]. Die Situation hat sich in den vergangenen Jahren nicht wesentlich geändert. Eine umfassende Entwicklungsgeschichte der Familie steht nach wie vor noch aus. Auch die vorliegende Darstellung erhebt nicht den Anspruch auf historische Vollständigkeit, was weiterhin in den Aufgabenbereich der Sozial- und Wirtschaftsgeschichte gehört. Sie bietet neben Informationsmaterialien Gesichtspunkte und Ansätze, die mit Hilfe der angeführten Literatur (S. 327) vertieft werden können. Es wird allerdings nicht etwa eine theoretische Darstellung der Gesellschaftsstrukturen vermittelt, sondern ganz konkret eine kurzgefaßte Geschichte der Familie in ihren verschiedenen historischen Phasen. Mühsam zusammengeholte Steinchen aus verstreuten primären und sekundären Quellen fügen sich zu historischen Bildern der Familie in ihren jeweils vorherrschenden epochalen Grundformen. Dabei mag manche Einseitigkeit unterlaufen, manche Lücke ungeschlossen bleiben.

Viele kulturelle Güter stehen in bestimmten funktionellen Zusammenhängen mit Familienstrukturen. Das gilt auch für andere Phänomene der traditionellen Welt: Bräuche, überlieferte Verhaltensweisen, Erzählformen, Güter der kollektiven gegenständlichen Kultur, Bauen und Wohnen. Kultur wird also im ethnologischen Sinne stets zu einem dynamischen Prozeß, zu sozialem Handeln. Doch ist es nicht etwa die Familie an sich als eine statische Sozialform, die hier determinierend wirkt, sondern vielmehr ihr jeweiliger historischer und sozialer Typus. Die Hypothese der folgenden Darstellung ist also die Annahme einer geschichtlich bedingten Folge verschiedener Familientypen und innerhalb dieser eine soziale Schichtung: z. B. innerhalb der Kleinfamilie des 19. Jahrhunderts die Bürger-, Arbeiter- und Landfamilie. Dynamisch bilden sich diese Familientypen innerhalb der Gesamtgesellschaft heraus, und ihre kulturellen Produkte sind soziale Tatsachen. In der folgenden Übersicht wird jeder historischen Epoche ein Exkurs angehängt, der solchen kulturellen Ausformungen gewidmet ist, wobei sich statt der gewählten Themen durchaus auch andere finden ließen. Es handelt sich lediglich um Muster aus dem Gebiet der Europäischen Ethnologie, um exemplarische Belege für den Nachweis, daß Kultur die Funktion einer Sprache hat, die nur in dem ihr zugehörigen Kommunikationssystem beherrscht, d. h. gesprochen und verstanden wird. Die Gestalten im Märchen, der dramatische Ablauf einer Volksballade, die (museal dokumentierte) bäuerliche Wohnweise der Vergangenheit, die bürgerlichen Hochzeitsriten, die Interaktionen in der ländlichen Arbeitswelt, das Weihnachtsfest: all das wird nur interpretierbar als Funktion sozialer Systeme, in denen jeweils ein ganz bestimmtes Handlungsmuster zulässig und logisch und als Möglichkeit einer Konfliktbewältigung annehmbar ist. Den Kommunikationskode solcher Struktursysteme zu entschlüsseln, ist kompliziert und erfordert ein präzises Eindringen in den gesamten, sie umgebenden sozio-ökonomischen Kontext. Diese Arbeit kann in einem historischen Abriß, der mehr auf die Darstellung größerer Entwicklungszüge abzielt, nur andeutungsweise geleistet werden.

Der Rückblick auf die Geschichte der Familie macht deutlich, daß sich als großes Leitmotiv das Prinzip des Patriarchalismus in immer neuen Kombinationsmustern wiederholt. Im Mittelalter stand der Hausvater dem »ganzen Haus« vor als Planer und Verwalter der Ökonomie, als Vertreter seines Hausrechtes in der Gemeinde, als Gatte und Vater und Gestalter der häuslichen Kultur wie auch als Meister und Wirt, jeweils uneinge-

schränkt ausgestattet mit allen erzieherischen Funktionen. Mit der Trennung von Arbeitsplatz und Wohnstätte im Verlaufe der Industrialisierung wandelte sich wohl der Typus der Familie in ökonomischer und sozialer Hinsicht von demjenigen der gemeinsam wirtschaftenden und hausenden großen Haushaltsfamilie zur Kleinfamilie; das Bürgertum entwickelte nun einen neuen Familientyp mit eigener Familienkultur. Aber das Prinzip des Patriarchalismus blieb bestehen, ja, der pater familias dieser Epoche erhielt noch dadurch neue Machtbefugnisse, daß er für die Seinen die einzige Vermittlung zur Außenwelt, zu Arbeit und Gesellschaft bildete, während sich die abgeschirmte familiäre Innenwelt um die zentrale Gestalt der Mutter und Hausfrau zusammenschloß. Die Arbeiterfamilie in ihrer materiellen Bedrückung und ihrem ständigen Mangel an freier Zeit konnte so gut wie keine eigenen Gestaltungsformen erringen und strebte meist unbewußt dem geruhsamen Kleinbürgerideal des 18. Jahrhunderts nach, während die ländliche Familie, ihren wirtschaftlichen Bedingungen entsprechend, weitgehend in den Lebensformen der alten Haushaltsfamilie verharrte.

Im 19. Jahrhundert wandelte sich vor allem die Struktur der Bürgerfamilie. Haushalt und Arbeitsstätte bildeten zumeist keine Einheit mehr, und die Familienmitglieder waren faktisch nicht mehr ausschließlich von der Autorität des Vaters abhängig. So verlor er seine Funktion als wirtschaftlicher Leiter und rechtlicher Vertreter eines größeren oder auch kleineren Unternehmens.

Nach dem Fortfall dieses Hintergrundes aber wurde die Vorstellung vom allein verantwortlichen Hausvater zur leeren Formel mit sozial konservierender Tendenz, und die Autoritätsstruktur des pater familias geriet in die Gefahr, zur Ideologie zu werden. Es ist kein Zufall, daß die zunehmende Bildungslosigkeit der bürgerlichen Hausfrau mit dieser Entwicklung einherging und sich ein Frauentyp hervorkehrte, der nur durch den Mann eine ausgewählte Vermittlung von Wissen und Kenntnissen erfuhr.

1 Honoré Daumier (1808–1879): Die schönen Tage des
Lebens.

»Bei eines Strumpfes Bereitung
sitzt sie im Morgenhabit,
er liest in der Kölnischen Zeitung
und teilt ihr das Nötige mit.«
(Wilhelm Busch: Kritik des Herzens.)

Diesem Zustand traten schließlich die Emanzipa-
tionstendenzen der Frauen- und der Jugendbewegung energisch entgegen. Eine durchgreifende
Befreiung gerade aus den patriarchalischen
Zwängen brachten auch sie jedoch nicht. – So
konnte der Nationalsozialismus mühelos an die
alten Verhaltenstraditionen anknüpfen und einen
totalen männlichen Führungsanspruch fordern,
dem dann auch die gesamte Familie untergeordnet
wurde. – Die Folgen des Zweiten Weltkrieges
brachten einen emotional bedingten Rückzug auf
die Primärform der Familie mit sich, die, wenn
man sie nicht in einen geschichtlichen Zusammenhang einordnete, die einzige intakt gebliebene
soziale Größe zu sein schien. Damit aber fand sich
auch der alte Patriarchalismus gerettet als eine der
Familie zugehörige immanente Qualität. Und es
mag sein, daß manche der sozialen Bewegungen
der Gegenwart bewußt oder unbewußt aus der
Auseinandersetzung mit jenen autoritären Strukturen entstanden sind, die seit so vielen Jahrhunderten das Bild der Familie bestimmt haben. Die
große Rolle, die den Frauen bei der Bemühung
um   demokratische   und   partnerschaftliche
Neuordnungen zufällt, erkennen diese selbst noch
lange nicht in ausreichendem Maße.

Mit den im folgenden angebotenen Blickpunkten
wird zunächst einmal das Bild von der »guten alten Zeit«, das die Schulbücher überliefern, in
Frage gestellt. Vom Patriarchalismus war die Familie der Vergangenheit geführt und gleichzeitig
gehemmt; die gegenwärtige Gesellschaft wird einen Familientypus ohne vorgeformte Abhängigkeiten entwickeln müssen.
Vor Beginn des geschichtlichen Einstieges sei die
ethnologische Terminologie geklärt, seien die
Grundformen der Familie benannt, die dann in
den verschiedensten säkularisierten Variationen
und Kombinationen auftauchen werden.
Die kleinste Form bildete die Kernfamilie, bestehend aus einem Zweigenerationenzusammen-
hang. Im frühen Verband der Urgesellschaft
dürfte sie nur die Mutter und deren Kinder umfaßt
haben, dazu den ältesten Mutterbruder als Reprä-
sentanten des Schutzes in einem Stadium, in dem
die Frage der Vaterschaft ohne Relevanz war.
Nicht nur im quantitativen Gegensatz zur Kern-
oder Kleinfamilie steht die *Großfamilie*, eine
Gruppe von Blutsverwandten in mehreren Generationsschichten, die an einem Ort zusammen

Großfamilie

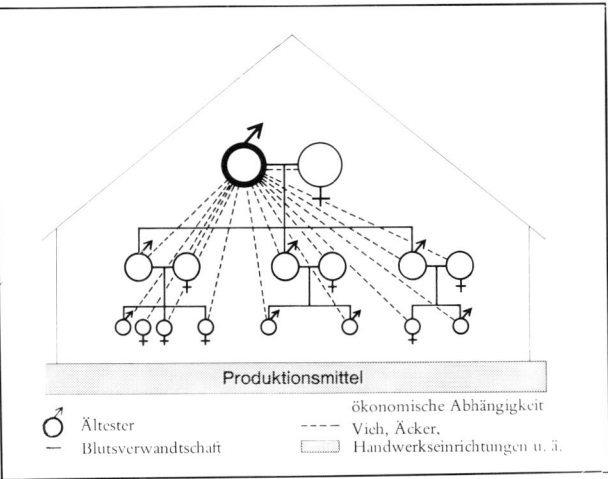

leben und meist von einem patriarchalen Oberhaupt geleitet werden. Sie verwalten und be-
wirtschaften gemeinsam ein gemeinschaftliches
Eigentum, Herden, Äcker oder andere Produktionsmittel wie handwerkliche oder kaufmänni-

sche Betriebe im Geiste eines ständigen und ununterbrochenen verwandtschaftlichen Fortlaufes[2]. Unter dem Begriff Großfamilie subsumiert man heute meist nur noch ganz bestimmte slawische Formen der Familienorganisation, die man deshalb jedoch nicht als ethnische oder gar nationale Spezifika der slawischen Welt einordnen darf. Sie stellte eine wirtschaftlich bedingte Sozialform dar mit mannigfachen sozialkulturellen Eigenschaften und dürfte in vorgeschichtlicher Zeit über ganz Europa verbreitet gewesen sein.

Sippe

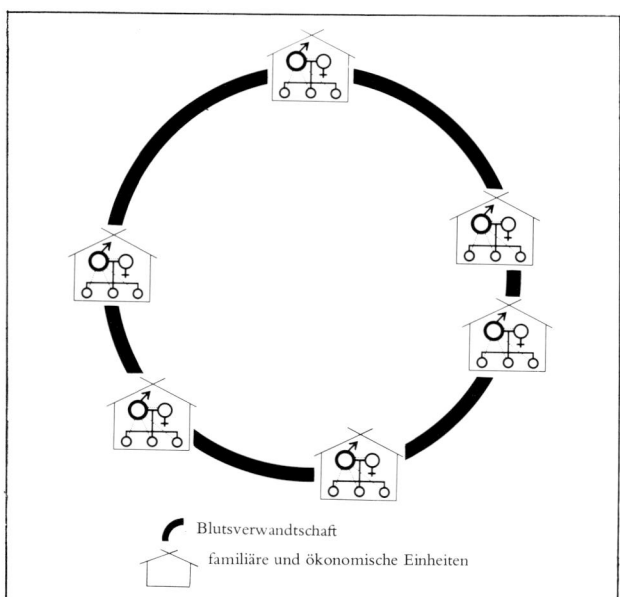

Die Familienform der *Sippe* brauchte nicht an einem Ort zusammen zu wohnen und zu wirtschaften, mußte auch kein gemeinsames Oberhaupt haben, sondern war nur durch die Bande der Blutsverwandtschaft vereinigt. Das setzt bereits ein bestimmtes Maß an gruppenhaftem Selbstbewußtsein, an ständig lebendigem Zusammengehörigkeitsgefühl voraus, wie es in Europa in frühgeschichtlicher Zeit bei den Germanen vorherrschend war.

Für die *große Haushaltsfamilie* galt das Kriterium des Zusammenlebens und -wirtschaftens, doch muß es sich bei dieser Gruppe nicht ausschließlich um Blutsverwandte und auch nicht um eine Or-

Große Haushaltsfamilie

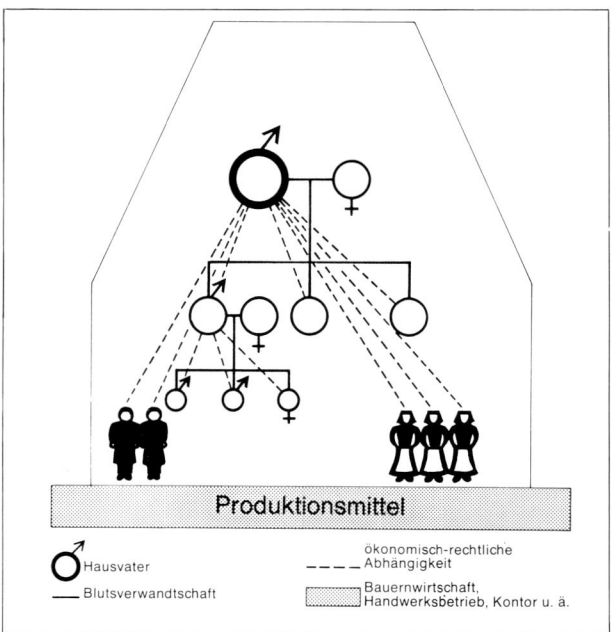

ganisation mehrerer Generationsschichten handeln. Hier war vielmehr der ganze Hausverband als Lebens- und Wirtschaftsgemeinschaft gemeint, dem auch nicht blutsverwandte Mägde, Knechte, Bediente und Gesellen angehören konnten. Er wurde wirtschaftlich und rechtlich vertreten von dem »Hausvater« im verantwortlichen Geiste autoritärer Patriarchalität.

Diese Familienform war im Mittelalter und in der Neuzeit in Deutschland dominierend bis zur Herausbildung der bürgerlichen Kleinfamilie. Die *Kleinfamilie* (Gattenfamilie) des 19. Jahrhunderts setzte sich im Zusammenhang mit der Industrialisierung und der Trennung von Wohnplatz und Arbeitsplatz durch. Die Produktionsmittel befanden sich nun nicht mehr im Bereich des »Hauses«. Damit verlor die patriarchalische Autoritätsstruktur des Vaters als Vorstand des »ganzen Hauses« eine wirtschaftliche Komponente.

Die Beziehungssysteme der »Familie« in den verschiedenen historischen Epochen sind also nicht nur biologisch durch die Verwandtschaft, sondern ebenso durch die wirtschaftlichen Bedingungen geprägt, die gleichzeitig die gesamtgesellschaftlichen Strukturen bestimmten. Dieser Hintergrund

Kleinfamilie

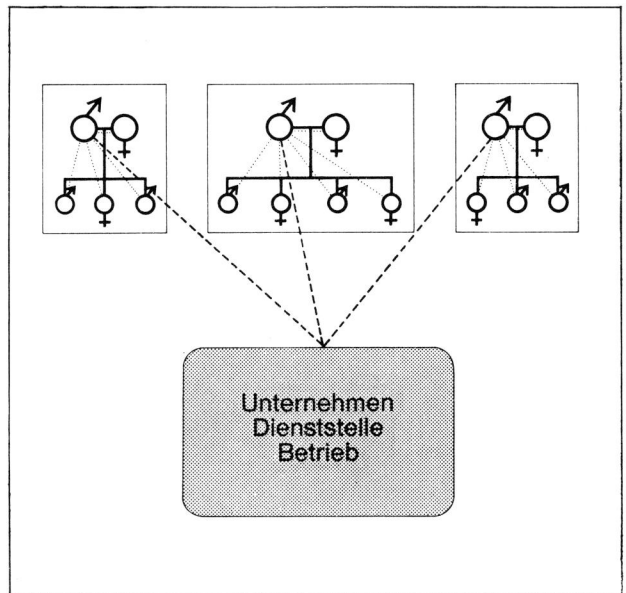

erklärt auch die überlieferten sozialkulturellen Verhaltensweisen.

Eine Einteilung in verschiedene Familiensysteme setzt theoretische Grundgedanken voraus, wie sie am klarsten Lévi-Strauss ausgesprochen hat[3]. Er führt aus, daß es bei den Verwandtschaftsbeziehungen neben dem Benennungssystem ein System von Verhaltensweisen gibt, durch das erst verbindlich der Zusammenhang der Gruppe gesichert wird – und zwar durch stilisierte und verpflichtende, mit Tabus und Vorrechten sanktionierte und institutionalisierte Verhaltensweisen. Ein Verwandtschaftssystem, sagt Lévi-Strauss (S. 66), besteht nicht aus den objektiven Bindungen der Abstammung oder der Blutsverwandtschaft zwischen den Individuen, sondern aus den subjektiven Beziehungsvorstellungen im Bewußtsein der Menschen; es ist daher ein willkürliches System von Vorstellungen, dessen vornehmlich auf ökonomischer Basis beruhende innere Logik es zu entschlüsseln gilt. Verwandtschaft als biologisches System der Blutsbeziehun-

gen wird also im Verlauf der menschlichen Geschichte zur Verwandtschaft als sozialem System der Bündnisse, zu einem System der Beziehungen von Familienmitgliedern zueinander und zu ihrer Umwelt.

Dieses System wird in historischer Vielfalt gestaltet als kulturelle Leistung der Familie. Ihre zahlreichen Funktionen für Arbeit und Wirtschaft, Recht und Kultur, ihre Aufgaben als Erziehungsinstanz und Sozialisationsstätte sind keine primär biologischen Gegebenheiten, sondern ändern sich mit der gesamtgesellschaftlichen Entwicklung. Familie ist also nicht eine hauptsächlich anthropologisch bedingte, sondern eine historisch determinierte Sozialform.

2 Wilhelm Busch (1832–1908): Julchen.

1 Wörterbuch der Soziologie. 1969, S. 254
2 Thurnwald, Richard: Aufbau und Sinn der Völkerwissenschaft. 1948, S. 14 u. S. 37; Zadruga. In: Reallexikon der Vorgeschichte. Berlin 1924–1929. (Hrsg. Ebert), S. 458, und die dort aufgeführte Literatur.
3 Lévi-Strauss, Claude: Strukturale Anthropologie. 1967, S. 51 ff., 61 ff., 73.

I.

Ökonomische Struktur und soziale
Funktion der »Sippe« in frühgeschichtlicher Zeit

1. Lebens- und Herrschaftsformen

Über die Verbreitung der Großfamilie in Mitteleuropa weiß man nur aus vorgeschichtlichen
Funden, vor allem Hausgrundrissen der bandke-
ramischen Kultur, die eine solche Wirtschaftsform
vermuten lassen.

Bei den meisten germanischen Stämmen scheint
sie sich dann früh zur Sippenordnung gewandelt
zu haben, bei der weder gemeinsame Hausanlage
noch patriarchalische Führungsspitze Voraussetzung waren. Für das gesellschaftliche Leben der
Germanen in dieser frühgeschichtlichen Zeit besaß die Institution der Sippe verpflichtende Dominanz. Im Gegensatz zu der etwa gleichzeitigen,
herrschaftlich organisierten Hausgemeinschaft
der römischen gentes bestand die Sippe aus erwachsenen blutsverwandten männlichen Mitgliedern, einem auf gegenseitige Hilfe ausgerichteten Verband gleichberechtigter Genossen, und
deren Frauen und Kindern. Jeder Sohn, der heiratete, entzündete ein eigenes Herdfeuer, so daß sich
die Sippe aus einem System koexistierender
Kleinfamilien zusammensetzte. Ihre gegenseitigen, streng normierten Verpflichtungen gingen
nicht über den Sippenverband hinaus und besaßen
einen höheren gesellschaftlichen Stellenwert als
ein irgendwie geartetes Staatsdenken, wie es doch
zur gleichen Zeit den Griechen und Römern
selbstverständlich war.

An oberster Stelle stand den Germanen der erb-
liche Grundbesitz, ahd. *uodal*, woraus die führende Rolle des »Adelbauern« resultierte. Weder
Steuern noch Wehrpflicht banden ihn an ein größeres Ganzes. Seine Freiheit bestand in der erbli-
chen Angestammtheit des Hofes, und von da aus
wird verständlich, daß das germanische Sippen-
bewußtsein mehr in genealogische Tiefen ging,
zu Vorvätern und Altvorderen, als etwa in die
ökonomisch bedingte Breite einer zusammen
wirtschaftenden Großfamilie. Die Germanen
entwickelten eine Ahnenverehrung großen Stils,

die zu Familienkulten eigener Art führte und die
ökonomische und politische Bedeutung des Sip-
penverbandes stützte. Als beredtes literarisches
Zeugnis dafür sind aus später Zeit die Stamm-
buchgeschichten der Isländersagas überliefert, die
regelmäßig mit einer weitausholenden Einordnung des Helden in seinen Sippenverband beginnen und auf diese Weise von seiner Individualität
weg- und zu seinen familiären Beziehungssyste-
men hinleiten:

»Thorstein, der Sohn des Kuggi, lebte im Auwal-
de. Er war vermögend und stammte aus vornehmem Geschlecht. Er war mit angesehenen und
tüchtigen Männern verschwägert. Seine Frau hieß
Thorfinna – sie war mit Thordis, der Frau des
Skalden Björn, verwandt«[1].

Oder:

»Ein Mann hieß Thorhall. Er wohnte auf Thor-
hallstätten im Schattental. Seine Frau hieß Gudrun. Sie hatten einen Sohn Grim und eine Tochter Thurid. Beide waren schon ziemlich erwachsen. Thorhall war ein recht wohlhabender Mann,
hauptsächlich an Vieh – er hatte den größten
Viehbestand in der ganzen Gegend. Ein Häuptling
war er nicht, wohl aber ein tüchtiger Bauer«[2].

Das sind ausgesprochene Familiengeschichten
und Beschreibungen von Familiensituationen.
Ein äußerst abgeschlossenes Leben auf weit aus-
einanderliegenden Höfen führte zu sippenmäßi-
ger Introvertiertheit, zu Vorstellungen des Wie-
dergeborenwerdens, die bestimmte Charakterei-
genschaften für die Sippe fixieren sollten. Das
drückte sich u. a. in der Namensgebung, in einer
Art von Namenstotemismus aus: von den zwei
Bestandteilen des Namens behielt man einen bei
und variierte den anderen, also z. B. »Siegfried,
der Sohn des Siegmund«. Später verknüpfte sich
damit der Wunsch, daß die Vererbung des Namens eines bedeutenden Ahnen auf den Neugeborenen dessen Kräfte übertragen solle. So hieß Karl
der Große nach seinem Großvater Karl Martell.

Ehe- und Familienlosigkeit waren gleichbedeutend mit wertlosem – und das bedeutete beziehungslosem – Leben. Der Begriff *Hagestolz* bezeichnet einen Armen an Grund und Boden, einen »Hagbesitzer«, der im Gegensatz zum eigentlichen Erben des Hofes nur ein eingefriedetes kleines Grundstück besaß, zu klein, um darauf einen eigenen Hausstand zu gründen. Hagestolz ist ursprünglich ein germanisches Rechtswort aus der Zeit vor der Übersiedlung der Angelsachsen nach England. Eindeutig ging es aus bäuerlichem Wirtschaftsdenken hervor und zeigt, daß die Ehelosigkeit im Germanischen ein seltener und armseliger Notstand gewesen ist und erst im Christentum ihre geistliche Aufwertung erfuhr: Durch die ehefeindlichen Ausführungen des Apostel Paulus im 1. Korintherbrief gerieten nun Hagestolz und -stolzin in größte Gottesnähe. Und die römische Kirche machte dann in logischer Weiterführung der biblischen Ansätze gerade die Ehelosigkeit zur höchsten Tugend ihrer Priester.

Der germanischen Lebenswelt entsprachen die Rechtsnormen, die das Familienleben determinierten, ehe das christliche Mittelalter völlig andere Denk- und Verhaltensweisen einführte.

2. Die Eheschließung als Rechtsakt

Im Germanischen stellte die Eheschließung vorwiegend einen wirtschaftlich begründeten Rechtsvertrag zwischen zwei Sippen dar[3], der der Hauptfrau einen gewissen Rechtsschutz und eine gesellschaftliche Sicherstellung gab. Sie war zumindest relativ gesicherter als Nebenfrauen, mit denen der Mann außerdem Geschlechtsgemeinschaft unterhalten konnte. Sie gebar ihm vollbürtige Kinder, was vor allem für die männliche Nachkommenschaft galt, die sein Geschlecht weiterführte, die Pflichten der Blutrache erfüllen und ihm nach seinem Tode die Totenehrung darbringen und so für seine Seelenruhe sorgen konnte. Aus diesen religiös-politischen Inhalten der Ehe heraus wird es verständlich, daß der Mann, wenn die erste Ehe kinderlos blieb oder nur Mädchen geboren wurden, so viel Nebenfrauen nahm, wie es ihm seinen gesellschaftlichen, wirtschaftlichen,

politischen Rücksichten entsprechend als wünschenswert und ökonomisch tragbar erschien.

Solch innerer Struktur entsprach im allgemeinen der Verlauf der Eheschließung selbst: ein reines Rechtsgeschäft, d. h. es erfolgte die Übergabe der Braut gegen bare Zahlung des Kaufpreises, des Wittums. Aus den alten Rechtsquellen, den fränkischen Volksrechten u. a., sind diese Zusammenhänge deutlich zu erkennen. Auch die Etymologie des Wortes Ehe: ahd. *ewâ*, mhd. *ê* = Gesetz oder Recht liegt im gleichen Bereich. Der vertragliche Eheabschluß wurde wie jeder Kauf – und das bestärkt die Vorstellung vom wirtschaftlich-politischen Charakter der Heirat – als Bargeschäft vollzogen. Zwar setzte sich das Ritual aus verschiedenen Bestandteilen zusammen, war aber doch zu vergleichen mit anderen Verträgen jener Zeit wie Liegenschaftsübereignungen oder ähnlichen Rechtsgeschäften. Immer folgte einer Vertragshandlung eine Vollzugshandlung, was später zu einer Einheit verschmolz. Die Brautwerbung leitete den Handlungsablauf ein. Dabei einigte man sich über die Bedingungen, den Preis und den Zeitpunkt für die Hochzeit. Ihr folgte dann als Rechtshandlung im Kreis der beiden Sippen die Vermählung; schon dieser Name sagt, daß die Verbindung innerhalb des *mahal* stattfand, der Versammlung der Gesippen. Der Gemahl, *gimahalo*, ist also der mit der anderen Person durch das mahal Verbundene. Die Rechts- und Brauchhandlung hatte folgenden rituellen Verlauf: In einem Ring traten die Gesippen zusammen; innen stand das junge Paar, das von einem Sippenältesten, der die Formeln beherrschte, in der rechtsmäßig vorgeschriebenen Weise befragt wurde. Ein solches Eheschließungsgespräch schildert Wernher der Gartenaere noch 1270 in seiner Dorfgeschichte »Meier Helmbrecht«[4].

»Nû sul wir Gotelinde geben Lemberslinde,
und sulen Lemberslinde geben Gotelinde.
ûf stuont ein alter grîse (Greis),
der was der worte wîse;
der kunde sô getâniu dinc, (er kannte die Bräuche)
er staltes beide in einen rinc.
er sprach ze Lemberslinde:

›welt ir Gotelinde
êlîchen nemen, sô sprechet jâ!‹
›gerne‹, sprach der knabe sâ.
er frâget in aber ander stunt:
›gerne‹, sprach des knaben munt.
zem dritten mâle er dô sprach:
›nemt ir si gerne?‹ der knabe jach:
›sô mir sêle un de lîp,
ich nime gerne ditze wîp.‹
dô sprach er ze Gotelinde:
›welt ir Lemberslinde
gerne nemen zeinem man?‹
›jâ herre, ob mir sîn got gan.‹
›nemt ir in gerne?‹ sprach aber er,
›gerne, herre, gebt mirn her!‹
›zem dritten mâle: ›welt irn?‹
›gerne, herre, nû gebt mirn!
dô gab er Gotelinde ze wîpe Lemberslinde
und gab Lemberslinde ze manne Gotelinde.
si sungen alle an der stat,
ûf den fuoz er ir trat.«

Der abschließend erwähnte Brauch, daß der Bräutigam der Braut auf den Fuß trat, weist deutlich auf den Rechtscharakter der Handlung als eines Kaufabschlusses hin, auf das Besitzergreifen von einer Sache durch Aufsetzen des Fußes, wie es in Grimms Rechtsaltertümern als Zeichen der Vindikation mit zahlreichen Belegen genannt wird[5]. Erst spätere Generationen haben diese Sitte als Anspruch auf die Herrschaft in der Ehe umgedeutet[6] oder ins scherzhaft Spielerische gekehrt. Auch das Nibelungenlied enthält Darstellungen der germanischen Eheschließung als Rechtsakt im Ring, sowohl derjenigen von Siegfried und Kriemhild (Str. 614–616) wie von Giselher und Dietlind (Str. 1685), bei der die bestimmende Rolle des Vaters deutlich hervortritt. Bei Siegfried und Kriemhild heißt es:
»man hiez si zuo ein ander an dem ringe stân;
man vrâgte ob si wolde den vil waetlîchen man.«
Die dichterisch veredelnde und fast lyrische Schilderung dieser Königshochzeit darf aber nicht dazu verleiten, die individuellen Gefühle gegenseitiger Neigung als entscheidend für die germanische

Eheschließung zu unterstellen und damit in germanenfreundlicher Überinterpretation ein völlig unrealistisches gesellschaftliches Bild jener Zeit zu zeichnen. Es handelte sich in dieser historischen Epoche nie vordergründig um »Neigungsehen« – ein Begriff des 19. Jahrhunderts –, sondern um höchst nüchterne Wirtschafts- und Rechtsverträge zwischen zwei Sippen. Dem entsprach der gesamte hochzeitliche Handlungsverlauf, bei dem sich gewissermaßen die Leistungen der beiden Parteien nach dem Gesetz der Gegenseitigkeit Schlag auf Schlag folgten. Der Bräutigam zahlte an die Sippe der Braut in die Hand ihres Schutzherrn die *munt*, den verabredeten Preis, und dieser übergab, d. h. traute dann die Braut dem Bräutigam, wobei aber das Schutzrecht über sie als eine Art von wirtschaftlicher Rückversicherung ihren Blutsverwandten verblieb. Daran schloß sich die Heimführung der Braut in das Haus des Bräutigams. Dort wurde in öffentlicher Form in Anwesenheit der Sippenvertreter mehr oder weniger symbolisch das Beilager vollzogen, womit die Eheschließung ihren Abschluß und die Ehe ihren Anfang nahm.

3 Segnung des Beilagers.

Also nichts von Gefühl, Sentiment oder gar Intimsphäre wäre hier lobend oder tadelnd in Übertragung heutiger Wertbegriffe anzumerken. Die Braut war nicht viel mehr als eine Sache in den Händen der männlichen Sippenangehörigen. Ihr Vater nahm zumeist die Verlobung und Trauung vor oder ihr nächster männlicher Verwandter, ihr *Schwertmagen* und Geschlechtsvormund. Dieser Verlober erhielt für seine Tätigkeit vom Bräutigam eine Verlobungsgebühr. Im Laufe der Zeit rückten dann die beiden Stufen der Eheschließung: die Verlobung als Rechtsvertrag und die Trauung als Vollzugshandlung mehr und mehr terminlich auseinander. Sie bildeten aber, wie die Rechtsdenkmäler aufweisen, immer eine unzertrennbare rechtliche Einheit.

Dieser wichtige Rechtsakt wurde von allen möglichen rituellen Zeichensetzungen begleitet und damit tief verfestigt. So berichtet eine schwäbische Trauungsformel aus dem 12. Jahrhundert, der Vormund der Braut habe dem Bräutigam mit entsprechenden formelhaften Worten die Trauungssymbole überreicht, nämlich sieben Handschuhe, ein Schwert, einen goldenen Fingerring, einen Pfennig, Mantel und Hut, alles Zeichen, die auf den Bestand von Besitz und Macht hin wirken

4 Segnung der Ehe auf Bohuslän. Bronzezeit.

sollten. Schon aus vorgeschichtlicher Zeit war die Tradition einer religiösen Weihe, einer kultisch-magischen Befestigung dieses Rechtsaktes bekannt, zumal die Fruchtbarkeit der Gattin von entscheidender Bedeutung für das Bestehen des Paktes war. Das berühmte bronzezeitliche Felsbild von Bohuslän in Schweden, auf dem der Gott mit dem Hammer das Menschenpaar beim Koitus, also beim Beilager, zu segnen scheint, gehört in diese Belegkette. Doch galt die Weihe nur als Zubehör, als irrationale zusätzliche Versicherung gewissermaßen im Sinne von »es kann nichts schaden«; auf die Rechtsgültigkeit des Vertrages hatte sie keinen Einfluß.

War auch der Sippengedanke für die großbäuerlichen Familienstrukturen der germanischen Frühzeit beherrschend, so zeigten sie sich doch, soweit die spärlichen Quellen solche Schlüsse erlauben, durchflochten und durchzogen von älteren sozialen Ordnungssystemen.

Allgemeingültige Inzesttabus schienen zumindest für die Führungsgeschlechter aufgehoben, wenn man an den Wälsungenmythos denkt, nach dem Siegfrieds hohe Geburt gerade der Geschwisterehe seiner Eltern zu verdanken war.

3. Die Rolle der Frau

Entsprechend der bäuerlichen Wirtschaftsstruktur herrschte eine rationale Arbeitsteilung zwischen den Geschlechtern: die Frauen übernahmen vor allem die häuslichen Arbeiten, sie spannen und webten und verwalteten den inneren Besitz.

Da sich die höchsten männlichen Tugenden auf Mut und Tapferkeit konzentrierten und Kriegs- und Landnahmezüge die Männer oft lange Zeit von zu Hause fernhielten, oblag während dieser Zeit den Frauen auch die gesamte Wirtschaftsführung, und manche Saga wie die von der Ketiltochter Aud erzählt von den intellektuellen und organisatorischen Fähigkeiten der Germanenfrauen. Sie waren nicht nur, wie Tacitus es beschreibt, erfahren in Heilkunst und Weissagung, sondern hatten auch aufgrund besonderer Fähigkeiten zuweilen ein gewisses Mitspracherecht in den inneren Fragen von Familie und Besitz.

Nun darf jedoch nicht übersehen werden, daß es sich bei den Sagas, nimmt man sie als Quelle für die Sozialgeschichte, fast immer um späte Erzählungen aus der sozialen Oberschicht handelt, – daß zudem die interpretierende Literatur gern in germanenfreundlicher bis germanenverherrlichender Weise ein sehr einseitiges Bild von heroischer Adelbäuerlichkeit und stolzem Frauentum gezeichnet hat. Realistischer dürfte es sein, sich gerade das Familienleben jener Zeit in einer für uns kaum nachzuempfindenden Rauheit und Härte vorzustellen. Das betraf in besonderem Maße die Frauen. Die Ehe war wie gesagt keineswegs etwa gleichbedeutend mit einer aus Neigung geschlossenen monogamen Verbindung, sondern differenzierte sich in Rechtsformen der Kauf- und Friedelehe, die durchweg die Frauen mehr oder weniger zum Eigentum des Mannes erklärten. Bei dem Begriff der »Kaufehe« ist das Wort »Kauf« in seiner älteren Bedeutung zu verstehen, d. h. als Abmachung auf Gegenseitigkeit, als Vertrag über Leistung und Gegenleistung. Nach Tacitus brachte nicht die Braut die Mitgift in die Ehe, sondern der Bräutigam, d. h. der Bräutigam gab eine Gabe, anord. *mundr*, zur Erlangung – *til hennar* – der Braut. Solche Geschenke waren für die Braut selbst bestimmt und nicht für ihren Muntwalt, meist den Vater, der alle möglichen Gaben zur Ausgestaltung der Hochzeit und des Hochzeitszuges, Pferde usw. annahm. – Aber auch die Frau brachte ein Gut mit in die Ehe, anord. *heimanfylgja* (»was von Hause folgt«), eine Art Mitgift, die im Scheidungsfalle ihr Eigentum blieb[7].

Die Werbung erfolgte auf der Grundlage der materiellen Gleichheit beim Vater des Mädchens, das selbst ganz eingeschlossen innerhalb der engeren Sippe lebte und kaum Gelegenheit zu selbständiger Handlung auf diesem Gebiet fand, noch ein Bedürfnis danach äußerte. Es konnte wohl theoretisch die Wahl ablehnen, hatte aber meist keine eigene Meinung, zumal seitens des Vaters sorgfältig ausgewählt wurde. – Daß es aber auch andere Möglichkeiten gab, zeigt die Geschichte der Thusnelda, die gegen ihren Willen vom Vater verlobt worden war und sich dann von Arminius ent-

führen ließ, – ein Frauenraub mit ehebegründender Konsequenz. Beispiele der Tochterempörung werden auch in den Sagas berichtet, ohne daß allerdings die psychologischen Hintergründe irgendeine Erörterung fänden. Das Patriarchat war kein absolutes, und die Frauen besaßen bestimmte bescheidene Rechte, die allerdings die uns Heutigen recht streng erscheinenden Ehenormen nicht aufwogen. Die harten Strafen gegen Ehebrecherinnen, die durch Abschneiden des langen Haares, Ehrenzeichen der verheirateten Frau, in aller Öffentlichkeit gesellschaftlich diffamiert wurden, sind bekannt. Aber es galt auch schon als Vergehen, wenn eine Frau nur Töchter bekam, und Kindesaussetzungen waren an der Tagesordnung. In der Saga von Gunlaug Schlangenzunge gibt der Bauer vor Antritt einer längeren Fahrt seiner schwangeren Frau den Auftrag, das neugeborene Kind gleich auszusetzen, wenn es ein Mädchen wäre. Die Mutter bringt es aber dann nicht über sich, das wunderschöne Kind wirklich zu verstoßen. Sie gibt dem Schafhirten, gewöhnlich dem Vollstrecker solcher Dienste, unter vier Augen den Auftrag, das Kindchen heimlich ihrer Schwägerin zu überbringen. Dort blüht es zu einer herrlichen Jungfrau heran, und der Vater, als er später davon erfährt, erkennt es freudig als seine eigene Tochter Helga an. Wenn eine solche Geschichte in dieser Weise überliefert wurde, so war ihr glücklicher Ausgang ganz sicher ein Ausnahmefall.

Eine andere Saga aus dem heutigen niederländischen Gebiet erzählt von der Großmutter des Hauses, die ärgerlich auf ihre Schwiegertochter war, weil sie nur Töchter bekam. Und so wollte sie ein neugeborenes Mädchen von einem Knecht in der Kufe ertränken lassen. Das mußte aber geschehen, ehe das Kind irgendeine Nahrung zu sich genommen hatte, denn sonst durfte man es nicht mehr töten. Das Kleine schrie so kräftig, daß eine Nachbarin herbeieilte, es dem Knecht entriß, in ihr Haus trug und ihm etwas Honig gab, womit sie ihm das Leben rettete. Später wurde es mit Milch aus dem spitzen Ende eines Kuhhornes genährt, also mit einer Art von Säuglingsflasche. Diese Geschichte ist sehr aussagekräftig: sie beweist die bedeutende Stellung der ältesten Frau im Hause, was an das System der Großfamilie matriarchaler Prägung erinnert. Sie zeigt weiter die geringe Wertschätzung der Neugeborenen, die erst dann an Interesse für die Eltern und die Sippe gewannen, wenn sie vielversprechende Anlagen aufwiesen.

Den harten Lebensbedingungen und dem kriegerischen Daseinsstil entsprachen die oft grausamen Verhaltensnormen im zwischenmenschlichen persönlichen Bereich, die wohl bestimmend für alle sozialen Schichten waren. Und wenn die Sagas auch zuweilen das Bild hervorragender Frauenpersönlichkeiten zeichnen[8], so kann das nicht über die weitgehende Rechtlosigkeit der germanischen Frau hinwegtäuschen. Der Kulturpädagoge Tacitus hat idealisiert und unzutreffend berichtet, wenn er schreibt, daß sich die Germanen als einzige unter den Barbaren mit einer Gattin begnügt hätten (Germania Kap. 18). Sein Ziel, den sich individualisierenden, lebensgenießenden Römern einen Spiegel vorzuhalten, führte ihn zu falscher Interpretation der germanischen Ehesitten. Um des Sippen-Nutzens willen, um eine größere Zahl von Söhnen zu zeugen und damit das kriegerische Potential der Sippe zu erhöhen, konnte der wohlhabende germanische Bauer Nebenfrauen halten, und die Vielzahl der Namen für derartige Beziehungen sind ein Beleg dafür, daß solche Verhältnisse gar nicht so selten waren. Wohl durfte die Nebenfrau rechtlich kaum Sicherungen beanspruchen, doch gehörte es zur Sitte, daß der Mann für sie sorgte, zumal wenn sie ihm einen Sohn geboren hatte. Solche Verbindungen hießen *Friedelehe* (von anord. *frilla* – Geliebte, vielleicht aber auch sprachlich zu Freund und freien zu setzen). Die Friedelehe ist als eine Form des Mutterrechts zu betrachten, das seine Geltung lange Zeit neben dem Vaterrecht bewahrte, vor allem aufgrund eines wirtschaftlichen Nebeneinanders von Hirten- und Ackerbaukulturen. So stand die Friedelehe im Gegensatz zu der vaterrechtlich begründeten *Muntehe*, zu der auch die Form der *Kebsehe* mit einer unfreien Magd oder gefangenen und verkauf-

ten Sklavin gehörte (Kebsweib von anord. *kefsir* – Sklavin). Die Söhne solcher Nebenfrauen, Magdsöhne, konnten aber, wenn sie hervorragende Persönlichkeiten waren, wieder in gute Familien einheiraten und hohe gesellschaftliche Stellungen erlangen, dem Stande ihres Vaters entsprechend. Auch waren sie voll erbberechtigt.

Öffnete sich also für eine Sklavin oder Magd durchaus die Möglichkeit, Nebenfrau eines Edlen zu werden und damit ihre Kinder in die höhere Gesellschaftsschicht hinaufzuheben, so durfte ein männlicher Sklave niemals mit einem solchen günstigen Schicksal rechnen. Ihm war der Aufstieg grundsätzlich verwehrt. Nur durch gute Arbeitsleistungen konnte er Freier werden und Hintersasse eines Bauern, aber niemals Adelsbauer. Der oberste solcher freien Diener war der Hausmeier oder *Karl*, von welchen Karlen übrigens das später so erlauchte Geschlecht der Karolinger abstammt.

Aus allem geht hervor, daß hier eine Ethik eigener Art obwaltete. Der Mann konnte seine eigene Ehe gar nicht brechen, höchstens eine fremde, aber das war dann kein Ehe- oder Treuebruch, sondern eine Art Eigentumsdelikt. Die Frau und ihr Recht in der Ehe standen unter rechtlich-wirtschaftlichen Bedingungen, die sonst materiellem Besitz zukommen. Nach germanischem Recht galt also die Frau mit den gemeinsamen Kindern als Eigentum des Mannes. Alles Besitzrecht – mit Ausnahme ihrer persönlichen Mitgift – war durch den Ehevertrag an ihn übergegangen, und er konnte neben anderem Hab und Gut auch seine Frau vor dem Tode einem Freund oder Verwandten vermachen, wovon manche Saga berichtet. Als Nachwirkung älterer Vorstellungen aus Zeiten der Mutter-Erbfolge stand der ältere Bruder der Frau im verwandtschaftlichen Wertsystem an hoher Stelle; er spielte die Rolle eines Beraters und Erziehers der Kinder, einer Art von Erb- und Familienonkel. Die schmerzvolle Klage über den Streit zwischen Oheim und Neffen im Waltharilied[9] bezieht sich auf diese Besonderheit familiärer Bindung.

Die familiäre Organisationsform der Sippe in der frühgeschichtlichen Epoche war also auf die Kumulation von Besitz und Macht ausgerichtet. Das galt zumindest für die führenden Geschlechter, von denen die Quellen vornehmlich berichten. Dieser Tendenz folgten Heiratsregeln, die Ebenbürtigkeit an »Gut und Blut« vorschrieben. Im Interesse einer Vermehrung der männlichen Nachkommenschaft und damit des kriegerischen Machtpotentials der Sippe, was im inneren Wertsystem an oberster Stelle stand, waren allerdings Übertretungen der Eheform als Friedelehen, Kebsehen usw. erlaubt. Dadurch erweiterte sich der Kreis der durch Blutsverwandtschaft Verbundenen, eben der Sippe. – Die Heiratsriten regelten

als eine Art von Sprache die Kommunikation zwischen den Individuen und Gruppen.
So wurde das biologische System der Blutsverwandtschaft zu einem ökonomisch-politischen und gewann durch diesen Systemcharakter eine eigene Qualität im gesamtgesellschaftlichen Zusammenhang der damaligen Zeit.

Ein Sohn ist besser,
ob geboren auch spät
nach des Hausherrn Hingang:
Nicht steht ein Denkstein
an der Straße Rand,
wenn ihn ein Gesippe nicht setzt.
Edda

5 Silberne Bügelfibel. 6. Jahrhundert.

[1] *Thule, Altnordische Dichtung und Prosa.* Bd. IX, S. 117.

[2] ebda. Bd. V, S. 91.

[3] Frölich, Karl: *Die Eheschließung des deutschen Frühmittelalters.* 1928, S. 147 ff.

[4] Wernher der Gartenaere: *Meier Helmbrecht.* Hrsg. von Friedrich Panzer. 1949, V. 1503–1534.

[5] vgl. Grimm, Jacob: *Rechtsaltertümer.* [4]2, S. 127 f.; ferner: *Schweizer Vkde* 13, 1923, S. 11–14.

[6] vgl. *HdA* IV, Sp. 160 f. und die dort angeführten Belege.

[7] Köstler, Rudolf: *Raub-, Kauf- und Friedelehe bei den Germanen.* 1943; Kroeschell, Karl: *Die Sippe im germanischen Recht.* 1960; insbesondere Frölich, Karl: *Die Eheschließung des deutschen Frühmittelalters.* 1928, S. 144 ff. u. die dort angegebene Literatur.

[8] Naumann, Ida: *Altgermanisches Frauenleben.* 1929.

[9] vgl. auch Mezger, Fritz: *Oheim und Neffe.* 1960, S. 296 ff.

Der Ehrencodex in der frühgeschichtlichen Gesellschaft war starr, seine Sanktionen oft brutal wie die Strafen bei Eheverfehlungen und vor allem die Blutrache. Der gewalttätige Tod eines ihrer Mitglieder verpflichtete die Sippe zur gebührenden Rache. Und diese Rachetat war nicht nur eine Genugtuung für den Toten, sondern diente der ganzen Sippe zur Erhaltung ihres öffentlichen Ansehens.
Eines der berühmtesten Beispiele ist die Rache der Kriemhild.

6

VON KRIEMHILD

»Der Königstochter gingen in solcher Tugend hin
die Tage, Monde, Jahre. Kein Mann lag ihr im
        Sinn,
daß sie nach dessen Liebe von Herzen je begehrt.
Doch wurde ihr als Gatte ein kühner Recke dann
        beschert.

Das eben war der Falke, den sie im Traum gesehn.
Wie schwer an ihren Brüdern sie rächte, was ge-
        schehn –
die meuchlings ihn erschlagen! Wohl mußt er früh
        hinab,
doch vieler Mütter Söhne der Tod des Einen riß
        ins Grab.«

Aus dem Nibelungenlied. Um 1200.

6 Wie Kriemhild zu Etzel geführt wurde.
7 Vollzug des Gottesurteils, dem sich die Kaiserin Kuni-
gunde zum Beweis ihrer ehelichen Treue unterwarf: sie über-
schreitet einen glühenden Rost.
8 Germanischer Reiter.

»Helge vermählte sich mit Siegrun, und sie zeug-
ten Söhne, aber Helge ward nicht alt. Dag, Hagens
Sohn, brachte dem Odin ein Opfer für Vaterra-
che, und Odin lieh ihm seinen Spieß. Dag fand den
Helge, seinen Schwäher, wo es zum Fjöterwald
heißt, und durchbohrte ihn mit dem Spieße
Odins, und Helge fiel. Dann ritt Dag nach Sewa-
berg zu seiner Schwester Siegrun und sagte ihr,
was geschehen war: ›Gezwungen bin ich, Schwester, dir Leid zu verkünden, ungern muß ich dich
zu Tränen bringen: tot sank heute morgen im Fjöterwald ein König, der beste in der Welt, furchtlos, erhaben über alle Helden!‹ Siegrun sprach:
›Daß dich alle Eide ins Herz schneiden, die du dem
Helge zugeschworen bei dem leuchtenden Wasser
des Höllenflusses und dem kalten wellenbenetzten
Stein! Nimmermehr schreite das Schiff weiter, das
unter dir schreitet, und läge der günstigste Wind

dahinter! nimmermehr renne das Roß, das unter
dir rennt, und säßen deine Feinde dir im Nacken!
Nimmermehr schneide das Schwert, das du
ziehst, wo es nicht zische singend dir um das eigene Haupt! Dann wäre erst Helges Mord an dir
gerächt, wenn du ein Währwolf wärst draußen im
Walde, habe- und freudelos: ohne Nahrung, wo
nicht um Leichen du herumsprängst!‹ Dag antwortete: ›Rasend bist du, Schwester, und wahn-
sinnig, daß du deinen Bruder so entsetzlich ver-
wünschest: Odin allein ist schuld an allem Unglück, er hat Streit unter die Verwandten gebracht.«
Lieder der alten Edda. 13. Jahrhundert.

Exkurs:
Die Stiefmutter im Märchen

»Wenn mir meine Mutter Brot soll gebn,
So schütt sie mir immer Asche drauf.
Und Gott erbarm' dich, Herrgott mein
Über mich armes Waiselein!

Wenn sie mir soll ein weiss Hemd gebn,
So schmeisst sie mir's vor die Füsse hin.
Und Gott erbarm dich, Herrgott mein
Über mich armes Waiselein!

Wenn mich mein' Mutter strähle soll,
So strählt sie, daß mir's Blut nachläuft.
Und Gott erbarm' dich, Herrgott mein
Über mich armes Waiselein!«

Erk-Böhme: Deutscher Liederhort. 1893, Nr. 202a.

Den sozialen Phänomenen einer Epoche, wie sie
für die Familie der frühgeschichtlichen Zeit dargestellt wurden, entsprechen ganz bestimmte kulturelle Erscheinungen. Kultur wird damit als Teil
des Sozialen definiert, als soziales Handeln. Von
den Möglichkeiten kultureller Objektivationen
sei das Märchen ausgewählt als Widerspiegelung
sozialer Wirklichkeiten und hier besonders die
Rolle der »Stiefmutter«.

9 Otto Ubbelohde (1867–1922): Aschenputtel.

Kaum eine Märchengestalt ist so viel umrätselt
und von pädagogischer wie moralischer Seite

verurteilt worden wie die der Stiefmutter. Und
tatsächlich ist es dem modernen Leser und Erzieher unverständlich und ärgerlich, wenn er in den
gängigen Grimmschen Märchenausgaben lesen
muß:
»Seit Mutter tot ist, haben wir keine gute Stunde
mehr; die Stiefmutter schlägt uns alle Tage, und
wenn wir zu ihr kommen, stößt sie uns mit den
Füßen fort. Die harten Brotkrusten, die übrig
bleiben, sind unsere Speise, und dem Hündlein
unter dem Tisch geht's besser; dem wirft sie doch
manchmal einen guten Bissen zu. Daß Gott erbarm, wenn das unsere Mutter wüßt'! Komm, wir
wollen miteinander in die Welt gehen.«
(Brüderchen und Schwesterchen, Grimm Nr. 11)
oder:
»Da ging eine schlimme Zeit für das arme Stiefkind an. ›Soll die dumme Gans bei uns in der Stube
sitzen!‹ sprachen sie, ›wer Brot essen will, muß es
verdienen: hinaus mit der Küchenmagd‹!«
(Aschenputtel, Grimm Nr. 21)

10 Otto Ubbelohde (1867–1922): Die drei Männlein im
Walde.

Übel ergeht es auch einem anderen armen Mädchen mit seiner Stiefmutter: »Einmal im Winter,
als es steinhart gefroren hatte, und Berg und Tal
vollgeschneit lag, machte die Frau ein Kleid von
Papier, rief das Mädchen und sprach: ›Da, zieh das
Kleid an, geh hinaus in den Wald und hol mir ein
Körbchen voller Erdbeeren; ich habe Verlangen danach.« (Die drei Männlein im Walde, Grimm Nr. 13)

11 Otto Ubbelohde (1867–1922): Machandelboom.

Ganz besonders brutal verhält sich die Stiefmutter im Märchen vom Machandelboom (Grimm Nr. 47):

Die Mutter des Jungen stirbt bei dessen Geburt. Die Stiefmutter bringt eine Tochter zur Welt, »und wenn die Frau ihre Tochter ansah, dann hatte sie sie so lieb, aber wenn sie den kleinen Jungen ansah, dann gab es ihr einen Stich durchs Herz, und es kam ihr so vor, als stünde er ihr überall im Weg, und sie dachte dann immer, wie sie ihrer Tochter all das Vermögen zuwenden könnte, und der Böse gab ihr ein, daß sie dem kleinen Jungen ganz gram wurde und ihn herumstieß von einer Ecke in die andere und ihn buffte und knuffte, so daß das arme Kind immer in Angst war.« Sie wird immer unfreundlicher zu ihm und faßt dann den raffinierten Mordplan mit dem Truhendeckel.

Abstoßend und abartig müssen solche Motivationen wirken, wenn man sie in dem üblichen Kontext erfährt, also innerhalb der Vorlesemärchen, die die Brüder Grimm vor 150 Jahren (1. Ausgaben 1812–1815) einem bürgerlichen Familienpublikum für seine Kinderstuben präsentierten[1].

Damit – und das ist als Vorbemerkung wichtig – wurde entscheidend die Rolle verändert, die das Märchen als soziale Tatsache *für* die Familie spielte: von der Erwachsenenerzählung, als die das Märchen zur Unterhaltung in der Spinnstube und bei vielen Gemeinschaftsarbeiten gepflegt wurde, wandelte es sich zum »Kinder- und Hausmärchen«[2], vorzulesen in der Kinderstube der Bürgerfamilie. Die Rolle jedoch, die die Familie *im*

Märchen spielt, blieb weitgehend unverändert. Da die Stoffe aber z. T. lang zurückliegenden Epochen entstammen, wurde zuweilen ein Weltverständnis in die Gegenwart transponiert, das ohne weiteres nicht verstehbar ist.

Auf den ersten Blick scheint die Familie zu den wesentlichen inhaltlichen Bauelementen der Erzählgattung zu gehören[3], – anscheinend eine Form der Kleinfamilie mit Eltern und Stiefeltern, Kindern und Stiefkindern. Andere Verwandte treten kaum auf. Die Eltern oder Stiefeltern veranlassen oder betreiben den Aufbruch des jungen Helden in die Welt der Abenteuer, – die Geschwister unterstützen ihn oder schaden ihm oder dienen als bloße Kontrastfiguren.

Wohl steht der sehnliche Wunsch nach einem Kind häufig am Beginn des Märchens, aber elterliche Fürsorge und Betreuung werden selten dargestellt, und das Kind als Märchenheld ist zumeist von Anfang an gefährdet, gezeichnet, aber auch ausgezeichnet, und steht deshalb außerhalb der Familie. Die häßlichen und schlechten inneren Familienverhältnisse sind jedenfalls, wie Lüthi hervorhebt, auffällig in den Märchen: Eltern wenden sich gegen die Kinder, Geschwister gegen Geschwister und gegen die Eltern. Mit dem Bild der auf Harmonie gestimmten Kleinfamilie des 19. Jahrhunderts findet sich hier keine Identifizierungsmöglichkeit.

Formal besitzt die Familie im Märchen eine Art von gliedernder Kraft. Das Eltern-Kind-Schema, das Geschwister-Schema oder das Brautwerbungs-Schema geben dem Märchen das Gerüst und die Möglichkeit variierender Entfaltung. Sie sind so etwas wie Formelemente volkstümlichen Denkens, wobei sich aber doch die Frage erhebt, welches der reale Hintergrund dieser formelhaften Ausdrucksweisen zur Zeit ihrer Entstehung gewesen sei.

Die heute bekannten Märchentexte stammen meist aus neuerer Zeit, umfassen also Erzählinhalte, die das Ergebnis einer längeren Überlieferungsgeschichte sein können und damit möglicherweise Elemente verschiedenster Kulturschichten und Zeitstile in sich aufgenommen haben. Die Spuren mancher Epoche sind in den Traditionen enthalten und werden von den Überlieferungsträgern immer neu gemischt und kombiniert. Märcheninhalte und historisch determiniertes Weltverständnis entsprechen sich also nur stückweise, episodenhaft, und kaum jemals wird man dem Fall begegnen, daß ein Märchenganzes die Ganzheit einer geschichtlich fixierbaren Situation widerspiegelt.

Dazu kommen Fragen der Quellenkritik: sind doch die älteren Märchensammlungen, besonders diejenigen des 19. Jahrhunderts, kaum jemals authentisch, sondern oft Ergebnisse eines romantisch gefärbten dichterischen Umgestaltungsprozesses durch den Sammler, eines Vorganges, der meist unkontrollierbar von der Aufzeichnung aus dem Volksmund bis hin zum Druck eines erwünschten kunstvoll gefeilten Volkstones reicht. Diese Überlegungen muß man vorausschicken, wenn eine vorsichtige Korrelation von Märcheninhalten und Sozialgeschichte für das Thema Familie versucht werden soll.

Im Gegensatz zur Mythe, die ein kollektives Geschick zum Inhalt hat, schildert das Märchen individuelle Schicksale, die allgemeine Gesellschaftskonflikte auf Familienniveau offenbaren. Die Mediation (Vermittlung) kommt dadurch zum Ausdruck, daß der Held, in einen höheren Gesellschaftsstand geratend, dem Konflikt entflieht. Dieser gesellschaftliche Standeswechsel entsteht infolge der Eheschließung mit dem Königssohn, mit dem Kaufmann oder, der Heldenfigur entsprechend, mit der Königstochter. So wird dann im Märchen die Ehe Mittel der Mediation, um sich von den elementaren gesellschaftlichen Verhältnissen zu befreien[4]. Von daher gesehen erscheint die Gestalt der Stiefmutter in neuem Licht und im Bereich eines in sich logischen Zusammenhanges. Das Stiefmuttermotiv im Märchen ist von der Forschung als ein soziales Motiv erkannt worden. Die »Haupttriebfedern ihres Handelns sind Haß und Neid, was in den einzelnen Märchen näher ausgeführt und begründet wird. Manchmal haßt die Stiefmutter ihre Stieftochter, ... weil das Stiefkind schön und lieblich,

ihre rechte Tochter aber häßlich und widerlich ist. Oft besteht der Grund ihres Hasses darin, daß das Stiefkind schön ist und einmal alles erben soll. ...Der Neid auf die Erbschaft des Stiefkindes spielt... eine große Rolle, dazu kommt noch die Angst vor der Rache der Stiefkinder, wenn diese einmal erwachsen sind. Neid und Mißgunst zehren am Herzen der Stiefmutter wegen des Glücks ihrer Stieftochter (Heirat mit einem König), oder weil die Stieftochter belohnt und ihre eigene Tochter bestraft wird. In dem Schneewittchenmärchentypus wachsen Neid und Hochmut wie Unkraut in dem Herzen der Stiefmutter immer höher, daß sie Tag und Nacht keine Ruhe mehr hat, weil die Stieftochter viel schöner als sie geworden ist. Oft begegnet die Stiefmutter dem Stiefkind mit Haß, weil ihr Mann sein Töchterlein aus erster Ehe zärtlich liebt, oder weil es der seligen Mutter ähnlich sieht, deren Bild der Mann immer noch im Herzen trägt«[5].

Solche Märchenfiguren und Handlungsschemata werden nur verständlich durch die Erhellung des sozialgeschichtlichen Hintergrunds.

In den frühgesellschaftlichen Verhältnissen, die viele Elemente der Märchen widerspiegeln, war die Existenz einer Stiefmutter in unserem modernen Sinne prinzipiell nicht gegeben, denn alle Frauen des Vaters konnten legal zur Gruppe der Mütter gehören. Nur wenn der Vater gegen den Kode der Endogamie verstieß, den seine Sozialschicht ihm aufgab, d. h. eine Frau aus einer Sippe nahm, mit der entsprechend den sozialen Verhaltensnormen eigentlich keine Verbindung eingegangen wurde, entstanden derartige Familienkonflikte. Gekoppelt mit dem Verstoß gegen die Endogamie und ihren Folgen für die Familie findet sich meist die Ausnutzung der Stieftochter (z. B. Aschenputtel). Die Opposition: insider-outsider erhält so ihre dramatische Realisierung, und der unerträglichen Familienatmosphäre stellt dann das Märchen die glückliche Ehe der Stieftochter mit dem Prinzen als Befreiung und Lösung gegenüber. Das bedeutet die Rückkehr in normale Verhältnisse in dem Sinne, daß diese Ehe nicht gegen die Endogamienormen der Gesell-

25

schaft verstößt. Die Rolle der Stiefmutter ist also sowohl für die Dramaturgie des Märchens wie auch für seine Semantik notwendig, weil nur durch die von ihr verursachten Hindernisse die Prüfungen des Helden oder der Heldin möglich und sinnvoll werden. In der eigenartig hierarchisch-syntagmatischen Struktur des Zaubermärchens ist gerade die Stiefmutter häufig die Hauptgegnerin der Heldin, denn nur durch deren Vernichtung kann sie ihre eigene Existenz bewahren. Zum Verständnis ihrer Rolle mußte daher den Zuhörern des Märchens die soziale Beziehung klar sein, in die eine solche fremde Frau in einer endogamen Gesellschaft eingebunden war.

Für die fremde Frau des Königs – oder des vermögenden Großbauern – waren also die legalen Kinder des Vaters in jedem Falle ein Hindernis, sowohl für ihre Person wie für die Stellung ihrer eigenen Kinder. Daher konzentrierte sich ihr ganzes Sinnen und Trachten auf die Mittel, sie unbemerkt aus dem Wege zu schaffen (Machandelboom). Auch andere Märchenmotive sind aus dem verbotenen Verstoß gegen die Endogamie erklärlich, so z. B. die zweifache Ehe in »Dat Erdmänneken« (Grimm Nr. 91), die unrichtige mit einem Drachen und die richtige mit einem Helden. Das Stereotyp der bösen Stiefmutter, die für die Interessen ihrer eigenen Kinder vor keiner Missetat zurückschreckt, ist also nur auf rechts- und sozialgeschichtlichem Hintergrund frühgesellschaftlicher Familienverhältnisse erklärlich. Damit wird die Abneigung der modernen Pädagogik gegen eine solche Gestalt verständlich.

In einen weiteren Zusammenhang mit sozialen Verhältnissen der Frühzeit gehört das Märchenmotiv des Aussetzens. In einer isländischen Variante von »Hänsel und Gretel« sind die Geschwister zwei Mädchen. Die Großmutter setzt sie am Meeresufer in eine Kiste und schickt sie zu den Trollschwestern, – auch hier wird eine Verbindung zu den Sagas sichtbar, in denen die Sippenmutter allzu großem Mädchensegen durch Aussetzen steuert.

Als konstantes Märchenmotiv begegnet der Wunsch nach Kindern, Kinderlosigkeit wird als großer Schmerz und als Makel empfunden und mit allen nur möglichen Mitteln bekämpft, zur Not auch durch Aufnahme fremder Kinder. Denn ein Kind gilt in der Welt wie im Märchen meist nicht als ausreichend, und man wünscht sich zahlreiche Nachkommen. Auch das entspricht den bekannten frühgesellschaftlichen, auf Bauernbesitz gegründeten Vorstellungen, ebenso, wenn der Mann auf dem Sterbebette seine Frau dem wohlhabenden Bruder anempfiehlt wie im Märchen vom blauen Bande.

Die Annahme einer absoluten Identität zwischen Märcheninhalt und sozialer Wirklichkeit ist sicher nicht aufrechtzuerhalten. Doch scheint die Erklärung bestimmter einzelner Phänomene auf diese Weise möglich. Das betrifft jedoch nicht die Frage nach der Struktur des Märchens, seiner Architektonik mit stufenweiser symmetrischer Konstruktion. Im formalisierten Märchenmodell befinden sich die Elemente in einer systemgebundenen Ordnung ohne Rücksicht auf die gesellschaftsgeschichtliche Herkunft einzelner Motive.

[1] Weber-Kellermann, Ingeborg: Vorwort zum Neudruck der Kinder- und Hausmärchen. Marburg 1970 und it 112, 1974.

[2] s. Lüthi, Max: *Märchen*. [5]1974, S. 52 ff.

[3] Lüthi, Max: *Familie und Natur im Märchen*. 1970.

[4] Meletinsky, Eleasar: Die Ehe im Zaubermärchen. 1970, S. 287 f.

[5] Lincke, Werner: Das Stiefmuttermotiv. 1933, S. 25 u. 86 f.

12

*Die Funktion der Märchen wandelte sich in einem lan-
gen Prozeß von einer Unterhaltungsform für Erwachsene in der Spinnstube und bei anderen gemeinsamen
Arbeiten zum Erzähl- und Vorlesestoff für Kinder in
der bürgerlichen Kinderstube des 19. Jahrhunderts.*

»Die Spinnstuben waren die Stätten, wo die wun-
derbaren Schätze der deutschen Volkspoesie, der
Märchen- und Sagenwelt sowie zahlreiche alther-
gebrachte Sitten und Gebräuche gehegt und
gepflegt wurden und so Jahrhunderte hindurch
von Geschlecht zu Geschlecht überliefert werden
konnten.

Zahlreich aber sind auch die Verbote und Strafen,
die bis in die Neuzeit hinein die Behörden gegen
die gewiß nicht wegzuleugnenden Auswüchse in
den Spinnstuben ergehen ließen.

1693 wetterte der Pfarrer Geiser zu Thann bei
Wangen: Eine gar böse Gelegenheit ist in solch
Kunkelstuben, wo die jungen Bursch allein zu-
sammenkommet, unzüchtig redet, singet, sprin-
get, scherzet, betastet, gegeben.«
*Georg Buschan (1863–1942): Das deutsche Volk in
Sitte und Brauch.*

12 Barthel Beham (1502–1540): Die Spinnstube. 1524.
13 Wilhelm Thielmann (1868–1924): Schwälmer
Spinnstube.
14 Ludwig Emil Grimm (1790–1863): Frau Ewig, Kinderfrau im Hause Grimm, erzählt Märchen. Weihnachten 1829.

13

14

»Seid ihr artig und hübsch stille,
so geschieht auch euer Wille.
Jedes setzt sich in die Ecke.
Aus dem Buch mit roter Decke
werden Märchen vorgelesen:
lauter wunderliche Wesen
sehet ihr da vor euch springen:
grün und goldne Vögel singen,
Zwerge kommen aus den Feldern,
Riesen schreiten aus den Wäldern,
Hexen mit den langen Nasen,
fürchterliche alte Basen;
guten Kindern scheint die Sonne,
und es endigt sich mit Wonne!«

Wilhelm Grimm (1786–1859)
zur Einleitung der 6. Auflage
der Kinder- und Hausmärchen, 1844.

15 Anton Sorg (15. Jh.): Seelentrost. 1478.

II.
Die »große Haushaltsfamilie«
im christlichen Mittelalter und in der frühen Neuzeit

1. Von der materiellen Ebenbürtigkeit zur Glaubens-
gleichheit

In der vorchristlich frühgeschichtlichen Epoche hatte mehr und mehr der Sippengedanke für die seßhaft-ackerbauende und kriegerisch-landnehmende Bevölkerung an Dominanz gewonnen und ihre Schichtung eingeleitet. Die Partnerwahl zwischen gleichgebürtigen und gleichvermögenden Freien, die Ebenbürtigkeit in diesem materiellen und aristokratischen Sinne, wie sie viele frühgeschichtliche Volksrechte überliefern, wurde auf Jahrhunderte im germanisch-deutschen Raum zur bestimmenden Vorbedingung für die Eheschließung und hat sich bei den Freibauern und im Adel noch lange bewahrt.

Es blieb einer mühsamen Entwicklung während des christlichen Mittelalters vorbehalten, bis sich die Auffassungen von der Ehe allmählich änderten und humanisierten.

Seit den cluniazensischen Reformen im 10. Jahrhundert begann die christliche Kirche mit dem Abbau der alten feudalen Ordnung, hatte doch der Sippengedanke in seiner Konsequenz zur Bildung einer Oberschicht von »Königsgenossen« geführt, in die man nur durch Geburt und Vermögen aufsteigen konnte. Hier schien das Christentum, wenn man es modern ausdrücken will, zunächst demokratisierend zu wirken. Der ständischen und materiellen Ebenbürtigkeit setzte es die Forderung nach der Gleichheit des Glaubens entgegen. Dem Alleininteresse des Sippenwohls begegnete es mit dem Eheideal der Monogamie und Treue. Nicht mehr sollte der Mann die Person des Weibes als Eigentum erwerben, sondern auch Schutzrecht und Schutzpflicht über sie und die Kinder übernehmen.

Aber solche Forderungen setzten einen völligen Wandel des moralisch-ethischen wie rechtlich-wirtschaftlichen Denkens voraus, der sich erst in allmählichen und wechselnden Phasen vollziehen konnte.

Zunächst jedoch versuchte die Kirche, im eigenen Machtinteresse neue strenge Ordnungen an die Stelle der alten zu setzen. Das römische Recht kannte die Ehe »cum manu« und die Ehe »sine manu«, was etwa den beschriebenen Formen der Muntehe und der muntfreien Ehe entsprach, beides fußend auf dem Gedanken der *gentes*, der Sippe. Die Kirche verlangte statt dessen ausschließlich den Consens der gleichgläubigen Brautleute und die Copula carnalis, das Beilager, doch nicht mehr als Rechtsakt, sondern als Beweis der bräutlichen Jungfräulichkeit. Die neue religiöse Obrigkeit setzte nun ihrerseits für die Partnerwahl eine Fülle erschwerender Bedingungen ein; so errichtete sie Inzesttabus bis in den 7. Verwandtschaftsgrad, die wohl vor allem machtpolitisch gefährliche Familien-Zusammenballungen ver-

16 Barthel Beham (1502–1540): Junger Mann und Mädchen. 1521.

hindern sollten, aber ein deutliches Zeichen für die damals noch geltenden Sippenordnungen abgeben. Die stark politisch gefärbten Forderungen der Kirche gipfelten in den Ehe-Gesetzgebungen des 4. Laterankonzils von 1215.

2. Ehe und Unfreiheit im Feudalismus

Sieht man nun von diesen mehr oberschichtlichen Verhältnissen ab und fragt nach Partnerwahl, Eheschließung und Familienleben im Bürgertum und bei den unteren Ständen, so findet man für die sozialgeschichtliche Quellenlage noch ein weithin braches Feld. Zunächst ist festzuhalten, daß der Gedanke der materiellen Ebenbürtigkeit tief im Denken verwurzelt war und in aller Strenge auch bei den niederen sozialen Schichten erhalten blieb; eine Frau, die einen Leibeigenen heiratete, verlor damit die eigene Freiheit. Aber auch ein freier Mann, der eine Leibeigene ehelichte, konnte nicht damit rechnen, als Bürger einer freien Stadt aufge-

17 Bauer bei der Fronarbeit. 1493.

nommen zu werden, denn die reichsstädtischen Magistrate betrachteten den Zugang solcher Leute als Einbruchsmöglichkeit für fremde Herrschafts- und Machtansprüche in Zeiten bewaffneter Konflikte, wenn die Leibeigenen ihren auswärtigen Herrn dienstbar zu sein hatten.

Auf dem Lande konnte in dieser Zeit des Feudalismus, abgesehen von den wenigen Gebieten freien Bauerntums, von einer Emanzipation in der Gattenwahl aber überhaupt noch keine Rede sein. Der Grundherr vermochte jeden unfreien Mann von 18 und jedes Mädchen von 14 Jahren zur Ehe zu zwingen und jeder Witwe einen neuen Gatten zu befehlen, denn auch der Nachwuchs eines Dorfes war Teil seines Besitzes.

In diesem Zusammenhang feudaler Herrschaftsausübung, die tief in das familiäre Leben eingriff, gehört auch das viel besprochene Jus primae noctis, d. h. das Recht des Feudalherrn, die Braut an ihrem Hochzeitstage vor ihrem Gatten zu beschlafen. »Das Bestehen dieses Jus Primae noctis, in Frankreich als *Jus cunni*, in England als *marchette* und in Piemont als *carragio* bekannt, ist oft in Zweifel gezogen worden, aber Du Change hat bis ins einzelne gehende Beweise dafür geliefert, und man ist sich darüber einig, daß dieser Brauch bestand«[1].

Er schuf eine zusätzliche Blutsbeziehung zwischen Herrschaft und Bauern, eine weitere mittelbare Abhängigkeit besonders der Erstgeborenen, – aber auch eine weitere Demütigung, einen Abbau der Selbstachtung auf seiten der Bauern.

Das Grundeigentum als Besitz einzelner Familien, Boden als Ware, brachte neue Klassenunterschiede und Machtverhältnisse: eine Konzentration und Zentralisation des Reichtums in den Händen weniger, daneben die steigende Verarmung der Massen und die steigende Masse der Armen[2].

Der Bereich der »freien Gnade und Willkür« war weithin ungesichert und die Patriarchalität in ihrer Eigenschaft als Schutz- und Treuepflicht des Herrn durchaus keine Selbstverständlichkeit, sondern völlig offen. Aber die Autoritätshierarchie, die sich inhaltlich in den Strukturübertragungen von der Familie auf andere Besitz- und Abhängigkeitsverhältnisse ausdrückte, hat schon damals einer »paternistischen Gesellschaftsordnung« (Mitscherlich) Eingang verschafft, die später – sich verbindend mit den religiösen Vorstellungen von einem segnenden und strafenden Va-

18 Der Landesvater. 1765. Übertragung auf einen landsmannschaftlichen Studentenbrauch.

ter-Gott – das Vaterprinzip in alle Gebiete einführte: in das politische Leben in der Form des »Landesvaters und der Landeskinder«, in das ökonomisch-soziale Gefüge als »Herbergsvater« der Gesellenherbergen und schließlich auch in das geistig-intellektuelle Leben durch die Erfindung des »Doktorvaters« der Studenten. Aber das sind spätere Entwicklungen.

3. Frauenleben und Sexualität in den Städten
Das Heiratsalter, besonders der Mädchen, war auch in den Städten sehr früh. Eine Nürnberger Chronik berichtet, daß ein Ulman Stromer 1366 als zweite Frau ein Mädchen von vierzehneinhalb Jahren nahm und seine Tochter, die er schon mit acht Jahren verlobt hatte, wiederum im 14. Jahr verehelichte. Solche Zeugnisse lassen kaum auf selbständige und freie Partnerwahl der Frauen schließen, sondern zeigen, daß die Gewalt des Vaters über die Tochter auch im christlichen Mittelalter weiter bestehen blieb.
Am schwersten war es wohl, die Vorstellung von der Unauflöslichkeit der Ehe durchzusetzen und den Mann von der Notwendigkeit monogamer

Lebenshaltung zu überzeugen. Die »freie Liebe« und zahlreiche illegale Verhältnisse gehörten nach wie vor zu den Selbstverständlichkeiten des Lebens, und Schwänke und Fastnachtsspiele (Hans Sachs), aber auch Chroniken und Ratsprotokolle geben ein beredtes Zeugnis von der Unsicherheit der Moralvorstellungen jener Epochen.
Dem entsprach die Stellung der zahlreichen illegitimen Nachkommenschaft, die im Mittelalter den ehelichen Kindern zunächst ganz gleich geachtet wurden und nur den Stand des Vaters nicht erbten. Erst mit der strengeren Konsolidierung der Monogamie durch das Christentum verschlechterte sich die Lage des nunmehr als »unehelich« bezeichneten Nachwuchses.
Das christliche Eheideal der lebenslangen Monogamie also, das Gebot der Treue und des Schutzes, verbunden mit der Idee einer gewissen Gleichgestelltheit der Geschlechter, war lange kaum zu verwirklichen, zumal die Bibel selbst, zumindest in ihrem Alten Testament, das Gegenteil predigte und der Frau die ganze Schuld am Sündenfall zuschrieb.

19 Michael Ostendorfer (1490–1559): Junge Braut wird zur Kirche geführt. 1531.

Rücksichtslose Härte und Roheit des Mittelalters wird man sich auch auf sexuellem Gebiet und im Hinblick auf die Werteinschätzung der Frau ungezügelt genug vorstellen müssen, wozu noch in unaufhörlichen Kriegen die Sitten verwilderten. Prostitution in Begleitung der Monogamie gehörte zu den normalen Bedürfnissen wie Essen und Trinken; auch kleinste Städte und Marktflekken hatten ihre Freudenhäuser, deren Frauen in Zünften organisiert waren.

Im Zusammenhang damit ist jedoch eine grundlegende Veränderung der Denkweise zu sehen, die das spätere Mittelalter und die beginnende Neuzeit mit sich brachten. Statt der gegenwartsverneinenden Jenseitserwartung früherer Jahrhunderte hatte die Renaissance eine Bejahung aller Seiten des irdischen Lebens initiiert und mit der »Freigabe der Sexualität« gleichzeitig eine Blüte von Kultur und Wissenschaft heraufgefördert. Was das freilich für die Stellung der bürgerlichen und kleinbürgerlichen Frau bedeutete: diese Frage ist nicht einhellig positiv zu beantworten.

Im Mittelalter blieb weithin die zwischenmenschliche Einstellung zur Frau schwankend wie alle Fragen der Moral und Ethik in diesen geistig und seelisch so ungefestigten und um neue Lebensinhalte kämpfenden Zeiten. Die christliche Kirche erkannte zwar auch der Frau eine unsterbliche Seele zu und erteilte ihr die Segnungen der Sakramente. Der christliche Marienkult trug, ebenso wie der höfische Minnedienst, wohl zur Anhebung ihrer Stellung bei, aber letzteres betraf in mehr spielerischer Weise nur eine bestimmte ritterlich aristokratische Schicht. Und wenn der Marienkult zwar das Bild der Mutter zu verklären schien, auch durch seine zahlreichen optisch einprägsamen, populären künstlerischen Darstellungen, so darf man daraus doch kaum auf gar zu glückliche Lebensverhältnisse der einfachen Frau als Familienmutter schließen.

Bei der üblichen frühen Verheiratung und der geringen Schonung der Frauen war die Zahl der Geburten oft außerordentlich hoch, und bis zwanzig Niederkünfte in einer Ehe galten als keine Seltenheit, wenn auch primitive Abtreibungen und mit

allen möglichen vulgärmedizinischen und magischen Mitteln versuchte Konzeptionsverhinderungen weite Verbreitung fanden. Mangelnde Hygiene, Epidemien, Schmutz und Enge der Wohnverhältnisse trugen andererseits zu einer geradezu ungeheuerlichen Kindersterblichkeit bei, so daß in vielen Familien nur ein bis zwei Kinder am Leben blieben, viel mehr auch kaum hätten aufgezogen werden können. Stifterbilder, Votivtafeln und Grabsteindarstellungen legen ein beredtes Zeugnis von diesem immerwährenden Sterben ab, das gerade die Familienmutter gefühlsmäßig abstumpfen mußte. So hatten die Frauen an den Lasten des Lebens oft schwerer zu tragen als die Männer, besonders diejenigen der untersten Schichten. Auch die Kirche bot hier keine Hilfe, sondern betonte im Gegenteil noch die angebliche geistige und moralische weibliche Minderwertigkeit.

20 Bäuerlicher Grabstein in Oberhessen mit acht im Säuglingsalter verstorbenen Kindern.

Gehorsam und demütige Unterwerfung, geduldiges Ertragen auch von Züchtigungen seitens des Mannes predigte man als Teil der göttlichen Weltordnung; die bald einsetzenden Hexenverfolgungen trugen zur weiteren Abwertung der Frauen bei und zeichneten die Hexe als das vom Teufel, »d. h. von der Sexualität besessene Gegenstück der jungfräulich reinen Muttergottes Maria«[3].

21 Hexenverbrennung. Flugblatt Jörg Merckel, Nürnberg. 1555.

Sexualität als Schuld: dieser Vorstellung hatte der Apostel Paulus bereits im 1. Korintherbrief 7, V. 1–2 Ausdruck gegeben:

»Es ist dem Menschen gut, daß er kein Weib berühre. Aber um der Hurerei willen habe ein jeglicher sein eigen Weib und eine jegliche habe ihren eigenen Mann.«

Daß der Geschlechtsakt verunreinige und damit zur Erbsünde führe, wurde zu einer der Grundfesten mittelalterlicher Weltsicht.

Solche Vorstellungen verbanden sich mit der zunehmenden kirchlichen Forderung nach Unterdrückung des Geschlechtstriebes überhaupt, die besonders durch die Reformen Papst Gregors VII. (1073–1085) und seine Einführung des seit Augustinus erstrebten Zölibats wirkungsvolle Geltung erhielten und eine bisher unbekannte, unweltliche Aufwertung der Ehelosigkeit einleiteten.

Dem gegenüber stand die wachsende Kulturhöhe der Klöster. Üppig entfaltete sich das klösterliche Leben in zahlreichen Orden und führte neben vielen zivilisatorischen Errungenschaften zu einer neuen Werteinschätzung von Kunst und Wissenschaft, die nicht auf die klösterlichen Kreise beschränkt blieb, sondern auch die oberen Stände und das Bürgertum erreichte.

Der Frauenüberschuß in den mittelalterlichen Städten war außerordentlich hoch und wird auf durchschnittlich 1000 : 1200 geschätzt[4]. Auch hierin lag ein Grund für das Entstehen zahlreicher Frauenklöster, Hospize, Chorfrauenstifte und Beginenhäuser, Stätten der Hilfe, aber auch der

Bildung, in denen diese überzähligen Frauen und unverheirateten Töchter zur Versorgung gelangten. Sie trugen dann oft ihr Wissen wiederum zurück in den Kreis ihrer Familien. In besonderem Maße wuchs die Bildung der Frauen in den ritterlichen Kreisen, seit bereits in der karolingischen Zeit das Lesen religiöser Andachtsbücher bei den Damen zum guten Ton gehört hatte. Während die männlichen Tugenden sich weiterhin auf Waffenspiel und Reiterkünste konzentrierten, scheint es, daß im frühen Mittelalter die Frauen die Männer an geistiger Bildung übertrafen und oft zu alleinigen Lehrmeisterinnen ihrer Söhne und Töchter wurden.

Es gab geistig sehr hochstehende Frauen wie Hildegard von Bingen (1098–1179), die eine ganze gelehrte Kräutermedizin verfaßte, oder die durch ihre kirchenpolitische Aktivität berühmt gewordene Dominikanerin Katharina von Siena (1347–1380).

Zusammenfassend läßt sich also sagen, daß sich durch das Christentum ein neues Eheideal aufzubauen begann, in dem vor allem die Vielweiberei und die Verstoßung der Frau keinen Platz mehr fanden. Die Forderung nach ehelicher Treue und Dauermonogamie scheint seit etwa 1000 eine Art von Normvorstellung über die »christliche Familie« eingeleitet zu haben, die entscheidend und positiv durch die sich wandelnde Stellung der Frau gekennzeichnet wurde. Höfischer Minnedienst, aber auch christlicher Marienkult umgaben das Bild der Frau und Mutter mit neuer ethischer Würde, ohne daß daraus allerdings verallgemeinernde Schlüsse auf die gesellschaftliche Gesamtheit jener Epochen gezogen werden dürften. Der Weg solcher neuen Werteinschätzung und Leitbildwirkung führte von den Höfen und Burgen ins Bürgertum und auf jene Dörfer, die nicht zu stark unter dem Druck der Leibeigenschaft standen, vielleicht also zuweilen in Süddeutschland und der Schweiz.

Aber die uns bekannte Quellenlage erlaubt keineswegs die statistisch fundierte Aufstellung von Familiennormen, und diese kurze Übersicht macht sich nicht anheischig, derartiges nachzuliefern.

Im Wirtschaftsleben hatte die Arbeitsteilung Handwerk und Handel und damit städtische Daseinsformen hervorgebracht, die die Bildung eines neuen Familientyps, geeignet für die Zwecke der gemeinsamen Verwaltung, Bearbeitung und des Verkaufes der Produkte, förderte: eben die *große Haushaltsfamilie*. Daneben existierten, besonders im agrarischen Bereich, vielerorts die alten patriarchalisch geordneten Verwandtschafts- und Sippengruppen weiter und besiedelten ganze Weiler und Dörfer. Demnach dürfte es erlaubt sein, als die dominierende Sozialform, zu der sich im Mittelalter und in der frühen Neuzeit die Familie entwickelte, die *große Haushaltsfamilie* zu betrachten, ein Produkt bäuerlichen und bürgerlichen Wirtschaftsdenkens, wie es die veränderten Strukturen des Hausens und Wirtschaftens, des Handels und Wandels mit sich brachten.

4. Wandel des Familienrechtes durch die Kirche

Die rechtliche Form der Eheschließung veränderte sich langsam im Verlauf des Mittelalters, wobei die Kirche danach strebte, der kirchlichen Segnung der Ehe ein immer größeres Gewicht im Verhältnis zu den weltlichen Akten, Verlöbnis und Beilager, zu verleihen. Allmählich waren die alten Verlobungsformalitäten, die Überreichung der Wittumsurkunde, der Ringwechsel und die Zahlung des Handgeldes, in die Form einer Trauungshandlung der Verwandten übergegangen, an der die Kirche zunächst nicht beteiligt war. Dann zog sie diesen Akt räumlich vor die Kirchenpforte, lokalisierte ihn ›ante ostium ecclesiae‹, wovon solche Denkmäler wie die anmutige Skulptur der ritterlichen Verlobung über der Rottweiler Brautpforte Zeugnis ablegen. Hier also fand nun die Rechtshandlung statt, zunächst noch durch den Vormund, aber doch zumindest in Gegenwart des Geistlichen, der sie mit seinem Segen, der Benediction, beschloß[5]. Dem folgte dann der Eintritt der Hochzeitsgesellschaft in die Kirche und die Brautmesse als eigentliche kirchliche Handlung, nachdem das weltliche Geschäft, die vormundschaftliche Trauung, abgeschlossen war. Eine spezifisch kirchliche Trauung gab es also in

diesem Stadium, das etwa bis 1200 anzusetzen ist, noch nicht.

Mit der Änderung des weltlichen Rechts jedoch, mit der persönlichen Verselbständigung der Braut und mit der Verlagerung der Ebenbürtigkeit von der Standes- und Besitzebene auf die Glaubensgleichheit durch das kanonische Recht wurde der »geborene« Trauungsvormund durch den »gekorenen« ersetzt. Dessen Rolle übernahm sogleich und ausschließlich die Geistlichkeit unter strengem kirchlichem Verbot der Laientrauung. Das Zur-Ehe-Geben, die Trauung durch den Geistlichen wurde für die zweite Hälfte des Mittelalters zur typischen Form der Eheschließung. Die Trauung durch den Geistlichen bedeutete also die nunmehr kirchliche Ausübung einer ursprünglichen weltlichen Familiengewalt mit weltlichem Rechtsgrund. Sie basiert daher auf vorchristlicher Tradition und ist erst verhältnismäßig spät von der Familie auf die Kirche übergegangen.

Dieser Vorstellung entspricht die Tatsache, daß die Zeremonie der kirchlichen Trauung mit der symbolischen und magischen Handlung des Zusammenlegens und -bindens der Hände als erster Teil der Hochzeit noch lange Zeit *vor* der Kirchentür vollzogen wurde.

Auch Luthers »Traubüchlein« schreibt diese zweifache Handlung vor: 1. das Zusammensprechen der Brautleute *vor* der Kirche und 2. ihre Segnung *in* der Kirche.

Erst im Verlauf des 16. Jahrhunderts wurde dann der gesamte Trauungsakt *in* das Gotteshaus verlegt und damit die alte Bedeutung des weltlichen Rechts gänzlich in den Hintergrund geschoben. Das galt auch für die vorhergehende Verlobung, die ja in vorchristlicher Zeit als bindendes Eheversprechen gegolten hatte. Mehr und mehr erhielt statt dessen die priesterliche Ehebestätigung in der Kirche auszeichnenden Stellenwert beim Hochzeitsgeschehen und hat ihn sich bis weit in die Gegenwart bewahrt. Der Hochzeitstag als kirchlicher Trauungstag ist meist auch heute der Termin der eigentlichen Familienfeier.

Der Trauung mußte seit den Zeiten der fränkischen Kirche ein Aufgebot vorangehen, um etwa-

ige Ehehindernisse festzustellen, die die Kirche
zur Verwirklichung des christlichen Eheideals
aufgerichtet hatte. Das betraf im besonderen die
Unsicherheit, die im Volksbewußtsein über die
Verlobung als rechtskräftigem Eheversprechen
herrschte und die Luther in seiner Schrift »Von
Ehesachen« (1530) anschaulich beschreibt:
»Es ist oft geschehen, daß für mich kommen ein
ehelich Paar Volks, da eins oder alle beide sich
vorhin heimlich mit Andern verlobet hatten, da
war Jammer und Noth. Da haben wir Beichtväter
und Theologen sollen rathen solchen gefangenen
Gewissen; wie konnten wir aber? Da stund der
Official Recht und Brauch und urtheilet, das erste
heimliche Verlöbniss sollte eine rechte Ehe sein
für Gott, und die andere ein offentlicher Ehebruch. Da fuhren sie denn zu und zerrissen die andere Ehe, und geboten das erste heimliche Verlöbniss zu halten, sie hätten gleich zehen Kinder
mit einander in der offentlichen Ehe, und ihr Erb
und Güter zusammengemenget. Es musste von
einander, Gott gebe, der erste Verlobete wäre
vorhanden und spräche sie an oder wäre anderswo, ob er gleich anderswo sich auch verehelicht
hätte und sie nimmermehr haben wollte. Weiter,
wenn solch Verlöbniss so heimlich war, dass mit
keinem Zeugen kunnt beweiset werden, und die
andere Ehe war offentlich für der Kirchen bestäti-
get, zwang man sie zu allen beiden. Erstlich, dass
sie das heimlich Verlöbniss mussten für die rechte
Ehe halten im Gewissen für Gott. Wiederumb
zwang man sie auch bei Bann und Gehorsam zu
dem andern Mann zu Tische und zu Bette als zum
Ehemann, darum, dass diese Ehe offentlich beweiset war; aber jene, die heimliche, Niemand gläu-
ben durft ohn sie allein in ihrem Gewissen für
Gott. Was sollt hie ein armes Gewissen thun?«
Die Inkongruenz von Verlobung und Trauung
führte also zu großen seelischen und materiellen
Problemen, und die Erinnerung daran hat sich
zuweilen in den Hochzeitsbräuchen und -spielen
von der falschen und verlassenen Braut bis in die
Gegenwart erhalten. Ein literarisches Zeugnis bildet die Aufgebotszene in Wittenwilers »Ring« aus
dem 15. Jahrhundert:

»Do nu die mess ein end genam,
Der pharrer huob ze sagen an:
›Hört, ir frauwen und ir knecht!
Wisst, es ist der kirchen recht,
Daz einr ein chan im nemen schol
Offenleich (so tuot er wol),
nicht so haimlich ane pfaffen!
Dar zuo ist mit uns geschaffen,
Daz wir chündin uberlaut
Von dem preutgom und der praut
Und vor allem volk dar zuo
In der kirchen spat und fruo
Ob iemant wär und wesen scholt,
Der da wider sprechen wolt.
Dar umb gepeut ich pei dem pan:
Wer der ist, der bwären chan,
Daz die ee nicht redlich sei,
Der sag es ze der vart hie pei!‹
Des chroch ein altes weib her für
An einem stab, sie sprach: ›Ich spür,
Daz Pertschi mit des tiefels rat
Sein treuw an mir geprochen hat,
Es ist ein jar und nicht vil me,
Daz er mir schlechtz verhiess die ee.‹
Des wurdens älleu lachent do
Und gen dem pharrer sprechent so:
›Wisst, die ee was geschaffen
Vor münchen und vor phaffen!
Dar umb so nem im ieder gsell
Ein frauwen, do er gernest well!‹
Umb die red, die da geschach
Von dem weib, die in an sprach,
Ward hertailt ze Lappenhausen,
Daz sie scholt ein bruoche lausen,
Und, gesäch sie noch so wol,
Sam ein eweib gsehen schol,
Daz sie möcht derkennen
Die läus und dar zuo prennen
Und liess die knöpfe stille sten,
Daz sie schölt für sie alle gen
Und bewären iren dant,
Wolt sie Pertschin han zehant.
Des zoch der preutgom ab sein pruoch
Und sprach: ›Nu seh hin, hüer, nu suoch!
Und prennst du mir des fadens knöpf,

Ich reiss dir aus die grawen zöph.‹
Was schol man lengren dises lesen?
Sie liess die peisser all genesen
Und graffelt an hin mit der hant,
Und, wo sie einen strike vand,
Der hiet sein leben da verlorn;
Des lachtens all von rechtem zorn.
Den pheiffer hiess man schlahen auf
Und draten hin gen Pertschis haus.«

Diese Szene ist wohl mit Recht[6] als eine parodistische Verspottung der mittelalterlichen Verhältnisse gedeutet worden mit ihrer Rechtsunsicherheit über die Gültigkeit von Verlöbnis und Trauung, und man hat sie zu späteren Volksbräuchen und deren formelhaften Erscheinungsbildern in Beziehung gesetzt.

Um der kirchlichen Trauung gegenüber der formlosen Verlobung entscheidende Rechtskraft zu verleihen, entschloß sich die Kirche zu einem folgenschweren Eingriff in das Eheschließungsrecht auf dem Tridentiner Konzil von 1563. Die kirchliche Handlung erhielt dort den Rechtssinn der eigentlichen Eheschließung, und dem Geistlichen war damit die Kontrolle über etwaige Ehehindernisse und bigamistische Vorfälle in die Hand gegeben. So legte die kirchliche Verfügung nunmehr das Schwergewicht auf die Ehefragen des Geistlichen an das Brautpaar und die darauffolgende Consenserklärung, für die die Gegenwart zweier Zeugen Bedingung wurde. Weltliche Verlobung als Rechtsgeschäft und kirchliche Trauung verschmolzen zu einem eheschließenden Vorgang nach geistlichem Recht.

Die Beschlüsse des Tridentiner Konzils, das die Ehe zum Sakrament erhoben hatte, wurden von Luther und den anderen protestantischen Reformatoren nicht anerkannt. Er selbst, verheiratet mit einer ehemaligen Nonne, bestand keineswegs auf der Einehe und tolerierte beispielsweise die Nebenehe des Landgrafen Philipp von Hessen. Thomas Münzer (um 1480–1525) errichtete in Thüringen ein »urchristlich«-kommunistisches Reich. Ähnliche Formen der erweiterten Familie als eines ewigen sozialen Zusammenhangs suchten und fanden 1534 die Münsteraner Wiedertäufer in Westfalen, die von Jakob Huter 1528 in Mähren gegründete praekommunistische Wiedertäufergruppe und die weitverbreitete Brüderschaft der Habaner.

Weit strenger setzte der Schweizer Reformator Johannes Calvin (1509–1564) die Normen für Kirchenzucht und Eheleben. Selbst seit 1540 mit einer Witwe verheiratet, traf er für Genf, wo damals neben sieben Spitälern mehrere Dutzend Freudenhäuser existierten, ganz eigene Ehebestimmungen: die Frau durfte nicht älter sein als der Mann, kein Greis ein junges Mädchen heiraten, die Mitgift keine Rolle spielen, und auf Ehebruch sollte die Todesstrafe stehen. Auch die Zeugung galt als Leistung im Dienste Gottes, eine Auffassung, die der Puritanismus verbindlich übernahm.

Doch blieb die Eheschließung für die Reformatoren ein durchaus weltliches Rechtsgeschäft, und es gibt kein eigentliches protestantisches kirchliches Eherecht. Vielmehr behielt man bis zu einem gewissen Grade die alten Grundsätze des kanonischen Rechtes bei, wonach das Verlöbnis bereits das rechtskräftige Eheversprechen bedeutete und die Trauung nur als Vollzugshandlung galt. Luther schrieb 1530 dazu in der erwähnten Schrift:

»Von Ehesachen:

Denn wir droben gehört haben, dass eine offentlich verlobte Dirn heisse eine Ehefrau, und dass solch offentlich Verlöbniss, wo es frei und rein ist von andern zuvor beschlafen Dirnen, stifte eine rechte redliche Ehe, darumb, so ist er (der Verlobte) auch gewisslich ein rechter Ehemann, und weil sich's bei uns nicht ziemet, mehr denn ein einziges Weib zu haben, so ist er seines Leibes nicht mächtig, und kann kein ander berühren ohne Ehebruch.«

Kirchenordnungen solchen Inhalts haben sich vielerorts als evangelische Praxis bis ins 18. Jahrhundert erhalten. Die Vorstellung von der verpflichtenden Rechtskraft einer »öffentlichen Verlobung« nimmt hier ihren Ursprung. Sie verbindet sich mit dem überlieferten Denkmodell, daß mit der Verlobung wohl das eheliche Treueverhältnis, aber noch nicht die eheliche Gemeinschaft einzusetzen habe. Das führte zu der Forderung nach kirchlich zu begehender Verlobung in mehreren evangelischen Kirchenordnungen. Die Erinnerung an die Rechtskräftigkeit der Verlobung ist noch in einer ganzen Reihe von Vorstellungen und Vorschriften bis in die Gegenwart lebendig geblieben wie z. B. das »Kranzgeld«, das der Verlobte seiner verlassenen Braut zu zahlen habe.

Die Spaltung der Kirchen in Deutschland betraf also vornehmlich gerade das Eherecht. Nach dem Recht der katholischen Kirche ist die Trauung nichts anderes als eine »solennisierte Consenserklärung«[7]; die Eheleute geben sich selbst das Sakrament. Die evangelische Kirche dagegen traut die Braut tatsächlich dem Bräutigam an, ohne allerdings die geistliche Kopulation zunächst als ihr Recht zu fordern. Erst seit dem 18. Jahrhundert gibt es überhaupt eine protestantische Trauung. Die Reformatoren hatten eine Einmischung der Kirche in das Eherecht nicht gewollt. Unter dem religiösen Einfluß der Puritaner Englands führte dort Cromwell bereits 1653 die Zivilehe ein, die sieben Jahre später allerdings wieder abgeschafft wurde. Aber der Gedanke blieb lebendig und reifte in den verschiedenen Staaten in verschiedenem Tempo; so besteht in den Niederlanden die Zivilehe bereits seit dem 17. Jahrhundert. Für Deutschland wirkte die Entwicklung Frankreichs leitbildhaft, wo sich die Zivilehe seit der Französischen Revolution durchgesetzt hat, erst in einem Gesetz von 1792, dann obligatorisch durch den Code civil.

Im föderalistischen Deutschland dagegen verlief die Entwicklung nur langsam und in verschiedenen Phasen: Die obligatorische Zivilehe beschloß Frankfurt 1850, Baden 1869, Preußen 1874, und für das gesamte Deutsche Reich erhielt sie dann am 1. Januar 1876 Gültigkeit.

Neben den großen christlichen Konfessionen waren es in Deutschland die Juden, die für sich seit dem Mittelalter in ihren jüdischen Gemeinden eigene Rechtsvorstellungen und Rechtsnormen entwickelt hatten, ja: gerade in den Formen des Eherechts bewahrte sich das jüdische Recht am längsten[8]. Bildeten sie im Mittelalter zunächst ein seßhaftes und kontinuierliches Bevölkerungselement, so verhinderte ihre außerordentliche religiöse Bewußtheit doch jede reale Integration[9], und das strenge Postulat der Kirche nach Glaubensgleichheit der Ehepartner mag die Juden noch leidenschaftlicher zu religiöser Absonderung gedrängt und in ihrem religiös-sittlichen Empfinden als Grundlage ihres gesamten gemeindlichen Lebens noch entschiedener bestärkt haben. An diesem Bewußtsein vom »heiligen jüdischen Volkstum« scheiterten auch die Bemühungen Luthers[10], der sich entschieden gegen den judenfeindlichen katholischen Glaubensfanatismus wandte, doch nicht im Geiste humanistischer Gewissensfreiheit, sondern vielmehr im missionarischen Glauben an die Bekehrung Israels. Als er sich hierin getäuscht sah, schlug seine Stimmung gegen die »verstockten Juden« um. Erst das tolerante 18. Jahrhundert brachte auch für die jüdischen Heiratsvorschriften eine weitgehende Emanzipation und Liberalisierung.

[1] Taylor, G. A.: *Wandlungen der Sexualität.* 1957, S. 223.
[2] ausgeführt bei Engels, Friedrich: *Der Ursprung der Familie...* 1891.
[3] Saller, Karl: *Sexualität und Sitte.* 1966, S. 120 f.
[4] Kulischer, Josef: *Wirtschaftsgeschichte* I² 1958, S. 173.
[5] Sohm, Rudolf: *Das Recht der Eheschließung.* 1875, S. 160 ff.
[6] Hanika, Josef: *Die »verlassene Braut«.* 1957, S. 106 f.
[7] Sohm, Rudolf: *Das Recht der Eheschließung.* 1875, S. 271 ff.
[8] Gierke, Otto: *Deutsches Privatrecht.* I 1895, S. 437 f.
[9] vgl. Caro, Georg: *Sozial- und Wirtschaftsgeschichte der Juden.* 1908, S. 452; Kisch, Guido: *Forschungen.* 1955.
[10] 1523: »Daß Jesus Christus ein geborener Jude sei«; vgl. Dubnow, Simon: *Die Geschichte des jüdischen Volkes in der Neuzeit.* Berlin 1927, Bd. VI, S. 199 ff.

Eine bäuerliche Schnitterin, die mit der Sichel das Ge-
treide schneidet, wird von einem jungen adligen Herrn
im Kornfeld entdeckt. Mit Jagdhut, Tasche, Waidmes-
ser und Hunden, dem Falken auf der linken Faust, ist er
auf der Rebhuhnjagd, wendet aber sein Interesse dem
Bauernmädchen zu.

»Es geht nun in die Ernte,
ihr schönen Dirnen fein;
hätte ich ein Liebchen, das zur Ernte geht,
ich nähme sie mir in der Scheur vor,
dann hätte ich keinen Kummer mehr.«
Johannes Hadlaub, Anfang 14. Jahrhundert.

»Er schickte sich nach Ordnung der Natur zu
einer ehrenhaften Haushaltung und zu nützem Ei-
genherd. Denn seines Vaters Hofmeister Silenus
hatte mehr als einmal berichtet, daß nichts auf Erden einer Alleinbeherrschung und Monarchie
oder Mannsherrschaft mehr gleicht und königli-
cheres Ansehen verschafft, als die häusliche Herrschaft oder herrschaftliche Häuslichkeit. Denn in
derselben erkennt der Hausfürst seines Dachtrop-
fens Reichsgrenze, daraus ihn niemand ziehen
kann. Er hat an seinem Weib, Kindern und Gesind
genug Freibeuter im Säckel und in der Taschen.
Derhalben, um ein rechter Mann zu werden, ver-
einigte sich Großguschier mit einer anmutigen
Gehilfin als einem tisch- und bettgeheimen Rat,
welche er gleichsam als Hauskönigin aufnahm
und auf ebenwürdigen Thron neben sich setzte.
Solche frei erwählte, hausstützende Gemeinschaft
wird von Gott und der Welt als ein notwendiger
Schutz dem menschlichen Geschlecht gerechnet
und gestattet. Nach Kontrakt, Verlöbnis, Handschlag und Verbündnis, aus natürlicher Zunei-
gung, im erlaubten Beilager und in der Ehekoppel
werden sie in rechtmäßiger Ehe als eines Leibs
Genossen geachtet und gepriesen.«
Johann Fischart (1546/47–1589/90): Gargantua.

23

22 Blatt 394a der Manessischen Handschrift, einer bebilder-
ten Liederhandschrift von etwa 1300–1340 (Große Heidelberger Liederhandschrift, Bild des ersten sog. Nachtragsma-
lers).
23 Monatsbild ›April‹ aus dem Breviarium Grimani (aus
dem Schatz von San Marco zu Venedig) um 1500 – Flandern:
Standesgemäße Heirat eines jungen vornehmen Mädchens
mit einem älteren reichen Mann.

24

Seit dem Mittelalter lebt der Begriff des »ganzen Hauses« als der einer rechtlich und ökonomisch begründeten Einheit.

»Die Ursprünglichkeit und Abgeschlossenheit der Familie und des Hauses gegenüber dem Volke und dem Staate hatte im Rechte des Mittelalters ihren vollen Ausdruck erhalten. In seinem Hause, hieß es, ist der Mann gesessen in stiller, nützlicher, geruhiger Gewer und Gewalt länger denn Landrecht und Gewohnheit ist. Die Türe, welche das Haus von der Gemeinde und vom Staate scheidet, war ein unantastbares Heiligtum. In seinem Hause, darinnen er wohnte, sollte jeder Frieden haben, so daß ihm binnen seinen vier Pfählen kein Urteil schaden könnte. Die Ehefrau, die Hausehre in der Sprache der Zeit genannt, war wie der Haussohn und die Haustochter dem öffentlichen Leben nur durch den Hausherrn bekannt, und hat jemand, sagte das alte Recht, an Knecht und Magd, die des Mannes Hausgewalt heißen, Unfuges begangen, so mag der Mann wohl klagen, weil man seiner nicht geschont hat an seinem Gesinde und hat den Frieden an ihm gebrochen. Keine Familie hatte im Mittelalter eine andere Gewalt als die ihres Hauptes gekannt, aber der Mann, durch den das

25

26

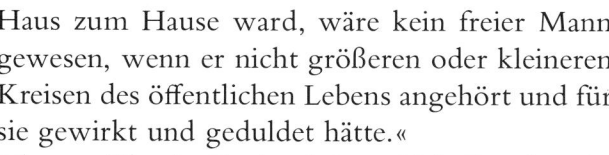

Haus zum Hause ward, wäre kein freier Mann
gewesen, wenn er nicht größeren oder kleineren
Kreisen des öffentlichen Lebens angehört und für
sie gewirkt und geduldet hätte.«
*Clemens Theodor Perthes (1809–1867): Das deutsche
Staatsleben vor der Revolution. 1845.*

24 Gonzales Coques (1618–1684): Familienbild.
25 Bartel Bruyn (1493–1555): Vater mit 4 Söhnen. Um
1540.
26 Bartel Bruyn (1493–1555): Mutter mit 4 Töchtern. Um
1540.
27 Wilhelm Hansen: Fachwerkgiebel aus dem Jahre 1612 in
Bad Salzuflen, Lange Str. 33.

27

28

Die Unsicherheit über die kirchlicherseits geforderte Monogamie, das Recht, sich Nebenfrauen zu nehmen und die Rechtsansprüche der aus solchen Verbindungen hervorgegangenen Kinder, – das alles waren Vorstellungsbereiche, die besonders in der Lebenswelt des Adels noch das ganze Mittelalter über eine große Rolle spielten und auch die machtpolitischen Möglichkeiten der Familien beeinflußten.

Die Ambivalenz der Ehevorstellungen in Stadt und Land über Rollenverteilung und Monogamie fanden ungehemmten Ausdruck und widerspiegelten sich im Spott der Zeitgenossen.

28 Bilderbogen: »Die Lebensalter des Mannes« aus dem 17. Jahrhundert.
29 Schwäbischer Meister 1525: Bildnis eines Mannes mit Sohn.
30 Peter Flettner (1500–1546): Der Ehebruch. Um 1532.
31 Erhard Schoen (1500–1542): Das boshafte Weib.

»Seine (des Grafen Gottfried von Zimmern) Bastardkinder, deren er von zwei Müttern, Anna Fritzin von Lübertingen und Anna Landauerin von Meßkirch, acht hinterließ, wurden alle ausgesteuert, unter denen waren auch zwei Söhne, die viel Geld auf den hohen Schulen und sonst kosteten. Der ältere, Gottfried, ist nach vielem Vertun im Niederland elendiglich umgekommen, sein Bruder Martin lebt noch, dient und behilft sich mit seinem jährlichen Leibgeding, das ihm auf die Herrschaft verschrieben ist. Der alte Herr gab ihnen bei Lebzeiten ein Wappen zu führen, nämlich eine aufrecht Streitaxt zwischen zwei gelben Hirschstangen im blauen Schild und dazu einen offenen Turnierhelm. Sie haben sich auch mit seinem Zulassen und Befehl bisher von Zimmern geschrieben…, obwohl das mit gutem Willen der Agnaten nicht geschehen. Aber es durfte ihm niemand widersprechen. Von etlichen wurde es in Zweifel gezogen, ob der alte Herr die Macht habe,

solche Wappen mit Turnierhelmen namentlich
solchen Personen zu verleihen, und wenn er nicht
so bald krank geworden wäre, so wäre ihm deshalb gewißlich ein Nasenspiel zugerüstet worden,
wodurch diese erdichteten neuen adeligen Wappen wieder abgeschafft. Aber er hatte eine besondere Affektion und Liebe zu allen Bastarden, die
favorisierte und begünstigte er vor anderen Leuten, wo er konnte.«

Graf Froben Christoph von Zimmern († 1563): Aus
der Chronika derer von Zimmern.

»O junger Mann, nimm eben wahr!
zeuch erstlich dein Weib an den Orten
zu Gehorsam mit guten Worten!
Wo gute Wort nit helfen wöllen,
so tu dich etwas ernstlich stellen
zu wehren ihr eigensinnig Art!
Wo sie dir noch hält Widerpart,
so magst du's strafen mit der Zeit,
doch mit Vernunft und Bescheidenheit,
wie man denn spricht: ein frommer Mann
ein gehorsam Weib ihm ziehen kann.
Ich hab es ernstlich übersehn;
darum ist mir jetzt das geschehen,
daß ich hab so eine böse Ehe
voll Hader, Zank und Herzenswehe,
voll Widerwillens und Ungemachs.
Hüt dich dafür! rät dir Hans Sachs.«

Hans Sachs (1494–1576): Schluß des Fastnachtsspiels
»Der bös Rauch«, etwa 1550.

Der Marienkult umgab das Bild der Frau und Mutter mit einer neuen ethischen Würde und sollte in seinen zahlreichen bildlichen Darstellungen vorbildhaft auf die Bevölkerung wirken.

MARIENRUF AUS DEM 16. JAHRHUNDERT

»Dich, Frau vom Himmel, ruf ich an in diesen
    großen Nöten mein,
gen Gott ich mich verschuldet han, sprich, daß ich
    sei der Diener dein.
Von deinem Kind, Maria, wend sein Zorn von
    mir!
Tröstlich Zuflucht hab ich zu dir,
hilf bald, ich fürcht der Tod kommt schier.«

32 Hans Holbein d. J. (1497–1543): Madonna des Bürgermeisters Meyer.
33 Albrecht Dürer (1471–1528): Dürers Mutter. 1514.
34 August Erich (1620–1644 als Hofmaler in Kassel): Familienporträt des Landgrafen Moritz.
35 Nürnbergische Meister: Stiftergruppe, Unterteil des
Strosmer-Epitaphs. Um 1450.

»Das ist Albrecht Dürers Mutter. Dy was alt 63
Jahr und ist verschieden im 1514 Jahr am Erchtag
vor der Kreuzwochen um zwei gen Nacht.
…Diese meine fromme Mutter hat 18 Kinder tragen und erzogen, hat oft die Pestilenz gehabt, viel
andrer schwerer und merklicher Krankheit, hat
große Armut gelitten, Verspottung, Verachtung,
höhnische Wort, Schrecken und große Widerwär-
tigkeit, noch ist sie nie rochselig gewest. …Und in
ihrem Tod sach sie viel lieblicher, dann do sie noch
das Leben hätt.«

*Albrecht Dürer (1471–1528): Nach dem Tod seiner
Mutter, 1514*

34

35

*Dokumente für die großen Geburtenzahlen und außer-
ordentliche Kindersterblichkeit sind Porträts und Stifterbilder.*
*Der Landgraf Moritz der Gelehrte von Hessen
(1572–1632) präsentiert stolz seine 14 Kinder; bei den
kleinen ist am Spielzeug zu erkennen, ob es Knaben
oder Mädchen sind.*
*Das Nürnberger Stifterbild des 15. Jahrhunderts zeigt
den Stifter mit seinen 3 Frauen und 11, z. T. verstorbenen Kindern.*

»... So nun alle ding schön, gut sind und hüpsch,
rein, gut bei uns voller selikeit, voller heilikeit und
aller guten dingen, so ist es doch nit anderst dan
wie ein schaz, der von golt und perlin in einer ki-
sten ligt und der dieb stilts hinweg und dem hausherrn bleibt nix. dan da wird niemants verschont
und nix angesehen weder nuz noch schat, weder
frombkeit noch bosheit, sonder nur auf und hinweg und solt die ganze welt auf eim ston, so ist er
nix vor got, wird nit angesehen. also ist unser leben ein unsicherer schaz, den wir schon wol ver-
hüten und in al weg bewahren...«
*Paracelsus, Theophrast von Hohenheim (1493–1541):
Opus Paramirum Aureoli.*

36

*Das Idealbild der umsichtigen Hausfrau setzte nicht nur
außergewöhnlichen Fleiß, Organisationsvermögen und
wachen sparsamen Geschäftssinn voraus, sondern auch
große pädagogische Fähigkeiten: das alles aber im Geiste absoluter Ein- und Unterordnung und Ehrbarkeit.*

»Das weibliche Geschlecht widmet sich ganz und
unermüdet der Haushaltung und allem, was darauf Bezug hat. Die Aufsicht und Erziehung der
Kinder, der Knaben, so lang sie klein sind, und der
Töchter, bis sie heurathen, ist seine vornehmste
Sorge; und diesem wichtigen Geschäft widmen
die Frauen viele Zeit. Den ersten Unterricht im
Lesen, falls die Mutter selbst lesen kann, erhalten
wenigstens die Töchter immer von ihr, so auch
den Unterricht im Gebet, dies müssen die Kinder
alle Morgen und Abend in Gegenwart der Mütter
verrichten. Sie weißt jedem die Arbeit an, womit
es sich den Tag über beschäftigen soll, und sieht
noch, daß iedes bis auf die Feyerstunde solche
vollende. Was im Haus immer gemacht werden

kann, bis auf viele weibliche Kleidungsstücke, das
wird von der Hausfrau und den Töchtern gemacht;
durch sie wird auch, ausserordentliche festliche
Mahlzeiten ausgenommen, die Küche besorgt;
denn die Anzahl der Dienstboten ist sehr gering.
In Häusern, die recht gut stehen, und wo nach hie-
sigen Verhältnissen wirklicher Ueberfluß ist, wird
dennoch selten mehr als eine Magd gehalten; die
Handwerksfrau behilft sich gar wol ohne dieselbe,
wenn in ihrer Haushaltung alles gesund ist. Die
Bedürfnisse sind auf das nothwendigste eingeschränkt; und dadurch gewinnt die Frau oft noch
Zeit, ihrem Mann in seinen Geschäften Hilfe zu
leisten.«

*Salomon von Orelli (1640–1729): Aloysius von Orelli
– ein biographischer Versuch ... über die Stadt Zürich
des 16. Jahrhunderts. 1797.*

37

»Aristoteles sagt in seiner ›Ethik‹, daß Mann und Frau unter den Menschen nicht nur – wie bei anderen Lebewesen – wegen der Notwendigkeit der Zeugung verbunden werden, sondern auch wegen des häuslichen Lebens, in dem es bestimmte Aufgaben des Mannes und der Frau gibt und in dem der Mann das Haupt des Weibes ist. Daher wurde die Frau angemessener Weise aus dem Manne wie aus ihrem Urgrund gebildet.«
Thomas von Aquino (1223–1274): Summa Theologica, Pars Prima, art. II.

36 Jan Steen (1626–1679): Die Kindtaufe.
37 Thomas de Keyser (1596–1667): Holländisches Familienporträt, Ausschnitt.
38 Lucas Cranach d. Ä. (1472–1553): Die heilige Sippe. Um 1507/10.

38

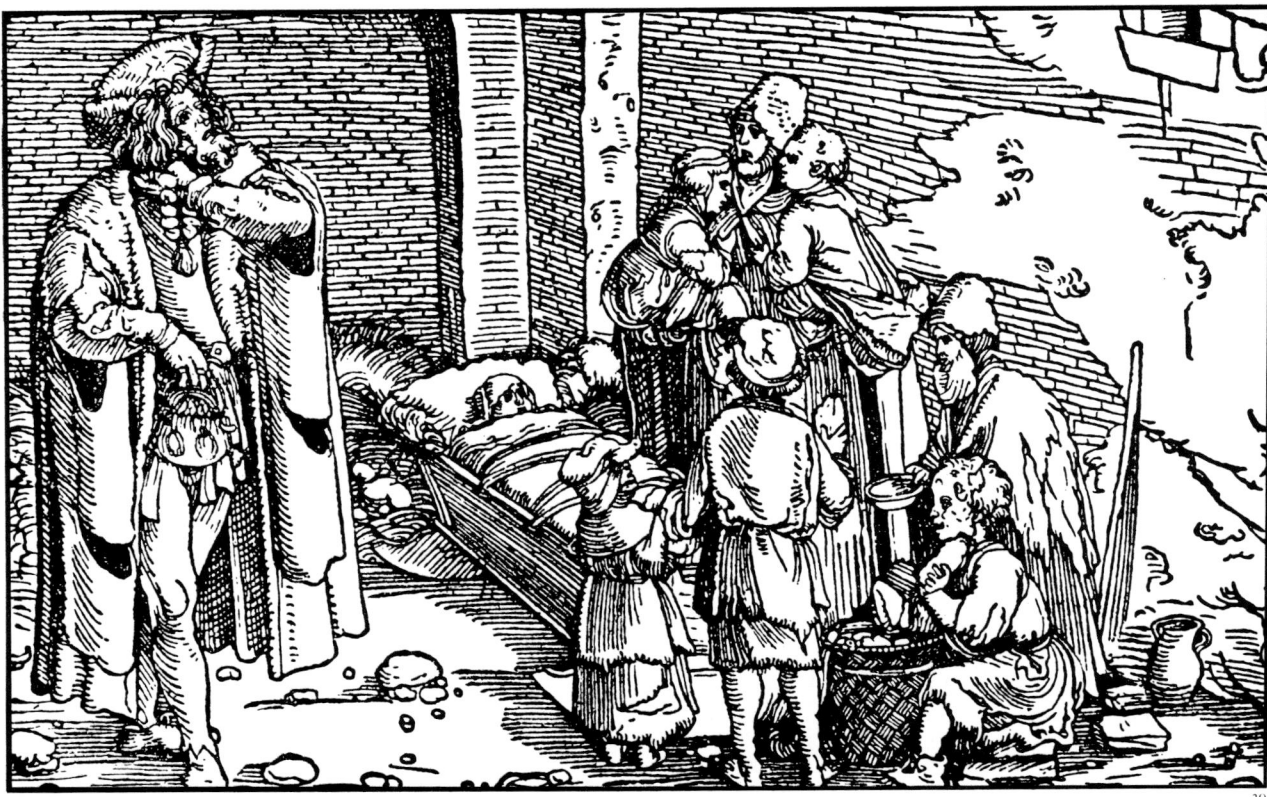

39

*Zu Augsburg im Jahre 1523 erschien ein Bestseller der
damaligen Zeit:*
*»Von der Artzney bayder Glück, des guten und wider-
wärtigen«. Illustriert war er mit zahlreichen Holz-
schnitten des sog. Petrarca-Meisters, die die alltäglichen
Lebensverhältnisse der damaligen Zeit wiedergeben.
1620 erschienen die Holzschnitte nochmals in der deutschen illustrierten Gesamtausgabe von Petrarcas
»Trostspiegel« und in Verbindung mit dem Humani-
sten Sebastian Brant (1458–1521).*

40

»Von viel und schwerer Bürde der Kinder«.
Wenn die Behausung auch von größter Unwohn-
lichkeit ist, zeigen die Brote in den Händen der
Kinder und die Kleidung des Vaters, daß äußerste
Not nicht herrscht. Aber es sind zu viele Kinder –
7 –, und so verläßt der Vater resignierend und die
Klagen der Mutter abwehrend das Haus.
Der Frau verbleiben Fürsorge und Sorge.

»Von Verlierung der Hausfrauen.«
Die Mutter und Hausfrau wird zu Grabe getragen
und läßt eine verzweifelte Familie zurück.

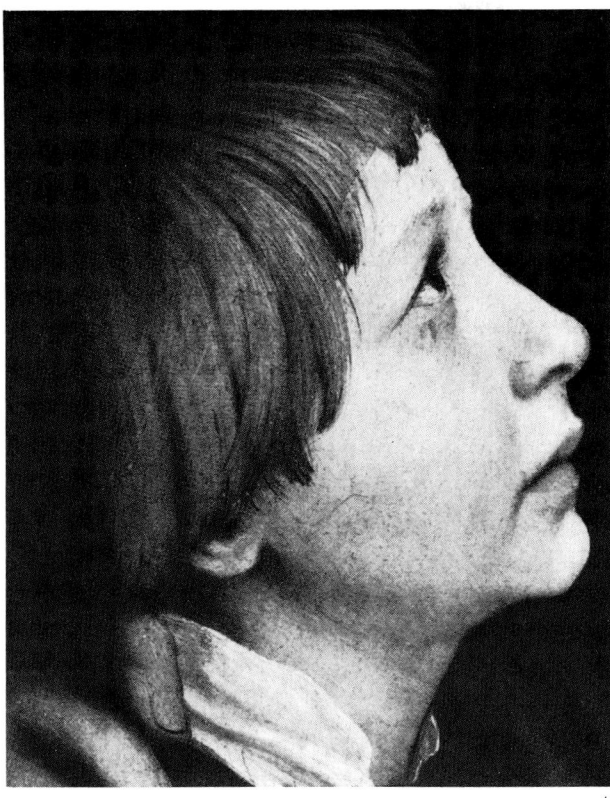

41

42

39 Von viel und schwerer Bürde der Kinder (Petrarca-Meister S. 206).
40 Von Verlierung der Hausfrauen (Petrarca-Meister S. 212).
41 Hans Holbein d. J. (1497–1543): Holbeins Sohn. 1528.
42 Hans Sebald Beham (1500–1550): Landsknechte überfallen ein Dorf.

Der kulturelle und zivilisatorische Abstand zwischen Stadt- und Landbevölkerung war im 16. und 17. Jahrhundert groß und kaum überbrückbar. Leibeigenschaft und ständige Überziehung mit Krieg und marodierenden Horden verängstigten die Landbevölkerung, die sich mit gelegentlichen Prassereien zu entschädigen suchte. An Bildung oder gar Schulbildung der Kinder war kaum zu denken.

»*Einsiedel:* Wie heißet du?
Simplex: Ich heiße Bub.
Einsiedel: Ich sehe wohl, daß du kein Mägdlein bist. Wie hat dich aber dein Vater und Mutter gerufen?
Simplex: Ich habe keinen Vater und Mutter gehabt.
Einsiedel: Wer hat dir denn das Hemd gegeben?
Simplex: Ei, meine Meuder.
Einsiedel: Wie hieß dich denn deine Meuder?
Simplex: Sie hat mich Bub geheißen, auch Schelm, langöhrigter Esel, ungehobelter Rülp, ungeschickter Tölpel und Galgenvogel.
Einsiedel: Wer ist denn deiner Meuder Mann gewesen?
Simplex: Niemand.
Einsiedel: Bei wem hat deine Meuder des Nachts geschlafen?
Simplex: Bei meinem Knän.
Einsiedel: Wie hat dich denn dein Knän geheißen?
Simplex: Er hat mich auch Bub genennet.
Einsiedel: Wie hieß aber dein Knän?
Simplex: Er heißt Knän.
Einsiedel: Wie hat ihn aber deine Meuder gerufen?
Simplex: Knän und auch Meister.
Einsiedel: Hat sie ihn niemals anders genennet?
Simplex: Ja, sie hat.
Einsiedel: Wie denn?
Simplex: Rülp, großer Bengel, volle Sau, alter Scheißer, und noch wohl anders, wenn sie haderte.
Einsiedel: Du bist wohl ein unwissend Tropf, daß du weder deiner Eltern noch deinen eigenen Namen weißt.«
Hans Jakob Christoffel von Grimmelshausen (1620/21–1676): Der Abentheuerliche Simplicissimus. 1669.

43

*Materieller Wohlstand auf dem Lande sowohl wie in
den Städten verlangte nach Repräsentation. Daher die
große Bedeutung üppiger Mahlzeiten und einer rein
quantitativen Meßbarkeit des Genusses.*
*Die obrigkeitlichen Ordnungen, die jeden Stand in
seine Schranken weisen sollten, wurden immer neu erlassen und ebenso häufig überschritten.*

Aufzählung eines bürgerlichen Hausrats um 1514:
»Zinnen Schüsseln und Platten groß und klein.
Saucen-Schüsselein und Milchkännlein,
silberne Kopfbecher und goldene Fass,
Kannen und Schalen und manch seltsam Glas,
Eckig, stachlig, hoch, eng und weit,
und was man brauchen soll je zur Zeit
von Kannen und Flaschen groß und klein,
ein Gastmesser und auch ein Fazilet,
daß einer zu Tisch auf der Achsel hätt,
und daß er die Tischlaken nit beschiß...«

Speisenfolge eines Diners, das Dr. Christoph
Scheurl 1525 in Nürnberg zu Ehren Melan-
chthons gab:
»Saukopf und Lendenbraten in saurer Sauce
Forellen und Äschen
5 Rebhühner
8 Vögel
1 gebratener Kapaun
Hecht in Sülze
Wildschweinfleisch in Pfeffersauce
Käsekuchen und Obst
Pistaziennüsse
Latwergen, Lebkuchen und Konfekt.
Am Mahl nahmen 12 Personen teil, von denen je-
der durchschnittlich zweieinhalb Liter Wein
trank.«
Günther Schiedlausky: Essen und Trinken. 1956.

Die sozialen Unterschiede wurden gerade im Bereich
des Essens und Trinkens besonders augen- und gaumen-
fällig:

»Kraut und Rüben,
nichts daneben,
Fleisch kein Zäpfli,
Wein kein Tröpfli –
so steht's das ganze Jahr!«
Flugblattlied aus der Schweiz.
Hermann Strobach: Bauernklagen. 1964.

43 Jacob Jordaens (1593–1678): Wie die Alten sungen, so
zwitschern die Jungen.
44 Marten van Cleve (1527–1581): Bäuerliche Szene.
45 Adriaen van Ostade (1610–1684): Häusliche Szene. 1648.

al bzecht·Glockendon

46

Die rechtliche Verbindlichkeit der Eheschließung, die in frühgeschichtlicher Zeit eine Angelegenheit der Sippe gewesen war, wandelte sich im christlichen Mittelalter zu der Form einer religiösen Handlung erst vor der Kirchentür, dann in der Kirche.

»Für der Kirchen trauen, mit solchen Worten:
Hanns, wilt du Greten zum ehelichen Gemahl haben?
Dicat: Ja.
Greta, wilt du Hansen zum ehelichen Gemahl haben?
Dicat: Ja.
Hie lasse sie die Trauringe einander geben, und füge ihre beide rechten Hand zusammen und spreche: Was Gott zusammenfüget, soll kein Mensch scheiden. (Darnach spreche er vor allen insgemein:) Weil denn Hanns N. und Greta N. einander zur Ehe begehren, und solchs hier öffentlich für Gott und der Welt bekennen, darauf sie die Hände und Trauringe einander gegeben haben, so sprech ich sie ehelich zusammen, im Namen des Vaters und des Sohnes und des heiligen Geistes. Amen.

47

48

Für dem Altar über den Bräutigam und Braut lese
Gottes Wort. (Folgt die Verlesung der bekannten
Schriftstellen.) Dann am Schluss die Benediction:
Hier recke er die Hände über sie und bete also:
Herr Gott, der du Mann und Weib geschaffen und
zum Ehestand verordnet hast, dazu mit Früchten
des Leibes gesegnet und das Sacrament deines lie-
ben Sohnes Jesu Christi und der Kirchen, seiner
Braut darin bezeichnet; wir bitten deine grundlose
Güte, du wolltest solch dein Geschäft, Ordnung
und Segen nicht lassen verrücken, noch verder-
ben, sondern gnädiglich in uns bewahren, durch
Jesum Christum, deinen Sohn, unsern Herrn.
Amen.«

Aus Martin Luthers »Traubüchlein«.

46 Hans Sebald Beham (1500–1550): Kirchweihfest mit
Trauung.
47 Leonhard Beck (1475–1542): Wie der Papst den alten
weiß kunig und gemahel vermehlet.
48 Kapellenkirche Rottweil a. N. – Braut-Türle. 14. Jahrhundert.

49

Ein buntes Bild jener Tage zeigt die Geschichte »Von Metsen hochzit«, die sich im 13. Jahrhundert in der Gegend vom Bodensee abgespielt hat. Der junge Bärschi liebt seine Metzi und sie ihn; doch will sie ihm nur angehören als rechtmäßige Ehefrau. Also entschließt sich der Bärschi zur Heirat, und die Verlobung wird, sehr geschäftsmäßig, von den beiderseitigen Verwandten besprochen. Der Metzi werden als Mitgift drei Bienenstöcke, ein Pferd, eine Kuh, ein Kalb und ein Bock bewilligt. Als Gegenleistung verspricht der Bräutigam eine Juchart Flachsland, zwei Schafe, einen Hahn mit vierzehn Hennen und ein Pfund Pfennige. Nachdem die Verwandtschaft sich soweit geeinigt hat, beschließt man, die Hochzeit noch am glei-

chen Abend, ohne »schuoler und pfaffen«, ohne Mitwirkung der Kirche also, zu feiern.

Die Nachbarn werden mit ihren Frauen und Töchtern in das weiträumige Haus Bärschis geladen, wo sie sich als erstes an Weißbrot ergötzen. Dann werden Berge von Hirsebrei aufgetragen – immer ein Kübel voll für vier Personen –, und dazu wird für einen guten Trunk gesorgt. »Sy suffent und trunkent, daß in die zung hunkent.« Auch der anwesende Spielmann trinkt über seinen Durst und pfeift zwischenhinein einen falschen Ton. Es kommen Rüben mit Speck auf den Tisch, und allen Gästen triefen bald die Hände und Ge-

50

51

sichter vor Fett; dann folgen Bratwürste und end-lich das »Brautmus«. Daneben wird dem Weine so reichlich zugesprochen, daß die Gäste bald durcheinandertorkeln, sich gegenseitig nicht mehr kennen und Tag und Nacht durcheinan-derwerfen. Doch muß nun die Braut dem Bräuti-gam zugeführt werden und Metzi nach altem Brauche sich dagegen wehren, weinen und laut »o weh! oh weh!« schreien, bis sie mit ihrem Bär-schi in der Brautkammer verschwindet.

Am nächsten Morgen erhält die Metzi vom Bär-schi als Morgengabe ein großes schönes Mutter-schwein. Unter Trommeln und Pfeifen geben die Dorfbewohner dem jungen Paare das Geleit zur Kirche, wo die Trauung vor sich geht. Alle zu-sammen ziehen sie dann zurück in das Haus des Hochzeiters, wo die Braut die ihr zugedachten Geschenke der Freundschaft und Verwandtschaft in Empfang nimmt: einen Gürtel, einen Spiegel, Leinwand, einen Stäl (Kamm), einen Krug und ei-nen Melkkübel, auch dreißig Pfennige in barem Gelde; dazu eine junge Ziege, ein Kalb, einen Hund und eine Katze. Im Namen Metzis dankt ihr Vater für die Gaben. Als Abschluß der Hochzeit ziehen alle unter die Dorflinde zum Tanze. Dort

wird gesungen und der Reihen gedreht, bis mit ei-ner allgemeinen Prügelei die Geschichte ihr Ende findet.
Traute Preuss: Starkes schwaches Geschlecht. 1956.

49 Erhard Schoen (1500–1542): Die Bauernhochzeit. 1527.
50 Braut und Bräutigam. Flugblatt vom Ende des 17. Jahr-hunderts.
51 Pieter Breughel d. Ä. (1525–1596): Ländliches Hoch-zeitsmahl.

Exkurs:
Die Ballade von der schönen Jüdin

Die Rechtsverhältnisse und das Eherecht der jüdischen Minderheit waren nicht nebensächlich für die Sozialgeschichte der Familie in Deutschland; sie fanden ihren Niederschlag auch in der Volksüberlieferung.

In der antiken Sage erblickt Leander auf dem Adonisfest zu Sestos die Aphroditepriesterin Hero, zu der er so sehr in Liebe entbrennt, daß er es wagt, sie an heiliger Stätte anzusprechen. Zunächst weist Hero ihn zurück, aber schließlich nennt sie ihm ihren Aufenthalt, den sturmumbrausten Turm bei Sestos, wo sie nach dem harten Gebot ihrer Eltern allein mit einer Dienerin haust. Sie verabreden, daß Leander durch den Hellespont zu ihr schwimmt und sie ihm mit einer Fackel entgegenleuchtet. Eine Zeitlang können die Liebenden auf diese Weise zueinander gelangen; doch als die Winterstürme kommen, verlöscht die Fackel. Leander kämpft mit den Wogen und ertrinkt. Hero, die vergeblich auf ihn wartet, sieht ihn am Morgen tot am Ufer liegen. Verzweifelt stürzt sie sich selbst ins Meer.

Aus diesem Handlungsablauf haben die Sänger der deutschen Volksballade von den zwei Königskindern eine Anzahl von Grundmotiven übernommen: Zwei Liebende sind durch ein tiefes Wasser getrennt; der Liebhaber versucht, es schwimmend zu durchqueren; das Mädchen weist ihm den Weg mit einem Lichtzeichen; das Licht wird heimtückisch von einer bösen Frau verlöscht; infolgedessen ertrinkt der Liebhaber; das Mädchen findet am anderen Morgen seine Leiche und ertränkt sich aus Verzweiflung.

Im Balladenwerk des Freiburger Volksliedarchivs[1] ist die Königskinderballade ausführlich analysiert worden. Die Herkunft des Liedes wird in Süddeutschland (um 1400) lokalisiert. Innerdeutschland bietet den einheitlichen örtlichen Rahmen der älteren Texte, von denen aber nur vereinzelte, im letzten Jahrhundert verklingende Reste übriggeblieben sind, während sich im niederländisch-niederdeutschen Kontaktgebiet ein

neues Zentrum bildete, von dem dann alle weiteren Ausstrahlungen bis in die entferntesten und jüngsten Texte ausgehen.

Eine der Motivgruppen ist die sogenannte »Väterhaßform«. Neben dem trennenden Wasser tritt hier die Feindschaft der Familien in Erscheinung:
»Denn zwischen beiden Vätern
lag immer Hader und Streit
und zwischen beiden Ländern
ein See gar tief und breit.«

Mag für diese Form auch spätere Entstehung und kunstmäßige Bearbeitung anzunehmen sein, so wiederholt sie doch ein Motiv, das schon in den frühen Liedbelegen anklingt. Nicht nur aus moralischen Gründen löscht die Amme oder Mutter das Lichtsignal des Mädchens. Bereits die klassische Hero-und-Leander-Sage fügt dem trennenden Wasser das Motiv des gesellschaftlichen und religiösen Abgrundes hinzu, womit das Wasser zum Symbol tiefergehender Hindernisse und Widerstände wird.

Die Formulierung eines solchen Doppelsinns in der »Väterhaßform« scheint auf das andere große tragische Liebespaar der europäischen Überlieferung hinzuweisen: Romeo und Julia, die durch die Feindschaft ihrer Familien untergehen. Seit dem 16. Jahrhundert ist dieser Stoff durch die weite Verbreitung der italienischen Novellenliteratur, durch die Popularität der Shakespearischen Dramen in alle Kreise eingedrungen – hat das Thema die Kunstdichtung zu immer neuen Umgestaltungen aufgerufen bis hin zum Broadway-Musical »West-Side-Story« unserer Tage. Die Geschichte von Romeo und Julia wurde – genau wie die von den zwei Königskindern – zum Motiv der in Familienschuld verstrickten tragisch Liebenden schlechthin, meisterhaft durch Gottfried Keller in seiner Novelle »Romeo und Julia auf dem Dorfe« gestaltet, zu der ihn eine Schweizer Zeitungsnotiz über den gemeinsamen Selbstmord eines bäuerlichen Liebespaares anregte.

Das Schicksal von Hero und Leander, von Romeo

und Julia wurde jedoch nicht nur von der Kunstdichtung vielfach aufgegriffen, sondern bewahrte
sich auch in der populären Tradition eine langdauernde Lebendigkeit. Es füllte sich mit neuen ge-
genwartsbezogenen Inhalten im Zuge einer Reak-
tualisierung. Der Weg solcher Übernahmen, An-
passungen und Verwandlungen ist späterhin
kaum noch zu rekonstruieren. Welche Impulse
stehen an seinem Beginn? Sind es nur äußere Assoziationen, die den Balladensänger zu einer Kontamination zweier Texte veranlassen? Ist es das
Gefühl für die innere Übereinstimmung der be-
sungenen Menschenschicksale, die die Verbindung von neuerem Stoff und älterer Form hervor-
ruft? Die Lebenswelt solcher mündlicher Traditionen ist gebunden an ihren sozialen Raum und
ihre soziale Zeit, und so kam es Jahrhunderte später zu einer Neugestaltung des alten Liedstoffes
von den zwei Königskindern, zu seiner Reaktivierung durch eine auf Aktualität bedachte Träger-
schicht: Zur Ballade von der schönen Jüdin.

52 Meister E. S. (Oberrhein). Um 1470.

Es war einmal eine Jüdin,
ein wunderschönes Weib;
die hatt' eine einzige Tochter,
ihr Haar war ihr geflochten,
zum Tanz war sie bereit.

»Ach Mutter, Herzensmutter,
mein Kopf tut mir so weh!
Laß du mich eine Weile
spazieren auf grüner Heide,
bis daß es mir vergeht!«

»Ach Tochter, Herzenstochter,
allein kannst du nicht gehn;
nimm du deine jüngste Schwester,
die kann ja mit dir gehn!«

»Ach Mutter, Herzensmutter,
meine Schwester ist nur ein Kind;
die pflückt ja alle Blumen,
die in dem Walde sind!«

»Ach Tochter, Herzenstochter,
allein kannst du nicht gehn;
nimm du deinen jüngsten Bruder,
der kann ja mit dir gehn!«

»Ach Mutter, Herzensmutter,
mein Bruder ist noch zu klein;
er schießt mir alle die Vöglein,
die in dem Walde sind!«

Die Mutter legt sich schlafen,
die Tochter ging ihren Gang,
sie ging über viele Straßen,
bis sie den Schreiber fand.

»Ach Schreiber, Herzensschreiber,
der Kopf tut mir so weh;
wir woll'n eine kleine Weile
spazieren auf grüner Heide,
bis daß es mir vergeht!«

»Ach Jüdin, Herzensjüdin,
ich möcht 'ne Christin hab'n;

wenn du dich lässest taufen,
Maria Magdalena sollst du heißen,
dann will ich dich nehmen zur Eh'.«

»Ach Schreiber, Herzensschreiber,
ach nein, das kann ich nicht!
Eh' ich mich lasse taufen,
viel lieber will ich mich ersäufen
im tiefen, tiefen See!«

Sie schlug auf ihren Mantel
und stürzt sich in den See:
»Ade, herzliebster Vater und Mutter,
ade, herzliebster Schreiber
wir sehn uns nimmermehr!«

Vom äußeren Schema der Königskinder-Ballade ist hier wenig übriggeblieben. Die wechselnde Metrik dieser Fassung, aber auch die inhaltliche Abfolge scheinen auf eine unabhängige Entstehung und erst nachträgliche Verbindung der beiden Varianten zu deuten. Auf die Eingangsstrophe von einer schönen Judenmutter und deren tanzlustiger Tochter folgt das bekannte Zwiegespräch, in dem die Tochter die Mutter um die Erlaubnis zu einem Abendgang am See oder auf der Straße bittet. Trotz des Verbotes entspringt das Mädchen hinter dem Rücken der Mutter, um ihren Liebsten, einen Schreiber (oder Jäger), zu treffen, den sie um ein liebevolles Zusammensein bittet. Sicher ist die Gestalt des Schreibers, zu dem vom jüdischen Lebenskreis aus zahlreiche Berührungen bestanden, die ursprünglichere. Dieser verspricht ihr die Ehe unter der Bedingung, daß sie sich auf einen christlichen Namen (zumeist den der biblischen Büßerin Maria Magdalena) taufen läßt.

Das Mädchen will jedoch darauf nicht eingehen und ertränkt sich lieber im Meer, als eine Christin zu werden. In anderen Varianten sagt sie zu und bittet ihren Liebsten, einen Abschiedsbrief an ihre jüdischen Eltern schreiben zu dürfen, von denen sie sich nun trennen muß.

Nur selten kann man die Entstehungszeit von Volksüberlieferungen genau fixieren. Es gibt für

sie weder Druckjahr noch Copyright. Wenn jedoch terminierbare Flugblattdrucke oder sonstige datierbare Hinweise vorliegen, so darf im allgemeinen meist schon mit einer vorausgehenden längeren mündlichen Umlaufzeit gerechnet werden. Auch im vorliegenden Falle kann es wenig besagen, daß die meisten Aufzeichnungen von Mischtexten der Jüdinnenballade erst aus dem frühen 19. Jahrhundert stammen. Damals muß die Ballade von Jüdin und Schreiber bereits zum festen Bestand des umlaufenden Liederrepertoires gehört haben – und zwar seit längerer Zeit. Dafür zeugt ihre große Verbreitung und Beliebtheit.

Die Forschung vermutet die Entstehung der Jüdinnenballade in der ersten Hälfte des 18. Jahrhunderts und stützt sich dabei auf formale Gesichtspunkte wie den Mangel an mundartlichen Fassungen u. a. Auch die Ähnlichkeit der Melodien scheint einen verhältnismäßig späten gemeinsamen Ursprung, vielleicht in Frankfurt, dem Zentrum jüdischen Lebens, zu unterbauen. In der Volksliedsammlung »Des Knaben Wunderhorn« (1806) findet sich jedenfalls »die Judentochter« als »mündlich umlaufend« belegt. Die Ursprungsfrage einer so verbreiteten Volksballade ist allerdings eher durch sozialgeschichtliche Überlegungen zu beantworten als durch ein rein formales textkritisches Verfahren.

Was ergibt ein Vergleich der Jüdinnen-Ballade in ihren Hauptelementen mit derjenigen von den Königskindern? Das tragende Motiv des trennenden Wassers ist völlig geschwunden; dagegen hat sich jenes der gesellschaftlich religiösen Kluft breit zum unüberbrückbaren Ehehindernis ausgeweitet. Das Dilemma aber liegt nun gänzlich bei dem Mädchen. Während in den »Königskindern« die Liebenden untrennbar sind, konzentriert sich jetzt die Tragik auf die Seite des Mädchens, und auch die Sympathie des Sängers fällt auf die Frauengestalt, die bedingungslos und bis zum eigenen Untergang ihrem Gefühl gehorcht.

Über den Anfang ihres Liebesverhältnisses zu einem Christen erfahren wir nichts.

Übereinstimmend in fast allen bekannten Fassungen beginnt die Ballade damit, daß das Mädchen mit schön geflochtenem Haar heimlich zum Tanz gehen will und versucht, ihre Mutter zu täuschen, indem sie ein Kopfweh vorgibt und deshalb um die Erlaubnis zu einem Spaziergang bittet. Die Herkunft des Tanzmotivs in der Jüdinnenballade wurde in der Volksliedforschung stilanalytisch als eine aus Gedankenlosigkeit erwachsene Vermengung mit der Kopfwehstrophe der Königskinder-Ballade erklärt, die dann den Fortgang des Liedes als Kontamination mit den Königskindern nach sich zog. Vom sozialgeschichtlichen Standpunkt ist das eine Fehldeutung. Gerade die Tanzstrophe signalisiert den gesellschaftlichen Bruch. Das Judenmädchen ist bereit, verbotenerweise dem Geliebten zuliebe aus ihrer jüdischen Gemeinschaft auszubrechen. Die Mutter jedoch durchschaut sie und bedeutet ihr:

»Ach Tochter, liebe Tochter,
dies kann und darf nicht sein.
Das wär uns ja eine Schande
fürs ganze jüdische Lande,
wenn eine Jüdin zum Tanze ging!«

In anderen Fassungen hält es die Mutter für eine Schande, daß das Mädchen auf der Gasse spaziert, in Samt und Seide geht, oder einfach nur allein geht – also eine Übertragung auf allgemein bäuerliche Sittenordnungen durch den bäuerlichen Sänger. Ausschlaggebend sind die erstgenannten Fassungen, in denen dem Mädchen von der Mutter, einer stolzen Jüdin, klargemacht wird, daß es sich den glaubensstrengen Gesittungsordnungen ihrer Familie und ihrer jüdischen Gemeinde zu fügen habe. Ihrem Herzen folgend durchbricht die Jungfrau dennoch diese Ordnung und springt heimlich zu ihrem Geliebten...
»in die Straßen,
wo Herren und Schreiber saßen.«
Damit ist der städtische Charakter des Handlungsortes und der Stand des männlichen Partners innerhalb einer bürgerlich-städtischen Gesellschaftsordnung gekennzeichnet.
In ihrer Herzensnot und ihrem schlechten Gewissen ihrer jüdischen Familiengemeinschaft gegen-

über springt sie »dem Schreiber in sein'n Schoß« oder »dem Jäger in seinen Arm« und erwartet nun von ihrem Liebsten Hilfe und Schutz, ohne ihn jedoch um die Ehe zu bitten. Nun aber erhebt sich die Trennmauer von der anderen Seite: der christliche Geliebte weist sie von sich, wenn sie nicht zu seinem Glauben übertritt und einen christlichen Namen annimmt. Die Fassungen mit Happy-End, in denen das Mädchen auf diesen Vorschlag eingeht und sich von seiner Familie trennt, dürften die jüngeren sein. Älter ist wohl der tragische Ausgang. Das Mädchen weiß keinen Ausweg mehr. Seiner Familie hat es durch die Liebe Schande gebracht, aber den gänzlichen Abfall von ihrem angestammten Lebenskreis will es dennoch nicht vollziehen.

»Nein Schreiber, schönster Schreiber,
das kann und muß nicht sein.
Eh ich mich lassen täufen,
viel lieber will ich mich ersäufen
wohl in die tiefste See.«

Sie schwang sich um ihr'n Mantel,
und ging wohl hin und her.
»Ade, ihr Vater und Mutter,
ade, ihr Schwestern und Brüder,
nun sehn wir uns nimmermehr!«

Mit dieser letzten Strophe ist das Lied wieder in das Schema der Königskinderballade zurückgekehrt; doch inzwischen hat sich eine große Umgestaltung und neue Sinngebung vollzogen. Tief muß die Problematik solch tragischen Liebesverzichts über lange Zeit im populären Bewußtsein gewirkt haben, da eine große Fülle von Jüdin-und-Schreiber-Varianten entstanden und lebendig geblieben sind.
Das Lied ist seiner ganzen Formung und seinem Geiste nach wohl kaum in jüdischen Kreisen entstanden, sondern in christlichen. Es dürfte auch seinen vielen parteilichen und zuweilen auch spöttischen Umformungen nach vorwiegend in christlichen Trägerschichten gesungen worden sein. Bekannt ist aus jüdischer, jiddischer Verbrei-

tung nur eine einzige Fassung[2]. Aber an der Quelle der Ballade muß mitfühlende Kenntnis der jüdischen Problematik im Zusammenleben mit dem christlichen deutschen Bürgertum gestanden haben. Die daraus erwachsenden Schwierigkeiten könnten ihren Niederschlag in der Volkspoesie gefunden haben, und es wäre eine geistige Leistung und ein bewußter Emanzipationsprozeß, wenn im Volkslied die konkret anschauliche Materie des trennenden Wassers zur Kluft gesellschaftlicher und religiöser Tabuvorschriften transponiert worden ist. Das entspräche nichts geringerem als einer Bewußtmachung gemeinsamen sozialgeschichtlichen Erlebens, für das allerdings das aufgeklärte 18. Jahrhundert eines Mendelssohn, eines Nathan, das bisher als Entstehungszeit der Jüdinnenballade angesehen wurde, nicht der richtige soziale Raum sein kann. Auch in gebildeten Kreisen war damals kaum etwas von den rechtlichen und gesellschaftlichen Schwierigkeiten deutsch-jüdischen Zusammenlebens gegenwärtig. Das beweist Goethes rein impressive Bemerkung zum Lied von der Judentochter im Wunderhorn 1806: »Passender seltsamer Vortrag zu konfusem und zerrüttetem Gemütswesen.«

Der Geist, aus dem die Jüdinnenballade entstand, gestaltet und verstanden wurde, ist mindestens hundert Jahre früher aufzusuchen. Er steht in enger Beziehung zur Geschichte der Juden in Deutschland. Das Aufblühen des deutschen Städtewesens seit dem 10. und 11. Jahrhundert hatte viele Juden veranlaßt, sich in den städtischen Siedlungen niederzulassen. Von ihrer konstruktiven Rolle im Miteinanderleben der neuen bürgerlichen Sozialstrukturen geben die Landfriedensgesetze der Rheinlande, aber auch der Sachsenspiegel aufschlußreiches Zeugnis. Gerade die jungen bürgerlichen Behörden waren im Interesse ihrer Städte zum Schutze des Judentums bereit, den sie in Form gewisser Privilegien erteilten. Infolge der einzigartigen Verbindung von konfessioneller Strenge und dem Bewußtsein des eigenen Werts, die dem Judentum von jeher den Charakter eines »heiligen Volkstums« verlieh, bildeten die Juden auch in rechtlicher Beziehung eine Enklave inner-

halb des bürgerlichen Rechtsdenkens, was für sie gleichermaßen einen Vorteil und eine Gefahr bedeutete. Dem christlichen Deutschen galten sie als »Fremde«, später als »Ungläubige«, deren Integration unmöglich schien und deren Rechtsstellung, mochte sie auch zeitweilig gesichert sein, immer auf einem Ausnahmerecht beruhte.

Der religiöse Unterschied verhinderte jeden Ausgleich, die Identifikationsräume waren streng geschieden, und je mächtiger mit dem aufsteigenden Mittelalter die religiöse Abhängigkeit des Menschen wurde und religiöser Fanatismus um sich griff, um so tiefer öffnete sich die Kluft.

Im Gefolge der Kreuzzüge und der Predigten der Bettelmönche begann im späten Mittelalter eine Periode der Judenverfolgungen, die die Auswanderung vieler Juden nach Osteuropa nach sich zog. Die Juden hatten seit dem 12. Jahrhundert unmittelbar unter der Schutzherrschaft des Kaisers gestanden, in einer Art von losem Hörigkeitsverhältnis als »kaiserliche Kammerknechte«. Später wurde dieses Regal von den Landesherren und Städten abgelöst und gelangte seit dem 16. Jahrhundert völlig unter die jeweilige Landeshoheit, womit dann ein subjektiv verschiedenes Maß an willkürlicher Duldung einsetzte.

Die Rechtsordnungen des Mittelalters haben dem Judentum den Weg gewiesen. Begünstigt durch das Recht des Zinsennehmens, benachteiligt durch den Ausschluß von den politischen Vertretungsrechten in Gemeinde und Staat, durch die Nichtzulassung zu Gilden und Zünften, die Beschränkung ihrer Niederlassungs- und Verehelichungsfreiheit, lebten die Juden in genossenschaftlich verbundenen »Judengesamtheiten« und gelangten dadurch in eine zunächst erstrebte, dann aufgezwungene Absonderung von der übrigen Bevölkerung. Ihre Judengemeinden waren religiöse und zugleich bürgerliche und politische Verbände mit eigenen Vorstehern und eigenem rabbinischen Gericht. Die autonome Kraft dieser Gerichte nahm dann allmählich ab; ihre Zuständigkeit wurde seit dem 18. Jahrhundert mehr und mehr eingeschränkt und unter das allgemein geltende öffentliche Recht gestellt.

Die Verhaltensnormen der Juden wie der Christen bezogen ihre Verpflichtungen aus dem Religiösen. Die Juden als Minderheit waren die Unterlegenen und wurden als »Ungläubige« leidenschaftlich abgelehnt, was ihre soziale Verächtlichmachung nach sich zog. Bestärkt wurde solche vorurteilsvolle Volksmeinung durch die fanatische Haltung der katholischen Kirche, gegen die Luther im Zuge seines Reformationswerkes zunächst kämpfte. Da seine Bestrebungen aber auf Bekehrung und nicht auf Gewissensfreiheit ausgingen, konnte die Enttäuschung für ihn nicht ausbleiben, die eine zornige Abwehr gegen die »Verstockten« hervorrief, von deren Einfluß er ein Aufleben ketzerischer Sekten befürchtete. So kam es, daß nach der Reformation die Verhältnisse für die Juden (abgesehen von den reichen Hofjuden) in den katholischen Ländern günstiger waren als in den protestantischen. Besonders Sachsen bemühte sich mit Härte und Ehrgeiz, »judenrein« zu sein, und erst als August der Starke 1697 zum polnischen König gekrönt und damit katholisch wurde, traten mildere Verhältnisse ein.

Im Hintergrund der Jüdinnen-Ballade stehen also die rechtlich-sozialen Verhältnisse des Nach-Reformationsjahrhunderts: der noch funktionierende strenge Verband der Judengemeinde – erkennbar hinter der Formel »im ganzen jüdischen Lande« – auf der einen Seite, der dem Judenmädchen die Begegnung mit ihren christlichen Altersgenossen bei Tanz und Spaziergang untersagt, der ihr aber auch nach der Übertretung der Gebote die Rückkehr unmöglich macht und sie damit in eine ausweglose, tragische Situation drängt; auf der anderen Seite die ebenso strengen christlichen Glaubens- und Rechtssätze, die der junge Mann von seiner stärkeren gesellschaftlichen Position her nicht zu überschreiten erwägt.

So stehen sich zwei unerbittliche, religiös versiegelte Gesellschaftssysteme gegenüber, und die beiden Liebenden »können zueinander nicht kommen«. Einer toleranteren Zeit bleibt es dann vorbehalten, die Siegel zu lockern und die Möglichkeiten für jene Kompromißformen zu eröffnen, in denen die Ballade in zahlreichen Varianten überliefert ist.

Endlich scheint auch der Verbreitungskreis des Jüdinnentextes seine Herkunft aus dem 17. Jahrhundert zu belegen. Die Forschung hatte die Ballade vor allem in Südwestdeutschland, dann in Sachsen, Schlesien, Brandenburg, Pommern, Ostpreußen und dem Baltikum lokalisiert. Inzwischen sind neue Varianten aus den Wolgakolonien und den deutschen Siedlungsgebieten Südosteuropas aufgetaucht. Da die Deutschen dorthin im Laufe des 18. Jahrhunderts auswanderten, ist zu vermuten, daß sie das Jüdinnenlied bereits aus einer längeren Überlieferung her kannten, um es am neuen Ort den neuen Lebensumständen entsprechend umzuformen.

Doch wie es auch immer mit dem Alter der Ballade bestellt sein mag, wesentlicher ist ihr Entstehen überhaupt, ihre weite Verbreitung und ihre langlebige Beständigkeit. Das Scheitern einer Eheschließung zwischen Juden und Christen an gesellschaftlich-religiösen Tabus ist sicher öfter vorgekommen, auch hin und wieder der darauf folgende Freitod eines geheimnisvoll schönen Judenmädchens. Aber daß solchen Erlebnissen eine zweite erhöhte Wirklichkeit verliehen wurde, daß man sie einbezog in den Motivkreis eines alten, fast archetypischen symbolkräftigen Liedstoffes, daß man dies Vorbild wirkungsvoll verwandelte, anpaßte, es gar ins Humanitäre lenkte und doch die alte herzbewegende Gestalt bedeutungsvoll hindurchschimmern ließ, das sind nicht nur große Leistungen des Kollektivs und der ihm innewohnenden Individualkräfte, sondern das ist auch ein heller Schein auf dem oft so düsteren Bild des deutschen und jüdischen Zusammenlebens.

---

[1] *Deutsche Volkslieder mit ihren Melodien*. Hrsg. vom Deutschen Volksliedarchiv. Bd. 1 Berlin 1935.
[2] Eliasberg, A.: *Ostjüdische Volkslieder*. Berlin 1918, Nr. 51.

Die religiöse Bindung der Juden an ihre jüdische Gemeinde war außerordentlich stark und gestattete keinen Ausbruch aus strenger Endogamie. Erst seit den aufklärerischen und toleranten Bestrebungen des 18. Jahrhunderts lockerten sich die Normen auf beiden Seiten, und es begann die Integration des jüdischen deutschen Bevölkerungsteils.

53

»Ich war 15 Jahre und sollte bei der Tante nähen lernen. Wie sehr erstaunte ich mich, als diese mir im Vertrauen sagte, ich sollte Braut werden. Mit wem? fragte ich sie, und sie nannte mir den Mann; er war angehender praktischer Arzt, ich hatte ihn einige Male bei meinem Vater und auch an seinem Fenster gesehen. Er wohnte in unserer Nähe, und ich mußte an seinem Haus vorübergehen, wenn ich mir Bücher aus der Leihbibliothek holte…

Ich freute mich kindisch dazu, Braut zu werden, und malte es mir recht lebhaft aus, wie ich, von meinem Bräutigam geführt, nun spazieren gehen würde, wie ich bessere Kleider und einen Friseur bekommen würde, denn bis jetzt machte mir die Tante das Haar mit Talg geschmiert nach ihrem eigenen Geschmack zurecht; ferner hoffte ich auf ein größeres Taschengeld, das jetzt in 2 Groschen monatlich bestand, und von den kleinen etwas feineren Gerichten, die zuweilen für meinen Vater bereitet wurden, etwas zu bekommen. Mit Ungeduld erwartete ich den Tag der Verlobung, den mir die Tante im Vertrauen genannt und mir dabei gesagt hatte, daß mein Vater mich fragen wür-

54

55

de, ob ich zufrieden mit seiner Wahl für mich sei. Der ersehnte Tag erschien, ...mir klopfte das Herz mächtig, und ich antwortete, daß ich mit allem zufrieden sei, was er über mich beschließen würde. Nach dem Essen sagte mir meine Mutter, daß ich am Abend mit dem Doktor H. verlobt würde, und hielt mir eine lange Rede, die mir im Augenblick langweilig und unangenehm war, von der ich mich aber in späteren Zeiten manches Guten erinnerte. Sie sagte mir, wie ich mich gegen meinen Bräutigam betragen und ihre Ehe zum Muster meiner künftigen nehmen sollte.

Die Gesellschaft versammelte sich, ich war in einem anderen Zimmer; es war damals nicht Sitte, daß die Braut in dem Zimmer, in welchem die Eltern und die Notarien waren, sich aufhielt, und erst, nachdem sie förmlich um ihre Einwilligung gefragt worden und der Ehekontrakt unterschrieben ist, kann sie zur Gesellschaft. In banger Erwartung saß ich geputzt da, glühend vor Angst.«

Erinnerungen der Henriette Herz (1764–1847).

53 Moritz Oppenheim (1799–1882): Trauung. 1861. Im Hof einer Synagoge, durch deren Torbogen die Szene eingerahmt wird und über deren Mauer man die Häuser der Judengasse sieht, das Brautpaar im Kostüm des 18. Jahrhunderts, von einem Tallit bedeckt, der ursprünglich an Stegen befestigt war, die von jungen Männern gehalten wurden. Vor dem Brautpaar, mit dem Rücken zum Beschauer, der Rabbiner in Pelzmütze und Tallit, aus einem Buch oder Vertrag lesend. Vorn rechts Verwandte. Im Hintergrund Zuschauer und Musikanten.

54 Wilhelm Hensel (1794–1861): Bildnis Henriette Herz. 1823.

55 Eduard Magnus (1799–1872): Die Familie des Bankiers Freiherr von Magnus. Um 1845.

56 Max Liebermann (1847–1935):
Sitzender Schusterjunge. 1880.

III.
Die Familie als Produktionsstätte

Das wirtschaftliche Leben der Städte im späten Mittelalter und der frühen Neuzeit bestimmten die Zünfte, deren Mitglieder gleichzeitig Handwerker und Gewerbetreibende waren. Streng regelte die Zunftorganisation das vielgliedrige Gefüge dieser Produktions- und Verkaufsunternehmen, in denen die Meisterfrauen ihren festen Platz einnahmen und in die die Kinder unmerklich spielend und lernend hineinwuchsen. Lehrjunge, Geselle und Dienstmagd ordneten sich gleichfalls in diesen gemeinsam wirtschaftenden Verband. Ein Aufstieg des Gesellen in der Zunft war oft nur durch Heirat der Meisterstochter möglich und unehelich Geborenen der Eintritt in die Zunft versagt. Von weiterreichendem Handel und Fernverkehr war das zünftige Handwerk allerdings streng geschieden, weshalb der Einzelhandwerker auch kaum zu finanziellem Reichtum gelangte; das blieb in den Städten einigen wenigen Patrizierfamilien vorbehalten, die außerhalb der hemmenden Zunftorganisation standen.

Dieser veränderten Wirtschaftslage entsprach als Grundform die Familie als Produktionsgemeinschaft, als Besitzer und Nutzer der Produktionsmittel: d. h. der Verband des »ganzen Hauses«, als den Martin Luther die Familie im Bibeltext beschrieb: »Ich aber und mein Haus (hebr. *Bäit*) wollen dem Herrn dienen« (Josua 24, v. 15). Hausvater und Hausmutter standen diesem Gemeinwesen vor und organisierten die Haushaltsführung als eine Ökonomik im Sinne des oikos[1]. Es ist aufschlußreich, sich die innere Bedeutung dieses Hausbegriffes als Familienbehausung mit allen, auch den rechtlichen Konsequenzen deutlich vor Augen zu stellen. Am frühesten verwirklichte sie sich in der Bauernwirtschaft, die unter freiwilliger Mitwirkung aller Zusammenhausenden und unter Anleitung des Hausvaters lebte und arbeitete. In der Stadt entsprachen dem die Haushalte der Handwerker und Kaufleute. Das Haus war nicht nur Wohnung, sondern es bot seinen Insassen auch Recht und Schutz; es war

ein Grundelement der Verfassung, eine Freiung, in der besonderer Friede, der »Hausfriede«, herrschte – eine Wortbedeutung, die bis heute in dem Rechtsbegriff »Hausfriedensbruch« erhalten geblieben ist. Daher rührten auch gewisse Machtbefugnisse des Hausherrn, Züchtigungsrechte sogar über das Gesinde, und andererseits gewisse politische Rechte in der Gemeinde, die allein der Hausvater für sein Haus und alle Innewohnenden ausüben durfte. Die Namen an alten Häusern »Zum grünen Ast« oder »Zum hohen Tor« zeugen noch von der Ganzheit solchen Hausbegriffes. Die so umschriebene Form des Hauses umfaßte das bäuerliche Leben (im hohen Mittelalter 70–80 % der Bevölkerung), die adlige Daseinsform (die ja praktisch nur eine Erweiterung der großbäuerlichen darstellte), aber ebenso die städtische in Handel und Gewerbe tätige Bevölkerung. Auch Lehrlinge und Handwerksgesellen des Meisters und die Handlungsdiener des Kaufmannsbetriebes lebten gemeinsam mit ihren Brotherren im »Hause« und waren deren Hausgewalt unterstellt.

1. Die Handwerker- und Bürgerfamilie

Es gibt kaum eine Phase in der Sozialgeschichte der Familie, die so gut belegt wäre wie diese Form der großen Haushaltsfamilie, und zwar durch eine Sammlung von »Sachbüchern« für die Ordnung des täglichen Lebens, durch die Hausväterliteratur, wie sie insbesondere aus dem 16.–18. Jahrhundert erhalten ist[2].

Diese Hausbücher enthielten schlechthin alles Wissens- und Lernenswerte über den christlichen Hausstand: wie der Vater Hauszucht und Kirchenzucht höchst pädagogisch miteinander verband, zugleich aber auch aus haushälterischer Erfahrung eine Lehre für die Haus- und Landwirtschaft verabfolgte; wie das Verhältnis der Eheleute sich zu gestalten hätte, der Kinder Erziehung und Aufzucht, die Behandlung der Krankheiten von Mensch und Vieh und alles Erwägenswerte über Arbeit und Wirtschaft.

Diese große Haushaltsfamilie ist also seit dem Mittelalter mehr und mehr zur dominierenden Grundform in all ihren bürgerlichen und bäuerlichen Gruppierungen geworden. In den Landschaften protestantischer Konfession gewann sie als Sozialstruktur des »ganzen Hauses« noch dadurch eine verstärkte Bedeutung, daß das Kloster als Zuflucht für unverheiratete weibliche Familienangehörige fortfiel und diese nun auch in irgendeiner Weise der gemeinsam hausenden und wirtschaftenden Gruppe integriert wurden. Kinderfrau und Magd rechneten ebenfalls zur Familie. Nicht zufällig bieten die großen Familienporträts der Vergangenheit einen Durchblick in die Küche, wo die Magd – in etwas kleinerem Format wie die übrigen Familienmitglieder – freundlich von ihrer Arbeit zum Betrachter aufsieht. Auch das Gesinde fand sich einbezogen in den Sorgebereich und die Ehrbarkeit des ganzen Hauses.

Allerdings darf man sich vom heutigen Standpunkt aus die Situation gerade dieser Gruppe wohl nicht zu rosig vorstellen. Hatte sie auch ihr Unterkommen und einen gewissen sozialen Schutz, so fehlte doch jede feste Regelung von Arbeitszeit und -lohn. Eine Veränderung ihrer Lage etwa in Richtung auf Bildung und sozialen Aufstieg war ihr weitgehend verwehrt. Wer die einschlägigen Zeugnisse zu lesen versteht, wie z. B. den durch ganz Mitteleuropa verbreiteten Bilderbogen von der Geistlichen Hausmagd[3], erkennt deutlich die damalige geringe Werteinschätzung der dienenden arbeitenden Frau, die Problematik der Bildungslosigkeit in dienenden Berufen. Die Kirche bot vielfach einen beschwichtigenden Ausgleich an in der Verbindung von Berufserfüllung und Askese, wodurch irdische Konfliktsituationen durch transzendente Assoziationen eine Aufhebung erfahren sollten. Im ganzen zeigt sich die Tendenz, dienende Armut und arbeitende Demut zu einer gottgewollten Gegebenheit zu verknüpfen, wozu die religiöse Erbauungsliteratur tatkräftig beitrug[4].

Das Gesinde war integrierter Teil der großen Haushaltsfamilie, die die Vorstellung vom christlichen Hausstand stabilisierte. Das lateinische »familia«, Luther noch nicht geläufig, trat sprachlich erst seit dem späten 16. Jahrhundert auf, zunächst in der lateinischen Wortform – und ebenfalls in der lateinischen Bedeutung von »Hausgenossenschaft«, zu der auch der *famul(us)*, der Diener und Schüler, gehörte.

Der Sprachgebrauch erfaßte also genau die Tatsache, daß nicht die Blutsverwandtschaft, sondern das gemeinsame Wohnen und Wirtschaften das Wesen der Gruppe bestimmte. – Nach der lateinischen Wortform scheint dann bis weit ins 17. Jahrhundert die französische Aussprache famille überwogen zu haben, während sich Familie in die deutsche Umgangssprache wohl erst nach der Französischen Revolution im wahren Sinne fest »einbürgerte« und jene Gefühlsbeziehung zu Gemütlichkeit und häuslich warmer Geborgenheit erhielt, mit der der Begriff uns Heutigen verbunden ist.

Im alten oikos jedoch stand das Gefühl nicht an der ersten Stelle im familiären Wertsystem. Stets hatte es sich dem Hausinteresse im verpflichtenden Sinne der wirtschaftenden Gemeinschaft zu beugen. Das galt für alle individuellen Entscheidungen, besonders für Ehepartner- und Berufswahl, bei denen sich Rationalität und Sentimentalität im besten Falle vereinen konnten oder aber das Gefühl ganz selbstverständlich zurücktreten mußte. Die Romanciers des 19. Jahrhunderts von Gottfried Keller: »Romeo und Julia auf dem Dorfe«, Theodor Fontane: »Frau Jenny Treibel« bis hin zu Thomas Mann: »Buddenbrooks« haben aus dem veränderten sentimental-individuellen Standpunkt ihrer Epoche solche Konflikte in ihren für die Einzelperson oft tragischen Aspekten geschildert.

Räumlich und geistig befanden sich die Familienmitglieder gewissermaßen unter einem Dache. Das betrifft auch die ältere Wortbedeutung von »Vater«, die ursprünglich im Zusammenhang mit Vorstellungen von rechtlicher Ordnung und Rechtsvertretung steht. Zur Bestimmung des älteren Vaterbegriffes reicht weder die biologische noch die sentimentale Seite aus. Gerade in der protestantischen Familie erfolgte durch den Fortfall der priesterlichen Vermittlerrolle eine Stärkung der väterlichen Autorität in der Familie – und von daher eine Übertragung auf die weltliche Autorität überhaupt[5].

Das Bild der Hausmutter nun gewann in dieser Epoche der großen Haushaltsfamilie in Deutschland jene Züge der »guten Hausfrau«, die seither leitbildhaft erhalten geblieben sind: »tüchtig und in allen weiblichen Arbeiten wohl bewandert, treu und gut, mit gesundem Verstande, aber freilich meist sehr ungebildet«[6]. Die Bilder frommer Häuslichkeit, die auch in der bildenden Kunst die Porträts der höfischen Dame abgelöst hatten, widerspiegeln die streng geregelte solide Lebensweise jener Zeit. Zum erstenmal wird – mit der Erfindung des Stubenofens – auch das familiäre Wohnen »gemütlich«, und die biedere Hausfrau findet Gelegenheit zur Ausgestaltung des Hausstandes, in dem sich das gesamte wirtschaftliche und kulturelle Leben der Familie abspielt.

Dieses Leben wurde einerseits privater, nach innen gerichtet und ausgestaltet in jenem »altdeutschen« Stil, der seitdem fast zum Synonym häuslicher Gemütlichkeit geworden ist. Das galt für die Häuser der Patrizier, aber in bescheidenerem Maße auch für diejenigen der Kleinbürger und geringeren Handwerker.

Freilich wird man mit solchen Bildern »aus der guten alten Zeit« nicht der Gefahr einer Butzenscheibenromantik verfallen dürfen. Die Kehrseite der Biederkeitsmedaille von der guten Hausfrau bildeten die Tendenzen zu immer strengeren Sexualordnungen in der Gesetzgebung und zahlreichen Tabus des öffentlichen Lebens. Kindesmorde als das Verbrechen der unehelichen Mütter wurden von der Gesellschaft mit dem Tode bestraft, und Goethe, der Dichter des »Faust« und Erdichter der Gretchengestalt, hat als Weimarer Minister ein solches Todesurteil gegen eine Kindesmörderin gegengezeichnet.

Aber auch das Bild des gütigen Hauspatriarchen hatte seine Abseite, die oft in dem mangelnden Wissen und der Unsicherheit vieler Handwerksmeister begründet gewesen sein dürfte. Die Kenntnis auch solcher Zustände relativiert das aufgeputzte Bild vom grundsätzlich »guten Hausvater«.

Tatsache bleibt, daß der autoritär organisierte Sozialzusammenhang gerade dieser Familienform am stärksten die Vorstellung von »Familie« überhaupt geprägt hat. Die beherrschende Rolle des Vaters, die überschaubare Ordnung des Hauswesens und die Abhängigkeitsverhältnisse der Familienmitglieder: das alles formte sich zu einem Topos, der über Generationen Gültigkeit behielt, ohne daß dessen Verfechter seine historische Determiniertheit erkannten.

2. Die Bauernfamilie

Die ständige Reproduzierung der hausväterlichen Ordnung, wie sie der Kulturhistoriker Wilhelm Heinrich Riehl und dessen Epigonen vorgenommen haben, ist ein Teil der bürgerlichen ideologisierten Gesellschaftstheorie des 19. Jahrhunderts selbst. Sie war nicht gegenstandsorientiert, wie die folgenden Ausführungen zeigen werden, sondern erhob das Gefühlsverhältnis des konservativen Kulturpolitikers zu Autorität und Macht auf eine wissenschaftliche Scheinstufe, die näherer Untersuchung nicht standhält. In seiner »Bürgerlichen Gesellschaft« pries Riehl den Bauern nicht nur als die »Zukunft der Nation«, sondern er fand auch neben einzelnen kritischen Bemerkungen lobende Worte selbst für die alte Gutsabhängigkeit und Hörigkeit, die ihm als wahre Grundlage patriarchaler Anhänglichkeit an den Herrn erschien.

Das Studium zeitgenössischer Quellen erbringt ein objektiv anderes Bild von jener Sozialsituation. Von vielen Zeugnissen seien hier Zitate des Breslauer Professors Christian Garve von 1786 herausgegriffen[7], der mit der nüchternen Aufmerksamkeit des aufklärerischen Topographen das Verhältnis zwischen Bauer und Gutsherr als ein höchst unväterliches beschrieb:

»Der Bauer hat eine einzige Person vor Augen, die ihm durch die Macht, welche sie ausübt, fürchterlich, durch die Abgaben und Dienste, die sie von ihm fordert, oft verhaßt ist. Er sieht und bildet sich ein, daß seine Vortheile mit den Vortheilen dieser

Person in beständigem Widerspruche stehn. Und doch kann er sich der Verbindung mit derselben nicht entziehn; und doch kann er in den Vertragspunkten mit ihr nichts ändern. In dieser Lage, wenn nicht Religion und ein natürlich guter Charakter dem Menschen zu Hülfe kommt, erlangt Haß, Bitterkeit und Widerwillen die Herrschaft in der Seele. Und da der Bauer zu ohnmächtig ist, diese Leidenschaften durch offenbaren Widerstand auszulassen, so nimmt er zum Betruge, zur List, zu heimlichen Ränken seine Zuflucht« (S. 50 f.);

und an anderer Stelle:

»Die Erfahrung hat den Bauern gelehrt, daß wirklich viele Gutsbesitzer in dem Betragen gegen ihre Untertanen bloß durch Eigennutz getrieben werden; daß sie ihre Rechte da weit ausdehnen, die Vortheile der Bauern so zu beschränken suchen als möglich. Diese Gesinnung, die mehrern Gutsherren zukömmt, vermuthet der Bauer bey allen: diese Bewegsgründe, die bey manchen Operationen derselben sichtbar sind, sieht er als die einzigen an, durch die sie regiert werden.

Überdieß sind seine und seines Herrn Vortheile wirklich in vielen Stücken einander entgegengesetzt: nämlich in sofern die Vortheile des Arbeiters und dessen, der die Arbeit bezahlt, entgegengesetzt sind« (S. 13).

Damit sind aber bereits Herrschaftsmodelle angesprochen, die weit über das Familiäre im engeren Sinne hinausgehen und in denen lediglich das Bild des Vaters, des Patriarchen, als Symbol für die Autorität des Herrn – außerhalb von Familie und Haushalt – in Anspruch genommen wird. In seinen Ausführungen über Patriarchalismus und traditionelle Herrschaft schreibt Max Weber, daß die persönliche Autorität des Herrn auf der körperlichen und geistigen Abhängigkeit der Frauen beruhe, auf der Hilfsbedürftigkeit der kleinen Kinder, der Anerkennung der von Kindheit an gewohnten patriarchalischen Gewalt durch den Knecht sowie auf dessen Schutzbedürfnis. Er stellt fest, daß sich hier die Kindespietät für die Person des Herrn mit der Pietät für die Tradition verbinde; während die Pietät die Macht des Herrn ver-

größert, wird sie durch die Tradition in Schranken gehalten.

»Der Inhalt der Befehle ist durch Tradition gebunden, deren rücksichtslose Verletzung seitens des Herrn die Legitimität seiner eigenen, lediglich auf ihrer Heiligkeit ruhenden, Herrschaft selbst gefährden würde. Neues Recht gegenüber den Traditionsnormen zu schaffen, gilt als prinzipiell unmöglich. Es geschieht der Tatsache nach im Wege der ›Erkenntnis‹ eines Satzes als ›von jeher geltend‹ (durch ›Weistum‹). Außerhalb der Normen der Tradition dagegen ist der Wille des Herrn nur durch Schranken, welche im Einzelfall das Billigkeitsgefühl zieht, also in äußerst elastischer Art gebunden: Seine Herrschaft zerfällt daher in ein streng traditionsgebundenes Gebiet und in ein solches der freien Gnade und Willkür«[8].

Diese Überlegungen betreffen die Gutsabhängigkeit der Bauern, wie sie in fast allen deutschen Landschaften bis weit in das 19. Jahrhundert hinein üblich war. Denn die sogenannte »Bauernbefreiung« setzte sich nur schleppend und mit wechselnden Akzenten durch[9].

Für die innere Schichtung der Bauernfamilie galten ähnliche Normen patriarchaler Abhängigkeit. Nach außen präsentierte sich die Bauernwirtschaft als eine Produktionsstätte, die vorwiegend von den eigenen Familien- und Hausangehörigen betrieben wurde. Wie einst der feudale Herr für sein Gut, so wünschte sich jetzt der Bauernwirt für seinen Hof möglichst viel Kinder als zukünftige Arbeitskräfte. Eine gefühlsmäßige Familienbindung war nicht vorherrschend.

Das Bauerndorf älterer Prägung formte sich als Addition von individuellem Besitz an Haus und Feld. Jeder Hof war auf seine Weise autark organisiert. Man produzierte möglichst alles, was man brauchte, selbst und darüber hinaus so viel an verkaufsfähigen Produkten, daß man auch am Konsum so weit wie materiell notwendig und wie es dem Prestigedenken entsprach, teilnehmen konnte. Diesem System ordnete sich nicht nur rein äußerlich die bäuerliche Wirtschaftsführung unter, sondern auch die gesamte familiale Struktur, die auf »das Haus« konzentriert war. Sie umfaßte die

Arbeitsteilung, die Rollenzuordnung im patriarchal-autoritären Sinne, die Edukation der Kinder im traditionell-konventionellen Lebensverständnis, – aber auch die Heiratsvorschriften und die materielle Versorgung der alten Familienmitglieder.

Solchen Zielen galt die Aufhäufung des Heiratsgutes für die Töchter, der Kleideraufwand und vor allem die üppigen Hochzeiten, die das geschilderte Sozialsystem weiterhin stabilisieren sollten und in der formalisierten Sprache der Bräuche seinen festlichen Höhepunkt bildeten.

Die Größe des Hofbesitzes prägte das Dorfleben. Von ihr hing es ab, welches Wirtshaus man besuchte, mit wem man Umgang pflegte und woher man Schwiegersohn oder -tochter wählte.

Das Denken in besitzhierarchischen Systemen bestimmte also die innere Logik des dörflichen Verhaltens, bildete die Grammatik der Zeichensprache, in der man sich verständigte. Die Ausstattung der Mädchen, die Möblierung der Wohnungen, die Rollenverteilung bei der Kirmes und den Winterbällen, aber auch bei der Feldarbeit: das alles gehörte zu der Kommunikation, zu dem Kode, in dem das Dorf sich ausdrückte und seine Ordnungen regelte. Das Erlernen des Kode übten die Eltern ihren Kindern von klein auf ein: durch Zusehen und Miterleben bei der Feld- und Hausarbeit, beim Kirchgang, bei Hochzeiten und Begräbnissen, beim Weg zum Brunnen und zum Nachbarn. Auf diese Weise wuchsen die Kinder in das dörfliche Kommunikationssystem hinein. Tradition und traditionsgebundenes Verhalten wurden damit gleichzeitig zum Stabilisationsfaktor der »altbäuerlichen Ordnung«, d. h. der von Landbesitz abhängigen sozialen Schichtung. Ein subjektives Bewußtsein von »insider« und »outsider« war also vorrangig ökonomisch begründet. Damit festigten Eigentum und Erbrecht nicht nur die Familie, sondern die Gesellschaftsordnung überhaupt.

Auch die Nachbarn gehörten in dieses System altbäuerlicher Ordnung: sie beteiligten sich an allen Brauchhandlungen der Wendezeiten im Lebenslauf, am Kindsbier, der Hochzeitsfeier und der Totenwache. Jedes Familienereignis wurde ihnen angezeigt, und »Herr Nachbar« war im bäuerlichen Bereich eine freundschaftliche Anrede.

Das Verhältnis von Macht und Tradition verschwimmt nun bei Wilhelm Heinrich Riehl zum Idiologem patriarchalen Familiengeistes. 1855 war die erste Auflage seines Buches »Die Familie« erschienen, in dem er das »ganze Haus« idealisierend und ideologisierend beschrieben und nicht nur die sentimentale Seite des häuslichen Zusammenlebens überbewertet, sondern die ganze Form zu absoluter Größe überhöht hat.

In breiter Behaglichkeit ersteht als patriarchalisches Mahnmal das alte gute sittliche Leben in der großen Haushaltsfamilie, wie sie als Typus das 18. Jahrhundert beherrscht hatte.

Riehl schildert unreflektiert, wie auf dem Lande das Verhältnis von Herr und Knecht demjenigen von Vater und Kind geglichen habe und nicht selten das Gesinde die Herrschaft verehrungsvollvertraulich mit »Herr Vater« und »Frau Mutter« anredete. Analog den ländlichen Verhältnissen fährt er für den Handwerkerhaushalt fort:

»Wenn der reichere Handwerker oder Kaufmann die Lehrjungen, Gesellen oder Gehilfen mit seiner Familie am selben Tisch essen ließe, dann glaubt er gegenwärtig schon der Würde seines Hauses etwas zu vergeben. Und doch ist es gerade durch dieses Ausschließen von Gesinde und Geschäftspersonal aus dem Kreise des ›ganzen Hauses‹ gekommen, daß jene Leute keinen rechten Respekt mehr haben vor dem Hausvater und Meister, oder daß der Respekt jedenfalls nicht über ihre Lehr- und Dienstzeit hinausreicht. Früher hielt das Band, welches den Lehrling an den Meister fesselte, oft für das ganze Leben fest. Der Meister stand auch dann noch als Patriarch dem Lehrling gegenüber, wenn dieser längst selber Meister geworden war. Er redete den ehemaligen Lehrling, und mochte es derselbe zu noch so hohen Würden und Ehren gebracht haben, seine Lebtage mit ›er‹ an, während dieser ihm mit dem respektvollen ›Ihr‹ erwiderte. Weil der Lehrling dem Hause des Meisters wirklich angehört hatte, darum nur konnte sein Verhältnis zu jenem immer ein kindliches bleiben. Nicht aus Kriecherei und Bedientensinn entsprang dieses Herkommen, sondern aus der Pietät des deutschen Familiengeistes. Je mehr die freiwillige Anerkennung einer natürlichen Autorität in allen Bezügen unseres bürgerlichen Lebens altfränkisch ward, um so sicherer mußten die späteren Geschlechter politisch haltlos und sozial meisterlos werden.«

So verherrlicht Riehl den patriarchal-autoritären Haus- und Familiensinn der »guten alten Zeit«. Er verherrlicht »die soziale Ungleichheit als Naturgesetz«, stellt die These von der natürlichen Ungleichheit auf, die seit der Bibel durch die Ungleichheit von Mann und Weib konstituiert sei. Die natürliche Verschiedenheit der Geschlechter verursacht nach Riehl deren soziale Ungleichheit und damit die politische, so daß diese also letzten Endes ewig, naturbedingt und deshalb gerechtfertigt sei.

Als kulturhistorischen Beleg für solche Thesen zitiert er einen Pakt, nach dem zwei Gemeinden der hessischen Wetterau noch im 16. Jahrhundert handelten: Wenn nämlich dort eine Frau ihren Mann geschlagen hatte, dann brachen die Nachbarn dem Manne, der sich solches hatte gefallen lassen, die First über dem Dache ab, und die Mannschaft des Nachbardorfes kam mit einem Esel, auf dem die Frau festgebunden und im Dorfe herumgeführt wurde, damit die Männer nach Gottes Gebot Herren bleiben und die Oberhand behalten sollen! Und nur durch Spendung einer Ohm Bier konnte sich das straffällige Ehepaar loskaufen. Prügelte das Weib den Mann, so war damit – meint Riehl – eine offene Empörung gegen ein Naturgesetz der Gesellschaft verkündet, und die Gemeinden als soziale Körperschaften traten zusammen, um diese Empörung niederzuschlagen. Wenn dagegen ein Mann seine Frau geschlagen hatte, so genügte ein Verweis des Pfarrers.

Die gottgewollte Ungleichheit der Geschlechter ist auch der Grundgedanke des 2. Teiles von Riehls Familienbuch, den er mit einem kulturphilosophischen Exkurs über Platon beginnt. Dessen Vorstellung, daß im Urmenschen Mann und Weib vereinigt gewesen seien, nehme gewissermaßen den Sinn der Ehe voraus; aus dem Streben nach der Wiedervereinigung des Getrennten entstehe die Familie. Die Monogamie stelle also die wahre Urform der Ehe dar und die Familie die sozialpolitische Potenz der Sitte. Die patriarchalische Form der Familie bilde damit deren Urzustand, ihren Anfang und ihr Ziel. Mit einer Fülle ethnographischer und kulturgeschichtlicher Anekdoten wird dieser Grundgedanke der patriarchalischen Ehe und Familie als »Urform« scheinbar bewiesen und die Tatsache belegt, daß im Anfang die Sitte der Ersatz für die Formen des Rechtes war. Diese Sitte aber sei geprägt von der patriarchalen Familie.

Wie gesagt: manche Einzelheiten Riehlscher Beobachtungskunst behalten als frühes empirisches Material des 19. Jahrhunderts ihren Wert für die Sozialgeschichte der Familie, als »Quellenstudien aus dem Leben«, wie er selbst es nennt; aber die Familienforschung, verstanden als das Bemühen um die Erkenntnis der sich wandelnden Struktur eines primären sozialen Gebildes, hat er kaum gefördert. Wohl sieht er als Empiriker, daß die Familienstruktur als »ganzes Haus« in Deutschland nicht mehr überwiegt, aber er preist sie weiterhin als vorbildlich. Sein Ziel war die Stabilisierung einer solchen Familienform, wie sie den ökonomischen Bedingungen bis zum Beginn der Industrialisierung entsprochen hatte und zu seiner Zeit auf dem Lande nur noch bei den Bauern (nicht auf den Gütern) bis zu einem gewissen Grade fortlebte. So ist das Riehlsche Werk im Grunde ahistorisch, weil der Verfasser die historische Abhängigkeit der Sozialgröße Familie nicht anerkennt. Seine Analysen waren daher nicht wissenschaftlich exakt, sondern kulturpolitisch tendenziös; er selbst empfand sich zu sehr als konservativer Pfleger und prophetisch beschwörender Bewahrer einer Welt, die es ja in der von ihm dargestellten Statik nie gegeben hatte. Aber seine Bücher waren glänzend geschrieben, und so angenehm klangen seine Formulierungen, so gut schmeckte den romantisch-altdeutschen Gemütern seiner Zeit und Nachwelt diese Mixtur einer ständischen

57 Ludwig Richter (1803–1884): Familienleben.

Gesellschaft von edlem beharrendem Bauerntum, Patrizier-Bürgern und hoch darüber dem Adel als Führungsschicht, daß – merkwürdig genug – das von ihm gezeichnete Bild des »Volkes« über Generationen Farbe behielt. Sein Familienbuch erlebte nicht weniger als 17 Auflagen und war »zu seiner Zeit im deutschen Haus ebenso beliebt wie Ludwig Richters Bilder aus dem deutschen Familienleben«[10].

Diese Bilder dienten dem Entstehen einer Agrarromantik[11], wie sie den ehrlichen Topographen des 18. Jahrhunderts noch ganz fern gelegen hatte.

Die Familie als der »Schwer- und Angelpunkt unseres social-politischen, weil unsres nationalen Lebens« (Riehl, Einleitung S. XIII) hatte darin ihre bedeutsame, gesellschaftsaffirmative Rolle zu spielen.

[1] vgl. Brunner, Otto: Das »ganze Haus«... 1966, S. 23 ff.; Deuerlein, Ernst: Gesellschaft im Maschinenzeitalter. 1970, S. 98.
[2] Hoffmann, Julius: Die »Hausväterliteratur«. 1954; Möller, Helmut: Die kleinbürgerliche Familie im 18. Jahrhundert. 1969.
[3] Spamer, Adolf: Der Bilderbogen von der »Geistlichen Hausmagd«. Göttingen 1970. In der Legende von der geistlichen Hausmagd wird ein alter, auf sein asketisches Leben stolzer Einsiedler von einem Engel zu einer einfachen Dienstmagd geführt und muß bald erkennen, daß diese ihm an Frömmigkeit überlegen ist.
[4] z. B. Marx, Lothar Franz: Kurze Lebensgeschichte heiliger Dienstboten des weiblichen Geschlechtes. Frankfurt/M.[2] 1830.
[5] Trier, Jost: Vater. 1947, S. 232 ff.; Marcuse, Herbert: Ideen. 1969, S. 76.
[6] Popp, Hermann: Deutsche Familie. 1914, S. 147 f.
[7] Garve, Christian: Über den Charakter der Bauern. 1786.
[8] Weber, Max, in: Staatssoziologie. Hrsg. v. Johannes Winckelmann. Berlin 1956, S. 101 f.; ders.: Wirtschaft u. Gesellschaft. [4]1956, Bd. I, S. 130 f. u. Bd. II, S. 588 ff.
[9] vgl. hierzu Weber-Kellermann, Ingeborg: Erntebrauch. 1965, und die dort angeführte Literatur.
[10] Geramb, Viktor von: Wilhelm Heinrich Riehl. Leben und Werk. 1954, S. 256; s. Schwägler, Georg: Soziologie der Familie. 1970, S. 33 ff.
[11] Bergmann, Klaus: Agrarromantik. 1970, bes. S. 33 ff.

Unverändert bestand die Vorstellung von der Familie als einem patriarchalisch geordneten, ökonomisch begründeten und sich rechtlich repräsentierenden Hauswesen fort.
Die Hausväterliteratur des 16.–18. Jahrhunderts schildert den Vorbildcharakter dieser Lebensführung.
Im rechtlichen Sinne allerdings war im Zeitalter des Absolutismus an die Stelle der freien Bürger mehr und mehr die Menge der »Verwalteten« getreten.

»Wacker, der Mann und Hausvater, stellt das wirklich vor, was er von Natur ist – das Haupt seiner Familie, den Herrn in seinem Haus... Er teilt die sämtlichen häuslichen Geschäfte ein, gibt Acht, ob Jeder sein Pensum verrichte, und hält mit Ernst darauf, daß es geschehe. Er ist deshalb, so viel seine Welt- und Berufslage ihm verstattet, gern zu Hause, um das häusliche Ganze immer vollkommen zu übersehen und zu leiten, oder auch da, wo es fehlt, nachhelfen zu können. Alle Hausgenossen übertrifft er an Pflichteifer und unzuermüdender Geschäftigkeit. Er besitzt alle nöthigen Kenntnisse, und so kann er Sicherheitsanstalten gegen vermeidliche Gefahren, Wehranstalten gegen unvermeidliche treffen. Dieser

58

Hausvater ist im würdigsten Verstande der Erste von der ganzen häuslichen Gesellschaft – d. h. der Weiseste und Beste, ein Muster jeder männlichen Tugend..., auf das alle männlichen Hausgenossen nur blicken dürfen, um sich auf das männlichedelste nachzubilden.

Neben den Hausvater tritt die Hausmutter, der als Hausherrin die Leitung der innerhäuslichen Geschäfte übertragen ist. Wie der Hausvater für die männlichen Hausgenossen vorbildlich ist, so zeigt sie sich als Muster jeder weiblichen Tugend, auf das alle weiblichen Hausgenossen nur blicken dürfen, um sich auf das weiblichedelste nachzubilden. Diese Parallelisierung kann aber nicht den Abstand bagatellisieren, der zwischen beiden Positionen besteht. Der Mann erklärt sie für die Herrin, er substituiert sie im Innern des Hauswesens ganz für sich. Der innere Haushalt ist die Sphäre ihres eigentlichen Lebens, innerhalb deren sie mit ihrem Mann in Erfüllung ihres natürlichen Berufes wetteifert.

Sie vermeidet jeden unnützen Aufwand, sie mag über Stand weder wohnen, noch sich kleiden und findet die Modesucht so verächtlich wie lächer-

58

lich. Sie ist immerwährend stilltätig… vieles besorgt sie selbst, und über Alles, was sie besorgen läßt, hat sie die sorgfältigste Aufsicht, so, wie ihr Mann die Oberaufsicht über das Ganze hat.

…Zum Haus gehören sorgfältig ausgesuchte, wackere Dienstboten. Allgemeiner Respekt gegen die Herrschaft ist der herrschende Thon unter ihnen, und sie gehorchen ihr aufs Wort. Haben sie aber einen begründeten Einwand, wird er mit größester Bescheidenheit vorgetragen. Jeder von ihnen thut seine Schuldigkeit, ohne sich erst dazu antreiben zu lassen. Sie sind fromm und sittsam, lassen keinen Fluch, keine Zote, kein Schimpfwort von sich hören, und üben weder Bosheit, noch Muthwillen, noch Leichtsinn aus. Wenn aber hier und da gegen den guten Thon im Hause verstoßen wird, nimmt die Herrschaft Rücksicht auf den Mangel an feinerer Bildung in den untersten Ständen. Sie verhehlen ihrer Herrschaft nichts, was sie erfahren muss, lassen sich um Dinge im Hause, die sie nichts angehen, unbekümmert… Sie sind ehrlich und treu, bringen nicht nur selbst die Herrschaft um nichts, sondern lassen sie auch mit ihrem Wissen um nichts brin-

gen… Das Wackersche Haus hat auch viel Anverwandte, und Einige davon leben sogar darin. Diese werden zu den wirklichen Mitgliedern gerechnet, und als solche behandelt. Sie schicken sich in diejenigen, welche die Ersten im Hause sind, meinen's mit den Kindern gut, leisten gern Beistand bei häuslichen Arbeiten, sind aufrichtig theilnehmend, werden in aller Stille Friedensstifter, und gewähren durch ihren Umgang gute Unterhaltung. Auch den übrigen Befreundeten gegenüber herrscht der wahre Verwandtengeist. Schließlich erwähne ich noch die Hausarmen, die zwar zum Hause gehören, aber außerhalb lebend natürlich nur periphere Bedeutung gewinnen.«
Christian Fr. Sintenis: Das größere Buch für Familien. 1805–1807.

58 Deutsche Meister. Um 1640.
59 Der Hausvater, die Hausmutter. Bilderbogen des 19. Jahrhunderts.

60

*Die Zusammengehörigkeit der großen Haushaltsfami-
lie mit ihrem Gesinde dokumentiert sich auf Gemälden
zuweilen nur mit einem Durchblick in die Küche – oder
auch dadurch, daß die Erziehungshilfe der Dienstboten
drastisch dargestellt wird.*

*In seinem Buch »Die Familie« (1855) schildert Wil-
helm Heinrich Riehl anschaulich diese Zusammenhänge, wenn auch ahistorisch und ideologisierend für seine
eigene Zeit, so doch zutreffend für die vorangegangene
Epoche.*

»Mit der ganzen Familie hängt nun das ganze
Haus zusammen. Die moderne Zeit kennt leider
nur noch die Familie, nicht mehr das Haus, den
freundlichen gemütlichen Begriff des ganzen
Hauses, welches nicht bloß die natürlichen Familienmitglieder, sondern auch alle jene freiwilligen
Genossen und Mitarbeiter der Familien in sich
schließt, die man von altersher mit dem Worte In-
gesinde umfaßte. In dem ganzen Haus wird der
Segen der Familie auch auf ganze Gruppen sonst
familienloser Leute erstreckt; sie werden hinein-
gezogen wie durch Adoption in das sittliche Verhältnis der Autorität und Pietät.«

*Wilhelm Heinrich Riehl (1823–1897): Die Familie.
1855.*

61

60 Unbekannter Maler: Familienstube. Um 1700.
61 Johann Andreas Herrlein (1720–1796): Vesperstunde im
Bauernhaus.
62 Unbekannter Maler: Familie eines Architekten im Garten
mit dem Grabmal des Erstgeborenen. Um 1800.
63 Daniel Chodowiecki (1726–1801): Begrüßung des Vaters.

62

63

»Die Hausväter waren nur Hausväter und deshalb
keine wahren Hausväter geworden. Sie entbehr-
ten der freundlichen und feindlichen Berührungen, welche im politischen Leben den Mann bilden und reifen. Nur in ihrem häuslichen Kreise,
und in diesem nur als Leiter tätig, lernten sie ausschließlich Willfährigkeit an anderen kennen. Berücksichtigt und geschont in allen Verhältnissen,
wurden sie nachgiebig gegen die eigenen seltsam-
sten Schwächen und Wunderlichkeiten und bildeten jene stolze Unbeholfenheit und wunde
Empfindlichkeit gegen das ungewohnte Entge-
gentreten Dritter aus, wie sie gerade in den geistig
bedeutsamen Familien des 18. Jahrhunderts so oft
hervortraten.

Mein 1729 geborner Vater, erzählt Friedrich Carl
von Strombeck (Darstellungen aus meinem Leben. Braunschweig 1835, Bd. 1, S. 7), hatte nie, so
wenig als sein Vater und Großvater, ein öffentliches Amt bekleidet. Da sie nicht, gleich ihren Vorfahren, Bürgermeister der Vaterstadt Braunschweig sein konnten, so wollten sie lieber im Pri-
vatstande bleiben. Mein Vater, ein streng und al-
tertümlich rechtschaffener und biederer Mann,
war im hohen Grade ernst und eifersüchtig auf
sein Ansehen. Ich erinnere mich nicht, daß er auch

nur ein einziges Mal mit Zärtlichkeit meine Mutter oder uns Kinder angeredet oder mit recht inni-
gem Wohlgefallen angeblickt hätte. Den tiefsten
Respekt gegen ihn, die strengste Erfüllung der
Pflichten verlangte er beständig, und nicht das
Mindeste sah er in dieser Beziehung nach. Daher
war denn in Beziehung gegen ihn die ganze Hausgenossenschaft, die Mutter mit eingeschlossen, in
dem Zustande der größten Unterwürfigkeit.
…Diese Art zu sein war meinem Vater so zur anderen Natur geworden, daß er sich nur unter den
von ihm abhängigen Hausgenossen behaglich
finden konnte, und er hatte keinen Umgang, am
wenigsten einen freundschaftlichen.«
*Clemens Theodor Perthes (1809–1867): Das deutsche
Staatsleben vor der Revolution. 1845.*

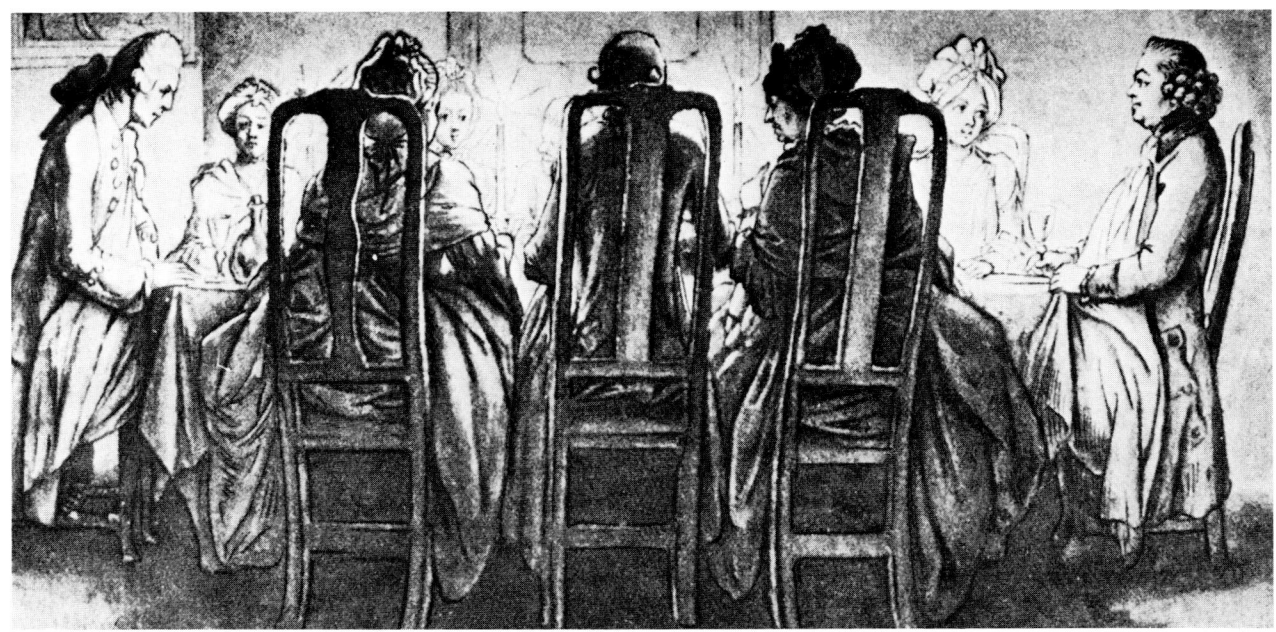

64

Der Hausherr saß stets an der Spitze der Tafel. Ihm entsprach aber nicht die Hausdame, sondern die Hausfrau.

»Seht hier von Zopf und Ohren,
Den Herrn hochwürdig wohlgeboren,
Seht seine Augen und seine Stirn,
Aber sein verständig Gehirn,
So manch Verdienst ums gemeine Wesen
Könnt ihr ihm nicht an der Nase lesen.«
Johann Wolfgang von Goethe (1749–1832) an Lotte, Wetzlar 1772.

65

66

67

Über die gute Hausmutter zitiert Gottfried Keller in »*Hadlaub*« *aus den* »*Züricher Novellen*« *das* »*Schweizerische Museo*« *von 1784:*

»Noch gegen End vorgehenden Saeculi war unser Frauenzimmer vom Schrot und Korn früherer Jahrhunderte. Sie konnten unsere Älterväter bereden, Eingezogenheit und haushälterisches Wesen überwäge bei denselben (dem Frauenzimmer) manche andere glänzendere Eigenschaft; diese Einbildung war allgemein und beherrschte unsere Frauen so stark, daß sie sich auf kein anderes als die Hausgeschäfte legten, die sie mit der genauesten Aufsicht besorgten und ihr scharfes Regiment und Sparsamkeit bisweilen wirklich so weit ausdehnten, daß man es dem Eheherrn und den Kindern an den dünnen Lenden und schmalen Backen wohl ansehen mochte. Eine solche Frau war in ihrem Haus immer die erste aus dem Bett und die letzte darin; keine Kleinigkeit entging ihrem wachsamen Aug; aller Orten trat sie den Mägden auf die Eisen; in Kleidern, Speis und Trank wurden Mann und Kinder geschmeidig gehalten.«

64 Daniel Chodowiecki (1726–1801): Abendgesellschaft. 1773.
65 Scherenschnitt. Familienszene Familie Neddermann, Bremen. Um 1790.
66 Jakob Denner (1720–um 1749): Balthasar Denner und seine Familie.
67 Friedrich Wilhelm Schäfer (1763–1807): Familienbildnis.

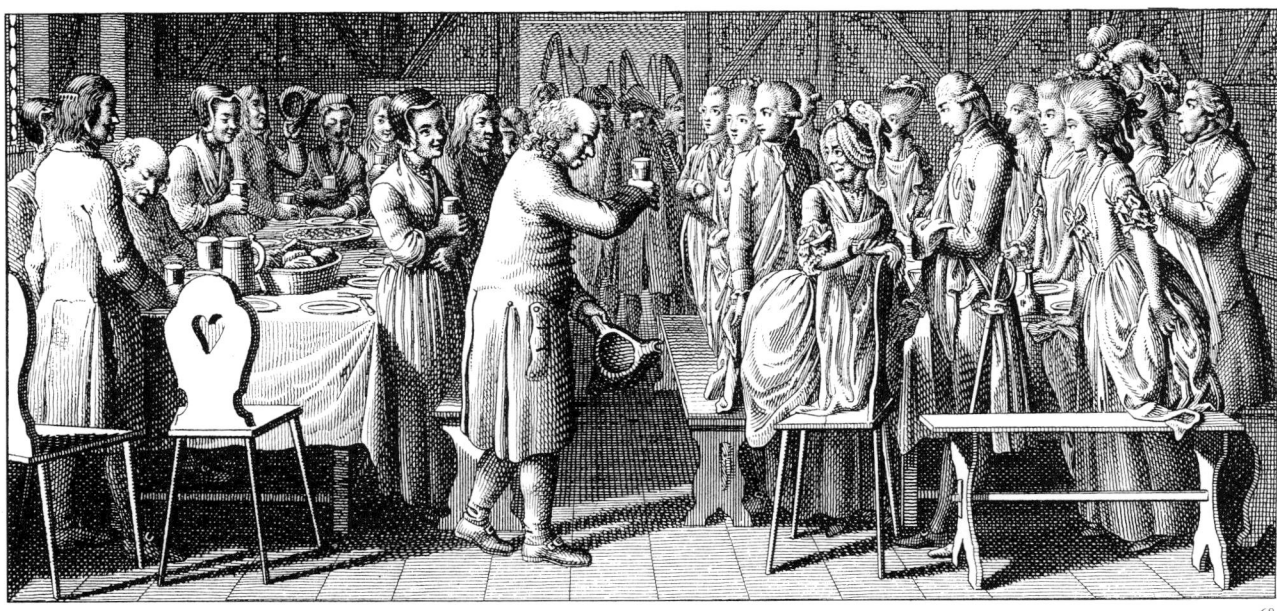

68

Gehobene Handwerker, Ackerbürger und Kaufleute
entwickelten ein ständisches Denken, das sich besonders
auch auf die Gattenwahl auswirkte.

»O, wie glücklich ist der, dem Vater und Mutter
   das Haus schon
Wohlbestellt übergeben und der mit Gedeihen es
   ausziert!
Aller Anfang ist schwer, am schwersten der An-
   fang der Wirtschaft.
...
Und so hoff ich von dir, mein Hermann, daß du
   mir nächstens
In das Haus die Braut mit schöner Mitgift herein-
   führst;
Denn ein wackerer Mann verdient ein begütertes
   Mädchen,
Und es behaget so wohl, wenn mit dem gewün-
   scheten Weibchen
Auch in Körben und Kasten die nützliche Gabe
   hereinkommt.
Nicht umsonst bereitet durch manche Jahre
   die Mutter
Viele Leinwand der Tochter, von feinem und
   starkem Gewebe;
Nicht umsonst verehren die Paten ihr Silbergeräte,
Und der Vater sondert im Pulte das seltene Gold-
   stück:

69

Denn sie soll dereinst mit ihren Gütern und Gaben
Jenen Jüngling erfreun, der sie vor allen erwählt
   hat.«
Johann Wolfgang von Goethe (1749–1832): Hermann
und Dorothea. 2. Gesang, V. 164–179.

68 Ländliche Hochzeitsgesellschaft des 18. Jahrhunderts.
69 Louise Henry (1798–1839): Die Gärtnerfamilie Matthieu.
Um 1820.
70 Cornelis Busschop (1630–1674): Die Familie des Weinhändlers.
71 Simon Meister (1796–1844): Familie Werbrun. 1834.
72 Johann Michael Voltz (1784–1858): Der Obstgarten.

70

71

72

Die physischen und psychischen Leiden mancher Lehr-buben, die ja noch halbe Kinder waren, treten aus zeit-genössischen Dokumenten ins Licht.
Auch über die häufige Ausnutzung der Lehrlinge zu Arbeiten in der Familie, die sich durchaus nicht im Sinne des »ganzen Hauses« abspielten, berichten zeit-genössische Memoiren.

»Es waren gerade zu der Zeit alle Werkstätten, wo Lehrjungens angestellt werden konnten, besetzt, und zweimal machte es meine Mutter dem Handwerk bekannt, daß man für mich einen Mei-ster finden möchte. Nach einigen fruchtlosen Ver-suchen fand sich endlich einer, der mich zu lehren entschloß.
Im Anfange war er sehr freundlich, und so oft er mit Jemandem sprach, lächelte er. Er war erst vor einem Jahre Meister geworden und etwas über 30 Jahre alt, und 12 Jahr theils in der Fremde, theils unter den Soldaten gewesen. Seine Forderungen spannte er sehr hoch, anfangs forderte er 40, dann 30 Rtlr… Sie (die Mutter) bot ihm endlich 20 Rtlr. und ein Bette, womit er dann auch zufrieden schien. Ich trat also den 20ten Juny 1774 meine Lehrzeit an…
…Da er so wenig Lust zur Arbeit selbst hatte, so forderte er destomehr von mir. Seine Lehrme-thode dabey war folgendergestalt. Erst trat er hin und machte mir die Sache zweimal vor, dann ge-bot er mir unter den fürchterlichsten Drohungen, es auch so zu machen: Er habe es mir nun gewie-sen, und wenn ich keine Lust habe, so wolle er mir schon welche einbläuen. Und nun gings die Treppe hinunter; statt daß er mir bey der Arbeit hätte zu Hülfe kommen sollen, überließ er mich mir selbst, der ich noch mit allen Kunstgriffen un-bekannt war. Wie oft stand ich thränenvoll da, und beseufzte meinen unglücklichen Zustand! Denn ich konnte immer schon errathen, welche Be-handlung mir bevorstand, wenn ich nicht nach dem Befehl des Meisters gearbeitet hatte. Zum Glück dauerten dergleichen qualvolle Stunden nicht lange, denn bald wurde ich gerufen, häusli-che Geschäfte zu verrichten. Allein wenn er dann kam, nachzusehen, was ich mittlerweile gemacht

73

hatte, welches oft in einigen Tagen erst geschah, wenn er dann sahe, wie schlecht und nicht selten zum Schaden ich gearbeitet hatte, so erhub sich ein solches Donnerwetter, daß mir noch jetzt die Haare zu Berge stehen, wenn ich daran gedenke. Fluchen, Drohungen, Reden, die wie zweischnei-dige Schwerdter mich durchbohrten, und dann eine ungemeßne Tracht Schläge, daß ich oft ohn-mächtig darnieder sank, waren dann mein Theil.«
Johann G. A. Probst (1759–1830): Handwerksbarbarei oder die Geschichte meiner Lehrjahre. 1790.

»Am vierten Tage nach meiner Ankunft fragte mich mein Oheim mit sehr finsterem Gesichte, ob ich denn nicht anfangen wollte zu arbeiten? Zum Lesen sei ich doch nicht hergekommen? – Ich war dazu sofort erbötig, und wurde mir meine Stelle am Werkbrette eingerichtet. Ich fing wie gewöhn-lich mit den rein mechanischen Manipulationen des Schleifens und Polierens an, allein meine Ar-beit wurde mit jedem Tage mehr durch andere Aufträge unterbrochen. Die Familie hatte nämlich kein Dienstmädchen, sondern nur eine Aufwärte-rin, die des Morgens kam, das Frühstück, die Zimmerreinigung und das Ofenheizen besorgte und dann ging. War die Frau nicht mehr da, und es

74

wurde irgend etwas gebraucht, so ward ich dazu beordert. Ich hatte zu allen Zeiten alles Nötige für die Tante und ihre Mutter einzuholen: Kaffee, Sirup, Bäckerwaren, Fleisch, Gemüse usw., ich mußte die Bestellungen außer dem Hause besorgen, die fertigen Arbeiten zu den Kaufleuten bringen und andere abholen, Kohlen, Pottasche, Borax, Schlaglot, Poliermittel und andere Erfordernisse der Arbeit einkaufen; ich hatte des Mittags Messer und Gabeln zu putzen, sowie das Essen für die Mutter, – gewöhnlich die Großmama genannt – in einem Menagenkorbe von einem Koch zu holen. Abends hatte ich die Großmama, wenn sie nicht bei uns aß, sondern bei einer ihrer Töchter,

von dort abzuholen und nach Hause zu führen; dann aber mußte ich mich noch hinstellen und das Schuhwerk für die ganze Familie putzen, die Kleider reinigen usw. Von Zeit zu Zeit hatte ich auch die Tante mit einem großen Korbe auf den Markt zu begleiten und das Eingekaufte nach Hause zu tragen, was mir oft blutsauer wurde...

Was mich aber besonders kränkte, war die Bemerkung, daß ich gar nicht als Verwandter in Betracht kam. Alle weiblichen Wesen der Familie sprachen von mir nie anders als von dem Burschen.«

Karl Friedrich von Kloeden (1786–1856): Jugenderinnerungen.

75

73 Schusterlehrling in der Werkstatt.
74 G. M. Kirn: Der Zirkel- und Zeugschmied – seine Arbeitswelt und sein Werkzeug.
75 Daniel Chodowiecki (1726–1801): Schreinerwerkstatt.

Die Patriarchalität der Gutsherrschaften bestand in freier Willkür, im Guten und im Schlechten. Auch grobe Züchtigungen lagen im Bereich der Patrimonialgerichtsbarkeit.

»Ein Gutsbesitzer quälte durch Abgaben seine Bauern. Einst fragte er den Schulzen, was die Untertanen davon reden. Ei, sagte dieser, sie meinen, wir spielen die verkehrte Passion: denn statt daß Einer leidet für Alle, leiden Alle für Einen.«
Leopold Schmidt: Wiener Schwänke und Witze der Biedermeierzeit. 1946.

76 Daniel Chodowiecki (1726–1801): Gutsherrliches Züchtigungsrecht Ende des 18. Jahrhunderts.
77 Aus den ›Fliegenden Blättern‹. 1856.
78 Der Bauer. Um 1835.

»Neunzehnhundertneun, als ich ein Kind war, gab es in Mecklenburg noch einen Großherzog, Grafen und Barone. Die Knechte, Tagelöhner und Hofgänger waren rechtlose Menschen.
Meine Eltern waren Tagelöhner auf Gramelow, einem großen Gut. Da meine Mutter aber gut mit ihrer Hauswirtschaft umgehen konnte, waren wir noch lange nicht die Ärmsten im Dorf. Zu Fest- und Feiertagen gab es immer noch etwas Besonderes auf dem Eß- und Gabentisch...
Als es dunkelte, wurden wir gewaschen und gebürstet, bekamen unsere Sonntagskleidung ange-

**»Sieh, lieber Eduard, welch gemeines Volk!
Den ganzen Tag nichts als arbeiten!«**

zogen. Vater kam ja heute eine Stunde früher von der Arbeit. Die Männer mußten auch an der Bescherung teilnehmen.
Das Schloß war am heiligen Abend erleuchtet. Die Frau Gräfin stand bei der Bescherung in der Mitte des Saales unter dem Lichterbaum.
Die Kinder des Dorfes standen links an der Wand, die Erwachsenen rechts. Wenn der Lehrer den Taktstock hob, sangen alle ein Weihnachtslied. Dann hielt der Schäfermeister eine Rede. Vom Christkind, dem lieben Gott und der großen Güte des Herrn Grafen und seiner Gemahlin.
Darauf bekam jedes Kind ein Geschenk. Entweder einige Äpfel oder einiges Weihnachtsgebäck. Links an sie herantreten, sich bedanken mit den Worten: ›Gott vergelt’s, gnädige Frau Gräfin.‹ Die Erwachsenen bekamen kein Geschenk. Sie mußten nur ihre Hand küssen.

Jedes Jahr hatte sie neue Handschuhe an, die ihr bis zum Ellenbogen gingen. Mal schwarze, mal weiße, mal rote. Der Herr Graf ließ sich bei der Feier nie sehen.

Wir saßen in der Stube und warteten auf den Vater. Es war höchste Zeit, wenn wir nicht zu spät zur Bescherung kommen wollten.

Jetzt hörten wir seine Schritte.

Als er die Stube betrat, schrie Mutter auf.

Wie sah der Vater aus. Blutete aus Mund und Nase. Hatte blutunterlaufene Striemen im Gesicht. Die linke Hand war aufgeschlagen, ohne Mütze, und die Jacke war zerrissen.

Wir Kinder schrien ebenfalls. Drängten an ihn heran.

Er schob uns zur Seite und ging in der Stube auf und ab. Wischte sich dann das Blut vom Gesicht und setzte sich. Wir dachten, daß etwas mit dem Gespann passiert sei, das er geführt hatte. Ein Unfall.

Mutter saß schon neben ihm und versuchte, das Blut zu stillen. Versuchte zu erfahren, wie das Unglück geschehen sei…

Und dann lächelte der Vater.

Das Lächeln wurde zum Lachen. Er schlug mit der Faust auf den Tisch und lachte aus vollem Hals. Er sah uns dabei an und wirkte schaurig: Das zerschundene Gesicht und das Lachen dazu.

›Genau so, wie es in Emils Zeitung steht, genau so ist es‹, sagte er. Und immer noch tropfte ihm das Blut aus der Nase. ›'Roter Hund' hat er zu mir gesagt. Ab heute werde ich einer sein! Worauf er sich verlassen kann. Der saubere Herr Graf. Er hat den Jungen gestern mitgenommen, um ihn auszuhorchen… Er wußte genau Bescheid. Der saubere Herr Graf. Als ich mein Gespann an der Krippe hatte, stand er da. Schrie mich an. Ein roter Hund sei ich. Ein Sozi. Ein Verbrecher, den man vom Hof jagen müsse wie einen räudigen Hund. Sofortige Kündigung. R.r.r.rraus!

Ich bin nicht still gewesen. Hab nicht gebettelt. Da hat er den Kutscher und den Diener gerufen. Die standen schon parat. Mit Reitpeitsche und Ochsenziemer sind sie über mich hergefallen.‹«

Carl Wüsthoff: Das wunderbare Weihnachtsfest. 1974.

79

*Der gemeinsam wirtschaftende Typ der großen Haus-
haltsfamilie brachte in bescheideneren ländlichen Verhältnissen für die Kinder von klein auf eine Fülle von
Arbeiten mit sich, die ihnen die Möglichkeit zu kindli-
chem Spiel und regelmäßigem Schulbesuch verstellten.
Während die darstellende Kunst des 18. Jahrhunderts
das bäuerliche Leben mehr genremäßig behandelte, gibt
es in der Dichtung wirklichkeitsnahe Zeugnisse dafür.*

»Unsere Haushaltung vermehrte sich. Es kam alle
zwei Jahre geflissentlich ein Kind: Tischgänger
genug, aber darum noch keine Arbeiter… Im
Winter sollten ich und die ältesten, welche auf
mich folgten, in die Schule; aber die dauerte zu
Krinau nur zehn Wochen, und davon gingen uns
wegen tiefem Schnee noch etliche ab. Dabei
konnte man mich schon zu allerlei Nützlichem
brauchen. Wir sollten anfangen, Winterszeit etwas
zu verdienen. Mein Vater probierte aller Gattung
Gespunst: Flachs, Hanf, Seiden, Wollen, Baum-
wollen; auch lehrte er uns letztre kämbeln,

Strümpfstricken und dergleichen. Aber keins
warf damals viel Lohn ab. Man schmälerte uns
den Tisch, meist Milch und Milch, ließ uns lum-
pen und lempen, um zu sparen. Bis in mein 16.
Jahr ging ich selten, und im Sommer barfuß in
meinem Zwilchröcklin, zur Kirche.«
*Ulrich Bräker (1735–1798): Lebensgeschichte des
Armen Mannes im Tockenburg. 1789.*

80

81

»Es mag hart klingen, aber es ist doch wahr und erweist sich bei näherer Betrachtung auch milder: bei den Bauern, besonders bei den Großbauern, ist die Ehe vielfach nur ein Vertragsverhältniß in der ausgedehntesten Bedeutung des Wortes. Erkennen die Eheleute, daß die Verschiedenheit ihrer Naturen sich nicht zur Einigkeit verschmelzen läßt, so tritt ein gegenseitiges selbständiges Gewährenlassen ein. Hier, wo die Hausfrau gleichmäßig mit dem Manne für den Besitzstand zu arbeiten hat, erfüllt ein Jedes den Kreis seiner Pflicht ohne weitere Anforderung. Die Arbeit für Erhaltung und Vermehrung des Besitztums ist die Wesenheit des Lebens, dem die Heilighaltung des geschlossenen Bundes noch eine gewisse Weihe erteilt, und kommen Kinder, so erblüht die Verträglichkeit auch wiederum oft zur Liebe.

Offene Zerwürfnisse oder gar Trennungen aus Mangel an Liebe kommen darum im Leben der Großbauern fast nie vor.

Nur selten, zu einem Jahrmarkt, zu einer Gevat-terschaft oder Hochzeit verließ man den Hof, und die Bäuerin hörte überall mit Befriedigung, wie hochgepriesen sie und ihr Mann waren und wie sie als eine Zierde der ganzen Gegend galten, so daß es immer hieß: solche Bauersleute seien schon lange nicht in der Gegend gewesen. Die Bäuerin hörte solchen Lobpreis immer mit ruhigem Behagen an, sie hatte sich von ihrem Mann angewöhnt, auch kein übrig Wort zu reden. Nie kam es ihr in den Sinn, von ihrem Reichtum einen andern Genuß haben zu wollen als den, ihn zu erhalten und zu vermehren und wie sich's gebührt, den armen Leuten der Gegend ihre Gaben zukommen zu lassen.«

Berthold Auerbach (1812–1882): Der Lehnhold. 1853.

79 Georg Melchior Kraus (1737–1806): Ländliche Mahlzeit.
80 Ludwig Emil Grimm (1790–1863): Schlafender Hirtenbube.
81 Johann Andreas Engelhart (1801–1835): Familienszene.

82

Taufen waren echte große Familienfeste, bei denen die Verwandten bis ins 3. und 4. Glied zusammenkamen. Im Mittelpunkt standen die Paten als Führer des Kindes in das Leben. Auch auf dem Gemälde einer westfälischen Taufe aus dem 17. Jahrhundert sitzt die Patin in ihrer ganzen leuchtenden Bedeutung in der Mitte des Bildes, während die Kindesmutter links im Wandbett kaum zu erkennen ist.

»Sie (die Patin) stund auf, packte die Säcklein aus, übergab Züpfe, Kleidung, Einbund – ein blanker Neutaler, eingewickelt in den schön gemalten Taufspruch – und machte manche Entschuldigung, daß alles nicht besser sei. Darein aber redete die Hausmutter mit manchem Ausruf, wie das keine Art und Gattung hätte, sich so zu verköstigen (in Unkosten zu stürzen), wie man es fast nicht nehmen dürfte, und wenn man das gewußt hätte, so hätte man sie gar nicht ansprechen dürfte.

Nun ging auch das Mädchen an sein Werk, verbeiständet von der Hebamme und der Hausfrau, und wendete das möglichste an, eine schöne Gotte (Patin) zu sein... Da kam die Großmutter herein und sagte: Ich muß doch auch kommen und sehen, wie schön unsere Gotte sei!

Draußen saßen die zwei männlichen Paten, ein alter und ein junger. ...Sie ließen es sich wohlschmecken, und der alte Götti, den man Vetter nannte, hatte allerlei Späße mit dem Kindbettimann.«

Jeremias Gotthelf (1797–1854): Die schwarze Spinne. 1842.

83

82 Richard Brakenburgh (1650–1702): Die Kindstaufe.
83 Taufbrief vom 21. 4. 1851.
84 Patenbrief aus dem Elsaß. 19. Jahrhundert.

Im Namen Gottes des Vaters,

DES SOHNES

und des heiligen Geistes.

Andenken an die hl. Taufe

Ich bin getauft! ich bin erwählet,
Hier, Gottes Eigenthum zu sein;
Ich bin schon denen zugezählet,
Die dort sich ihres Heiland's frew'n,
Ich darf mit fröhlichem Vertrau'n
Auf Gottes Gnade sicher bau'n.
Hilf mir, o Gott, durch deine Gnade;
Nimm niemals deinen Geist von mir,
Und gib, daß ich auf deinem Pfade
Gottselig und gerecht, vor dir
Stets wandle: so darf ich mich dein,
O Gott, und meiner Taufe frew'n.

Lith. de Fr. Wentzel á Wissembourg.

Wenngleich seit Anfang des 19. Jahrhunderts offiziell in ganz Deutschland die allgemeine Schulpflicht eingeführt war, bedeutete das doch keineswegs einen regelmäßigen Schulbesuch und ausgebildete Lehrkräfte, besonders auf dem Lande. Entsprechend waren die pädagogischen Methoden, bei denen der Rohrstock eine entscheidende Rolle spielte.

86

85

Landkinder hatten nur selten die Chance einer höheren Schulbildung. Zu wichtig war für die Eltern ihre Mitarbeit in der Bauernwirtschaft und der Wert des Lernens und Lesens kaum verstehbar.

87

»Pastor Stollbein sah wohl, daß unser Knabe etwas werden würde, wenn man nur was aus ihm machte; daher kam es bei einer Gelegenheit, da er in Stillings Hause war, daß er mit dem Vater und Großvater von dem Jungen redete und ihnen vorschlug, Wilhelm sollte ihn Latein lernen lassen. ›Wir haben ja zu Florenburg einen guten lateinischen Schulmeister; schickt ihn hin, es wird wenig kosten.‹ Der alte Stilling saß am Tisch, kaute an einem Spänchen; so pflegte er wohl zu tun, wenn er Sachen von Wichtigkeit überlegte. Wilhelm legte den eisernen Fingerhut auf den Tisch, schlug die Arme vor der Brust übereinander und überlegte auch. Margarethe hatte die Hände auf dem Schoß gefaltet, knickelte mit den Daumen gegen einander, blinzte gegenüber auf die Stubentüre und überlegte auch. Henrich aber saß mit seiner wollenen Lappmütze in der Hand auf einem kleinen Stuhl und überlegte nicht, sondern wünschte nur. Stollbein saß auf einem Lehnstuhl, eine Hand auf

dem Knopf des Rohrstabes und die andere in der Seiten, und wartete der Sachen Ausschlag. Lange schwiegen sie, endlich sagte der Alte: ›Nu, Wilhelm, es ist dein Kind; was meinst du?‹ ›Vater, ich weiß nicht, woher ich die Kosten bestreiten soll… Mich dünkt, wenn ich wüßte, woher ich die Kosten nehmen sollte, so würde ich den Jungen wohl hüten, daß er nicht zu lateinisch würde. Er soll immer die müßigen Tage Kamelhaarknöpfe machen und mir nähen helfen, bis man sieht, was Gott aus ihm machen will.‹«
Johann Heinrich Jung-Stilling (1740–1817): Jugend. 1777.

88

»Der Unterricht im Deutschen, wo der Rektor die Satzlehre sehr gründlich an Sprachstücken durchnahm, ist mir von großem Nutzen gewesen. Dieser Rektor Kluge schenkte mir, wie schon gesagt, seine Gunst. Er gab mir sogar Privatstunden im Lateinischen und Griechischen und überredete schließlich meine Eltern, mich aufs Gymnasium zu tun, wozu es nicht wenig Überredung bedurft haben mag, denn einerseits waren meine Eltern dazu viel zu arm, andrerseits mochten sie auch meinen Beistand nicht gern entbehren. Mein Vater besaß nämlich einige kleine Grundstücke, zu denen er zu Zeiten noch ein Stück Feld oder einen Garten pachtete. Der Ertrag dieser Grundstücke, sowie zweier Kühe erhielt den ärmlichen, aber nie dürftigen Hausstand, zumal da mein Vater sehr fleißig und meine Stiefmutter sehr haushälterisch war. Ich wurde, da nur jüngere Schwestern vorhanden waren, von Jugend auf zu vielen häuslichen Geschäften gebraucht. Ich mußte Wasser holen, Milch austragen, Holz spalten und das Vieh beschicken, ferner graben, jäten, gießen. Ich habe manchen heißen Sommertag Getreide geschnitten

und im Winter mit meinem Vater gedroschen. Auch lernte ich von ihm Bäume veredeln und manches Nützliche vom Feld- und Gartenbau.«
Heinrich Eisenschmidt (1810–1864): Erinnerungen aus meiner Schulzeit.

85 Ludwig Richter (1803–1884): Unterricht in einer sächsischen Dorfschule.
86 Daniel Chodowiecki (1726–1801): Bauernschule.
87 Hermann Plathner (1831–1902): Der Besuch des Herrn Lehrers.
88 Albert Anker (1831–1910): Die Dorfschule. 1896.

Exkurs:
Wohnen im niederdeutschen Bauernhaus

Der oikos, das ganze Haus als Produktionsstätte der gemeinsam wirtschaftenden Haushaltsfamilie, bildete den Hintergrund für eine ganze Reihe kultureller Objektivationen, von denen hier das Wohnen im niederdeutschen Bauernhause ausgewählt sei. Es ist ein Einhaus, bei dem sich die menschliche Wohnung, Ställe und Wirtschaftsräume unter einem Dach befinden. Man betritt das Haus durch ein großes Tor an der Giebelseite, das auch Pferd und Wagen Einlaß gewähren kann, und kommt auf die Diele mit den Ställen auf beiden Seiten. An ihrem Ende liegt das Flett, eine Art von Querschiff mit dem Herd in der Mitte und kleinen Türen auf jeder Seite, die ins Freie führen. Der dahinterliegende Raum ist mit Stuben und Schlafkammern ausgebaut. Über die wirtschaftliche Funktion des komplizierten Bauwerkes ist eine Quelle aus dem 18. Jahrhundert bekannt, die in unübertrefflicher Weise Zweckmäßigkeit und familiäres Leben in diesem Bauorganismus beschreibt. Es handelt sich um eine Darstellung des westfälischen Landesadvokaten Justus Möser (1720–1794) in den Osnabrücker Intelligenzblättern von 1767[1] (s. S. 92).

Dieser oft zitierte Lesebuchtext wird im allgemeinen als klassische Schilderung für sinnvolle Wohnplanung im norddeutschen Dorf genannt. Und tatsächlich ist hier die Einheit der einräumigen Behausung für Mensch und Tier in ihrer funktionalen Wirklichkeit so dargestellt, wie sie im architektonisch wohl durchdachten niederdeutschen Hallenhaus ausgeprägt war. So weit ist Justus Möser zu folgen, aber ob diese Häuser in ihrem Plan, wie er schreibt, die besten seien, dürfte in den Bereich der lokal-patriotischen Phantasien gehören, der Idealisierung des ländlichen Lebens, die er sich im Widerstreit gegen die damalige Franzosentümelei der höheren Schichten zur Aufgabe gemacht hatte. Doch behielt er insofern recht, als ihr hoher funktionaler Wert im Zusammenhang mit dem Typus der großen Haushaltsfamilie tatsächlich zutage tritt.

Das Bauernhaus als Gehäuse der gemeinsam wirtschaftenden Bauernfamilie mit ihrem Gesinde, die Bauersfrau als Herrin dieses Hausstandes: das alles kann nicht besser illustriert werden. Der Herdraum bezeichnet die zentrale Stelle des Bauernhauses. Hier wurde nicht nur gekocht, sondern von hier aus konnte die Bauersfrau das ganze Wirtschaftswesen überschauen. Hier wurden Hochzeiten und Taufen gefeiert, und die Leichenzüge nahmen von hier aus ihren Anfang.

Man aß im Herdraum an einem langen Tisch am Seitenfenster, wobei Bauer und Bäuerin quer vor dem Tisch saßen und die Männer auf einer wandfesten Bank unter dem Fenster, die Frauen ihnen gegenüber auf einer oft lehnenlosen Bank vor dem Tisch, wenn sie nicht standen. In der Tischordnung wiederholte sich die Rang- und Arbeitsordnung der Bauernwirtschaft, saßen die Knechte und Mägde doch nach hierarchischer Reihenfolge: Großknecht – Baumeister (Pferdeknecht), 2. und 3. Knecht – (Ochsenknecht), Kleinknecht, Schulte und Junge; und ihnen gegenüber die Großdirn, das Butenmädchen und die Lüttdirn, das Binnenmädchen – oder wie diese Gesindegruppen auch immer in den verschiedenen norddeutschen Landschaften geheißen haben mögen. Die Bevorrechtung zunächst des Bauernwirtes und weiterhin der Männerseite überhaupt gehörte in das Bild patriarchalischer Wirtschaftsordnung. Dem entsprach auch das Stehenmüssen der Mädchen und der Kinder bei Tische. Die zwischenmenschlichen Beziehungen waren weitgehend auf den Nutzen reduziert, den die Mitglieder der Hausgemeinschaft für die Wirtschaft besaßen. Als nutzlose Esser wurden nur die Kleinkinder und die ganz Alten geduldet. Der Geist einer solchen Hausgemeinschaft stand unter dem Motto der maximalen Ausnützung der zur Verfügung stehenden Menschen und Güter, und deren sinnvolle Organisation lag in der Hand des Bauernwirtes. So blieb das ganze Hauswesen in seiner äußeren Repräsentation vorrangig auf den Hausvater orientiert.

In der Gemeindeordnung und -verwaltung vertrat er sein »Haus« mit allen seinen Bewohnern auch rechtlich als eine Wirtschaftseinheit, und die Gemeinde funktionierte gewissermaßen als eine Gemeinschaft der Hausväter[2].

Die Organisation des inneren Lebens und Funktionierens dieses ganzen Hauses lag in der Hand der Hausmutter. Häufig war der Hausrat von ihr mit in die Ehe gebracht worden auf dem Kammerwagen der Braut und persönlich gekennzeichnet vom Hersteller und mit Namen und Jahreszahl der Besitzerin. Viele Stücke trugen Initialen, altvererbte oder modische Schmuckformen und fügten sich dem Lebens- und Zeitstil ein, wie Stühle des Nach-Empire oder nach-barocke Säulenverzierungen am Tellerbord, – wie der eichene Rokokoschrank in der Stube oder das Silhouettenbild an der Wand. Geschmacksrichtungen und Stilepochen fanden ihren Niederschlag in der einfachen Ausstattung des Inneren, aber auch im Äußeren des Hauses. Zierate wurden eingeritzt, gemalt, in Schiefer oder Ziegeln ausgelegt, Sprüche aufgemalt oder in die Tragebalken eingeschnitten; sie gaben Namen und Stand des Besitzers und seiner Ehefrau und des Erbauers bekannt.

Möser nun feiert in seinem Aufsatz die Rolle der Frau, die Herrin über dies alles war, – die Rolle der Hausmutter in einer solchen Wirtschaftseinheit. Sie saß in der Diele, in der Mitte des Herdraumes. Aber ob der Platz am Feuer tatsächlich der schönste war, bleibt zu bezweifeln. Einerseits sah sich die Hausmutter der Feuersglut des offenen Herdes, andererseits dem ständigen Zugwind in der freien durchgängigen Halle am meisten ausgesetzt. Die traditionellen Krankheiten, die aus dieser Lebensweise resultierten: Haut- und Knochenentzündungen, Rheuma und »Auszehrung«

waren die Folge. Möser schildert sehr anschaulich, wie die Hausfrau mit ihrer Kontrollfunktion Tag und Nacht beschäftigt war. Ihr Bettkasten, in dem sie mehr saß als lag, befand sich an einem Gang hinter der Herdstelle mit einem kleinen Fenster, durch das sie sich die Übersicht tags und nachts bewahren konnte, denn dort mußte z. B. auch der spät heimkommende Knecht auf dem Weg zu seiner Schlafkammer passieren. Für keinen der Hausbewohner, am wenigsten aber für die Hausmutter, gab es einen individuellen Lebensraum, eine irgendwie geartete »Intimsphäre«. Das Leben unterlag voll den Gesetzen der Ökonomik, die den Tageslauf bestimmten – und dem Dunst von Vieh und Vorräten, der den ganzen Hausraum erfüllte. Eine Wohnkultur war diesem Hause noch unbekannt. Sie entstand auf dem Lande erst viel später als Folge von Individualisierung und Entwicklung von heizbaren Stuben, die dann jeweils einem speziellen Zwecke dienten. Erst das 19. Jahrhundert brachte für das Bürgertum die »kalte Pracht« als Nachahmung des adligen Salons, – für die Bauern die »Paradestube« in Imitation des Bürgertums.

Mit diesem Beispiel kann die enge Beziehung zwischen Gesellschaftsorganisation und Entwicklung des Wohnhauses nur angedeutet werden. Bauweise und Raumeinteilung gehören zu den gesellschaftlichen Faktoren, die vom Leben der Familie entscheidend geprägt werden und wiederum in einem dialektischen Rückkoppelungseffekt deren Lebensformen von neuem prägen.

[1] Möser, Justus: *Sämtliche Werke*, III., S. 143 (Osnabrückisches Intelligenzblatt v. 7. 3. 1767).
[2] Kramer, Karl-Siegismund: *Das Haus als geistiges Kraftfeld im Gefüge der alten Volkskultur.* 1964, S. 30–43 und die dort angeführte Literatur.

89

»Der Herd ist fast in der Mitte des Hauses, und so angelegt, daß die Frau, welche bei demselben sitzt, zu gleicher Zeit alles übersehen kann. Ein so großer und bequemer Gesichtspunkt ist in keiner andern Art von Gebäuden. Ohne von ihrem Stuhle aufzustehen, übersieht die Wirtin zu gleicher Zeit drei Türen, dankt denen, die herein kommen, heißt solche bei sich niedersetzen, behält ihre Kinder und Gesinde, ihre Pferde und Kühe im Auge, hütet Keller, Boden und Kammer, spinnet immerfort und kocht dabei. Ihre Schlafstelle ist hinter diesem Feuer, und sie behält aus derselben eben diese große Aussicht, sieht ihr Gesinde zur Arbeit aufstehen und sich niederlegen, das Feuer anbrennen und verlöschen, und alle Türen auf- und zugehen, hört ihr Vieh fressen, die Weberin schlagen und beobachtet wiederum Keller, Boden und Kammer. Wenn sie im Kindbette liegt, kann sie noch einen Teil dieser häuslichen Pflichten aus dieser ihrer Schlafstelle wahrnehmen. Jede zufällige Arbeit bleibt ebenfalls in der Kette der Übrigen. So wie das Vieh gefüttert und die Drösche

gewandt ist, kann sie hinter dem Spinnrade ausruhen, anstatt daß in anderen Orten, wo die Leute in Stuben sitzen, so oft die Haustür aufgeht, jemand aus der Stube dem Fremden entgegengehen, ihn wieder aus dem Hause führen, und seine Arbeit so lange versäumen muß. Der Platz bei dem Herde ist der schönste unter allen. Und wer den Herd der Feuersgefahr halber von der Aussicht auf die

90

91

Deele absondert, beraubt sich unendlicher Vorteile. Er kann sodann nicht sehen, was der Knecht schneidet und die Magd füttert. Er hört die Stimme seines Viehes nicht mehr, die Einfahrt wird ein Schleichloch des Gesindes, seine ganze Aussicht vom Stuhle hinterm Rade am Feuer geht verloren; und wer vollends seine Pferde in einem besonderen Stalle, seine Kühe in einem anderen,

und seine Schweine im dritten hat, und in einem eigenen Gebäude drischt, der hat zehnmal so viel Wände und Dächer zu unterhalten, und muß den ganzen Tag mit Besichtigen und Aufsicht haben zubringen.

Ein rings umher niedriges Strohdach schützt hier die allezeit schwachen Wände, hält den Lehm trocken, wärmt das Haus und Vieh, und wird mit leichter Mühe von dem Wirte selbst gebessert. Ein großes Vordach schützt das Haus nach Westen und deckt zugleich die Schweinekoben; und um endlich nichts zu verlieren, liegt der Mistpfuhl vor der Ausfahrt, wo angespannet wird.«

Justus Möser (1720–1794): Osnabrückisches Intelligenzblatt 1767.

89 Niedersächsisches Flett aus der Gegend von Diepholz. 1654.
90 Hieronymus Bosch (1450–1516): Fastnachtsbäckereien.
91 Max Liebermann (1847–1935): Tischgebet. 1884.
92 Bernhard Winter: Familie beim Essen. 1913.

92

93 Adolph von Menzel (1815–1905): Das Eisenwalzwerk. 1875. (Ausschnitt)

IV.
Die Familie des 19. Jahrhunderts

1. Französische und Industrielle Revolution

Die Französische Revolution änderte zunächst auch für Deutschland gründlich die Fundamente des familiären Denkens, was sich wiederum vornehmlich im Ehe*recht* zu erkennen gab.

Bis zur Reformation war das Eherecht ein Bestandteil des geistlichen Rechtes gewesen und gehörte daher zur Zuständigkeit der geistlichen Gerichte. Das wandelte sich erst in den folgenden Jahrhunderten, als sich allmählich die Gedankenrichtung des Naturrechtes durchsetzte, d.h. also der Überzeugung von den naturgegebenen, gewachsenen Grundlagen rechtlichen Denkens und Handelns. Damit war eine Abkehr von den mittelalterlich-kirchlichen Standpunkten und eine mehr individuelle Ansicht von der menschlichen Gesellschaft eingeleitet.

Mit der obligatorischen Einführung der Zivilehe 1875/76 und ihrer Aufnahme in das BGB um 1900 fand daher eine langdauernde Entwicklung ihren vorläufigen Abschluß. Die katholische Kirche allerdings kann bis heute infolge der Sakramentsnatur der Ehe die weltliche Kopulation nicht als bindend anerkennen; die evangelische Kirche dagegen akzeptiert sie als Teil der bürgerlichen Ordnung. Was ging diesem Prozeß an inneren Strömungen voraus? Durch die Gedanken des Naturrechts und der Französischen Revolution wurde die Eheschließung wieder zu einem Akt des weltlichen bürgerlichen Rechtes, – freilich in einem gänzlich anderen Sinne als im frühen Mittelalter oder vor Einführung der Vorschriften des Tridentinischen Konzils. Sie war nicht mehr wie damals nur Rechtshandlung, nur ein Kaufvertrag zwischen zwei Sippen, nur die Übergabe der Frau an den Mann als eine »Rechtssache« –, sondern die Eheschließung wurde nunmehr ein Rechtsvertrag zwischen zwei Individuen. Dieser entscheidend neue Inhalt, der auf einer veränderten Anschauung vom Menschen basierte, wandelte im folgenden Jahrhundert theoretisch vollkommen den Charakter dessen, was man unter »Familie« verstand: weder Ebenbürtigkeit, noch Standesgleichheit, noch Glaubensidentität, noch Sippeneinverständnis waren nun die offiziellen Voraussetzungen für das Eingehen einer Ehe, sondern lediglich das Einverständnis zwischen zwei Individuen, Mann und Frau – mit einigen Klauseln, was Mindestalter, Nationalität usw. betraf. Solchen abstrakten Normen hinkte allerdings die tatsächliche Handhabung und Denkweise lange nach und wurde schließlich sogar von den restaurativen, nach Erhaltung der Patriarchalität strebenden Kräften im Bürgertum wieder eingeholt. Das Gleichheitsideal schwand vor dem Ideal des pater familias und der »deutschen Hausfrau und Mutter« wieder dahin. Aber theoretisch bleiben die eherechtlichen Errungenschaften der Französischen Revolution von hohem Wert.

Neben dem rechtlichen Wandlungsprozeß, der mit der Französischen Revolution und deren Folgen seinen äußeren Höhepunkt erreichte, gab es weit wesentlicher einen wirtschaftlich-sozialen, der seinerseits aufs engste mit der sogenannten Industriellen Revolution verknüpft war.

Die industrielle Erneuerung, vorweggenommen vom Fortschrittsglauben und dem Erfindergeist des 18. Jahrhunderts, ermöglicht und bestimmt durch die geistige und soziale Revolution von Bürgern und Arbeitern im 19. Jahrhundert, umfaßte eine Zeitspanne von mehreren Generationen und kann daher kaum im engeren Sinne als »Revolution« bezeichnet werden. Es handelt sich dabei vielmehr um einen mehr reformerischen, »epischen« Ablauf mit vielen regional unterschiedlichen Kapiteln, um im Bilde zu bleiben; – nicht um einen plötzlichen Bruch, sondern um einen sehr allmählich verlaufenden Prozeß.

Die Industrialisierung vollzog sich in einem phasenreichen, vielfach differenzierten Ablauf über die Zwischenstufen des frühkapitalistischen Verlagswesens, der Aufstellung von ersten Maschinen in den Heimarbeiterhäusern (z.B. Spinn- und Webmaschinen) – bis hin zu der endgültigen Errichtung von Fabrikgebäuden und Werkhallen mit größerem Maschinenpark. Damit war für die Arbeitenden die Organisation ihrer Tätigkeit in Schichtarbeit verbunden. Das aber veränderte die gesamte Struktur der Gesellschaft.

Ausgehend von der sog. Industriellen Revolution zunächst in der englischen Textilindustrie in der zweiten Hälfte des 18. Jahrhunderts folgte also auch für Mitteleuropa nach und nach eine grundlegende, produktionstechnisch-organisatorische Umwälzung des Fabrik- und Maschinenwesens; sie bestand im kombinierten Einsatz von Antriebs- und Arbeitsmaschinen in den nunmehr arbeitsteilig organisierten Produktionsstätten. _

Diese neue Produktionsweise, die großen, komplizierten, schwer zu bedienenden Maschinen erforderten auch eine neue Organisation der Arbeit. Sie wanderte aus von den Wohnungen der Heimarbeiter und Handwerker in Fabrikhallen und große Werkräume. Das aber führte zu einer Trennung von Arbeitsbereich und Wohnbereich, der entscheidend neuen Lebensform des industriellen Zeitalters, wie sie weder im bäuerlichen, noch im handwerklichen, noch im kaufmännischen Haushalt älterer Prägung je existiert hatte. Diese Trennung, verbunden mit einer stundenmäßig genau begrenzten Arbeitszeit, betraf nicht nur den ständig wachsenden Kreis der Fabrikarbeiter, ihrer Frauen und Kinder (denn Kinderarbeit war bis 1900 und darüber hinaus in einem unvorstellbar großen Maße allgemein üblich und wurde erst allmählich durch soziale Gesetzgebungen abgeschwächt).

Sie betraf vielmehr fast alle Kreise der Beschäftigten überhaupt: die Unternehmer, die Verwaltungsfunktionäre, die technischen und kaufmännischen Angestellten, aber auch die Staatsbeamten, die Angestellten des öffentlichen Dienstes und der Dienstleistungsberufe. Die Auflösung des »ganzen Hauses« als Wohn- und Arbeitseinheit, als Produktionsstätte einer gemeinsam wirtschaftenden und hausenden Familie war damit besiegelt, wenn sich dieser Prozeß auch bis weit ins 19. Jahrhundert hinein erstreckte. Auf dem Lande konnte sich der alte »oikos« unter den naturgege-

benen Voraussetzungen der bäuerlichen Wirtschaft erhalten und – in ständigem Rückzug – in städtischen Handwerkszweigen wie in der Bäckerei oder Schneiderei, wo der Frau die Rolle der Verkäuferin und Kassenführerin zufiel.

Gerade für das politisch-soziale Leben erforderten die neuen wirtschaftlichen Hintergründe ein völliges Umdenken. Nach dem weltlichen Naturrecht sollte der Mensch, und zwar Mann *und* Frau, nicht mehr entsprechend seinem Stand eingestuft werden, sondern ganz individuell als geschäfts- und vertragsfähige Einzelpersönlichkeit. Das bedeutete ein anderes Gesellschaftsverständnis als das von oben nach unten orientierte, autoritär-patriarchale. Hierarchische Ordnungen und Machtansprüche einer ständischen Gesellschaft hätten nun abgebaut und theoretisch einem bürgerlich-demokratischen Gleichheitsdogma zum Durchbruch verholfen werden können. Die Bemühungen allerdings, auf dieser Grundlage eine neue Ordnung aufzubauen und damit auch eine neue emanzipierte Familienstruktur zu errichten, verwirklichten sich nicht. Lange verschlungene Wege ging die bürgerliche Gesellschaft, vorbei an romantischer und biedermeierlicher Reaktion, an Gründerzeit und »altdeutschem« Konservativismus bis hin zu den Ansätzen einer sozialen Revolution, die die Freiheit und Emanzipierung des arbeitenden Menschen bringen sollte[1]. Solche Ziele wurden bis heute nur partiell erreicht.

2. Die Bürgerfamilie vom Biedermeier bis zur Gründerzeit

Was brachte diese in vielen Phasenverschiebungen verlaufende innere Entwicklung für das Außenbild der bürgerlichen Familie mit sich?

Für die Rolle der Frau und Mutter ergab sich eine völlig neue Situation. Innerhalb der großen Haushaltsfamilie war sie entscheidend in deren arbeitsteilige Wirtschaftsordnung integriert gewesen – als Verkäuferin der fertigen Ware (Bäcker, Konditor, Schneider), als Rechnungsführerin, Kundenvermittlerin, Betreuerin der Lehrlinge usw., – auf dem Lande als bäuerliche Hauswirtin mit allen ihren Arbeits- und Wirtschaftsfunktionen. Nun aber erfuhr ihr Funktionsbereich mit der Trennung von Arbeits- und Wohnstätte zunächst einmal eine gewaltige Reduktion. Sie wurde zurückgedrängt auf das eigene, in sich abgeschlossene Heim.

Die drei großen K: Kirche – Küche – Kinder, die als die Lebenswelt der Bürgersfrau gepriesen und gescholten werden, beginnen hier zu Beginn des 19. Jahrhunderts ausschließliche Bedeutung zu erlangen. Die bürgerliche Klein- und Kernfamilie war geboren. Das Verblassen der weiten Verwandtschaftskreise, die Entheiligung der Eheschließung zum bloßen Vertrag zwischen zwei Individuen, die Zurückführung der großen Haushaltsfamilie auf die kleine Gattenfamilie – das alles schien zunächst tatsächlich ein Vertrocknen und Verdorren des alten, vielgepriesenen komplexen Familiensystems zu bedeuten. Die vielfältigen und umgreifenden Funktionen der Hausmutter reduzierten sich auf die weit geringeren Pflichten der Nur-Hausfrau, der allerdings andererseits nach dem neuen Familienrecht theoretisch der Weg zum emanzipierten Einzelwesen offenstand. Diese Möglichkeit wurde jedoch von den Frauen nur selten genützt und von der Gesellschaft nicht entwickelt. Eine Ausnahme bildeten die Salons, die vor allem in Berlin zu Beginn des 19. Jahrhunderts entstanden waren. Henriette Herz, Rahel Varnhagen und andere gebildete Frauen als Mittelpunkte dieser geistreichen Zirkel erkannten die intellektuelle Freiheit, die ihnen die neue Zeit gebracht hatte.

Aber das war keineswegs die Norm. Im Gegenteil: es entstand vielmehr im allgemeinen die Situation einer gewissen Ratlosigkeit gerade für die Frauen des Mittelstandes. In der neuen Lage, in die sie die wirtschaftlichen und rechtlichen Veränderungen versetzt hatten, fanden sie sich kaum zurecht, da die alten Aufgaben und Gebundenheiten entfielen und sie für die Erfordernisse einer inneren und äußeren Emanzipation weder befähigt noch geschult waren.

Es hätte sich also durchaus, wie Riehl kulturpessimistisch befürchtete, eine Verkümmerung der Sozialform Familie vollziehen können. Tatsäch-

lich aber verlief dann im bürgerlichen Bereich die Entwicklung völlig anders, und die Frauen verwandten ihre ganzen Kräfte auf die Ausgestaltung der familiären Innenwelt.

Die politische Landschaft zu Anfang des Jahrhunderts trug dazu bei, daß der fortschrittliche Geist der Revolutionsjahre bald wieder vor anderen gesellschaftlichen Idealen in Vergessenheit geriet.

Die nationale Begeisterung der Befreiungskriege, Volkstümelei und rückgewendete Altertumssehnsucht der Romantik förderten ein mehr konservatives Denken. Eine mythologisierende Ahnenverehrung in jener Zeit gedieh zum Ideologem, da sie sich ja nicht konkret auf die Vermittlung von Erfahrungswissen bezog, sondern in sozial konservierender Tendenz der Vergangenheit als solcher einen erhöhten Wert beimaß. Die Verherrlichung des Mittelalters mit seinen ritterlichen und autoritär-patriarchalischen Lebensformen trug weiterhin zur Förderung einer psychischen Disposition zu väterlich-männlicher Familienautorität bei: »Mit derselben Begeisterung«, schreibt Wilhelm von Kügelgen im 6. Teil seiner Jugenderinnerungen, »für deutsches Mittelalter wie für die modernsten Revolutionsideen der Franzosen streckte man die Arme gleichzeitig nach hinten und nach vorne aus und schwärmte für eine Vorzeit, die man nicht kannte und deren Bedingungen, Ordnungen und Formen man nach Herzenslust mit Füßen trat. Man war vom Allerneuesten, wie Goethe sagte, indem man alt sein wollte.«

Und er schildert im folgenden die schwärmerische Kraftmeierei und die »Hochgefühle deutscher Jünglinge, welche die freie Brust im Morgenrot der Zukunft baden«. So entstand statt der partnerschaftlichen Ordnung, die der Geist der neuen Zeit durchaus ermöglicht hätte, wiederum eine vollkommen männliche, auf Systemstabilität ausgerichtete Lebenswelt.

Die Frau in der Kleinfamilie verband ihre natürlichen Interessen mit der Erhaltung der herrschenden Verhältnisse und zugleich mit dem Ehrgeiz des Mannes, der sich zumeist in abhängiger Stellung befand.

»Nicht bloß durch die Sorge um die Familie

selbst, sondern auch durch die stetig ausgesprochene und stumme Mahnung der Frau wird der Gatte dem Bestehenden verhaftet, und die Kinder erleben in der mütterlichen Erziehung unmittelbar die Einwirkung eines der herrschenden Ordnung ergebenen Geistes... Dadurch, daß die Frau sich dem Gesetz der patriarchalischen Familie beugt, wird sie selbst zu einem die Autorität in dieser Gesellschaft reproduzierenden Faktor[2].«

Die wechselseitige Beeinflussung von häuslich reduzierter Mutter und einem arbeitnehmerisch abhängigen Vater, der zugleich aus der gesellschaftlich öffentlichen Verantwortung weitgehend ausgeschaltet war, kennzeichnet die Situation der bürgerlichen Familie des 19. Jahrhunderts. Es erklärt sich damit das Phänomen, daß bürgerliches Denken als Kampf gegen die Autorität der Tradition *beginnt*, ja: ihr die Vernunft in jedem Individuum als Quelle von Recht und Wahrheit entgegenstellt – und *endigt* mit der Anbetung absoluter Autorität.

Viele Einflüsse wirkten mit an dem Bild der bürgerlichen Familie, das seit dem 19. Jahrhundert so eindringlich das gesellschaftliche Leben gefärbt hat. Da waren zunächst die neuen wirtschaftlichen Bedingungen. Abgeschlossen von der beruflichen und politischen Lebenswelt ihres Mannes widmete sich die Frau den Hausgeschäften, und zwar vornehmlich als Verbraucherin. Denn es bleibt festzuhalten, daß sich die Familie, die innerhalb des alten oikos, des großen Haushaltes, weitgehend auch im Besitz eigener Produktionsmittel gewesen war, zu einer Familie des Konsums wandelte und daß es von nun an zu ihrer wesentlichen Funktion gehörte, diesen Konsum zu gestalten, nachdem die Produktion von den verschiedenen Institutionen der Wirtschaft übernommen wurde.

Waren also auf dem Gebiet der wirtschaftlichen Produktion die Funktionen weitgehend aus der Familie hinausverlagert, so galt das in gleichem Maße auch für die institutionalisierten Formen der Erziehung in Form der allgemeinen Schulpflicht und der ständig wachsenden Zahl von Bürgerschulen. Damit erlitt die Familie einen Schwund

ihrer Erziehungs-, Ausbildungs- und Sozialisationsfunktionen.

Als Folge der häuslichen Zurückgezogenheit der bürgerlichen Frau und ihrer wachsenden Entmündigung im öffentlichen Leben ergab sich aber nun im Ausgleich eine unerwartete sentimentale Auffüllung des innerfamiliären Bereiches, wie sie das Biedermeier entschieden auszeichnet und charakterisiert. Die Gedanken der Ehe als einer geistigen und gefühlsmäßigen Gemeinschaft, der Familie als Ort für die Erziehung des Menschen zu einem sozialkulturellen Wesen waren Produkte jener Epoche. Auf ihrem Grunde wuchs das 19.-Jahrhundert-Leitbild der Bürgerfamilie als gutsituierte Kleinfamilie, in welcher der Vater die gesellschaftliche Stellung bestimmte, die Mutter die Häuslichkeit gestaltete, beide verbunden in ehelicher Liebe (was immer das auch sein mochte), verbunden im Interesse an der Aufzucht wohlgeratener und wohlerzogener Kinder, die sich bei Berufs- und Gattenwahl nach den Wünschen der Eltern zu richten hatten. – Dieses Leitbild wurde immer mächtiger, immer fixierter und statischer, je stärker sich die tragende Schicht des Bürgertums entfaltete und je mehr sich nun wiederum die Kirche an seiner Prägung beteiligte.

Riehls Vermutung also, daß die Familie verkümmern werde, wenn ihr durch den Verlust des »Hauses« und des breiten sippenmäßigen Hintergrundes der ökonomische und geistig-seelische Nährboden entzogen sei, erwies sich als weitgehend unbegründet. Im Gegenteil: Die Werte des Gefühls und der Liebe erhielten eine Aufwertung für Eheschließung und Familienleben, wie sie ihnen vorher nie beschieden gewesen war. Es schien, als sei die trockene Vorstellung des menschlichen Zusammenlebens lediglich auf Vertragsebene, wie sie zum Gedankengut der Französischen Revolution gehörte, gerade der sich neu formierenden bürgerlichen Gesellschaft gänzlich unerträglich gewesen. Neben dem mit allen patriarchalischen und vormundschaftlichen Rechten ausgestatteten pater familias, der außerhalb des Hauses dem Berufe und Gelderwerbe nachging, waltete als Gegenpol am häuslichen Herd die

Mutter, die züchtige Hausfrau, deren Aufgaben sich auf die Pflege des Haushaltes und die Aufzucht der Kinder konzentrierten. Der Bürger gewann ein neues Verhältnis zum Wohnen und zur häuslichen Gemütlichkeit, was sich schon in den Proportionen der Zimmer nach Höhe und Breite ausdrückte. Es entstand die differenzierte und spezialisierte Wohnkultur des Biedermeier mit Wohnzimmer und »Kinderstube« –, ein Begriff, der in seiner vielfältigen Bedeutung aus dem 19. Jahrhundert stammt: »gute Kinderstube« als Synonym für klassenspezifische gute Erziehung – aber auch für das Kinderzimmer als Reich des Kindes mit seinen Spielen und seinen typisch kindlichen Beschäftigungen.

An solchem Begriff ist die völlig neue Anschauung von der Persönlichkeit des Kindes und seiner Lebenswelt abzulesen. Die »Befreiung des Kindes« nahm ihren Anfang, sowohl im Hinblick auf die kindliche Kleidung wie auch auf seine gesamte Spiel- und Lebenswelt. Hatte man bis dahin die Kinder wie kleine Erwachsene angezogen und frisiert, so zeigten sich im Biedermeier zum ersten

Mal Ansätze von Kindermoden. Doch die Entwicklung war allmählich, und es verging noch das ganze 19. Jahrhundert, bis sich endgültig ein anderes Klima entwickelte, bis das »Jahrhundert des Kindes« anbrach[3].

95 Ludwig Emil Grimm (1790–1863): Carl H. in bequemer Kinderkleidung, aber an zu großen Möbeln.

Derartige Fragen stehen in engstem Zusammenhang mit der Herausbildung der Klassen und ihren wirtschaftlichen Bedingungen. In den einfachen Bürgerfamilien des 17. und 18. Jahrhunderts[4] und erst recht in den Kleinbürger- und Arbeiterfamilien des 19. Jahrhunderts bestand keinerlei finanzielle Grundlage für Kinderstube und Spielzeug. Die Schicht der Bürger, die ohne Sorgen leben konnte, wuchs in Deutschland erst nach der Reichsgründung 1871 auf etwa 10 %. Solche Verhältniszahlen darf man nicht übersehen, will man sich das Leben der Kinder in der Vergangenheit vergegenwärtigen. Das Kind als eigene menschliche Persönlichkeit ist erst vor nicht viel mehr als 100 Jahren entdeckt worden; seinen Entfaltungsmöglichkeiten waren feste ökonomische Grenzen gesetzt.

Im allgemeinen nimmt die Kulturgeschichte nur Kenntnis von dem Kinderleben aus literarischen

94 Daniel Chodowiecki (1726–1801): Die beiden Mädchen.

Quellen wie aus Goethes »Dichtung und Wahrheit« oder Bettinas Briefen, also vom Kind in den
»guten Familien«. Daß es aber den Kindern der
unteren Schichten nur selten vergönnt war, sorglos zu spielen, wird kaum je erwähnt. Man muß
sich vergegenwärtigen, daß auch in der verherr-
lichten alten Haushaltsfamilie kaum jemand Zeit
und Interesse hatte, sich mit den Kindern in kin-
dertümlicher Weise zu beschäftigen. Sie wuchsen,
nachdem die ersten Pflegejahre vorüber waren, in
die Welt der Erwachsenen hinein, und wenn sie
Spielzeug bekamen, so war es solches, durch das
sie spielend ihre zukünftigen Rollen erlernen sollten: Puppenstuben und -küchen, Pferd und Wagen, Pferdestall, Trommel und Gewehr. Aber
auch diese Dinge waren im allgemeinen den Kindern des reichen Bürgertums vorbehalten. – Die
Kinder der ärmeren Schichten hatten von frühester Jugend an zu arbeiten.

95a Kinder mit Spielzeug. Um 1800.

Erst im späten 18. und beginnenden 19. Jahrhundert erwachte ein öffentliches Verantwortungsgefühl, nicht nur was die Erziehung, sondern auch
was die Bildung der Kinder anbetraf. Die erzie-
hungsgeschichtliche Literatur liefert reiche Belege
für diese Entwicklung, und es bleibt festzuhalten,
daß das deutsche Bürgertum jener Zeit schließlich
das beste Bildungssystem der Welt aufbaute und
dem Analphabetentum weitgehend ein Ende

machte. Allerdings muß einschränkend gesagt
werden, daß die bürgerliche Sorgfalt vorrangig
dem höheren Schulwesen galt, während die
Volksschulen viel zu wünschen übrigließen.
Die Ausweitung des familiären Gefühlsbereiches
auf das Eltern-Kind-Verhältnis darf als ein positi-
ves Ergebnis der Kontraktion auf die bürgerliche
Kleinfamilie betrachtet werden, auf die Ausgestaltung der binnenfamiliären Lebenswelt. Ihm entsprach dann z. B. der boom der Spielzeugproduk-
tion im Verlauf des 19. Jahrhunderts und die
»Erfindung« anonymer Gabenbringer wie Weihnachtsmann und Osterhase.
Besonders das Weihnachtsfest entwickelte sich im
19. Jahrhundert zu einem Kinderbescherfest unter
dem Lichterbaum (s. S. 300 ff.) mit seinen Geheim-
nissen und seinem Glanz, eine kulturelle Leistung
des Bürgertums, gestaltet aus dem innigen Gefühl,
das dem familiären Innenraum entgegengebracht
wurde. So nimmt es nicht wunder, wenn die Einzelheiten der Familien-Liturgie am Heiligen
Abend in vielem das Sozialbild der Familie getreulich widerspiegelten. Das galt besonders für den
Bringer der Gaben, dessen Rolle in weiten Teilen
Mittel- und Norddeutschlands der Weihnachtsmann übernahm. Hier wurde die patriarchale Familienstruktur auf einen vatergleichen Anonymus
übertragen, der – zumindest im Monat Dezember
– weit über die Möglichkeiten eines normalen Vaters hinausreichende pädagogische Kontrollfunk-
tionen im Kinderzimmer auszuüben vermag. So
beweist sich der Weihnachtsmann, Produkt des
19. Jahrhunderts, als immanent dem Denken der
19.-Jahrhundert-Bürgerfamilie. In gottväterlicher
Machtfülle, im pittoresken Pelz des Herrn Winter
trat er schenkend und strafend in die weihnachtli-
che Bürgerstube und schützte die Tabus der Eltern. Denn nicht nur die tatsächlichen Gaben-
spender sollten den Kindern unbekannt bleiben,
sondern auch der materielle Wert der Geschenke.
Geld war tabu, und es hatte die Kinder nicht zu interessieren, was die Geschenke kosteten, was der
Haushalt für Ausgaben erforderte, was der Vater
verdiente, welchen Lohn das Dienstmädchen erhielt.

Dabei war das Soll an Besitzstand in bürgerlichen Kreisen außerordentlich normiert und festgelegt. In einer Haushaltszeitschrift des Jahres 1901 »Dies Blatt gehört der Hausfrau. Zeitschrift für die Angelegenheiten des Haushaltes« findet sich folgende Vorschrift für die bürgerliche Brautausstattung, denn nur ein Mädchen mit Mitgift hatte Aussicht auf eine »standesgemäße« Heirat:

Brautausstattung

Unsere Ausstattung würde je nach Eleganz samt Bettstellen und Betten im Preise zwischen 2000 und 3000 Mark variieren. Es gehören dazu: a) Leibwäsche: 3 Dutzend Hemden, 2½ Dutzend Beinkleider, 1½ Dutzend Nachthemden, ½ Dutzend Nachtjacken, 1 Dutzend Untertaillen, 1 Dutzend Anstandsröcke, 6 Promenadenröcke, 2 Frisiermäntel, 4 Dutzend Taschentücher, 6 elegante Waschschürzen. b) Tisch- und Bettwäsche: 2 Damasttafeltücher für 12, 2 für 8 Personen, 36 Servietten dazu, 4 feine Jacquardtafeltücher für 8 Personen samt 24 Servietten, 6 Jacquardtischtücher für 6 Personen samt 24 Servietten, 18 Frühstücksservietten, 3 Teegedecke, 2 Kaffeedecken, 18 Kaffee-Servietten und 12 Obst-Servietten. 6 Garnituren Bettbezüge aus Herrnhuter Leinen, 6 aus Brokat, 6 Couverts, hochelegant mit 6 passenden Kopfkissen und 6 Plumeaubezügen, 6 einfache Bezüge, 18 Laken aus Herrnhuter Leinen, 6 Bezüge für das Leute-Bett, bestehend aus 1 Deckbett und 2 Kopfkissen, 6 Laken. Zwei Messing- oder Holzbettstellen mit Federboden, Roßhaarmatratze, Keilkissen und Fußrolle, einem Federkopfkissen und einem kleinen Roßhaarkissen, einer Kamelhaardecke und einem Plumeau oder einer Daunendecke oder Federbetten. Ein Leute-Bett mit einfacher Ausstattung. 4 Dutzend Handtücher in verschiedener Ausführung, 1 Dutzend Frottierhandtücher, 2 Badelaken, 1 Dutzend Leute-Handtücher. c) Küchenwäsche: 2 Dutzend Handtücher, 3 Dutzend Teller-, 2 Dutzend Gläser-, 1 Dutzend Tassen-, 2 Dutzend Fenstertücher. Dazu kommen noch je 1 Dutzend Zylinder-, Lampen-, Toiletten-, Silber-, Messertücher, ferner Staub-, Topf-, Spül- und Scheuertücher, Topf- und Waschlappen, Rolltücher, Plättdecken und Plättbrettbezüge, Wirtschaftsschürzen, kurz im ganzen etwa 30 Dutzend Küchenwäsche, eine enorme Zahl, aber für den Gebrauch doch nicht zuviel, wie die junge Hausfrau bald finden wird

Es überrascht dabei nicht nur die Quantität der Aussteuer wegen der damit verbundenen finanziellen Aufwendigkeit. Die Liste führt darüber hinaus deutlich vor Augen, daß eine derart ausgestattete Frau für die Dauer ihres Lebens von Anschaffungssorgen befreit war, – ähnlich wie die reiche Bauerntochter, wenn der Kammerwagen den neuen Hof erreichte. Voll waren die Schränke der jungen Ehefrau, ihre Lebensbedarf an Wäsche gedeckt. Sie brauchte nur die Rolle der Hausfrau auszufüllen, die man ihr sorgsam vorgeschrieben hatte. Die Finanzierung solcher Vorsorge mußte sie nicht kümmern. Eine solche wirtschaftliche Abhängigkeit vom Elternhaus schloß allerdings diejenige auf allen anderen Lebensgebieten voll mit ein.

Auch das gesamte Sexualleben galt als tabuiert; keine »anständige« Hausfrau und Mutter berührte dieses Thema; sie las die »Gartenlaube« und die Romane der Marlitt. Denn es entstand als Nachfolger der Moralischen Wochenschriften eine

96 Titelblatt der Gartenlaube 1893.

Fülle von Familienblättern bis hin zur »Gartenlaube«, die 1853 von E. Keil in Leipzig als liberales Unterhaltungsblatt für die Familie begründet wurde und 1878 eine Auflage von 375000 erreichte. Hier wurden Harmonie und Gemüt gepredigt, ja, mit den Romanen der Marlitt so etwas wie soziales Gewissen und Edelmut vom Sofa aus erzogen. Eine vernünftige Aufklärung dagegen hatte in der Kinderstube des Bürgers keinen Platz, wo man statt dessen das Märchen vom Klapperstorch erzählte. –

Wie tief die Furcht vor einem Sprung im äußerlichen Spiegelbild des moralischen Familienglückes wurzelte, zeigt ein unvermutetes Detail aus der Lebensgeschichte von Karl Marx. Um seine Ehe nicht zu gefährden, hat er zeitlebens seinen unehelichen Sohn Frederick Demuth verleugnet und es geduldet, daß Friedrich Engels offiziell die Vaterschaft übernahm. So unverrückbar verstellten die Schranken der geltenden bürgerlichen Familienordnung selbst einem Gesellschaftspolitiker dieses Ranges den Weg zu einer freieren Lebensweise[5].

Es formte sich in der 2. Hälfte des 19. Jahrhunderts ein in zunehmendem Maße stabilisiertes und schließlich erstarrtes Bild der bürgerlichen Kleinfamilie, in der die Rollenverteilung in einer Art und Weise äußerlich fixiert wurde, wie es bis dahin nur in der höfischen Etikette üblich gewesen war. Das Image altdeutscher Biederkeit, das sich in der »altdeutschen« Möbelmode, dem Kunst- und Kunstgewerbegeschmack auffällig kundtat, hatte aber seine verborgene und zu verbergende Rückseite. Es war das Zeitalter der doppelten Moral, der geheimen Bordells, der kostspieligen pornographischen Luxusausgaben.

»Auch Scheidungen galten als unehrenhaft. Die Scheidung Cosima von Bülows (1869) und ihre Wiederverheiratung (1870) mit Richard Wagner wurde in den Kreisen des Bürgertums als ein besonderer Skandal empfunden, wie überhaupt Künstlerkreise, zumal Schauspielerkreise, zusammen mit Kellnerinnen und Buffetmädchen wegen ihrer lockeren Moral als ›Halbwelt‹ galten«[6].

Über diese Dinge ist viel geschrieben worden, und die sozialkritische schöne Literatur – von Thoma über Sternheim zu Musil, Schnitzler u. v. a. m. – lebte von solch ergiebigem und eindrucksvollem Stoff. Es kann hier keine erschöpfende Antwort auf die Frage nach dem Warum der moralisch schillernden und auf den äußeren Schein hin orientierten Bürgergesellschaft gegeben werden. Von der biedermeierlichen Idylle und sozialen Harmonie, in der die geistreiche und gebildete Frau mit ihren Lesezirkeln und Künstlerkorrespondenzen doch immerhin einen ehrenvollen Platz eingenommen hatte, war man zu Ende des Jahrhunderts weit entfernt.

Die partnerschaftliche Einstellung auf Gegenseitigkeit, vorgeformt durch die Ideen der Französischen Revolution, war längst wieder einer strengen Rollenverteilung im Sinne patriarchalen Autoritäts- und Abhängigkeitsdenkens gewichen, gestärkt durch das monarchische Leitbild. Dabei hatte im bürgerlichen Familienverband der paternistische Machtbereich noch eine außerordentliche Steigerung erfahren: die häusliche Erziehungsgewalt des Vaters, überhöht fast in die Rolle des gottväterlich-absoluten Herrn mit rigoroser Gehorsamsforderung, dehnte sich auch auf die Mutter aus, die Hausfrau, die als Familienmutter nie zuvor eine so untergeordnete und unselbständige Stellung innerhalb der Familie innegehabt hat, wie in der zweiten Hälfte des 19. Jahrhunderts.

3. Das herrschaftliche Dienstmädchen

Diese Beobachtung nun führt auf ein Phänomen, das ebenfalls hier erstmalig in der Geschichte der bürgerlichen Familie auftrat: die Verachtung der körperlichen *Arbeit* als einer gesellschaftlichen Kategorie. Ihr Stellenwert verschob sich völlig gegenüber demjenigen, den sie in der einstigen großen Haushaltsfamilie eingenommen hatte. Mit der Verbannung der Berufsarbeit aus der familiären häuslichen Lebenswelt erfuhr die körperliche Arbeit überhaupt einen Wertverlust, wie er zuvor nur dem Denken höfischer Kreise vorbehalten geblieben war. Der wachsende Standesdünkel der

Bürgerdame, die verachtete Stellung des Dienstmädchens, die Berufslosigkeit der Bürgertöchter
als gesellschaftliche Norm: das alles waren Folgen
einer totalen Verdrängung des Komplexes Arbeit
aus dem familiären Vokabular und dem Denken
der Bürgerfamilie.

Solche Umstrukturierung des Wertgefälles im
Hinblick auf die körperliche Arbeit betraf ganz
besonders die Gruppe der weiblichen Dienstboten. In seinen Lobpreisungen des alten »Hauses«
hatte ja Riehl gerade das gemüthaft ehrerbietige
Verhältnis zwischen patriarchalischem Hausvater
und dem ganzen »Ingesind« hervorgehoben[7]:

»Die alten Dienstboten-Ordnungen räumten dem
Herrn weit größere Rechte ein als den Dienern,
verfügten sogar mancherlei Dienstzwang in
offenbarer Erinnerung an die alte Hörigkeit. Kein
vernünftiger Mensch wird daran denken, jene
harten alten Polizeistatute wiederherstellen zu
wollen. Wir gehen aber auf der entgegengesetzten
Seite zu weit, wenn wir das Dingen des Gesindes
zu einem bloßen Arbeits-Vertrag machen mit
gleichen Rechten auf beiden Seiten. Denn wir
dingen eine Magd nicht bloß zur Arbeit, wir fügen
sie auch ein in unser Haus, und Friede und Un-
friede des Hauses, Sitte und Unsitte der Kinder
können vielfach mitbedingt sein durch das Gesinde. Die Autorität des Hausvaters muß auch gegenüber der modernen Dienerschaft bestehen,
und der Dienst im Hause hat nicht bloß seine
rechtliche und wirtschaftliche, sondern auch seine
sittliche und gemütliche Seite.

Wenn unsere Mägde einmal die deutschen
Sprach- und Gesellschaftsaltertümer studieren, so
werden sie finden, daß das gegenwärtig ihnen so
besonders verhaßte Wort *Magd* ein sprachliches
Zeugnis ist für den früheren innigen Zusammenhang des Gesindes mit dem Hause. Bei den Angelsachsen bezeichnet die *Maégd* gerade das, was wir
im umfassenden Sinne das ganze Haus nennen;
Maégsceaft ist die Verwandtschaft, und die *Spill-
magen* und *Schwertmagen* leiten auch nicht aus dem
Magen ihren Ursprung, sondern hängen eben mit
den Sprachwurzeln dieser *Maégd* und *Maégsceaft*
zusammen. Magd ist ein Ehrentitel, der aus dem

Familienleben, als sich dasselbe verengerte, auf die
Dienstbotenkreise ausschließlich überging. Während unsere Voreltern noch der Mutter Gottes
keinen schöneren Namen zu geben wußten, als
indem dieselbe die reine *Magd* genannt wurde,
kündigt einem jetzt die niedrigste Dirne den
Dienst, wenn man sie Magd tituliert, statt ihr die
nobleren Prädikate einer Köchin oder eines Stu-
benmädchens zu geben!«

Riehl mißversteht auch hier den Hintergrund solcher Empfindlichkeiten. Nicht die Dienstboten
hatten vergessen, wo ihr Platz im Hause war, sondern ihre »Herrschaften« vermochten nicht mehr
rationell die Struktur eines Haushaltes mit der
vernünftigen Verteilung der Arbeit zu begreifen
und zu organisieren. Die Kategorie der häuslichen
Arbeit war vormals voll in die Gesamtheit des
Hauses integriert gewesen – ebenso wie die Arbeitenden selbst, die doch in irgendeiner Weise zur
Familie gehörten. Wenn auch die Zwänge traditioneller Ehrerbietung und Autoritätshörigkeit
nicht gering gewesen sein dürften, so gab es wohl
kaum jene unüberbrückbare und oft verachtungs-
volle Kluft zwischen Herrschaft und Dienstboten,
wie sie der Bürgerhaushalt des 19. Jahrhunderts
hervorgebracht hat. Das Motiv dafür ist vor allem
im veränderten Ansehen zu suchen, das der körperlichen Arbeit zuteil wurde. Bezeichnender-
weise fungierten als »weibliche Handarbeiten«
schließlich nur noch alle jene gestickten, gehäkel-
ten, brandgemalten und goldbronzierten Sinnlo-
sigkeiten aus der Beschäftigung der »höheren
Töchter«, während der »Küchendragoner« nach
den Anordnungen der »Gnädigen« die eigentliche
hauswirtschaftliche Arbeit zu leisten hatte.

In einer Stadt wie Berlin, die mit ihrem schnellen
Wachstum und ihrer relativen Jugendlichkeit be-
zeichnend für die Entwicklung des 19. Jahrhun-
derts war, erweiterte sich im harten Schatten des
Kapitalismus auch die soziale Kluft zwischen
Herrschaft und Dienstboten.

Alle Berlinromane aus jener Zeit, Julius Stindes
»Buchholzen«, Erdmann Graesers »Koblanks«,
Georg Hermanns »Kubinke« usw., spiegeln stets
das Dienstmädchenproblem wider, das – wenn

97 Thomas Th. Heine (1867–1945): Schmücke dein Heim! Goldbronzieren als »weibliche Handarbeit«.

auch bisweilen durch Berliner Volkswitz verschleiert – doch deutlich genug das Abgesonderte und Deklassierte dieser Gruppe erkennen läßt. Deutlich und realistisch hat Theodor Fontane das Schicksal der Berliner Dienstmädchen dem aufmerksamen Leser im 14. Kapitel seines »Stechlin« vor Augen gestellt und bringt auch das Berliner Unding in den »hochherrschaftlichen« Mietswohnungen, den Hängeboden[8], zur Sprache. Da war allerdings nichts mehr von Familienzugehörigkeit im Sinne des »ganzen Hauses« zu spüren, und die Gesindeordnungen jener Zeit sahen dann auch einen ganzen Katalog von Pflichten des Gesindes vor, dem nur eine kleine Rubrik von Pflichten der Herrschaft gegenüberstand.

»Pflichten des Dienstboten:
Arbeitspflicht nach dem Willen und den Anordnungen der Herrschaft; die gesamte Zeit hat sich der Dienstbote dem Dienst zu widmen, und zwar

nicht nur für die Herrschaft selbst, sondern auch für sämtliche Familienangehörige und Gäste; der Dienstbote untersteht der Aufsicht der Herrschaft, darf ohne Erlaubnis nicht ausgehen, und dem Erziehungsrecht der Herrschaft, zuweilen sogar dem Züchtigungsrecht. Der Dienstbote hat treu, fleißig, aufmerksam, gesittet und anständig, reinlich, ehrerbietig, gottesfürchtig und sittlich und verträglich zu sein; er soll keinen Aufwand treiben und die Treuepflicht erfüllen, d.h. nicht klatschen, naschen, stehlen.

Pflichten der Herrschaft:
Sie muß den versprochenen Lohn pünktlich zahlen und gute sättigende Speisen zur Kost geben.«

Das Klagerecht der Dienstboten war sehr beschränkt.
Im übrigen wurde das Recht des häuslichen Gesindes als Sonderrecht gehandhabt, »weil es in der Aufnahme in die Hausgemeinschaft der Herrschaft eine Grundlage hat, die es von den Verhältnissen der übrigen arbeitenden Klassen unterscheidet«[9].
Aber wie begrenzt dieser Schutz im 19. Jahrhundert war, bezeugen Berichte wie der folgende:
»Ein Dienstmädchen, das ›In Hoffnung ist‹ – um mit der unbewußten Ironie dieser Umschreibung den verzweifelten Umstand der Ärmsten zu bezeichnen –, verliert meist schon drei bis vier Monate vor der Niederkunft seine Stellung und kann, wenn überhaupt, nur sehr schwer und gegen eine Entlohnung, die so gut wie keine ist, noch Beschäftigung und Unterkunft finden. Denn das ist das Fürchterliche, daß diese Unglücklichen zugleich mit dem Brote auch das Dach über dem Kopfe verlieren. Nach Hause dürfen oder können die meisten nicht, so daß für sie die der Niederkunft vorausgehenden Wochen und Monate eine Zeit unsäglichen Jammers, unsäglicher leiblicher und seelischer Not bedeuten. Früh-, Fehl- und Totgeburten (nach Dr. Kruse jährlich 4-500 000), lebensschwache und minderwertige Geschöpfe besiegeln schließlich das qualvolle Martyrium. In

der größeren Sterblichkeit der unehelichen Säuglinge findet die unsinnige und empörende Verwüstung von Menschenleben ihre Fortsetzung«[10].
Erst nach 1871 wurden bürgerliche Hausfrauenvereine gegründet, die Kochschulen und Beratungsstellen unterhielten und sich in beschränktem Maße für Arbeits- und Gesundheitsschutz der Dienstboten einsetzten.

Kam ein Mädchen vom Lande in die Stadt, so ging es gewöhnlich zu einer Stellenvermittlerin, und wenn der Kontrakt unterschrieben war, konnte es bei seiner Herrschaft beginnen. Der Jahreslohn schwankte zwischen 8-14 Talern, wozu noch ein Weihnachtstaler kam.

Der Arbeitstag des Dienstmädchens begann etwa um 6 Uhr in der Küche mit Kornkaffee, Graubrot und Schmalz, und das blieb die Grundnahrung den ganzen Tag hindurch, unterbrochen vom Mittagessen, 1 Stunde vor der Herrschaft. Dienstboten waren »Mädchen für alles«, abhängig von der Lebensweise ihrer Herrschaft, mit völlig ungeregelter Arbeitszeit, ohne Anregungen und Hilfen für ihr beschränktes Privatleben, sozial vereinzelt. Die Magd auf dem Lande lebte meist in ihrer angestammten Umgebung und diente bei Menschen, deren Lebensinteressen und -ziele sie verstand. Ihren Feierabend konnte sie mit anderen Mägden und Knechten verbringen, die die gleichen Probleme, Konflikte, aber auch Freuden hatten wie sie. – Das Dienstmädchen in der Großstadt, besonders wenn es vom Lande kam, fand sich völlig isoliert. Von der Herrschaft hatte es meist keine Lebenshilfe zu erwarten, und auch von den Arbeiterinnen war es sozial getrennt. Die überlange Arbeitszeit und die Unangepaßtheit an die fremden Stadtverhältnisse trugen noch das Ihrige zu den Schwierigkeiten solcher Schicksale bei. »Solange die Dienstmädchen, wie in sehr vielen Fällen, 16 Stunden und mehr anderen Menschen zu Dienst sein müssen, solange sie keine bestimmte Arbeitszeit und keine bestimmten Freistunden haben, solange sie nie ihre eigene Meinung äußern dürfen und dem längst veralteten Gesinderecht unterstehen, also sogar gezüchtigt werden dürfen, werden sich nur die derberen und

schwerfälligeren Elemente diesem Berufe zuwenden«, schreibt Hans Ostwald über die Berliner Verhältnisse[11], und schildert das Leben eines Dienstmädchens in »besserem Hause«: »Sie… muß um 6 Uhr früh aufstehen…, muß Feuer machen, Heißwasser besorgen, Eß- und Herrenzimmer reinigen, erstes Frühstück kochen, die Kinder anziehen helfen und in die Schule besorgen, Schuhe und Kleider reinigen, Kinder- und Schlafzimmer säubern und in Ordnung bringen, einholen – das ist noch eine Erholung, denn im Grünkramladen, beim Schlächter und beim Kolonialwarenhändler wird meist ein wenig geschwatzt –, Gemüse und Obst putzen, Mittag bereiten, Fleisch und Speisen braten, servieren – und nach dem Essen sofort abwaschen. Nur in ganz wenigen Familien darf das Mädchen sich beim Essen ein wenig ausruhen. Gewöhnlich muß sie sofort Kaffee kochen, dann die Küche aufwischen und ordnen, und nachher sofort Strümpfe stopfen, kleine Stücke waschen und plätten, einkochen oder mit den Kindern spazieren fahren. Diese Ausfahrt, wobei es oft ein Kind im Wagen schieben und mehrere andere Kinder beaufsichtigen muß, wird dem Mädchen als Erholung angerechnet, während die Frau doch nicht eine Stunde allein mit den Kindern sein kann, ohne vollkommen erschöpft zu sein. Nach der Ausfahrt heißt es Abendbrot besorgen, decken, abräumen und abwaschen. Wie oft kommt das Mädchen nicht dazu, eine Nadel für sich in die Hand zu nehmen und seine eigenen Sachen in Ordnung zu halten! Und dann nur alle 14 Tage ›freien Sonntag‹, d. h. einen Nachmittag lang von 4 bis 10 Uhr darf sie ausgehen, darf sie Schritte machen, die nicht von anderen befohlen sind.«

Man kann mit Recht einwenden, daß es damals sicher manchen Fabrikarbeiterfrauen sehr viel schlechter ging und ein Dienstmädchen doch immerhin eine gewisse häusliche Geborgenheit und satt zu essen hatte, daß es zudem auch zweifellos einsichtige und gütige Hausfrauen gab. Doch das gesellschaftliche System führte zu einer Degradierung dieser Gruppe und damit freilich auch zu einem möglichen Absinken ihrer Qualität. Unge-

98 Heinrich Zille (1858–1929): Berliner Dienstmädchen.

schminkt hat Georg Hermann (1871–1943) in seinem Dienstmädchenroman »Kubinke« (1910) die Tragik solcher Schicksale in der Großstadt geschildert.

Grob und wenig schmeichelhaft waren die Spottnamen für das weibliche Dienstpersonal, Zeichen für deren soziale Isolation. »Dienstbolzen, Küchendragoner, Trampel, Küchenfee«: das klang nicht gerade nach Tönen, die das zwischenmenschliche Verhältnis zwischen Herrschaft und Gesinde gestärkt hätten.

Die Nichtachtung der dienenden Berufe in den bürgerlichen Stadthaushalten war aber nur die eine Seite der Entwicklung. Die andere Seite betraf die Hausfrau selbst, für die der Bereich der körperlichen Arbeit – wenigstens nach außen hin – streng tabuiert war. Die berühmte Davidis begann 1860 ihre praktischen Anleitungen für die junge Hausfrau mit folgendem Satz[12]: »Zu den rühmlichsten Bezeichnungen einer Frau gehört die, daß der Mann von ihr sagen kann: ich habe eine Hausfrau.« Wie platonisch jedoch das Verhältnis dieser gepriesenen Hausfrau zur häuslichen

Arbeit war, das erfährt der Leser drei Abschnitte später:

»Wenn auch die junge Hausfrau in Verhältnissen lebt, in welchen sie keine der hier erwähnten Arbeiten mit eigener Hand zu verrichten hat, so wird es doch keineswegs überflüssig sein, das Hauswesen wenigstens in den Hauptzweigen zu erlernen, um nötigenfalls der Dienerschaft Anleitung geben zu können, nicht von dieser lernen zu müssen, was stets auf Kosten der Autorität geschieht.«

Oder es heißt an anderer Stelle im Zusammenhang mit der Wäsche:

»Hübsche Fenstergardinen sind eine kostspielige Anschaffung, können jedoch in kurzer Zeit, wohl gar in der ersten Wäsche ruiniert werden. Darum sollte die Hausfrau, wenn es *ihre Stellung nicht erlaubt*, die Besorgung mit eigener Hand auszuführen, sie wenigstens gut beaufsichtigen« (S. 141).

Die Hände sollte sich die junge Hausfrau möglichst nicht schmutzig machen. Das waren andere Maximen als die der »Hausmutter« aus der vorhergegangenen Epoche.

Arbeit war also verpönt, bis zu einem gewissen Grade schon die Hausarbeit von eigener Hand und noch mehr die weibliche Berufsarbeit. Kirche – Küche – Kinder hieß die Parole, und ein Mädchen »von Familie« durfte um alles in der Welt keinen Beruf ergreifen.

In seinem Roman »Die Poggenpuhls« schildert Theodor Fontane das häusliche Leben einer verarmten Adelsfamilie in Berlin, in der sich trotz bescheidenster Mittel die Mama und drei erwachsene berufslose Töchter von einem alten Dienstmädchen bedienen lassen. Und als die mittlere Tochter in ihrer Notlage vorurteilsloser zu denken versucht, wird sie in einem Gespräch über einen schauspielernden Standesgenossen von ihrer Mutter eines »besseren« belehrt:

»›Nein, Mama‹, sagte Sophie. ›Und warum auch? Man muß es nur immer richtig ansehen. Ich bin doch auch von Adel und eine Poggenpuhl, und ich male Teller und Tassen und gebe Klavier- und Singunterricht. Er spielt Theater. Es ist doch eigentlich dasselbe‹. ›Nicht so ganz, Sophie. Das Öffentliche. Da liegt es‹«. (Kap. 9)

Damit hat Fontane die Situation im Adels- und Bürgersalon des 19. Jahrhunderts klargelegt: Lieber im geheimen darben und sparen als auf die standesgemäßen Dekors – und dazu gehörten vor allem Berufslosigkeit und Dienstmädchen – verzichten.

99 Titelblatt des berühmtesten bürgerlichen Kochbuches. Die Verfasserin, Henriette Davidis (1800–1876), war das 10. von dreizehn Kindern eines Landpfarrers und leitete von 1841–1847 eine Mädchenarbeitsschule. Dann widmete sie sich ganz ihrer literarischen Tätigkeit und empfand sich als »wirtschaftliche Schriftstellerin«.

»Gar lieblich dringen aus der Küche
bis in das Herz die Wohlgerüche.
Hier kann die Zunge fein und scharf
sich nützlich machen, und sie darf!
Hier durch Gebrätel und Gebrittel
bereitet man die Zaubermittel
in Töpfen, Pfannen oder Kesseln,
um ewig den Gemahl zu fesseln;
von hier aus herrscht mit schlauem Sinn
die Haus- und Herzenskönigin.«
Widmung von Wilhelm Busch (1832–1905) in ein Kochbuch als Hochzeitsgeschenk 1883.

1 vgl. König, René: *Soziologische Orientierungen.* 1965, S. 24 f.
2 Horkheimer, Max: *Studien.* 1936, S. 69.
3 Dirx, Ruth: *Das Kind.* 1964, S. 47 ff.; Key, Ellen: *Das Jahrhundert des Kindes.* 1902.
4 Möller, Helmut: *Die kleinbürgerliche Familie.* 1969, S. 54 ff.
5 *Gespräche mit Marx und Engels.* Hrsg. von Hans Magnus Enzensberger. Frankfurt a. M. 1973, S. 703–705: Brief von Louise Kautsky-Freiberger an August Bebel vom 2. September 1898 über Marx' Verhältnis zu seinem unehelichen Sohn Frederick Demuth (1851–1929).
6 Saller, Karl: *Sexualität und Sitte.* 1966, S. 134 f.
7 Riehl, Wilhelm Heinrich: *Die Familie.* 10 1889, S. 162 f.
8 »... dem berüchtigten Hängeboden..., zu dem sie auf einer Leiter emporklettern mußten, in dem kein Mensch aufrecht stehen konnte und der oft weder Licht noch Luftlöcher besaß.« Ostwald, Hans: *Kultur- und Sittengeschichte Berlins.* Berlin o. J., S. 308.
9 Kähler, Wilhelm: *Gesindewesen.* 1896, S. 145 ff. und S. VIII; Stillich, Oskar: *Die Lage der weiblichen Dienstboten in Berlin.* Berlin 1912.
10 Rühle, Otto: *Das proletarische Kind.* 1911, S. 81.
11 Ostwald, Hans: *Kultur- und Sittengeschichte Berlins.* 1910, S. 313 f.
12 Davidis, Henriette: *Die Hausfrau.* 1860, Vorwort.

Die sogenannte Industrielle Revolution ist an den Veränderungen in der Spinnerei und Weberei zu verfolgen. Schon im Verlauf des 18. Jahrhunderts war die Weberei vom Handwerk zur Heimarbeit herabgesunken, bei der der Weber vom Verleger abhängig wurde.

Gerhart Hauptmann (1862-1946) hat sein sozialkritisch engagiertes Drama »Die Weber« (1892) aus den Erzählungen seines Vaters über den Großvater konzipiert, einem Weber aus dem Eulengebirge, wo die Weberaufstände der vierziger Jahre stattgefunden haben. Er schildert die Überlastung der Heimarbeiter, die auch noch »Hoftage« auf den Rittergütern und Domänen abzuarbeiten hatten und dann mit der Ablieferung der Webstücke an den Verleger in Verzug kamen; er schildert die armseligen häuslichen Verhältnisse, die gemeinsame Arbeit der ganzen Familie – und zuweilen noch eines Gehilfen – in einer Stube, wo man auch kochte, aß und schlief. Wenn jemand wegen Krankheit ausfiel, so mußte »a Spulmädel« bezahlt werden, was kaum zu schaffen war:

»Ich wollte Sie gittichst gebeten haben, Herr Feifer, ob Se vielleicht und Se wollt'n aso barmherzig sein und rechn't'n mir a Fimfbeehmer Vorschuß dasmal nicht ab. Meine liegt schon seit d'r Fasnacht krumm im Bette. Se kann mer kee'n Schlag Arbeit nich verricht'n. Da muß ich a Spulmädel bezahl'n. Deshalb…«
(Weber Heiber im 1. Akt)

»Das is a schäbiges Trinkgeld, weiter nischt. Da soll eens treten vom frieh'n Morgen bis in die sinkende Nacht. Und wenn man achtz'n Tage ieberm Stuhl geleg'n hat, Abend fer Abend wie ausgewundn, halb drehnig vor Staub und Gluthitze, da hat man sich glicklich dreizentehalb Beehmen erschind't!«
(Weber Bäcker im 1. Akt)

»*Emma:* Gu'n Abend Moritz! Willst amal wieder sehn, wie's bei armen Leuten aussieht?

101

102

Jäger: Nu sag' m'r ock, Emma, ich wollt's ja ni gloob'n. Du hast ja a Jungl, das balde kann Soldate werden. Wo hast d'r d'n den angeschafft?
Bertha: Du kennst doch a Finger Weber?
Mutter Baumert: M'r hatt'n 'n doch hier mit im Stiebl. A wollt se ja nehmen, aber a war doch halt eemal schonn ganz marode uf de Brust. Ich ha' doch das Mädel gewarnt genug. Konnt se woll heer'n? Nu is a längst tot und vergessen, und die kann sehn, wie s' a Jungen durchbringt.«
(2. Akt)

100 Max Liebermann (1847–1935): Der Weber.
101 Rudolf Gudden (1863–1935): Spinnerei.
102 Carl W. Hübner (1814–1879): Schlesische Weber am Ablieferungstag.

103

103

Viele der neuen Fabrikherren bewahrten sich ein feu-dal-patriarchalisches Verhalten, das an die Denkweise der Gutsbesitzer erinnerte, war doch mancher Gutsbe-sitzer – besonders in Schlesien – allmählich zum Un-ternehmer geworden. Die Einbeziehung der Frau ver-vollständigte diesen familiären Topos, in dem die Ar-beiter in die Rolle der Kinder gedrängt wurden – oder doch zumindest in die des unmündigen Gesindes der »großen Haushaltsfamilie«.

»Die besitzende Klasse und die Klasse des Proleta-riats stellen dieselbe menschliche Selbstentfrem-dung dar. Aber die erste Klasse fühlt sich in dieser Selbstentfremdung wohl und bestätigt, weiß die Entfremdung als ihre eigene Macht und besitzt in ihr den Schein einer menschlichen Existenz; die zweite fühlt sich in der Entfremdung vernichtet, erblickt in ihr ihre Ohnmacht und die Wirklich-keit einer unmenschlichen Existenz. Sie ist, um ei-nen Ausdruck von Hegel zu gebrauchen, in der Verworfenheit die Empörung über diese Verwor-fenheit, eine Empörung, zu der sie notwendig durch den Widerspruch ihrer menschlichen Natur mit ihrer Lebenssituation, welche die offenherzi-ge, entschiedene, umfassende Verneinung dieser Natur ist, getrieben wird.«
Karl Marx (1818–1883): Die heilige Familie. 1844/45.

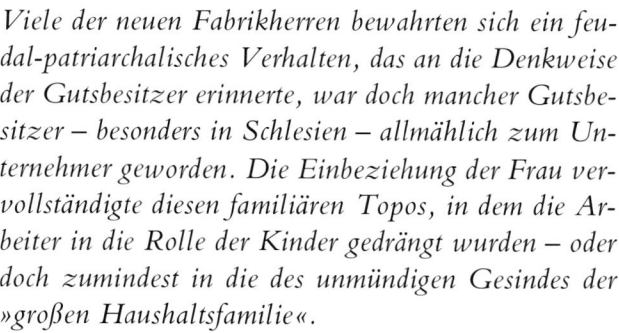

104

105

Eine adlige Fabrikantenfamilie im Rheinland hatte jahrelang ihre Weber mit falscher Elle betrogen, um selbst ein feudales aufwendiges Leben führen zu können. Als der Betrug herauskommt, ist die Reaktion der Fabrikantenfamilie sehr bezeichnend für die Begriffe von »Familienehre«, die in diesen Kreisen herrschten.

»Die ganze Nacht blieben die Fenster der kommerzienrätlichen Wohnung hell... Wirklich war das Ergebnis jener nächtlichen Familienberatung gewesen, daß Herr König [Prokurist der Firma und Verlobter der Fabrikantentochter, über dessen Herkunft aus kleinbürgerlichen, wenn auch glücklicherweise räumlich sehr fern liegenden Verhältnissen man schließlich hinweggesehen hatte], der von dem ganzen sauberen Handel gar nichts gewußt hatte, aus Liebe zu seiner blonden Renate die ganze Schuld auf sich nahm. Nur da-

durch war es möglich, dem Kommerzienrat und Frau Ulriken den gesellschaftlichen Zusammenbruch, den Söhnen und Schwiegersöhnen aber die schwerste Schädigung, wenn nicht gar Unterbindung ihrer Laufbahn zu ersparen.«
Wilhelm Langewiesche-Brandt (1866–1934): Jugend und Heimat. 1916.

103 Ludwig Krevel (1801–1876): Frühindustrielles Unternehmerpaar.
104 Maschinensaal einer Baumwollspinnerei. Um 1830.
105 Wilhelm Wallander (1821–1888): Herrschaftsbesuch im Stahlwerk.

106

106

Das geistige Klima der Romantik schien zunächst auch
das bürgerliche Familienleben zu verändern und beson-
ders den Frauen eine neue Welt zu eröffnen.

»Unter den mancherlei Personen waren die Brüder von Humboldt und Frau von Humboldt,
Friedrich Schlegel und seine Frau, Tieck, und
noch andere solchen Ranges und Interesses vorgekommen, kein Name jedoch vielfältiger und
bedeutender, als der von Rahel Lewin. Die übrigen waren fern, diese aber lebte mit uns in derselben Stadt, sie war mit Schleiermacher und der Hof-
rätin Herz genau bekannt und nur zufällig jetzt
außer Umgang mit ihnen; das Verlangen, sie kennen zu lernen, wurde deshalb oftmals rege. Ma-
dame Herz sprach von ihr immer als von etwas
Einzigem, Unvergleichbarem, und wenn auch in
das strömende Lob hin und wieder einiger Tadel
einfloß, z.B. von allzu großer Freiheit im Aussprechen ihrer Denkart und von zu geradem und
selbständigem Befolgen der eigentümlich gefaß-
ten Überzeugung, wobei die Weiblichkeit zuweilen mehr Bewahrung des Scheins und wenn auch

nur verstellten Einklang mit der Welt verlangen
dürfte, so hatte sie es doch auf keine Weise hehl,
daß sie vor ihr sonst in jeder wesentlichen Beziehung alle Segel strich. Wenn eine Frau, die selber
so gebildet, so kenntnisreich, so fein und sittig vor
unsern Augen stand, daß sie uns für alles Frauen-
wesen, wie es in der Schleiermacher'schen Ethik
sich darstellte, fast ein höchstes Muster und die le-
bendige Ausübung zu sein schien, in solcher
Weise von einer andern sprach, und sie unbedingt
über jede Vergleichung erhob, so war das freilich
sehr auffallend.«
Karl August Varnhagen von Ense (1785–1858):
Denkwürdigkeiten des eignen Lebens. 1842–1859.

107

107

107

*In allen Schichten und Ständen herrschte sonst patriar-
chaler Autoritätsanspruch. Ein äußeres Zeichen dafür
war die Art der Anrede. Bis weit ins 19. Jahrhundert
hatten die Kinder im Bürgerhaus ihre Eltern mit »Sie«
anzusprechen, im Bauernhaus mit »Ihr«. Die gegenseitigen Anreden zwischen Ehegatten differenzierten je
nach der Selbsteinschätzung des Hausherrn.*

Wilhelm von Humboldt (1767-1835) an seine
Frau, Weimar, Anfang Januar 1809:
»So sein [Goethes] recht eigentliches häusliches
Leben mit der teuern Hälfte und Riemer ist nichts
weniger als interessant oder hübsch. Habe ich Dir
schon erzählt, daß er die Frau Du und sie ihn Sie
nennt? *Das* siehst du, liebes Kind, ist ein Respekt!«

106 Wilhelm Hensel (1794–1861): Rahel Varnhagen und
Karl Varnhagen von Ense. 1822.
107 Daniel Chodowiecki (1726–1801): Morgendliche Begegnung; Hausfreuden; Ach, da ist er ja!

Die Veränderung in der Anschauung von Frau und Familie, die Freiheit der Mode im Empire und die zagen Ansätze zu einer Emanzipierung der Frau riefen manch männlich-bürgerliche Kritik hervor.

»Als der Großvater die Großmutter nahm,
da wußte man nichts von Mamsell und Madam,*
die züchtige Jungfrau, das häusliche Weib,
sie waren echt deutsch noch an Seele und Leib.

Als der Großvater die Großmutter nahm,
da herrschte noch sittig verschleierte Scham,
man trug sich fein ehrbar und fand es nicht schön,
in griechischer Nacktheit auf Straßen zu gehn!

Als der Großvater die Großmutter nahm,
da war die Wirtschaft kein widriger Kram,
sie las nicht Romane, sie ging vor den Herd,
und mehr war ein Kind als ein Schoßhund ihr
    wert.«

August Langbein 1812.

108

108 Philipp Otto Runge (1777–1810): Eltern des Künstlers.
109 Joseph Abel (1764–1818): Gräfin von Fries mit ihren Kindern.

* Die Anrede »Fräulein« war dazumal dem Adel vorbehalten. Das Bürgermädchen wurde mit »Mamsell«, die Frau mit »Madam« angeredet.

Ungeachtet aller sozialer und technischer Veränderungen blieb weiterhin der patriarchalisch geordnete Familientyp bestimmend mit seiner festen und immer wieder von neuem eingeübten Rollenverteilung für »Außen« und »Innen«.

110

»Der Mann muß hinaus
ins feindliche Leben,
muß wirken und streben
und pflanzen und schaffen,
erlisten, erraffen,
muß wetten und wagen,
das Glück zu erjagen.
Da strömet herbei die unendliche Gabe,
es füllt sich der Speicher mit köstlicher Habe,
die Räume wachsen, es dehnt sich das Haus.

Und drinnen waltet
die züchtige Hausfrau,
die Mutter der Kinder,
und herrschet weise
im häuslichen Kreise,
und lehret die Mädchen
und wehret den Knaben
und reget ohn' Ende
die fleißigen Hände
und mehrt den Gewinn
mit ordnendem Sinn,
und füllet mit Schätzen die duftenden Laden
und dreht um die schnurrende Spindel den Faden
und sammelt im reinlich geglätteten Schrein
die schimmernde Wolle, den schneeigten Lein
und füget zum Guten den Glanz und den
    Schimmer
und ruhet nimmer.«

Friedrich Schiller (1759-1805):
Die Glocke 106-133 (1797).

111

112

Das Wichtigste war der geordnete Ablauf des Lebens.
Alle Entscheidungen für die Mitglieder der Familie, be-
sonders für die weiblichen, traf der Vater. Das Natur-
recht, das jedem Individuum seine eigene persönliche
Freiheit zugestehen wollte, war in der Biedermeierfa-
milie längst wieder vergessen.

Ein Zeitgenosse des Biedermeier erzählt:
»Töchter sind meist mehrere vorhanden, und
wenn sie hübsch und fleißig sind, vertun sie sich
bald, wie man das nennt. Ich kenne einen Lehn-
richter mit vier wunderschönen Töchtern. Als die
älteste 20 und die jüngste 15 Jahre alt war, kam ein
Freier und wählte die zweite von oben. Als er
beim Vater um ihre Hand anhielt, lachte dieser
und sagte: O ja, sollst eine haben, aber die Älteste.
Die muß zuerst dran, Ordnung muß gehalten
werden! Und der Freier, der bei der Zweiten
standhaft verharrte, mußte warten, bis die Älteste
auch einen Bräutigam hatte.

Die jungen Leute kamen in den Familien zusammen, und dabei fand sich auch zusammen, was
sich liebte. Das Mädchen macht dann die Mutter
oder eine Muhme zu seiner Vertrauten, und es beginnt ein Hin- und Herreden, die Väter werden
endlich auch sondiert, alles wird reiflich überwogen, bis nach vielen Umschweifen und Verhandlungen die Verlobung zustande kommt. Der nun
beginnende Brautstand währt oft 4-5 Jahre, denn
man übereilt sich nicht und nimmt sich Zeit.«
Nach Traute Preuss: Starkes schwaches Geschlecht.
1956.

110 Simon Meister (1796–1844): Familie Tillmann. 1832.
111 Martin Dröling d. Ä. (1752–1817): Kücheninterieur.
112 Heinrich Ahrens (1805–1863): Familie Hanusch.

Die idealistischen Vorstellungen Friedrich Schillers von der Rolle der Frau in der Familie entsprachen mit Fortgang des 19. Jahrhunderts immer weniger der Realität. Die altgewohnten Ordnungen wiesen ihr bald wieder eindeutig ihren Platz in der Familie zu.

»Ehret die Frauen! Sie flechten und weben
Himmlische Rosen ins irdische Leben,
flechten der Liebe beglückendes Band,
und in der Grazie züchtigem Schleier
nähren sie wachsam das ewige Feuer
schöner Gefühle mit heiliger Hand.

Ewig aus der Wahrheit Schranken
schweift des Mannes wilde Kraft,
unstet treiben die Gedanken
auf dem Meer der Leidenschaft.
Gierig greift er in die Ferne,
nimmer wird sein Herz gestillt,
rastlos durch entlegne Sterne
jagt er seines Traumes Bild.«

*Friedrich Schiller (1759–1805):
Würde der Frauen. 1795.*

SCHILLERS LOB DER FRAUEN

»Ehret die Frauen! Sie stricken die Strümpfe,
wollig und warm zu durchwaten die Sümpfe,
flicken zerrissene Pantalons aus;
kochen dem Mann die kräftigen Suppen,
putzen den Kindern die niedlichen Puppen,
halten mit mäßigem Wochengeld Haus.

Doch der Mann, der tölpelhafte,
find't am Zarten nicht Geschmack,
zum gegornen Gerstensafte
raucht er immerfort Tabak,
brummt wie Bären an der Kette,
knufft die Kinder spat und früh,
und dem Weibchen nachts im Bette
kehrt er gleich den Rücken zu.«

August Wilhelm Schlegel (1767–1845): Xenien.

113

114

113 Wilhelm Kleinenbroich (1814–1895): Familie Bernards. 1837.
114 Karl J. Milde (1803–1875): Prof. Classen und Familie.
115 Maksymilijan A. Piotrowski (1813–1875): Familie des Pfarrers Berduschek. 1842.
116 Karl J. Milde (1803–1875): Pastor Rautenberg und die Seinen. 1833.

115

116

Auch wo freiere Gesinnungen herrschten, leitete die Erziehung zur unbedingten Ordnung Zwänge ein, die für die zukünftige Lebensgestaltung bestimmend sein mußten: »Ordnung« und »Pünktlichkeit« als Tugenden schlechthin, gerade in der deutschen Familie.

»Der Vater hielt uns sehr zu Ordnung an. Unser Spielzeug und alle unsere Sachen hatten ihren be-stimmten Ort, und wir glaubten, daß er Dinge, die er nicht an der Stelle fand, wo sie hingehörten, verstecke; wir mußten solche Sachen wenigstens lange suchen und fanden sie da, wo wir sie gar nicht vermutet hatten. Ich hatte einmal meine Mütze verloren und mußte daher im kalten Winter ohne Mütze gehen.

Ebenso war er sehr pünktlich und hielt uns dazu an. Wenn er des Morgens uns weckte, mußten wir schnell aufstehen und gewaschen und gekämmt uns zum Gebete einfinden. Der Unterricht, den er uns gab, fing um 8 Uhr an und dauerte bis 10 Uhr... Sooft der Vater in die Stube trat, standen wir alle auf und standen so lange, wie er redete oder bis er mit der Hand winkte und das Zeichen gab, unsere Arbeiten oder Spiele fortzusetzen. Nach dem Essen küßten wir dem Vater die Hand, wer aber nicht zur rechten Zeit zum Essen kam, durfte nicht sitzen bei Tisch oder auch nicht mit essen.«

Carl Büchsel (1803-1889): Erinnerungen eines Landgeistlichen. 1861.

117

118

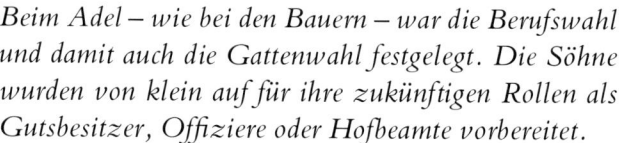

Beim Adel – wie bei den Bauern – war die Berufswahl und damit auch die Gattenwahl festgelegt. Die Söhne wurden von klein auf für ihre zukünftigen Rollen als Gutsbesitzer, Offiziere oder Hofbeamte vorbereitet.

»Die Mitglieder des Residenzadels waren wohl nicht so ungehobelt wie ihre Brüder auf dem Lande; Bildung war aber ihre Fertigkeit im Gebrauch zierlicher Umgangsformen und ihre Gewandtheit im zeitvertreibenden Gespräch keineswegs. Wozu auch gründliche Kenntnisse? Wie der Landjunker bei aller geistigen Roheit doch immer Aufnahme ins Offizierscorps des landesherrlichen Heeres fand, so die Jugend des Residenzadels in dem großen Schwarm der Hofbeamten.«
G. Stephan: Die häusliche Erziehung in Deutschland während des 18. Jahrhunderts. 1891.

119

Gespräch zwischen dem Kürassierrittmeister Baron Botho von Rienäcker und seinem »Verhältnis«, dem Wäschermädel Lene Nimptsch:

»›Und nun sage mir noch etwas über den Charakter meiner Mutter...‹

›Ich denke mir sie sehr besorgt um das Glück ihrer Kinder.‹

›Getroffen...‹

›... und daß all' ihre Kinder reiche, das heißt sehr reiche Partien machen. Und ich weiß auch, wen sie für dich in Bereitschaft hält.‹

›Eine Unglückliche, die du...‹

›Wie du mich verkennst. Glaube mir, daß ich dich habe, diese Stunde, das ist mein Glück. Was daraus wird, das kümmert mich nicht... Eines Tages bist du weggeflogen...‹

Er schüttelte den Kopf.

›Schüttle nicht den Kopf; es ist so, wie ich sage. Du liebst mich und bist mir treu, wenigstens bin ich in meiner Liebe kindisch und eitel genug, es mir ein-

zubilden. Aber wegfliegen wirst du, das seh ich klar und gewiß. Du wirst es müssen. Es heißt immer, die Liebe mache blind, aber sie macht auch hell und fernsichtig.‹

›Ach Lene, du weißt gar nicht, wie lieb ich dich habe.‹

›Doch, ich weiß es. Und weiß auch, daß du deine Lene für was Besondres hältst und jeden Tag denkst: wenn sie doch eine Gräfin wäre. Damit ist es nun aber zu spät, das bring' ich nicht mehr zuwege. Du liebst mich und bist schwach. Daran ist nichts zu ändern. Alle schönen Männer sind schwach, und der Stärkre beherrscht sie... Und der Stärkere... ja, wer ist der Stärkre? Nun entweder ist's deine Mutter oder das Gerede der Menschen oder die Verhältnisse. Oder vielleicht alles drei...‹«

Theodor Fontane (1819–1898): Irrungen Wirrungen. 1887.

120

117 Geschwisterbild aus der Familie Stahlknecht, Bremen. Um 1850.

118 Ferdinand von Rayski (1806–1890): Auf Schloß Bietersheim. Um 1850.

119 Prinz Wilhelm (IV.) von Hannover.

120 Gerhard Ulrich: Illustration zu Irrungen, Wirrungen. 1954.

121

122

*Im Handwerksbetrieb und im Kaufmannscomptoir dau-
erte häufig die patriarchalisch geordnete Struktur der
großen Haushaltsfamilie auch im 19. Jahrhundert noch
fort.*

»Mein Vater war ein Kaufmann. Er bewohnte einen Teil des ersten Stockwerkes eines mäßig großen Hauses in der Stadt, in welchem er zur Miete
war. In demselben Hause hatte er auch das Ver-
kaufsgewölbe, die Schreibstube nebst den Waren-
behältern und anderen Dingen, deren er zu dem
Betriebe seines Geschäftes bedurfte...
Mein Vater hatte zwei Kinder, mich, den erstgeborenen Sohn, und eine Tochter, welche zwei
Jahre jünger war als ich. Wir hatten in der Wohnung jedes ein Zimmerchen, in welchem wir uns
unseren Geschäften, die uns schon in der Kindheit

123

124

regelmäßig aufgelegt wurden, widmen mußten, und in welchem wir schliefen. Die Mutter sah da nach und erlaubte uns zuweilen, daß wir in ihrem Wohnzimmer sein und uns mit Spielen ergötzen durften.

Der Vater war die meiste Zeit in dem Verkaufs- gewölbe und in der Schreibstube. Um 12 Uhr kam er herauf, und es wurde in dem Speisezimmer gespeiset. Die Diener des Vaters speisten an unse- rem Tische mit Vater und Mutter, die zwei Mägde und der Magazinknecht hatten in dem Gesinde- zimmer einen Tisch für sich. Wir Kinder bekamen einfache Speisen, der Vater und die Mutter hatten zuweilen einen Braten und ein Glas guten Weines. Die Handelsdiener bekamen auch von dem Braten und ein Glas desselben Weines.«

Adalbert Stifter (1805-1868): Nachsommer. 1857.

121 Ferdinand Weiss (1814–1878): Familie Hübner im Hausgarten. 1847.
122 Georg F. Waldmüller (1793–1865): Familie Eltz in Ischl. 1835.
123 Julius Schnorr von Carolsfeld (1794–1872): Johannes Leth. 1850.
124 Eduard von Steinle (1810–1886): Tochter des Künstlers.

Das Biedermeier war die Epoche gemütlicher Wohnlichkeit, der liebevollen Ausstattung des familiären Binnenraumes, des häuslichen Lebens in Friedlichkeit und Harmonie.

»Welch ein Reiz liegt in der traulichen Geselligkeit eines gebildeten Hauses! ... Die Ordnung und die Pflege verbreiten überall eine Wärme und Behaglichkeit, die neben den äußeren Sinnen auch das Gemüt ergreift. Die kleinen Arbeitstische der Frauen am Fenster, die Nähkörbchen mit den kleinen Zwirnrollen, mit den blauen englischen Nadelpapieren, den buntlackierten Sternchen zum Aufwickeln der Seide, die Fingerhüte, die Scheren, das aufgeschlagene Nähkissen des Tischchens, nebenan das Piano mit den Noten, Hyazinthen in Treibgläsern am Fenster, ein Vogel in schönem Messingbauer, ein Teppich im Zimmer, der jedes Auftreten abmildert, an den Wänden die Kupferstiche, die Beseitigung alles nur vorübergehend Notwendigen auf entfernte Räume, die Begegnungen der Familie unter sich voll Maß und Ehrerbietung, kein Schreien, kein Rennen und Laufen, die Besuche mit Sammlung empfangen, abends der runde, von der Lampe erhellte Tisch, das siedende Teewasser, die Ordnung des Gebens und Nehmens, das Bedürfnis der geistigen Mitteilung ... im Zusammenhang aller dieser Akkorde liegt eine Harmonie, ein sittliches Etwas, das jeden Menschen ergreift, bildet und veredelt.«

Karl Gutzkow (1811-1878): Aus der Knabenzeit.

125

126

125 Peter Schwingen (1813–1863): Das Ehepaar Keukken-Werlé mit Enkel. 1844.

126 Biedermeierzimmer um 1840 im Lippischen Landesmuseum Detmold.

127 Johann Friedrich Dieterich (1787–1846): Familie Rauter. 1836.

128 Ludwig Emil Grimm (1790–1863): Der Lotte ihre Stube. 1820.

127

»Noch heute beschleicht mich bei der Erinnerung an unsere große Wohnstube ein Gefühl von Behaglichkeit, wie ich es später niemals in höherem Maße empfunden habe. – Die Ordnung und Sauberkeit, welche meine Mutter mit fast holländischer Übertreibung in jedem Winkel herzustellen wußte, der Duft von Reseda, deren frische Blüten sie stets in der Nähe hatte, während in Schüben und Schränken kleine durchsichtige Säckchen, mit derselben Blume im getrockneten Zustande angefüllt, zwischen die aufbewahrten Sachen gelegt waren, umgaben das Bild meiner Mutter, die damals noch eine junge wunderschöne Frau war, mit einem ganz besonderen zarten Hauche. – Wenn sie mit einer Handarbeit am Fenster saß, des Vaters Rückkehr erwartend, oder an ihrem kleinen Schreibtische sich mit Wirtschaftsrechnungen beschäftigte, oder die kleinen Zierlichkeiten im Zimmer vom Staube reinigte – immer und immer erschien sie mir wie ein Engel der Güte, des Friedens und Wohlbehagens.«

Felix Eberty (1812–1884): Jugenderinnerungen eines alten Berliners. 1878.

128

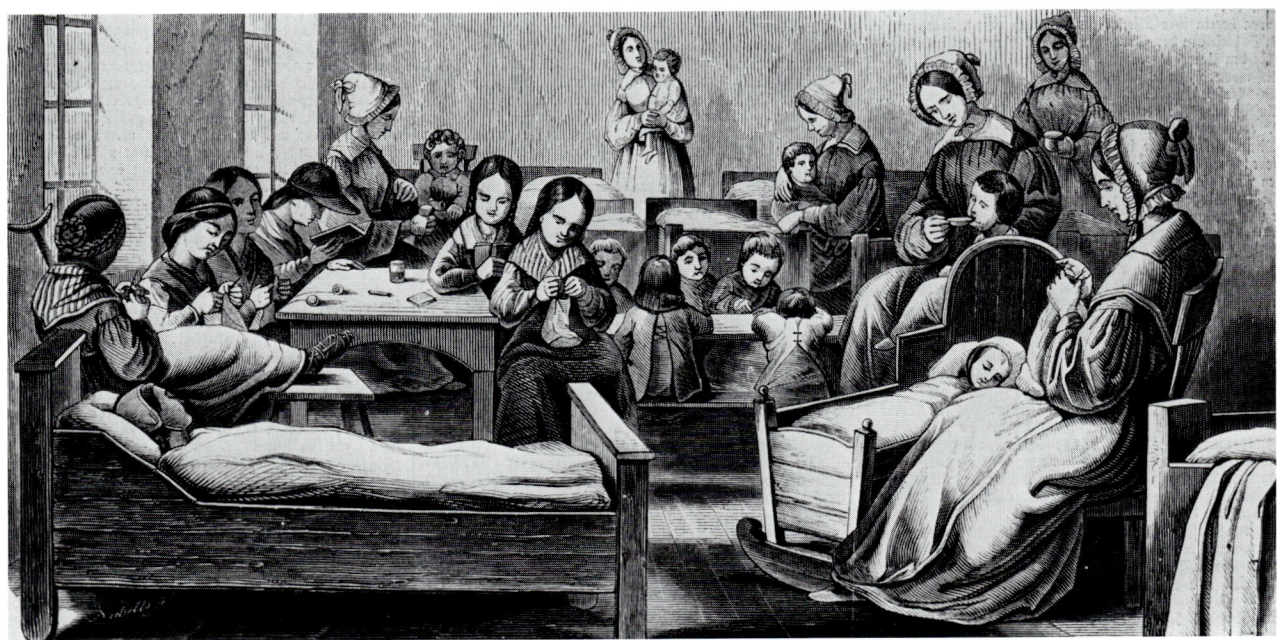

129

130

131

Die Zuwendung zu der Persönlichkeit des Kindes brachte mit dem aufsteigenden 19. Jahrhundert auch die Einrichtung und Ausgestaltung von Kinderstuben mit sich, in denen sich die Kinder frei bewegen und spielen durften. – Wie zur gleichen Zeit Findelkinder lebten, zeigt ein seltenes Bilddokument dieser Epoche.

»Das zweite Stockwerk wurde von meinen Eltern bewohnt. Sie hatten nach vorn ein sehr behagliches, dreifenstriges Zimmer mit einem schrägen Glasverschlage für Blumen an einem der Fenster. Ein großer Vorhang schloß die weite Öffnung von doppelter Türbreite, welche den Alkoven, das Schlafgemach der Eltern, mit der Wohnstube

verband. Aus dem Alkoven gelangte man in ein kleines Gemach, welches als Speisekammer diente; aus dieser kam man durch die Gesindestube in die Küche, und von da durch einen Gang, auf den die Türen zu allerlei Vorratskammern und Wandschränken sich öffneten, in den mit dem Vorderhause gleichlaufenden Hausflügel im Hofe, wo die geräumige, freundliche Kinderstube lag.
Die beiden neben der Wohnstube nach der Straße hinausschauenden Fenster gehörten zu der sogenannten Putzstube, dem Stolz der Kinder und auch wohl ein wenig der Eltern.«
Felix Eberty (1812–1884): Jugenderinnerungen eines alten Berliners. 1878.

Die Erziehung im Bürgerhause wurde im 19. Jahrhundert kinderfreundlicher und öffnete dem Kind eine neue Spielwelt. Jedoch die Rollenverteilung, die das kleine Mädchen lediglich für Kochtopf und Kinderstube vorbereitete, nahm besonders ausschließliche Formen an.

»DIE PUPPE ALS GEHEIME ERZIEHERIN

Mein Patchen wird ein niedlich Mädchen,
und für ihr Alter hat sie viel Verstand,
dabei ist sie fix und gewandt,
gelehrig, lernt mit ihren Brüdern gar Latein,
und kann schon eine Fabel exponieren.
Doch soll sie darum nicht studieren,
noch weniger magistrisieren,
mit einem Wort: sie soll kein lumen mundi sein.
Sie mag fein bei der Nadel bleiben,
das ist doch ihr natürlicher Beruf
und dient damit der Wirtschaft zum Behuf.
Ergreift sie ja die Feder, um zu schreiben,
so sei's kein Buch, auch kein gelehrter Kommentarius,
nur höchstens ein Rezept zu einem Mus.
Doch eins gefiel mir nicht an ihr:
das Mädchen war ein kleiner Eigensinn!...
Ich sann auf ein bequemes Mittel, sie zu bessern,
verschrieb aus Leipzig eine Puppe,
so modisch wie die Märchenkönigin geputzt.

Die schenkt ich ihr zum Angebinde mit dem Beding, ein gutes Kind zu sein!
Für jede Unart, die Du Dir erlaubst,
sprach ich, soll die pompöse Dame büßen:
der Kleiderschrank soll ihr Gefängnis sein,
darinnen wird man sie verschließen
so lange, bis Dich Deine Fehler reun.
Und wolltest Du Mama durch Ungehorsam kränken,
soll sie die Puppe gleich dem Wäschermädchen schenken.«
Aus: »Die moralische Kinderklapper«. ca. 1800.

129 W. Alfred Nicholls (* 1816): Kindersaal zu Kaiserswerth. 1846.
130 Johann M. Voltz (1784–1858): Kinderzimmer. 1825.
131 Kinderzimmer. Nürnberger Bilderbogen.
132 Biedermeierpuppenmama liest ihrem Söhnchen vor. (Basel).
133 Puppe Salomé (Riehen b. Basel).

134

Kleidung ist ein Signum für soziales Verhalten. So war der Wandel gerade in der Kinderkleidung im beginnenden 19. Jahrhundert weg von den Zwängen der Rokokomode ein unübersehbares Zeichen für den gleichzeitigen Wandel in der Einstellung zum Kind.

»Damit sich das Kind nicht beim Mißlingen eines Aufrichte- oder Gehversuchs am Kopfe verletzte, bedeckte man diesen mit einem Fallhute aus dichtem Stoff und oft mit Pelz ausgefüttert, was dem kleinen Träger zur großen Qual gereichen mußte...
In bezug auf die Kleidung begann man schon in der frühen Kinderzeit einen wesentlichen Unterschied zwischen Knaben und Mädchen zu machen; bei den letzteren trat die Schnürbrust oder die ›Fätsche‹ ihre Herrschaft an. Um einen schönen Wuchs zu erzielen, preßte man Brust und Unterleib des kleinen Mädchens in ein durch Fischbein- oder Holzstäbe möglichst steif gemachtes Leibchen gleich als in einen Panzer ein. Gewisse Erhabenheiten verschobener Knochen suchte man dadurch in Ordnung zu bringen, daß der Schnürleib ganz durch Eisenstäbe gesteift wurde. Die falsche Sorge um eine schöne Gestaltung des kindlichen Körpers verleitete vorzugsweise ›vornehme Standespersonen‹ sogar zur Anlegung solcher Harnische schon im Säuglingsalter; selbst die Nacht befreite die armen Geschöpfe nicht von diesem Marterwerkzeug.«
G. Stephan: Die häusliche Erziehung in Deutschland während des 18. Jahrhunderts. 1891.

135

136

137

Kleidung bedeutete zugleich Haltung, – und Haltung wiederum Leistung und Erreichen der vom Vater vorge- schriebenen Ziele.

»Und was das Geradegehen und -sitzen betrifft, so rate ich Dir, jedweden, der mit Dir umgeht, zu bitten, Dir einen Schlag zu reichen, wenn Du ge- dankenlos ob dieser großen Sache Dich antreffen läßt. So haben Fürstenkinder verfahren und nicht den Schmerz gescheut für wenige Zeit, bloß um nicht als Tölpel ihr Leben lang zu erscheinen… Du wirst mit Deiner lieben Mutter und Schwester in der Mitte des Dezembers das gute Danzig ver- lassen und so noch mehr als drei Monate darinnen verlebt haben. Vom tanzen und reiten kann man nicht leben als Kaufmann, dessen Briefe gelesen werden sollen und folglich gut geschrieben wer- den müssen. Hin und wieder finde ich die großen Buchstaben Deiner Schreiberei noch immer wahre Mißgeburten, besonders im Teutschen, welches als Deine Muttersprache Dir keines einzi- gen Fehlers in der Handschrift zeihen müßte. Es ist ganz gut, daß Du in Danzig konfirmiert werden wirst, hier aber noch morgens die Vorlesungen des Herrn Runge in der Theologie anhören kannst und stets Dich bescheiden, sittlich und fleißig be- tragen. Adieu.   Heinrich Floris Schopenhauer« *an seinen 16jährigen Sohn Arthur Schopenhauer (1788-1860).*

134 Georg Melchior Kraus (1737–1806): Wieland mit Familie. 1775.
135 Daniel Chodowiecki (1726–1801): Mit seiner Familie. 1772.
136/137 Januarius Zick (1732–1797): Familienbild.

Die ländliche Kleidung dieser Zeit war stark von der Rokokomode beeinflußt – und blieb es noch lange Zeit, z. T. bis ins 20. Jahrhundert. Auch hier glichen die Kinder ihren Eltern wie Miniaturausgaben – und daß es in der Volkstracht im 19. Jahrhundert weiterhin dabei blieb, ist ein kulturelles Zeichen dafür, wie wenig auf dem Lande die neue Auffassung von der eigenen Persönlichkeit des Kindes Eingang fand. Seine Lebensform und seine Zukunftsaussichten bestimmten die ökonomischen Bedingungen des bäuerlichen Besitzes. Aber auch sein alltägliches Verhalten war durch die Zwänge der Tracht auf absolute Anpassung hin orientiert.

139

138

»Aus der Schwäche der sozialen Position, zu der die Frauen [und auch die Kinder – WK] den weit überwiegenden Teil der Geschichte verurteilt waren, ergibt sich ihre enge Beziehung zu allem, was ›Sitte‹ ist, zu dem, ›was sich ziemt‹, zu der allgemein gültigen und gebilligten Daseinsform. Denn der Schwache vermeidet die Individualisierung, das Auf-sich-Ruhen mit seinen Verantwortlichkeiten und seiner Notwendigkeit, sich ganz allein mit eigenen Kräften zu verteidigen. Ihm gewährt gerade nur die typische Lebensform Schutz, die

den Starken an der Ausnutzung seiner exzeptionellen Kräfte hindert. Auf diesem festgehaltenen Boden der Sitte aber, des Durchschnittlichen, des allgemeinen Niveaus streben die Frauen nun stark zu der so noch möglichen relativen Individualisierung und Auszeichnung der Einzelpersönlichkeit.«

Georg Simmel (1858-1918): Essay über die Mode. 1911.

138 Georg David Matthieu (1737–1778): Junge Prinzen von Mecklenburg.
139 Johannes Senn (1780–1861): Trachten aus Ostenfeld/Schleswig-Holstein. 1808.
140 Joseph Reinhart (1769–1829): Emmentaler Bauernfamilie. 1791.
141 Ludwig Emil Grimm (1790–1863): Drei Mädchen aus Goßfelden/Hessen.

»Halt mir ein wenig still, jetzt will ich dich luthe-
    risch kleiden.
Weiße Baumwoll-Strümpfe da nimm mit künstli-
    chen Zwickeln,
(Zieh sie an, wenn's geht) und Schuh und silberne
    Schnallen;
Da ein grüner Rock! Vom breit-bebänderten
    Leibchen
Bis zu den Knöcheln hin fällt Falte herunter an
    Falte.
Sitzt er auch recht? Nun hak' ihn zusammen und
    nimm auch das Brusttuch
Rosenrot und von Samt. Jetzt flecht' ich dir künst-
    liche Zöpfe
Aus den sauber gekämmten anmutigen flachsenen
    Haaren. –
Oben vom weißen Nacken und leicht durch die
    Zöpfe geschlungen
Fällt mit beiden Enden ein schwarzes seidenes
    Bändel
Bis zum Rocksaum nieder. – Gefällt dir denn aber
    die Kappe,

Wasserblauer Damast und gestickt mit goldenen
    Blumen?
Zieh das Bändel an, das durchgeht zwischen den
    Schnüren
Unter den Zöpfen durch, du Ungeschick! über
    den Ohren
Beide Zipfel hervor und herunter gegen's Gesicht
    zu!«
*Johann Peter Hebel (1760–1826): Alemannische Ge-
dichte. 1803.*

142

Die neue freiere Einstellung nun, die das beginnende 19. Jahrhundert den Kindern gegenüber entwickelte, zeigte sich besonders deutlich in der Kleidung der international führenden Bürgerschicht, die den Kindern Freude an spielerischer Bewegtheit erlaubte.

»Meine erste, einigermaßen deutliche Erinnerung beginnt mit dem 20. November 1805, an welchem Tage ich drei Jahre alt wurde. Als ich am Morgen die Augen aufschlug, strahlten mich drei kleine Wachskerzen an, die auf weißgedecktem, mit Immergrün garniertem Tische um einen prachtvollen Kuchen standen. Daneben lagen bunte Sachen, unter denen mir eine Arche Noah und besonders ein Bilderbuch erinnerlich ist, dessen Hauptstück den Onkel Nachtwächter mit Spieß und Laterne zeigte. Das Entzücken, das ich empfand, mag Ursache der Unvergeßlichkeit jenes großen Augenblicks gewesen sein. Meine Mutter gab mir die Hand und sagte, daß mein Geburtstag sei. Dann wusch sie mich, scheitelte mir das Haar mit Sorgfalt und kleidete mich an. Der offenen Weste wurde ein Paar weite Hosen angenestelt, die

hinten offen und mit Schleifen versehen waren; darüber kam ein türkischer Spenzer mit kurzen Ärmeln und an die Füße ein Paar Schnallenschuhe. So war der Anzug vollendet, der übrigens im Sommer wie im Winter Hals, Brust und Arme bloß ließ.«
Wilhelm von Kügelgen (1802–1867): Jugenderinnerungen eines alten Mannes. 1870.

143

144

»... Dessen war besonders die silberne Hochzeit
meiner Eltern, 1844, ein beredter Zeuge. Wir lebten damals in einem großen und reichen Oder-
bruchdorfe, zwei Meilen von Küstrin, und von
uns Kindern war, wohl oder übel, ein Polterabend
vorbereitet worden. Die Mama hatte sich zunächst sehr energisch dagegen ausgesprochen,
war aber schließlich überwunden worden. Und so
kam der große Tag heran. Am Spätnachmittage,
kurz vor Beginn der Aufführungen – einige von
uns waren schon im Kostüm –, fuhr unter herz-
haftem Blasen des Postillons eine Extrapost bei
uns vor, und dem ziemlich klapprigen Wagen ent-
stiegen, nachdem ein Tritt herangerückt war
(denn die Wege waren mal wieder grundlos), als
erster der alte Landrat von Flemming und hinter
ihm her ein zweiter Herr, beide abdeputiert, um
dem Silberpaare die Grüße der alten Swinemün-
der Freunde zu bringen.«
Theodor Fontane (1819–1898): Meine Kinderjahre.
1893.

145

142 Christoffer W. Eckersberg (1783–1853): Familie Nathanson. 1818.
143 Wendlin Moosbrugger (1760–1849): Familie Barxel.
1813.
144 J. B. J. Bastiné (1783–1844): Silberhochzeit des Herrn
Neuß.
145 Samuel Otto (1798–1878): Familie von Schwerin.

Es mutet merkwürdig an, wie sehr auch in den Bür-
gerfamilien das Schlagen der Kinder an der Ta-
gesordnung war. Unverändert von den Bewegungen in
der Gesellschaft, aber auch von den Erkenntnissen der
Pädagogik lebte das alte Muster der Machtverteilung
und -ausübung von oben nach unten fort.

147

146

vier, Rechnen, Schreiben, Religion und Lateinisch. Wir bekamen oft Schläge, ich beinahe alle
Tage. Er hatte Stöcke und kurze lederne Peit-
schen, denen er Namen gegeben hatte, und je
nachdem die Strafe war, wurde der Stock gewählt. Ich wüßte niemand, vor dem ich im Leben
mehr in Furcht gewesen wäre, wie vor diesem
Zinckhan.«
Ludwig Emil Grimm (1790–1863): Erinnerungen aus
meinem Leben. 1834.

»... An ein ernstliches Lernen wurde aber nicht
gedacht, sondern meist Mutwille getrieben. In die
Schule ging ich nur deshalb gern, weil ich da mit
den Schulkameraden zusammenkam und Spekta-
kel gemacht und nach der Schule in den Garten
oder sonstwohin gegangen wurde. Hätte Zinckhan mich nicht eingesperrt und hätte es keine
Schläge gegeben, ich wäre gewiß in der Woche
drei- bis viermal neben die Schule gegangen, um
in Wiesen und Wäldern unter Gottes freiem
Himmel herumzuschwärmen; aber der Zinckhan
war streng, verstand keinen Spaß, und die liebe
Mutter hielt sehr darauf, daß ich die Schule regelmäßig besuchte, war es auch nur, um sicher zu
sein, daß ich unter guter Aufsicht sei.
Zinckhan gab mir Unterricht in der Violine, Kla-

146 Ludwig Emil Grimm (1790–1863): Präzeptor Zinkhan.
147 Theodor Hosemann (1807–1875): In der Schule. 1842.
148 Johann Mettenleiter (1750–1825): Der faule Schüler.

148

*Auch wenn nicht geschlagen wurde, waren die Strafen
selbst liebevoller, gebildeter Eltern entehrend und fast
grausam. Daß sie von den Kindern dennoch als berech-
tigter Teil der elterlichen Erziehung empfunden wurden, zeigt, wie tief die hierarchische Ordnung verwurzelt war.*

»Nur selten strafte meine Mutter, suchte mich
aber immer zur Einsicht meines Unrechts zu
bringen, und war ein so geschickter Bußprediger,
daß ich mich stets beschämt und ganz geneigt
fand, Abbitte zu tun. Für dieses Verfahren danke
ich ihr noch heute, denn es lehrte mich jene Reste
im Gewissen tilgen, die der Offenheit des Charak-
ters so schädlich werden können. Mußte ein Vergehen ernstlicher gesühnt werden, so wurde ich
auf ein Stündchen oder darüber an ein Tisch- oder
Stuhlbein angekettet, zwar nur mit einem
Zwirnsfaden, den ich aber nimmer zu zerreißen
wagte, so groß war der Respekt vor meiner Mutter; und selbst dann löste diese solche Fesseln

nicht, wenn mittlerweile Besuch eintrat. Oder
auch sie band mir nach Maßgabe des Vergehens
ein Paar lange, aus steifem Notenpapier gefertigte
Eselsohren um den Kopf, welche ich auch während des Mittags- und Abendtisches umbehalten
mußte.

Kam mein guter Vater dann zum Essen, so sah er
mir freilich diese Midasohren noch mit leichterer
Mühe als jenen Stirnkuß an und wußte dann seinen edlen Gesichtszügen einen so bekümmerten
Ausdruck zu geben, daß es mir immer durch die
Seele ging. Namentlich einmal, als er wegen
Zahnweh mit verbundenem Kopf erschien, rührte
mich jener Ausdruck bis zu Tränen. Der arme Vater! er hatte Schmerzen und mußte obendrein an
seinem Sohne solche Schmach erleben. Ich konnte
keinen Bissen essen, obgleich es Dampfnudeln
nach echtem bayerischen Rezept gab; aber meine
Mutter ließ die Ohren sitzen.«

*Wilhelm von Kügelgen (1802–1867): Jugenderinne-
rungen eines alten Mannes. 1870.*

149

Während das Bürgerkind ungestört spielen konnte und sogar Sessel und Tischchen im passenden Maß zu seiner Körpergröße erhielt, halfen die Handwerker- und Bauernkinder in ihrer freien Zeit bei der Arbeit der Eltern mit.

»Flachs und Hanf, die beiden Grundstoffe für Netze, Taue und Schnüre, erzeugte der Fischer bis zur Mitte des 19. Jahrhunderts auf dem eigenen kleinen Acker oder erwarb sie von seinem Nachbarn... Die Aufbereitung des Flachses sowie das Spinnen besorgten die Frauen und Mädchen im Hause, die nicht nur das Garn für Wäsche und Kleidung herstellten, sondern auch das Wassergarn für die Netze. Das Knüpfen der Netze war allgemein eine Arbeit der Männer, die in den Wintermonaten... Tag für Tag am Knüttelsticken saßen und Setz-, Zug- und Reusennetze anfertigten. Auf Mönchgut halfen hierbei die Kinder, indem sie die Netznadeln laufend mit dem Garnfaden auffüllten.«

Reinhard Peesch: Die Fischerkommunen auf Rügen und Hiddensee. 1961.

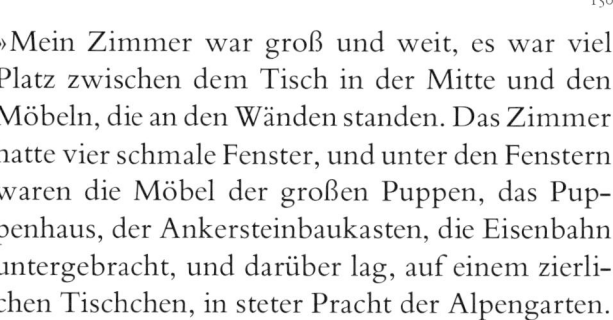

»Mein Zimmer war groß und weit, es war viel
Platz zwischen dem Tisch in der Mitte und den
Möbeln, die an den Wänden standen. Das Zimmer
hatte vier schmale Fenster, und unter den Fenstern
waren die Möbel der großen Puppen, das Puppenhaus, der Ankersteinbaukasten, die Eisenbahn
untergebracht, und darüber lag, auf einem zierli-
chen Tischchen, in steter Pracht der Alpengarten.
...

Mein Zimmer war verändert worden, seit Made-
leine (die neue große Puppe) bei mir war. An der
langen Wand, ihrem Diwan gegenüber, standen
zwei große Schränke und in ihrer Mitte die
Kommode mit dem Aufsatz. Die schweren weißen Schränke waren verschoben worden, so daß
rechts und links von der Kommode zwei Räume
entstanden. In den einen Raum übersiedelten Isa-

bella und der Eisbär mit Himmelbett, Fauteuil
und Puppenkommode.
In dem anderen Raum lebten von nun an die übrigen sechs Puppen. Sie besaßen drei Betten und
zwei Schulbänke und waren tagsüber meist um
den stets gedeckten Tisch versammelt.«
Alice Herdan-Zuckmayer: Das Kästchen. 1962.

149 Jakob Gensler (1808–1845): Inneres einer Fischerhütte.
1834.
150 Johann Heinrich Hillebrandt (*1804): Spielendes Mädchen. 1832.
151 Küche des Stromerschen Puppenhauses. 1639.

Zu der neuen Auffassung von einer eigenen Lebenswelt des Kindes gehörte auch das Bilder- und Vorlesebuch. Auf solchem Hintergrund wurden die »Kinder- und Hausmärchen der Brüder Grimm« ein gewaltiger Bucherfolg und erschienen schon zu Lebzeiten der Brüder in 7 Auflagen.

»Die hohe Blüte des Kinderbuchs in der ersten Hälfte des vorigen Jahrhunderts ging nicht sowohl aus der konkreten (und der heutigen in manchem überlegenen) pädagogischen Einsicht, denn als Moment des bürgerlichen Lebens jener Tage

aus ihm selber hervor. Mit einem Worte: aus dem Biedermeier. Es saßen in den kleinsten Städten Verleger, deren landläufigste Erzeugnisse so anmutig waren wie die bescheidenen Gebrauchsmöbel von damals, in deren Schubladen sie hundert Jahre lang geschlafen haben.«
Walter Benjamin (1892–1940): Aussicht ins Kinderbuch. 1926.

152 Ludwig Emil Grimm (1790–1863): Titelblatt der Märchenausgabe.
153 Friedrich Amerling (1803–1887): Familie Breunner-Eukevoirth. 1834.
154 Titelblatt des Orbis pictus. 1838.
155 Josef J. von Schnitzer (1792–1870): Gattin mit Kindern. 1835.
156 Karl Heinrich Arnold (1793–1874): Im Familienkreis. 1850.

155

156

»Vor dem Städtlein sitzt ein Zwerglein,
hinterm Zwerglein steht ein Berglein,
aus dem Berglein fließt ein Bächlein,
auf dem Bächlein schwimmt ein Dächlein,
unterm Dächlein steckt ein Stüblein,
in dem Stüblein sitzt ein Büblein,
hinterm Büblein steht ein Bänklein,
auf dem Bänklein ruht ein Schränklein,
in dem Schränklein steht ein Kästlein,
in dem Kästlein liegt ein Nestlein,
vor dem Nestlein sitzt ein Häslein,
merken will ich mir das Plätzlein.«
J. P. Wich: Steckenpferd und Puppe. 1843.

Die Freundschaftskulte der Biedermeierzeit spiegelten sich in der Kleinpoesie der Stammbuchverse, die Knaben und Mädchen oft durch ihre Leben begleiteten – und deren sentimentales Spruchrepertoire sich z. T. bis heute in der Mode der Poesiealben konserviert hat.

»ZUR ERÖFFNUNG EINES ALBUMS.

Ein Album! Schneeweiß Pergamentpapier
und Schnitt und Decke schön verziert mit Golde!
Nicht wahr, wenn sich's nur nicht so langsam
   füllen wollte
mit Sprüchen, Bildern, hundertfacher Zier?
Zur Hälfte wenigstens säh man es gar zu gern
schon ausstaffiert, geistreich, von Damenhänden,
und, hätten sie was Kluges drein zu spenden,
zur Not wohl auch von dem und jenem Herrn?

Geduld, mein Kind! Es blicken diese Blätter
dich heut wie deine künftgen Jahre an;
die Muse weiht den ausgeworfnen Plan –
wie er sich fülle, wissen nur die Götter?
Auch wird dies Buch von einem vollen Leben
zuletzt doch nur ein schöner Auszug eben,
und wie viel Holdes auf den Seiten steht,
von Lieb und Freundschaft, sonnenhellen Tagen;
was unsichtbar dazwischen geht,
ist köstlicher, als was die Blätter sagen.«

Eduard Mörike (1804-1875): Gedichte 1838.

»Liebe kleine Inge,
sei froh und guter Dinge,
tanze und springe,
lache und singe!
Und dieses Büchlein bringe
aus deiner Freundin' Ringe
dir manchen Vers und Spruch.
Und bist du groß und klug,
ergötzen dich die Dinge. –
Nun klinge, Glöcklein, klinge!«

Widmung eines Vaters
für das Poesiealbum seiner
achtjährigen Tochter. 1927.

157 Heinrich Christoph Kolbe (1771–1836): Die Kinder.
158 Titelblatt und Seite eines Biedermeier-Stammbuches.

158

158

Im Daheim-Kalender der 70er Jahre, einem von Velha-
gen & Klasing herausgegebenen beliebten Familien-
Hausbuch, wurden die Jugenderinnerungen der Ottilie
Wildermuth (1817-1877) in fünf Fortsetzungen
veröffentlicht. Sie sind Dokumente für die beschränkten
Entfaltungsmöglichkeiten der Mädchen im Biedermeier
und ihre Erziehung zur häuslichen Genügsamkeit –
aber auch für die gemütvolle nachbarschaftliche Ver-
bundenheit der Familien.

»Arbeit gab es genug in Küche und Keller, Haus
und Garten, auf dem Waschboden und am Bügel-
tisch. Allen Wöchnerinnen, allen Kranken wurde
gekocht, den Frauen, die ins Bad reisten (dazumal
allerdings noch ein seltneres Ereignis als jetzt),
wurde ein Backwerk nachgesandt, den Heimkeh-
renden ein Kuchen gebacken, zu jeder Leiche ein
Kranz gewunden, für alle Freundinnen, die Hochzeit hatten, eine möglichst mühsame und möglichst unnötige Stickerei verfertigt und das Jahr
darauf Kinderkittelchen und Häubchen gestrickt.
Die Kleider wurden nun alle selbst gefertigt, um
der Stuttgarter Schule doch Ehre zu machen, genäht und geflickt für Vater und Brüder…
Überdies half man auch beim Wäscheaufhängen
und Plätten in befreundeten Familien, man hütete
die Kinder aus den Häusern, wo die Mama krank
oder verreist ist – kurz, man war gar nie fertig…
Es war auch keine Gefahr, geistig zu versumpfen,
und ich darf mit dankbarer Erinnerung aussprechen, daß ich in all der Beschränkung, in dem anscheinend farblosen, eng umgrenzten Leben der
Kleinstadt nicht eine Stunde Überdruß und Lan-
geweile empfunden habe.
Aus den Studien ist leider nicht viel geworden…,
und ich mußte mich… auch wohl hüten vor Gesprächen, die an historische Tatsachen und Daten
anknüpfen, weil ich Gefahr liefe, mich sehr zu
blamieren.

Zum höchsten Genuß aber gehört auch eine Seele,
die ihn teilt, und auch daran hat mir's nicht ge-
fehlt, nicht nur bei der Mutter fand alles Schöne
Verständnis und Anklang, nicht nur die Brüder in
ihrer jungen Weisheit brachten geistige Elemente
mit in die Ferien, auch unter den jungen Gästen
und Freundinnen, die immer wieder einsprachen,
fanden sich verwandte Seelen, von denen die eine
mehr für Rückert, die andere mehr für Lenau
schwärmte, die sich wenigstens geduldig von mir
vordeklamieren ließen, was mich eben am meisten entzückte, und die am Tage vor dem Scheiden aus unserem Hause emsig noch Kochrezepte
und Gedichte abschrieben als Andenken aus uns-
rem vielseitigen Haus. Gab zwar oft einiges
Durcheinander, wenn eine fragte: Du, versitzt's
nicht, wenn man lauter Eiergelb nimmt? – und die
andre:
Heißt's denn da:
Du süßes *Bild*, das mir die Tage
der Jugend hell und froh gemacht, – oder:
du süßes *Kind*?
Wir sind aber doch noch gut darausgekommen.«
Aus Daheim-Kalender für das Deutsche Reich auf das
gemeine Jahr 1878.

159 Johann Eduard Ihlée (1812–1885): Familienbild. 1850.

*Die Wäsche und ihre Pflege im Bürgerhaus beschäftigte
eine Großzahl von Frauen der unteren Schichten, und
die »große Wäsche« war für die Bürgerkinder eine der
seltenen Gelegenheiten zu näherer Begegnung mit diesen Menschen.*

»Weil der Vorrat (an Wäsche) unerschöpflich war
und man die bequeme Sitte noch nicht kannte, das
Waschen in großen Anstalten außerhalb des Hauses besorgen zu lassen, so hatten die wohlhabenderen Bürgerfrauen… nur zweimal im Jahre
große Wäsche… Übermäßig umfangreich waren
die Haufen von Tischtüchern, Servietten, Hemden und Handtüchern, die alsdann dem Reini-
gungsprozeß unterlagen. Sehr wohl erinnerlich ist
mir aus dem elterlichen Hause, wie beim Heran-
nahen dieser wichtigen Epoche eines Abends spät
vier oder fünf Waschweiber ins Haus kamen, weil

161

160

die Arbeit schon zwischen 2 und 3 Uhr morgens
begann. … Zu ihrem Empfange waren bereits
große Teller mit umfangreichen Butterbröten geschmiert, Wurst und Käse wurden ihnen gereicht,
und der Kümmelbranntwein durfte nicht fehlen.
Sie blieben dann, je nach Bedürfnis, mehrere Tage
im Hause… Waren sie endlich abgelohnt, so
wurde die Wäsche auf große Trockenplätze hin-
ausgefahren. Nun ging es an das Rollen…, und
wenn auch das vorbei war, dann erschienen mehrere Plättfrauen, die unter Beistand der weiblichen
Dienerschaft das Haus mit dem eigentümlichen
Plättgeruch erfüllten, der durch heiße Wasser-
dämpfe und leicht angesengte Leinwand erzeugt

162

wird... und der Gesundheit keineswegs zuträg-
lich sein soll.

Nach etwa 8 Tagen war das alles vollendet; die
Wäsche wurde dann wieder in die großen
Schränke zurückgelegt. ... Unsere Mütter und
Großmütter blickten freudig bewegt auf die
schneeweiße Habe und nannten die große Wäsche
auch wohl das Waschfest.«

*Felix Eberty (1812–1884): Jugenderinnerungen eines
alten Berliners. 1878.*

160 Albert Hendschel (1834–1883): An der Waschbütte.
1880.
161 Friedrich Kraus (1826–1894): Die Wäscherin.
162 Friedrich F. Koch (1863–1923): Die Wäscherinnen.

163

164

In der zweiten Hälfte des 19. Jahrhunderts verfestigte sich die alte Vorstellung von der patriarchal geordneten Bürgerfamilie mit nationaler Gesinnung.

Es war kein Zufall, daß Schillers »Glocke« zur Pflichtlektüre in den Gymnasien und Höheren Töchterschulen der Gründerzeit gehörte. In einer Umsetzung seiner antirevolutionären Vorstellungen in die Gegenwart des Kaiserreiches schien nun mit diesen Versen der Status quo beschworen zu werden.

Die Fotografie, die die Familienbilder im gleichen Schema auf die Platte bannte wie es das Familienporträt getan hatte, benutzte die Aufstellung der Familienmitglieder in Form der patriarchalischen Pyramide: im Kaiser- wie im Bürgerhaus.

»Heil'ge Ordnung, segenreiche
Himmelstochter, die das Gleiche
frei und leicht und freudig bindet,
die der Städte Bau gegründet,
die herein von den Gefilden
rief den ungesell'gen Wilden,
eintrat in der Menschen Hütten,
sie gewöhnt zu sanften Sitten
und das teuerste der Bande
wob, den Trieb zum Vaterlande!«

Friedrich Schiller (1759-1805):
Das Lied von der Glocke. V. 300-309.

163 Familienfoto um 1880.
164 Die Familie des späteren Kaisers Wilhelm II. 1885.
165 Fritz Syberg (1862–1939): Mutter und Kinder.

165

Sprich ja und nein, und dreh' und deutle nicht!
Was du berichtest, sage kurz und schlicht!
Was du gelobest, sei dir höchste Pflicht!
Dein Wort sei heilig, drum verschwend' es nicht!

Leicht schleicht die Lüge sich ans Herz heran,
Zuerst ein Zwerg, ein Riese hintennach;
Doch dein Gewissen zeigt den Feind dir an,
Und eine Stimme ruft in dir: ›Sei wach!‹

Dann wach' und kämpf'! Es ist ein Feind bereit;
Die Lüg' in dir, sie drohet dir Gefahr.
Kind! Deutsche kämpften tapfer allezeit;
Du deutsches Kind, sei tapfer, treu und wahr!«

Robert Reinick (1805–1852). Märchen, Lieder und Ge-
schichten. 1873.

»DEUTSCHER RAT

Vor allem eins, mein Kind: Sei treu und wahr!
Laß nie die Lüge deinen Mund entweih'n!
Von alters her im deutschen Volke war
Der höchste Ruhm, getreu und wahr zu sein.

Du bist ein deutsches Kind, so denke dran!
Noch bist du jung, noch ist es nicht so schwer.
Aus einem Knaben aber wird ein Mann,
Das Bäumchen biegt sich, doch der Baum nicht
   mehr.

165

165

In den Puppenhäusern spiegelten sich die Lebensideale der Bürgerfamilie des 19. Jahrhunderts wider. Die gemütliche Häuslichkeit innerhalb der eigenen vier Wände, eine ausgeprägte Wohnkultur mit speziellem Eßzimmer, Guter Stube, Herrenzimmer, Damensalon, Schlafzimmer, Kinderzimmer – das waren Ausdrucksformen jener Introvertiertheit und Abgeschirmtheit von der realen Außenwelt, die die Bürgerfamilie zunehmend kennzeichneten.

Die liebevolle und kostbare Ausstattung der Puppenstuben drängt die Frage auf, wie denn Kinder mit solchen Sachen spielten. Sie konnten die Stuben ausräumen und wieder einräumen, auch eine Teegesellschaft wie Mama veranstalten, aber eine wirkliche Kreativität gestattete dieses Spielzeug nicht, es sei denn, man ließ das Chaos heraufziehen:

»Das war der Große Schrecken, und der große Schrecken entstand einmal durch die Schlangen und das andere Mal durch den Tiger. Die Schlangen wurden von meinen Mehlwürmern dargestellt, die ich für meinen Frosch und die Eidechsen in einer alten Teekanne züchtete. Ich setzte die Mehlwürmer in der Puppenküche aus, und bald hatten sie sich übers ganze Haus verbreitet. Die Kinder weinten, die Erwachsenen schrien, die Dame des Hauses fiel in Ohnmacht, Köchin und Stubenmädchen kreischten, die englische Nurse stand mit dem Säugling auf dem Speisezimmertisch. Niemand wußte sich zu helfen, bis es Awdotja gelang, aus dem Hause zu entwischen, eine Leiter zu holen, sie an den Balkon anzulegen und alle Hausbewohner über die Leiter sicher ins Freie zu bringen. Das Haus wurde den Kobras und den Pythons überlassen…

Viel gräßlicher jedoch als die Schlangen war das Erscheinen des Tigers. Ich ließ meinen Frosch durch die Haustüre des Puppenhauses hinein und beobachtete seine Sprünge auf der Stiege und in den Zimmern durch die Fensterscheiben. Die Angst, die mein Frosch, der bengalische Tiger, verbreitete, war ungeheuer. Ich selbst zitterte an allen Gliedern, obwohl es ihm niemals gelang, ein Kind zu rauben oder auch nur anzubeißen. Er war der allergrößte Schrecken und die einzige Gefahr, der Awdotja nicht in gewohnter Ruhe begegnen konnte. Sie ergriff die Flucht, ließ Geschwister und Eltern im Stich und verkroch sich schlotternd hinterm Ofen, wenn sie sein Brüllen in der Ferne hörte.«

Alice Herdan-Zuckmayer: Das Kästchen. 1966.

165 Berliner Puppenstuben um 1880.
166 Paul Rieth (1871–1925): Der kleine Hauptmann.
167 Franz Meyerheim (1838–1880): Strickunterricht.

166

167

TUGENDKATALOG FÜR KNABEN

ehrenhaft
tapfer und furchtlos
tatkräftig
geistig überlegen
technisch begabt
gottesfürchtig

»Stillgestanden die Kompanie!
Einjähriger Fritzchen, was feixen sie?
Ich bitte mir's aus, im Dienst nicht zu lachen,
wir treiben hier lauter ernsthafte Sachen.
Wer keinen Ernst bei der Sache hat,
der ist kein echter deutscher Soldat!
Den Bauch hinein und die Brust heraus –
Gefreiter Hänschen, wie sehen Sie aus!
Mit schmutzigen Händen und schmutzigen
    Schuhn,
so wollen Sie Ihren Dienst hier tun?
6 Stunden ins Loch, Herr Unteroff'zier,
Sie führen ihn ab und melden's mir!
Ein deutscher Soldat hat reinlich zu sein;
in den Waffenrock, das merkt euch, Leute,
gehört kein schmutz'ger Kerl hinein!«

Anna Ritter: Der kleine Hauptmann. Gartenlaube-
Bilderbuch 1902.

TUGENDKATALOG FÜR MÄDCHEN

sittsam und voll Herzensdemut
pflichttreu
sanft und sinnig
bescheiden und gehorsam
reinlich und bienenfleißig

»Lieb Mütterchen, sieh doch,
es ist mir geglückt,
die ersten Strümpfe
sind fertig gestrickt,
zuerst war das Stricken
mir gar nicht leicht,
doch wirklich ist nun
die Arbeit erreicht.
Und ich schenke dir heute,
du Gute, du Beste,
die Strümpfe zu deinem
Geburtstagsfeste.«

Klara Ernst: Herzblättchens
Zeitvertreib.

168 Katalogseite von 1912.
169 Fritz von Uhde (1848–1911): Kinderstube. 1889.
170 Heinrich Zille (1858–1929): Vor dem Spielzeugladen.

169

Nach vorsichtiger Schätzung kann man sagen, daß um
1900 etwa 20-25 % Kindern, die wohlversorgt mit ge-
kauftem Spielzeug waren, 75-80 % gegenüberstanden,
die derartige Dinge entbehren mußten.

»Ich war zuerst auf der Volksschule in Stockdorf.
Dann sind wir in die Nähe von Regensburg gezogen, und da bin ich gleich, auf Empfehlung des
Geistlichen Rats, zu den Englischen Fräulein (Klo-
sterschule) gekommen. Einmal hat die Lehrerin
gesagt, wir sollten eine von unseren Puppen mitbringen. Wir sollten Puppenkleider machen,
Häubchen stricken. Da hab ich zu Hause gesagt:
Mutter, ich soll meine Puppe mitbringen. – Ich
hatte keine Puppe. Das hab ich dann dem Englischen Fräulein gesagt. Sie hat gemeint: Dann machen wir uns das so ungefähr, und vielleicht bringt
das Christkind dann eine Puppe. – Es war mir
schrecklich, daß ich keine Puppe hatte zum Mitbringen. Den Schmerz mußte ich überwinden.«
Barbara H., Tochter eines Eisenbahnbediensteten, geb.
etwa 1900. Aus: Das häusliche Glück. 1975.

»Eine Puppe, träum' ich, hätt' ich gern,…
eine Puppe aus dem Spielzeugladen!…
Ach, ich kann nur denken,
was mir so gefällt,
niemand wird mir eine Puppe schenken,
Vater hat kein Geld.«

Friedrich Schnack (*1888): Der Spielzeugladen. 1947.

170

171

Das Verhältnis von Bürgerkindern zu Tieren ent-
sprach demjenigen zu einem Spielzeug; junges Tier
und Puppe wurden gleichgesetzt. Dem widersprach
entschieden die durch Arbeit geprägte Beziehung des
Landkindes zu den Tieren.

171 Johann Friedrich Dieterich (1787–1846): Familienporträt.
172 Hirtenbuben aus dem Bündner Oberland.

»In der Kleinkinderbewahranstalt der Tante Danz
habe ich die zitternde Seligkeit der ersten Liebe
empfunden. Und sie hieß Mimi. Im übrigen war
sie klein, dick, blond und fünf Jahre alt. Sie war des
Morgens mein erster und des Abends mein letzter
Gedanke. Daß sie mich wiederliebte, war unver-
kennbar... Ich ließ meiner Mutter keine Ruhe, bis
sie bei Mimis Mutter ein näheres Verhältnis bean-
tragte. Sie erhielt keinen Korb, und unser junges
Glück gedieh unter dem vereinigten mütterlichen
Segen. – Meine zahlreichen Besuche nahm Mimi
meist in Gegenwart ihrer Puppe entgegen...
Klein, dick, blond – damit waren aber Mimis
Reize keineswegs erschöpft. Was sie am meisten
empfahl, war, daß sie außer einem liebevollen
Herzen und einem vortrefflichen Charakter auch
noch ein lebendiges Schäfchen besaß, das ebenfalls
Mimi hieß. Und es zeugt für die Tiefe ihrer
Empfindung, daß sie mir nicht nur ihr Herz
schenkte, sondern auch den Besitz oder doch die
Annehmlichkeiten dieses Schäfchens christlich
mit mir teilen wollte, welches seinerseits bald keinen Unterschied zwischen ihr und mir machte.
Wie selig zogen wir beiden Liebenden, Hand in
Hand und um die Hände das Halfterband des
Schäfchens geschlungen, auf den Heckenwegen
zwischen Gärten dahin...
Einmal haben die großen Jungens die drei innig
verbundenen Schäfchen ans ›Bettelmeer‹, eine
ehemalige Ziegelgrube, gelockt und haben uns auf
ein halbes Scheunentor genötigt, das auf der
schmutzigen Flut umherschwamm, so daß wir
erst nach langer Zeit mit Hilfe eines mitleidigen
Spaziergängers an Land steigen konnten. – Mimi,
das Schäfchen, wuchs rascher als wir und ward
bald ein großes starkes Schaf, das gar unsanft seine
kleinen Führer umriß... Daß es dann abgeschafft
werden mußte, hat, wie ich annehmen muß, das
frühe Ende meiner ersten Liebe beschleunigt.«
Wilhelm Langewiesche-Brandt (1866–1934): Jugend
und Heimat. Erinnerungen eines Fünfzigjährigen.
1914.

172

Im Leben der Landkinder spielten die Tiere eine ganz andere Rolle: sie waren gewissermaßen Teile von Produktionsmitteln, immer mit Arbeit verbunden. Das idyllische Bild vom »Hirtenknaben« ist nicht stimmig, denn Hüten war ganz materielle Verantwortung, aber auch die Möglichkeit, kindliche Macht und Grausamkeit zu erproben und sexuelle Neugier zu befriedigen: auf der Weide befand man sich außerhalb der Familien- und Erwachsenenkontrolle.

»Eine Verwüstung von wertvollem Kindermaterial und planvolle Verleitung zur Demoralisation in großen Ausmaßen bieten die Transporte von Hütekindern, die alljährlich aus dem Vorarlberg und Tirol nach dem badischen und württembergischen Schwarzwald und im Herbst wieder zurück nach der Heimat des Kindes gehen. In Friedrichshafen findet ein regelrechter Kindermarkt statt. Ein Augenzeuge berichtet: ›Vielen Kindern konnte man einen erschreckenden Grad von Ro-

heit und sittlicher Verwahrlosung an den Augen ablesen. Wer jedoch weiß, wie und unter welchen Verhältnissen die Kinder fern vom Elternhaus den Sommer verleben, wird dies begreiflich finden. Alle Kinder, die wir fragten, erklärten, daß sie jeden Tag um $1/2$ 4 Uhr früh, während der Heuernte um 3 Uhr aufstehen mußten und zwischen 8 und 9 Uhr abends erst schlafen gehen durften. Jeden Tag unausgeschlafen und zumeist im Stall beschäftigt, beobachten diese sinnlich gereizten Kinder viel zu früh das Geschlechtsleben der Tiere, und wenn man dabei an das schlechte Beispiel denkt, das die erwachsenen Dienstboten durch unflätige Redensarten den Kindern geben, kann man sich die Vorgänge selbst vorstellen, die sich auf einsamen Weideplätzen und in den geschlossenen Unterstandswagen zwischen Hütebuben und Mädchen abspielen.«

Otto Rühle (1874–1943): Illustrierte Kultur- und Sittengeschichte des Proletariats. 1930.

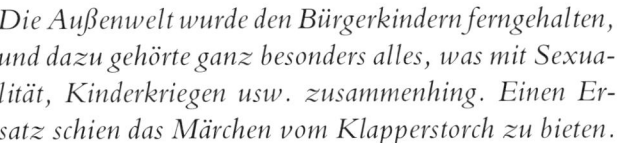

Die Außenwelt wurde den Bürgerkindern ferngehalten, und dazu gehörte ganz besonders alles, was mit Sexualität, Kinderkriegen usw. zusammenhing. Einen Ersatz schien das Märchen vom Klapperstorch zu bieten.

»Du warst noch so ein kleines Mädchen
von acht, neun Jahren ungefähr,
da fragtest du mich vertraut und wichtig:
wo kommen die kleinen Kinder her?

Als ich nach Jahren dich besuchte,
da warst du schon über den Fall belehrt,
du hattest die alte vertrauliche Frage
hübsch praktisch gelöst und aufgeklärt.«

Wilhelm Busch (1832–1906): Kritik des Herzens.

173 Junges Mädchen. Um 1885.
174 Georg Cornicelius (1825–1898): Kinderbildnis.
175 Münchner Bilderbogen Nr. 672 über den Klapperstorch.

Der Klapperstorch.

Von v. Os

Der Klapperstorch mit langem Bein
Sucht auf der Wiese Kinderlein,
Und wenn er eins gefunden hat,
Bringt er's gewöhnlich in die Stadt.

„Mein lieber Mann! o fahr' doch hin
Zum Klapperstorch und bitte ihn,
Daß er uns bringt ein Kindlein klein,
Mariechen möcht' ein Brüderlein!"

Da klopft es an der Thüre — horch!
Es ist der Storch, der Klapperstorch,
In seinem Schnabel mit Bedacht
Bringt er ein Kind, die Mutter lacht.

Sie nimmt das Kindlein auf den Arm,
Sie legt es in die Wiege warm,
Da ruht es gut, da liegt es weich.
Der Klapperstorch empfiehlt sich gleich.

Er dreht sich nach der Stubenthür'
Da stürzt des Hauses Hund herfür.
Mit lautem Bellen, packt, o Wahn!
Den lieben Storch der Nero an!

Der Storch, erschreckt von solchem Ton,
Lauft, was er laufen kann, davon —
Und rennt im Laufen — o wie dumm!
Die frohe, gute Mutter um!

Die Mutter — kann es anders sein?
Die thut sich weh an Kopf und Bein
Und muß von solchem Fall verletzt,
Sich gleich zu Bette legen jetzt

Wie alles das Mariechen sieht,
Greift sie zum Stock — der Nero flieht.
Sie schlägt ihn. Ihm ist recht geschieh'n,
Warum läßt er den Storch nicht geh'n.

Der Storch begegnet dem Papa,
Erzählt ihm alles, was geschah
Und macht ein tiefes Kompliment,
Weil er die Mutter umgerennt.

Der Vater aber lächelnd spricht:
Herr Klapperstorch ich zürn' euch nicht —
Ich dank' euch für das Kindlein sehr,
Gebt mir bald wiederum die Ehr'. —

Münchener Bilderbogen.
5. Auflage
(Alle Rechte vorbehalten.)

Nro. 672.

Manuldruck und Verlag von Braun & Schneider in München.

Die Porträtphotographie jener Zeit, wenn auch in ih-rem Stil durch die beschränkte Technik bedingt, scheint aus ihrer Beschränkung etwas Wesentliches gemacht zu haben: die Wiedergabe von Bürgerkindern in den Zwängen von Erziehung und Umwelt.

»... darum wurde ich so ratlos, wenn man Ähn-lichkeit mit mir selbst verlangte. Das war beim Photographen. Wohin ich blickte, sah ich mich umstellt von Leinwandschirmen, Polstern, Sok-keln, die nach meinem Bilde gierten wie die Schat-ten des Hades nach dem Blut des Opfertieres. Am Ende brachte man mich einem roh gepinselten Prospekt der Alpen dar, und meine Rechte, die ein Gemsbarthütlein erheben mußte, legte auf die Wolken und Firnen der Bespannung ihre Schat-ten. Doch das gequälte Lächeln um den Mund des kleinen Älplers ist nicht so betrübend wie der Blick, der aus dem Kinderantlitz, das im Schatten der Zimmerpalme liegt, sich in mich senkt. Sie stammt aus einem jener Ateliers, welche mit ihren Schemeln und Stativen, Gobelins und Staffeleien etwas vom Boudoir und von der Folterkammer haben...
Ganz abseits, neben der Portiere, stand die Mutter starr, in einer engen Taille. Wie eine Schnei-derfigurine blickt sie auf meinen Samtanzug, der seinerseits mit Posamenten überladen und von ei-nem Modeblatt zu stammen scheint. Ich aber bin entstellt vor Ähnlichkeit mit allem, was hier um mich ist. Ich hauste so wie ein Weichtier in der Muschel haust im neunzehnten Jahrhundert, das nun hohl wie eine leere Muschel vor mir liegt.«
Walter Benjamin (1892–1940): Berliner Kindheit um Neunzehnhundert. 1950.

176

176 Fotografie zur Erinnerung an die Confirmation.
Um 1890.
177 Atelierfoto von Joseph Roth. 1903.
178 Emanuel Spitzer (1844–1919): Mädchenschule.

177

178

Die Mädchen der besseren bürgerlichen Stände besuch-
ten meist private Töchterschulen, die von Zeit zu Zeit
von einem Schulrat inspiziert wurden. Die Enge bür-
gerlicher Moralauffassung, die hier herrschte und ver-
mittelt wurde, widerspiegelt der folgende Bericht von
Theodor Fontane.

»Zu Methfessels, des Schulrats, amtlichen Oblie-
genheiten gehörten auch Inspektionen, darunter
als Feinstes Inspektionen höherer Töchterschulen.
Eine dieser Töchterschulen, zugleich mit einem
vornehmen Pensionate verbunden, war ihm
schon längst ein Dorn im Auge. Vielleicht, daß er
das eine oder das andere gehört hatte, was der
Schul- und Pensionsvorsteherin, einer hübschen,
stattlichen Dame, nachteilig war. Doch ich
möchte dies andererseits bezweifeln, wenigstens
die Berechtigung dazu; denn ich habe die Dame
selbst noch gut gekannt. Ich wohnte mit ihr in
demselben Hause. Nun also, Methfessel kam, um
nach dem Rechten zu sehen. Er erschien in einer
der oberen Klassen, und während der Unterricht
seinen Verlauf nahm, ging er von Platz zu Platz
und revidierte die Hefte. Gleich auf der zweiten

Reihe saß eine fünfzehnjährige Blondine, reizen-
des Geschöpf; Methfessel durchblätterte das Dia-
rium, kam bis auf die letzte Seite, warf einen flüch-
tigen Blick auf das wie mit Blut übergossene
junge Ding und steckte das Heft in die Brusttasche.
Den anderen Vormittag ließ er sich bei der
Mutter melden, einer vornehmen, reichen Dame,
selbst noch jung. Er erzählte, was nötig war, und
überreichte dann das Heft. Die junge Frau – ihre
verhältnismäßige Jugend mag es entschuldigen –
ließ sich zu der Unwahrheit hinreißen, ›daß sie
das, was da stehe, nicht verstünde‹, worauf Methfessel einen geordneten Rückzug antrat. Aber
nicht, um die Sache dabei bewenden zu lassen. Es
kam zwar zu keinem Eklat, trotzdem war ganz im
stillen die Folge, daß die Schulvorsteherin, ›weil
sie nicht aufgepaßt‹, an der erwähnten letzten Dia-
riumseite zugrunde ging. Sie starb in sehr beschränkten Verhältnissen. Die junge Blondine –
und das ist das einzig Erfreuliche an der Sache,
kam unangefochten darüber hin und ist längst
glückliche Großmutter.«
Theodor Fontane (1819–1898): Von Zwanzig bis
Dreißig. 1898.

179

180

Hausmusik – das bedeutet intimes Musizieren im Familienkreis ohne Zuhörer, und »Kammermusik« war das Spielen in der »camera«, dem speziellen Musikzimmer. Bürgerliche Hausmusik setzte neben den nötigen musikalischen Talenten und Instrumenten einen gewissen ruhevollen Wohlstand voraus.

Johann Sebastian Bach (1685–1750) schrieb 1730 an Georg Erdmann über die häusliche Musik im Hinblick auf seine Familie: »Insgesamt aber sind sie geborene Musici und kann versichern, daß schon ein Konzert vocaliter und instrumentaliter mit meiner Familie formiren kann.«

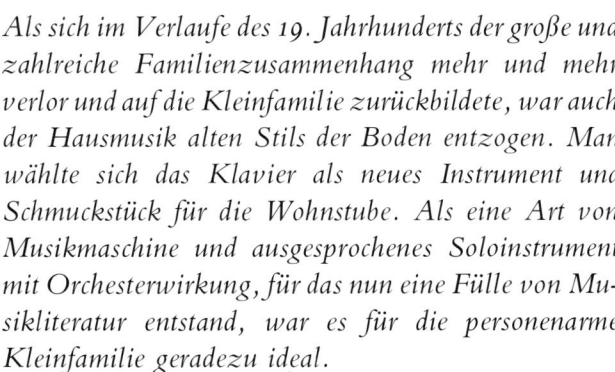

Als sich im Verlaufe des 19. Jahrhunderts der große und zahlreiche Familienzusammenhang mehr und mehr verlor und auf die Kleinfamilie zurückbildete, war auch der Hausmusik alten Stils der Boden entzogen. Man wählte sich das Klavier als neues Instrument und Schmuckstück für die Wohnstube. Als eine Art von Musikmaschine und ausgesprochenes Soloinstrument mit Orchesterwirkung, für das nun eine Fülle von Musikliteratur entstand, war es für die personenarme Kleinfamilie geradezu ideal.

Gegen Ende des Jahrhunderts wurde es zum Statussymbol der Bürgerfamilie und die Fertigkeiten des Klavierspiels zur Freude oder zum Zwang des »Höhere-Tochter«-Daseins.

»Indessen – meine Leiden beim Tanzunterricht zählten nicht im Vergleich zu denen bei den Klavierstunden, die eine Frau Krämer uns erteilte. Eine strenge Lehrerin und nicht bloß gegen mich, die musikalisch völlig Unbegabte, sondern auch gegen meine Schwester, die, talentvoll und fleißig, eine freundliche Behandlung verdient hätte. Doch erlitten auch ihre Finger harte Zurechtweisungen mittels eines Stabes aus Elfenbein, den Frau Krämer immer bei sich führte und meisterhaft zu gebrauchen verstand. Seine Aufgabe war, die Noten

anzuzeigen, auf die man eben seine Aufmerksamkeit zu richten hatte, aber er trieb mit Eifer eine Nebenbeschäftigung. Er sauste mit einer Sicherheit, die nie verfehlte, und einer Kraft, die nie versagte, auf den Finger nieder, der sich einer Abirrung von der Taste, auf die er gehörte, schuldig machte. Er traf den Knöchel so hart, daß es klapperte, und flog gleich wieder zu den Noten empor. Und die hätte man genau unterscheiden sollen, wenn einem die Augen in Tränen schwammen?«
Marie von Ebner-Eschenbach (1830–1916): Meine Kinderjahre. 1906.

179 Jakob Samuel Beck (1715–1778): Hausmusik. 1769.
180 Johann Friedrich Dryander (1756–1812): Familie Bruch. 1798.
181 Jean A. Ingres (1780–1867): Familie mit Tochter am Klavier. 1818.
182 André Brouillet (1857–1914): Blaue Stunde.

183

Die Besinnung auf die eigene kulturelle Vergangenheit, zu der am Anfang des Jahrhunderts die Romantiker gemahnt hatten, veräußerlichte sich in der Gründerzeit zu einem Stilgemisch, das mit dem Etikett »altdeutsch« eine bestimmte nationale Gemütslage zum Klingen brachte und im Bürgerhaus große Mode war – auch damals gewissermaßen schon »national-nostalgisch«.

183 Georg Kugler (1840–1913): Familienszene in »altdeutsch«. 1894.
184 Richard C. Woodville (1856–1926): Drei Generationen. 1887.

»Nun… Kind,… möchtest du erst einmal hinauf in dein Zimmer gehen?

Sie (die Mutter) ergriff Ilses Arm und führte sie in die obere Etage, die beiden Herren folgten ihnen, und Ilse mußte darüber lachen, sie ahnte ja nicht, weshalb sie es taten.

Es war eine großartige Überraschung, die ihrer wartete. Als sie ihr Zimmer betrat, blieb sie sprachlos an der Türe stehen. Sie erkannte die früheren Räume nicht wieder. Wohn- und Schlafgemach hatten die Eltern im altdeutschen Stil eingerichtet. Nichts war vergessen. Vom Schreibtisch bis auf die kleine Schmucktruhe, die vor dem Spiegel auf einem Schränkchen stand. Sogar eine Staffelei war am Fenster aufgestellt.

Ilses Freude war unbeschreiblich. Die Eltern hatten ja ihre kühnsten Wünsche erfüllt…

Ihr Blick fiel auf den geöffneten Reisekoffer, und sie bekam Lust, denselben auszupacken. Sie fing auch an, einige Sachen herauszunehmen und in die herrlich geschnitzte Kommode zu räumen.«

Emmy von Rhoden (1832–1885): Der Trotzkopf. 1884.

Das Denken in den Formen der Repräsentation drückte sich in den verschiedensten Prestige-Symbolen aus, deren Zeichensprache alle Kreise des Bürgertums beherrschten, nach deren Normen sie ihr Leben einrichteten. Die Tradierung dieses Denkens von Generation auf Generation sollte gleichzeitig die Hierarchie des gesellschaftlichen Systems absichern. Dabei spielte die unbedingte Harmonie in dem nach außen abgeschlossenen Familienkreise eine große Rolle.

»›Liebe Frau Buchholz‹, nahm nun Herr Krause das Wort, ›ist es denn nicht möglich, daß Sie verzeihen können? Sehen Sie, draußen in der Welt gibt es Unfrieden genug, und Haß und Zwietracht wird an allen Enden gesät. Sollen diese bösen Dämonen auch das Familienleben zerstören, alte

Bande der Freundschaft zerreißen und uns um die wenigen Freuden bringen [es handelt sich um die Einladung zu einer Silvesterfeier], die aus dem humanen Zusammensein hervorblühen?‹ – Ich kämpfte eine Weile mit mir selber. – ›Nein‹, sagte ich darauf, ›... niemand soll mir nachsagen, daß ich nicht human wäre. Sie haben so schön gesprochen, Herr Krause, daß es unrecht von mir sein würde, wenn ich nicht nachgäbe.‹ ... Und so versprach ich denn, daß wir kommen würden.

Kaum war Herr Krause gegangen, als ich zu Karl sagte: ›Er hat doch wohl recht; es ist besser, wir leben im Frieden als im Streit... Aber die Weihnachtskleider der Kinder müssen noch bis zum Sylvester fertig sein, und das neue Medaillon mit dem großen Diamanten, das du mir geschenkt hast, werde ich tragen. Soweit bringen Bergfeldts es doch nie!‹

Der Abend kam. ›Wir wollen nicht die Ersten sein‹, sagte ich, ›es sieht so gierig aus, wenn man zu präcise antritt.‹ ... Wir warteten daher so lange, bis der kleine Krause kam und sagte, sie wären alle da und die Schlagsahne finge schon an, dünne zu werden, Mama könnte sie nicht länger halten. Da machten wir uns denn auf den Weg. Als wir ankamen, ließ ich meinen Mann zuerst eintreten, dann folgte ich in hellgrauer Seide, etwas ausgeschnitten, mit dem neuen Medaillon, begleitet von den Kindern, die in ihren Weihnachtskleidern sehr vorteilhaft aussahen.«

Julius Stinde (1841–1905): Die Familie Buchholz. 1884.

184a

*Die Stabilität großbürgerlichen Wohlstandes in der
Gründerzeit widerspiegelte sich im Einrichtungsstil
und in einem auf Dauer ausgerichteten umfassenden
Familienbewußtsein, das eigene kultivierte Ausdrucksformen fand.*

»Mit welchen Worten das unvordenkliche Gefühl
von bürgerlicher Sicherheit umschreiben, das von
dieser Wohnung ausging? Das Inventar in ihren
vielen Zimmern… Das Elend konnte in diesen
Räumen keine Stelle haben… Die Zimmer dieser
Wohnung waren nicht nur zahlreich, sondern
zum Teil sehr ausgedehnt. Der Großmutter auf
ihrem Erker guten Tag zu sagen, wo neben ihrem
Nähkorb dann sehr bald Obst oder Schokolade
vor mir stand, mußte ich durch das riesige Speisezimmer, um dann das Erkerzimmer zu durch-
wandern.

Aber der erste Weihnachtsfeiertag erst zeigte,
wozu denn eigentlich diese Räume geschaffen waren.«

*Walter Benjamin (1892–1940): Berliner Kindheit um
Neunzehnhundert. 1950.*

184a Großbürgerliche Zimmerflucht in Berlin um 1900.
184b Eine Berliner Bürgerfrau versucht die Einsetzung einer
Familientradition.

Stiftungs-Brief.

Den in meinem Besitze befindlichen Taler-Humpen mit der Inschrift:

Frau Anna Weber stiftet diese Kanne zu den Tauffesten ihrer Nachkommen. Steglitz 1896.

bestimme ich, in herzlichem Einverständnis mit meinem lieben Manne, für die Nachkommen unserer Kinder **Luise, Wilhelm, Siegfried, Johannes** und **Maria**. Die Kanne soll nicht anders als an den Tauffesten der Nachkommen zu einem Festtrunk in feierlicher Runde benutzt werden, wobei jeder Trinker einen guten Wunsch aussprechen mag.

Die Kanne ist Eigentum meiner sämmtlichen Kinder und Nachkommen. Ich verwahre sie bis zu meinem Tode, von wo ab sie immer in Verwahrung meines ältesten weiblichen, und wenn weibliche nicht vorhanden, des ältesten männlichen Sprossen bleiben soll. Wenn direkte Nachkommen von mir nicht mehr leben, so geht Eigentum und Verwahrung der Kanne in gleicher Weise auf die Nachkommen meines in Gera verstorbenen Bruders, Commerzienrats **Wilhelm Meyer** über. Bei ihnen soll es ebenso gehalten werden, wie ich es für meine eigenen Nachkommen verordnet habe. Der letzte berufene Eigentümer der Kanne kann frei darüber zu Zwecken von Tauffesten verfügen.

Jedesmal nach dem festlichen Gebrauche der Kanne haben die Eltern den Namen des Täuflings und den Tauftag eingraviren zu lassen und die Kanne zurückzugeben. Ich erwarte treue Hut, Überlieferung und Benutzung der Taufkanne und wünsche von Herzen, daß jeder Trunk daraus dem Täufling Segen bringe.

Das von mir eigenhändig unterzeichnete Original dieses Stiftungsbriefes soll mit einigen dazu angefertigten Copien stets von dem Verwahrer der Taufkanne ebenfalls aufbewahrt werden. Eine solche Copie hat der Verwahrer bei Eheschließungen in den berufenen Familien dem jungen Ehemanne auszuhändigen.

Steglitz, im Mai 1896.

Anna Elise Emilie Caroline Weber,
geb. Meyer.

Copie für Herrn

185

Die sozialen Unterschiede waren enorm. Um 1900 gab es in Berlin fünfzehn Volksküchen, die ein Suppengericht für etwa 20 Pfennig ausgaben.

»Die weltberühmte Armensuppe: ... Sie bestand aus Wasser, Kartoffeln, Graupen, Erbsen, Salz, Weinessig oder sauer gewordenem Bier. Je 100 Portionen Suppe hatten drei Pfund Fleisch (auf 50 Pfund Kartoffeln, Erbsen und Graupen), das fast so klein wie Gerstenkörner geschnitten werden mußte. Es diente mehr dazu, den Gaumen zu kitzeln. Die Suppe war nach stundenlangem Kochen so gallertartig dick, daß sie nicht aus dem Löffel fallen konnte. Dazu gab es noch einige Stückchen hartes Brot in den Suppennapf, damit das zur besseren Verdauung notwendige Kauen der Speise dadurch gefördert werde.«
Hans J. Teuteberg: Der Wandel der Nahrungsgewohnheiten unter dem Einfluß der Industrialisierung. 1972.

185 Volksküche in Berlin. Um 1875.
186 Jules Alexandre Grün (*1868): Das Ende des Soupers. Um 1910.

186

»Zu empfehlende Suppe mit Fleischextrakt für 8 Personen.

Man bringe knapp 4 ¹/₂ Liter Wasser in einem Blechtopf zum Kochen, lege 1 Pfund gewaschenes, schieres gutes Rindfleisch, also ohne Knochen, hinein, und nehme den Schaum sorgfältig ab. Danach thue man eine ganz fein geschnittene Zwiebel, den vierten Teil einer dicken Sellerieknolle und 4 etwas gehäufte Eßlöffel feine weißkochende Graupen hinzu und lasse die Suppe bei späterem Hinzufügen von Salz 2 ¹/₂ Stunde, fest zugedeckt, ununterbrochen, weder zu schwach noch zu stark kochen. Beim Anrichten gebe man ein sehr reinschmeckendes Eidotter, nach Belieben etwas Muskat und einen gestrichenen Theelöffel Fleischextrakt in die Terrine.«
Davidis-Kochbuch von 1890.

»Dann hatte ich beim Decken helfen dürfen. Und nicht nur, daß Gerätschaften dabei durch meine Hände gingen, die mich ehrten – die Hummergabeln oder Austernmesser –, auch die geläufigen des Alltags traten in feierlicher Spielart in Erscheinung. Die Gläser in Gestalt der grünen Römer, der kurzen, scharfgeschliffenen Portweinkelche, der filigranbesäten Schalen für den Sekt; die Näpfe für das Salz als Silberfäßchen; die Pfropfen auf den Flaschen in Gestalt schwerer metallener Gnome oder Tiere. Endlich geschah es, daß ich auf das eine der vielen Gläser jedes Tischgedecks die Karte legen durfte, die dem Gast den Platz angab, der auf ihn wartete. Mit diesem Kärtchen hatte ich das Werk bekrönt…«
Walter Benjamin (1892–1940): Berliner Kindheit um Neunzehnhundert. 1950.

Das Erwachen eines sozialen Bewußtseins, das das 19. Jahrhundert in so starkem Maße kennzeichnet, hat das Denken der bürgerlichen Hausfrau und ihr Verhältnis zu den Dienstboten kaum beeinflußt. Die Situation des Gesindes in der großen Haushaltsfamilie stand in schneidendem Gegensatz zu der des herrschaftlichen Dienstmädchens im späten 19. Jahrhundert.

»Von den 205 Dienstmädchen, die kein besonderes Zimmer als Schlaf- oder Wohnraum angeben, schliefen nach ihren eigenen Angaben:
128 auf einem Hängeboden, 27 in einer dunklen Dach- oder Treppenkammer, auf dem Boden etc., 18 in einer Abteilung des Badezimmers, 15 in der Küche, 7 im Keller, 6 im Corridor, 3 in der Speisekammer, 1 in der Werkstatt.
Von 75 Mädchen schliefen nach den Angaben der Herrschaft:
45 auf einem Hängeboden, 13 in der Küche, 8 in einer Abteilung des Badezimmers, 5 in einer Kammer (Alkoven etc.), 3 im Corridor, 1 im Keller.«
Oskar Stillich: Die Lage der weiblichen Dienstboten in Berlin. 1902.

»›Als ich nach Berlin kam, da gab es ja noch die Hängeböden.‹ ›Kenn ich, kenn ich; das heißt, ich habe davon gehört.‹ ›Ja, wenn man davon gehört hat, das is nich viel. Man muß sie richtig kennen lernen. Immer sind sie in der Küche, mitunter dicht am Herd oder auch gerade gegenüber. Und nun steigt man auf eine Leiter, und wenn man müde is, kann man auch runterfallen. Aber meistens geht es. Und nun macht man die Tür auf und schiebt sich in das Loch hinein, ganz so wie in einen Backofen. Das is, was sie ne Schlafgelegenheit nennen. Und ich kann Ihnen bloß sagen: auf einem Heuboden is es besser, auch wenn Mäuse da sind. Und am schlimmsten is es im Sommer. Draußen sind dreißig Grad, und auf dem Herd war den ganzen Tag Feuer; da is es denn, als ob man auf den Rost gelegt würde. So war es, als ich nach Berlin kam. Aber ich glaube, sie dürfen so was nicht mehr bauen. Polizeiverbot!‹«

187

Oder ihre Unterbringung in der Badestube bei einer anderen Herrschaft.

»›Aber ne Badestube is nie ne Badestube. Wenigstens hier nicht. Eine Badestube is ne Rumpelkammer, wo man alles unterbringt, alles, wofür man sonst keinen Platz hat. Und dazu gehört auch ein Dienstmädchen. Meine eiserne Bettstelle, die abends aufgeklappt wurde, stand immer neben der Badewanne, drin alle alten Bier- und Weinflaschen lagen. Und nun drippten die Neigen aus. Und in der Ecke stand ein Bettsack, drin die Fräuleins ihre Wäsche hineinstopften, und in der anderen Ecke war eine kleine Tür. Aber davon will ich zu Ihnen nicht sprechen, weil ich einen Widerwillen gegen Unanständigkeiten habe, weshalb schon meine Mutter immer sagte: ›Hed-

188

wig, du wirst noch Jesum Christum erkennen lernen!' Und ich muß sagen, das hat sich bei Hofrats
denn auch erfüllt. Aber fromm waren sie weiter
nich.'«
Theodor Fontane (1819-1898): Der Stechlin (1897/98),
Kap. 14.

»Das Dienstmädchen soll reinlich, nett und
pünktlich gekleidet und sorgfältig frisiert sein.
Putz im Hause oder am Arbeitskleid darf nicht gestattet werden. Ein Wettstreit in Kleidung und
Haartracht mit der Herrin oder der Tochter des
Hauses werde niemals geduldet.
Es paßt sich nicht, daß Haustochter und Dienstmagd denselben Rufnamen haben. Entweder
nenne man in solchem Fall das Haustöchterlein
mit einem zweiten oder Kosenamen, oder man
rufe das Dienstmädchen mit dem Taufnamen der
Vorgängerin an.
Vertraulichkeit zwischen Dienstmagd und heranwachsenden Töchtern unterdrücke man sofort
und weise eine solche auch für die eigene Person
entschieden zurück; die Hausfrau darf, auch ohne
Dünkel, erwarten, daß das Dienstmädchen in den
ihm zukommenden Grenzen verharre.

Klatschzuträgereien müssen streng verboten und
unterdrückt werden; selbst nicht mit halbem
Ohre lausche man danach hin!
Dem Anruf hat der Dienstbote sofort, doch nicht
nur mit ›ja‹ oder ›nein‹, sondern mit der höflichen
Form: ›Ja, gnädige Frau!‹ – ›Nein, gnädiges Fräulein‹, zu antworten. Jede Auskunft sei präzis,
freundlich, bescheiden.«
Frida von Kronoff: Lebensart. Ein Wegweiser des fei-
nen Taktes. 1910.

187 Hängeboden in einer Altberliner Wohnung.
188 Emil Limmer (1854–1931): Im Dienstbotenvermittlungsbüro. 1889.

189

Eine Spreewälder Amme zu haben, wurde besonders in der Berliner gutbürgerlichen Gesellschaft im Verlaufe des 19. Jahrhunderts immer mehr zu einem Statussymbol. Dem entsprach die pittoreske Tracht der jungen Frauen, die meist aus der sorbischen Oberlausitz stammten. Der Riesenwuchs ihrer kunstvoll über einer Pappunterlage gesteckten Kopftücher hängt sicher mit ihrer Repräsentativität zusammen: Tracht als Zeichen dienender Funktion und Qualität. Mit Spreewälder Ammen konnte man sich schmücken.

»Gespräch im Berliner Tiergarten:
– Sind Sie Spreewälderin? –
– Nich in de Tüte; ick bin Berlinerin, verheirat' nich, aber als Amme bei 'ne Spreewälderin, ick muß ihre Kluft anziehn, sie handelt angroo Bolln un Jurken. Se jeht janz modern; vor zwee Jahrn war se selbst noch Spreewälder Amme! –«
Heinrich Zille (1858-1929): Berliner Geschichten.

190

191

Ueber den Ursprung der Sitte, aus der Oberlausitz, und zwar vom wendischen Stamme, Ammen zu suchen, berichtet Engelhard in der Sachsenzeitung 1833, S. 1565 folgendes: »Das wendische Geschlecht als einen Born der Lebenskraft für die Säuglinge vornehmer und begüterter Eltern zu betrachten, ward um 1750 Mode, und zwar durch eine schwedische Dame v. Stenn, welche damals in Dresden sich aufhielt, als Wöchnerin ihren Gemahl verlor und sich darüber so abhärmte, daß sie und ihr Kind dem Tode nahe kamen. Letzteres zu retten, ließ der Arzt, Hofrath Heiger, eine Amme aus der damals sogenannten wendischen Türkei (um Hoyerswerda, Muskau ꝛc.) kommen, wodurch das Kind so schnell genas, so kraftvoll und blühend wurde, daß die Mutter der Amme zeitlebens eine Pension gab. Anfänglich spottete man in den höhern Zirkeln über den Lebensborn aus der wendischen Türkei. Als man aber dessen Kraft gewahrte an dem schwedischen Säuglinge: da wurden die wendischen Ammen ein sehr begehrter Artikel.«

192

»Der Arzt Bartholomäus Metlinger schrieb 1473: So soll man eine solche Säugamme bestellen, die folgende Gestalt und Wesen habe: Sie soll nicht zu jung und nicht zu alt sein, sie soll über 20 Jahre sein, und mit 25 ist sie am besten. Ihr eigen Kind soll über sechs Wochen alt sein. Zu loben sind die, die schon zwei oder drei Kinder gesäugt haben. Die Gestalt ihres Leibes soll also sein: ihr Angesicht wohlgestaltet, gebräunt, sie habe einen starken dicken Hals, eine starke weite Brust, die nicht hängend oder klein sein soll, sondern mittelmäßig und vollkommen. Gute löbliche Sitten soll die Amme an sich haben, nicht furchtsam und schreckhaft, nicht kleinmütig und zornig, fleißig und sorgsam soll sie sein zu dem Kind. Sie soll auch keusch sein, denn Schwangerschaft ist dem Kind schädlich. – Dieselben Forderungen stellt auch der Arzt F. v. Ammon 1860: Schon aus den bisher geschilderten Eigenschaften einer guten Amme wird es sich ergeben, daß eine solche nicht leicht aufzufinden ist!

Kenntlich waren die Ammen an ihrer ländlichen Tracht, in Berlin die Spreewälderinnen mit ihren ausladenden Hauben.«

Christa Pieske: Das freudige Ereignis. 1963.

189 Julius Jacob (1842–1929): Der Wilhelmsplatz. Berlin 1886.
190 Puppe in Spreewälder Tracht.
191 Heinrich Zille (1858–1929): Spreewälder Amme.
192 Dokument aus dem Lausitzischen Magazin von 1833.

193 Hans Baluschek (1870–1935): Mittag bei Borsig. 1911.

4. Die Arbeiterfamilie

Das 19. Jahrhundert brachte nun nicht nur als neuen Menschentyp jene bürgerliche Hausfrau hervor, deren auf Kirche, Kochherd und Kinderstube reduzierter, selbstzufriedener Lebenskreis demjenigen vorangegangener Epochen so weitgehend widersprach.

Das gleiche ökonomische System produzierte noch einen anderen Familientyp, der von Anbeginn an in einem ausweglos tragischen Kampf gegen die vom Kapitalismus gesetzten unmenschlichen Lebensbedingungen stand: die Arbeiterfrau und ihre Familie.

Eine eindrückliche Darstellung über die Fabrikarbeiterfamilie des 19. Jahrhunderts in Deutschland, eine Analyse, die ihr Material aus den verschiedensten und verborgensten Quellen schöpfen müßte, steht noch aus. Sie sollte mit dem 18. Jahrhundert beginnen, dessen Hausindustrien, Manufakturen und Arbeitshäuser mit ihrer Kinderarbeit und ihrem übermäßig langen Arbeitstag in vieler Hinsicht prägend auf die späteren Fabrikbetriebe gewirkt haben. Memoiren jeder Art und Archivmaterial wie Haushaltungsrechnungen, Fürsorgeakten und Polizeiprotokolle wären heranzuziehen – aber auch ikonographische Belege und manche indirekte Quelle wie Romane und Erzählungen.

Keine andere Gruppe mußte so unmittelbar die Anpassung an die industriellen Arbeitsverhältnisse im Bereich von Haushaltsführung, Kindererziehung, Freizeitgestaltung, Wohnung usw. vollziehen wie die Fabrikarbeiterfamilie. Bei 6 Arbeitstagen pro Woche und einer 12–14stündigen täglichen Arbeitszeit, bei voller Mitarbeit der Frau und der größeren Kinder waren die Umstellungsaufgaben für diese Menschen alleine kaum zu bewältigen, zumal es an sozialen Schutzmaßnahmen zunächst gänzlich mangelte und auch die Umwelt von der Kinderkrippe über die Wohnungsmisere bis zu den öffentlichen Verkehrsmitteln in keiner Weise den Lebenserfordernissen der Arbeiterfamilie angepaßt war. Für die Frauen bedeutete die volle Integration in den Fabrikbetrieb als billige Arbeitskräfte physisch und psychisch

eine besonders harte Belastung. Die Tatsache des eigenen Verdienstes hob sie nur scheinbar im Sinne größerer Selbständigkeit von der Bürgersfrau ab, die in absoluter finanzieller Abhängigkeit vom Hausherrn und Ernährer der Familie lebte. Der Arbeitslohn der Arbeiterfrau diente in der überwiegenden Zahl der Fälle einzig und allein der Existenzabsicherung der Familie, so daß von einem wachsenden politischen und gesellschaftlichen Selbstbewußtsein bei diesen arbeitenden Frauen kaum die Rede sein konnte. Dazu kam, daß sich gerade für sie besonders negative Konsequenzen aus der Trennung von Arbeits- und Wohnstätte ergaben. Die Interessen des Familienlebens waren denen des Arbeitsplatzes weit entfernt, und es fanden sich für die Arbeiter weder Zeit noch Möglichkeit, hier vernünftige Brücken zu schlagen.

Eine neue Situation, die man bei der Stadtplanung nicht schnell genug berücksichtigt hatte, war die Zusammenballung von Menschenmassen um die rapide wachsenden Fabrikzentren der großen Städte. In Berlin z. B. wuchs die Zahl der Wohnungen auf einem Grundstück von 7,9 auf 11,5 zwischen 1840 und 1890 (1836 entstanden die Borsigwerke, etwas später Siemens) – und die ihrer Bewohner von 42 auf 53[1]. Die katastrophalen Wohnverhältnisse dieser frühkapitalistischen Zeit am Berliner Oranienburger und Hamburger Tor hat Bettina von Arnim (1785–1859) in ihrem Königsbuch von 1847 anklagend gekennzeichnet: Dies Buch gehört dem König!

In den achtziger Jahren betrug der Anteil von Wohnungen mit nur einem Zimmer in Berlin 49 %, Dresden 55 %, Chemnitz 70 %[2].

Leidenschaftlich setzte sich 30 Jahre später August Bebel (1840–1913) für die Rechte und Interessen der Arbeiterfrau ein, und in seinem Bestseller ›Die Frau und der Sozialismus‹[3] hat der Leipziger Drechslermeister und spätere Berliner Arbeiterführer beredt und engagiert aufgrund guter Beobachtungen und statistischen Materials das Leben der Industriearbeiterfamilie geschildert (s. S. 188). Der moderne Kapitalismus, schrieb Rühle in seiner Analyse über das proletarische Kind (1911),

habe Wohnungsgemeinschaft und Erziehungs-
gemeinschaft aufgelöst, indem er alle Familienmitglieder in die Fabriken trieb. Er zeigt die proletarische Familie als eine im tiefen Verfall be-
griffene Kleinbürgerfamilie, die nur noch durch
die traditionelle Einstellung zu den bürgerlichen
Institutionen am Leben erhalten würde. Der Vater
als »Oberhaupt der Familie«? Diese Funktion im
Sinne der bürgerlichen Familienstruktur vermag
er gar nicht einzunehmen.

Die Frauen- und Kinderarbeit war bis weit in das
19. Jahrhundert hinein von großer Härte, denn die
Industrialisierung brachte als »Fortschritt« den
vollen Einsatz aller verfügbaren Arbeitskräfte von
8 Jahren aufwärts. Oft währte auch deren Arbeitszeit 10–12 Stunden am Tag, und Frauen und Kinder wurden zudem bedeutend schlechter bezahlt
als ihre männlichen Kollegen am Arbeitsplatz. Die
Statistiken sprechen eine traurige Sprache und beginnen in der Zeit Friedrichs des Großen, der die
Kinderarbeit für so wichtig hielt, daß er bei seiner
Anwesenheit in Hirschberg/Schlesien 1766 den
Kaufleuten eine Sendung von 1000 Kindern im
Alter von 10 bis 12 Jahren anbot, um sie zum
Spinnen zu verwenden; die Ablehnung dieses An-
gebotes erweckte sein höchstes Mißfallen[4].

Als psychologisches Erschwernis kam hinzu, daß
für die Arbeiterfamilien des frühen 19. Jahrhunderts – wie auch für die Bauern – die aufwachsenden Kinder identisch waren mit zusätzlichen Ver-
dienern, so daß man also aus Not die eigenen Kinder ökonomisch auszunutzen gezwungen war.
Das änderte sich dann mit der gesamten Veränderung der gesellschaftlichen Verhältnisse, ohne daß
sich damit allerdings die häusliche Lage der Arbei-
terkinder gebessert hätte. Erst nach 1871 mit dem
Fortschritt des Maschinenwesens, als sich Kinderarbeit für den Unternehmer nicht mehr auszahlte,
ging die Zahl der arbeitenden Kinder in der Industrie wesentlich zurück, während sie in der Heimarbeit und im Verlagswesen bis in die zwanziger
und dreißiger Jahre unseres Jahrhunderts weit
verbreitet gewesen ist.

Welche Faktoren bestimmten das Bild der Arbeiterfamilie im 19. Jahrhundert? Die wirtschaftliche

194 Thomas Theodor Heine (1867–1948): Die Enthaltsamen. »Wieviel Kartoffel die Leute brauchen! Wir essen zu
Mittag nicht mehr als zwei, drei Kartoffel.«

Basis bildete der *Arbeitslohn*, der von Jahrzehnt zu
Jahrzehnt außerordentlich wechselte und ebenso
von Region zu Region. So betrug z. B. 1907 der
Wochenlohn eines Textilarbeiters in Chemnitz 28
Mark, einer Textilarbeiterin 15 Mark, während
im Erzgebirge ein Heimarbeiter in Posamenten
zur gleichen Zeit in der Woche etwa 2,50 Mark zu-
sammenbrachte[5]. 1902 wurden im gleichen Gebiet die Lebenshaltungskosten für eine fünf-
köpfige Familie von 81,61 % der gelernten Tex-
tilarbeiter *nicht* erreicht. Die Mitarbeit der Frau
und der älteren Kinder war also eine Existenz-
notwendigkeit.

Ein entscheidendes Element der »Arbeiterfrage«
war die exemplarisch schlechte *Ernährung* der Fabrikarbeiter, nicht nur, was die Quantität, sondern auch was die Zusammensetzung der Mahlzeiten anbetraf. Die von Riehl gepriesene Fähig-
keit der Hausfrau, in ihrer Familie heimische Traditionen durch Back- und Kochrezepte zu bewahren, konnte sicherlich nicht in Haushalten prakti-
ziert werden, deren Hauptnahrungsmittel die
Kartoffel war.

In der Nachfolgeschaft von Le Play hat man auch
in Deutschland von der Wirtschaftsstatistik her

Haushaltsrechnungen gesammelt und Familienmonographien erarbeitet; der Staat jedoch erkannte die grundsätzliche Bedeutung dieses
Komplexes nicht, sondern sah ihn mehr im Zusammenhang mit Problemen der Armenfürsorge
und unter den moralischen Aspekten der Arbeiterfrage. Gutgemeinte Anleitungen von kirchlicher Seite zum Haushalten und Kochen[6] dienten
im Grunde nur dazu, die Arbeiter an die bestehenden Ordnungen anzupassen und ihnen die bürgerlichen Vorstellungen in verkleinertem Maßstab
anzuempfehlen. Ein praktisches Verhaltensmo-
dell für ihre speziellen Lebensverhältnisse wurde
damit nicht geboten. Dazu kam, daß man alle
Mißstände gern vordergründig mit den Erscheinungen des Alkoholmißbrauchs zusammen-
brachte. Daß es sich um die vom Kapitalismus bedingte Lebensweise handelte, wollte man nicht
sehen. Die Statistiken jener Zeit ergeben, daß die
Sollsätze der Ernährung für Schwerarbeiter nir-
gends die heutige Norm erreichten[7].

Als nächster Faktor für das Familienleben ist die
Arbeitszeit zu berücksichtigen, die in den Fabriken
noch um 1900 durchschnittlich 10–12 Stunden
täglich betrug; erst 1908 wurde für die Frauen die
Maximalarbeitszeit auf 10 Stunden festgelegt.

Die häufig ungesunden und unhygienischen Verhältnisse am *Arbeitsplatz*, zuweilen lange Ar-
beitswege für die Pendler aus den Vororten hätten
als Ausgleich erholsame *Wohnverhältnisse* erfordert. Statt dessen waren die Arbeiterwohnungen
gerade in der Gründerzeit häufig ein Objekt von
Spekulation und Mietwucher. Die Einrichtung
dieser oft feuchten Wohnungen kann man sich
nicht einfach genug vorstellen: das wichtigste waren die Betten und die auf dem Boden ausgebreite-
ten Matratzen, wo mehrere Personen zusammen
schliefen. Ein eigenes Bett besaßen die meisten
Familienmitglieder kaum. Diese Verhältnisse besserten sich z. T. in der Nähe großer Werke, als
man im Interesse der Beibehaltung eines gut ge-
schulten Arbeiterstammes Fabrikswohnungen
und -siedlungen zu bauen begann, allerdings zu
Bedingungen, die die volle Abhängigkeit des Arbeiters befestigten.

195 Käthe Kollwitz (1867–1945): Spendenpostkarte zur
Linderung der Wohnungsnot in Berlin. 1912.

Wirkten sich also die äußeren Lebensverhältnisse
mehr gegen als für die Entwicklung von Wohn-
und Freizeitkultur der Arbeiterfamilie aus, so
schien die allgemeine *Schulpflicht* doch theoretisch
eine Grundlage zu bilden, die der folgenden Ar-
beitergeneration die Waffe des Wissens in die
Hand gab. Aber auch hier arbeitete die Wirklichkeit gegen die unterprivilegierte, aus Proletarier-
familien stammende Jugend. In einem sächsischen
Lehrerbericht von 1902 heißt es:
»Den Lehrern an der einfachen Volksschule ent-
rollt sich da oft ein trauriges Bild des großstädti-
schen Lebens. Vater und Mutter gehen früh, oft
ehe die Kinder erwachen, bis abends, wenn diese
schon schlafen, dem täglichen Erwerbe nach und
haben wenig Zeit… zur eigentlichen Kindererziehung. Die kleinen vorschulpflichtigen Kinder sind

sich auf diese Weise oft selbst überlassen, niemand
öffnet ihnen die Sinne, löst ihnen die Zunge. So
darf es denn nicht wundernehmen, wenn beim
Eintritt in die Schule ihr Vorstellungskreis überaus beschränkt ist, das Denken und Sprechen eine
bemitleidenswerte Unbeholfenheit zeigt. Ein
großer Teil der Schüler in den Mittel- und Ober-
klassen ferner ist darauf angewiesen, außerhalb
der Schulzeit durch ihrer Hände Arbeit Geld zu
verdienen.«

So blieb die Arbeiterfamilie im allgemeinen auf
einem Status, in dem sie ihre Normen weiterhin
aus den traditionellen Moral- und Ordnungsvor-
schriften bezog. Eine Emanzipation aus diesen
Zwängen, wie sie die Sozialdemokratie anstrebte,
konnte von den Arbeitern zumeist nicht geschafft
werden und lag keinesfalls im Interesse des
Staates. Kaiser Wilhelms II. »Vorschläge zur Ver-
besserung der Arbeiter« aus dem Jahre 1890 sprechen in dieser Hinsicht eine beredte Sprache:

»Die Frage von dem sogenannten Schutz der Arbeiter ist nicht bloß von dem Standpunkte der
Menschenliebe zu beurteilen; sie hat eine gleich
schwerwiegende wirtschaftliche und sittliche Bedeutung. Würde ein Normalarbeitstag von 8
Stunden, ein Ausschluß jeder Frauenarbeit, die
weitgehende Beschränkung der Kinderarbeit (bis
zu 14 Jahren) herbeigeführt werden, so ist in sittlicher Beziehung zu befürchten:

1. daß der erwachsene Arbeiter seine freie Zeit im
Wirtshaus zubringt, daß er mehr als bisher an agi-
tatorischen Versammlungen teilnimmt, mehr
Geld ausgibt und, obwohl der Lohn derselbe bleiben wird, wie für den bisherigen Arbeitstag, doch
nicht zufrieden ist;

2. daß der Zuschuß, den mitarbeitende Ehefrauen
und Kinder zu den Kosten des Haushalts beitragen,
wegfällt, daß dieser Haushalt gezwungen wird,
sich noch mehr als bisher einzuschränken und daß
mit dem schwindenden materiellen Wohlbefinden
auch das Familienleben einen Stoß erhält;

3. daß die heranwachsenden Kinder, insbesondere die halbwüchsigen Burschen und Mädchen
sich außerhalb des Hauses umhertreiben und sittlich verwahrlosen und verwildern.«[8]

196 Fritz Koch-Gotha (1877–1956): Autorität. 1909.

Daß die Besserstellung der Arbeiter einhergehen
mußte mit einer Veränderung der sozialen Hierarchie, zumindest aber mit einem vielseitigen Ver-
antwortungsbewußtsein der führenden Schicht
im Staate und daraus hervorgehenden Aktivitä-
ten, – das verstand jene Gesellschaft genausowe-
nig wie die heutige z. B. ihre Pflichten gegenüber
den Gastarbeitern. Die Proletarier, der »4. Stand«,
blieben eine Gruppe außerhalb und unterhalb der
Gesellschaft.

Auch die Entstehung und den Aufbau der Familie
organisierte diese Bevölkerungsgruppe meist völlig endogam, und da ihre Mitglieder ja die Eigenschaft der Besitzlosigkeit verband, konnten sie bei
der Partnerwahl freier und unbefangener vorge-
hen als Angehörige anderer Schichten und Klassen, zumal die jungen Leute finanziell von ihren
Eltern unabhängig waren. Da die Mädchen nur zu
gut wußten, was sie in der Ehe erwartete, drängten sie viel weniger als die gleichaltrigen Bürgertöchter auf Verheiratung, und es genügte ihnen,

einen »Schatz« zu haben. Erst Schwangerschaften und das Bedürfnis nach gemeinsamem Aufbau einer Existenz führten zur Eheschließung: 50 % der Arbeiter unter 26 Jahren heirateten um 1900 etwa gleichaltrige Partnerinnen der gleichen Schicht – weitere 40 % heirateten bis zum 30. Lebensjahr. Das Ehe- und Familienleben spielte sich dann bald in jenen Formen übermäßiger Arbeitszeit, schlechter Wohnverhältnisse und unzureichender Ernährung ab, wie sie Bebel, Göhre, Rühle u. a. geschildert haben. Daß es zu den Funktionen der Arbeiterfrau gehörte, das Geld zu verwalten und den Haushalt zu führen, bedeutete gegenüber der nicht berufstätigen Bürgerfrau der gleichen Epoche einen kaum zu bewältigenden Zuwachs an Verantwortung. Nach der Abschaffung der Kinderarbeit war daher Kinder-»segen« alles andere als erwünscht, bedeuteten doch Kinder nur einen zusätzlichen Kostenfaktor, der das Elend der Familie vergrößerte. Aborte traten häufig auf, aber auch Säuglingssterblichkeit infolge Unterernährung und schlechter Lebensverhältnisse; in Chemnitz, das in dieser Hinsicht den traurigen Rekord unter den deutschen Großstädten hielt, lag zwischen 1890 und 1904 die Sterblichkeit bei ehelichen Kindern bis zu 1 Jahr bei über 30 %.

Die Struktur der Proletarierfamilie war von all den äußeren Bedingungen abhängig, die hier geschildert worden sind. Als Typus glich sie der Bürgerfamilie: eine Kleinfamilie, die meist nur zwei Generationen umfaßte. Sie war auf die gegenseitige Unterstützung aller Familienmitglieder angewiesen und durch Krankheit und Tod eines Elternteiles an ihren Wurzeln bedroht. Ihre Funktionen wurden meist ausschließlich auf die einer Wohn- und Eßgemeinschaft reduziert; eine aktive Sozialisation der Kinder übernahmen schlecht und recht andere Institutionen wie Krippe, Kinderbewahranstalt, Hort und Schule. Das überaus harte Leben erforderte innerfamiliäre Solidarität als Grundbedingung zur Bewältigung des Daseins. Für die Ausgestaltung einer ihr immanenten Kultur blieb der Arbeiterfamilie jener Epoche weder Kraft noch Zeit.

Wenn sich also die Verhältnisse, was z. B. die Kinderarbeit anbetrifft, auch im Verlaufe des 19. Jahrhunderts nach außen hin besserten, so kann doch von sozialkulturellen Entwicklungsmöglichkeiten für die Arbeiterfamilie noch lange Zeit keine Rede sein.

Bebel versuchte, der Proletarierfamilie zu helfen und aus seinen Erfahrungen unter den Fabrikarbeitern eine sozialistische Theorie über die Gleichberechtigung der Frau zu entwickeln: »Nach ihr handelt es sich nicht nur darum, das Proletariat aus der Knechtschaft des Kapitals zu befreien, sondern auch die Frau aus der Knechtschaft des Ehemannes und des Haushalts; man erkannte ihr ökonomische Unabhängigkeit und volle Gleichberechtigung zu. In letzter Konsequenz wollte August Bebel die Erziehung der Kinder aus dem Hause verlegen (›aus der Familie in die Menschheit‹, wie Clara Zetkin es ausdrückte) und auf Institutionen übertragen. Die Familienauffassung der sozialistischen Theoretiker bildet also eine genaue Gegenposition zur bürgerlichen. Aber so sehr auch Bebels berühmtes Buch ›Die Frau und der Sozialismus‹ Verbreitung fand, gerade in diesem Punkte ging die Arbeiterschaft nicht mit. Zu sehr hatten die Arbeiter unter der ›familienzerstörenden Wirkung‹ (Lassalle) der von der Not aufgedrungenen Fabrikarbeit der Mütter gelitten, als daß sie nun eine freien Willens aufgenommene Berufsarbeit von Müttern sich vorstellen konnten. So blieb das bürgerliche Familienmodell, das dem Manne allein die Funktion des Ernährers wie auch des Vermittlers zur Welt vorbehielt, der Mutter aber die Erziehungs- und Haushaltsaufgaben, in der Arbeiterschaft lebendig, ja es wurde hier treuer bewahrt als im Bürgertum, in welchem immer mehr die Frauen den Wunsch aufkommen ließen, trotz dem Vorhandensein von Kindern ihren Beruf weiter auszuüben.[9]«

Von der Proletarierin war kaum Verständnis für den segensvollen, verpflichtenden Geist der gewollten Arbeit zu verlangen. Vor der Zeit verblüht und gealtert, überflutet von Arbeit, Kindersorgen und Krankheit, mit einem schlecht verdienenden Mann, den oft das Elend im eigenen Hause in die Kneipe trieb, konnte es für diese Frauen nur *eine* Wunschvorstellung geben: das bürgerliche Familienidyll mit der nicht arbeitenden sorglosen Hausfrau.

Muße zu haben, war die Sehnsucht der Arbeiter, – wie es Richard Dehmel (1863–1920) in seinem Gedicht »Der Arbeitsmann« ausdrückte. Erschöpft vom Kampf um die nackte Existenz konnte die Arbeiterfamilie während dieser Epoche des Hochkapitalismus nicht zu einer Ausgestaltung eigener Lebensformen gelangen.

»Wir haben ein Bett, wir haben ein Kind, mein
    Weib!
Wir haben Arbeit, und gar zu zweit,
und haben die Sonne und Regen und Wind,
und uns fehlt nur eine Kleinigkeit,
um so frei zu sein, wie die Vögel sind:
nur Zeit.

Wenn wir sonntags durch die Felder gehn, mein
    Kind,
und über den Ähren weit und breit
das blaue Schwalbenvolk blitzen sehn:
oh, dann fehlt uns nicht das bißchen Kleid,
um so schön zu sein, wie die Vögel sind:
nur Zeit.

Nur Zeit! Wir wittern Gewitterwind, wir Volk.
Nur eine kleine Ewigkeit;
uns fehlt ja nichts, mein Weib, mein Kind,
als all das, was durch uns gedeiht,
um so kühn zu sein, wie die Vögel sind.
Nur Zeit!«

Zwischen der Fabrikarbeiterfamilie auf der einen und den Bauern- und Landarbeiterfamilien auf der anderen Seite stand eine Gruppe, die eine vorwiegend ländliche Lebensform und oft auch ein wenig Land besaß und daneben als Hausierer von Hauswerk in bescheidener Selbständigkeit arbeitete oder als *Heimarbeiter*. Ihr Vorteil war, daß sie in gewohnter ländlicher Umgebung arbeiten und sich – ausgenommen von den Saisonzeiten – die Arbeit einteilen konnten, – daß also gewisserma-

ßen die Arbeit zu ihnen aufs Land kam; ihr Nachteil die absolute Abhängigkeit vom Verlagssystem und damit eine unsichere Zwischenstellung als ländliche Unterschicht. Das Heimarbeitersystem entwickelte und erhielt sich dort, wo sich die Preisgabe traditioneller Produktionsmethoden zugunsten einer industriellen Massenherstellung nicht zu lohnen schien und Arbeitskräfte leicht zu gewinnen waren: also vor allem beim Spielzeug, bei hölzernen Wirtschaftswaren, bei Einzelteilen der Konfektionsindustrie wie Knöpfen, Strohbändern, Posamenten u. ä. Gerade den Heimarbeitern und ihren Familien – mit ausgedehnter Frauen- und Kinderarbeit bis weit ins 20. Jahrhundert hinein – gelang die Teilhabe an den Fortschritten innerhalb der industriellen Gesellschaftsform besonders spät.

Ihre Wohn- und Lebensverhältnisse waren meist von äußerster Beschränktheit. Die ungünstigen Bedingungen ihres sozialen Lebens im Hinblick auf die Familie hat Virchow für den Spessart dargestellt, Schnapper-Arndt für den Taunus[10]. Virchow spricht von einer »armseligen und indolenten Bevölkerung«, die durch jedes Mißjahr »in die Not des Hungertodes gebracht wird«, und schildert ihre ständig um das Existenzminimum ringende Lebensform. In der gleichen Richtung beurteilt August Bebel die Verhältnisse der hausindustriell Tätigen:

»In der Hausindustrie, die volkswirtschaftliche Romantiker gern so idyllisch darstellen, liegen die Verhältnisse für das Familienleben und die Moral nicht besser. Hier ist die Frau neben dem Mann von früh bis in die Nacht an die Arbeit gekettet, die Kinder werden vom frühesten Alter zu gleichem Werk angehalten. Zusammengepfercht auf den denkbar kleinsten Raum leben Mann, Frau und Familie, Burschen und Mädchen, mitten unter den Arbeitsabfällen, in den unangenehmsten Dünsten und Gerüchen und entbehren die notwendigste Reinlichkeit. Dem Wohn- und Arbeitslokal entsprechen die Schlafräume. In der Regel dunkle Löcher, ohne Ventilation, müßten diese schon für die Gesundheit bedenklich gelten, wenn nur ein Teil der in ihnen untergebrachten Men-

schen darin hauste. Kurz, es existieren dort Zustände, die einem an eine menschenwürdige Existenz Gewöhnten die Haut schaudern machen.[11]«
Besonders ausgeprägt war die Heimarbeit in jenen
waldreichen Armutsgebieten, deren Bewohner
sich der Spielzeugherstellung widmeten. Thüringen mit dem Zentrum Sonneberg beschäftigte für
die Puppenindustrie, die von hier aus einen welt-
weiten Abnehmerkreis versorgte, noch 1910 eine
Unmenge von Kindern in folgenden Berufsarten:

Berufsart	Kinder im ganzen	männl. und weibl. unter 10 Jahren abs.	rel.%
Drücken von Papiermachéwaren	272	52	19,1
Abschneiden von Papiermachéwaren	453	198	43,7
Dockenstopfen	57	18	33,5
Nähen von Puppenkleidern	271	66	24,4
Abschneiden von Puppenkleidern	573	264	44,3
Tressieren	202	68	33,7
Frisieren	97	37	38,1
Augeneinsetzen	44	13	29,5
Puppenschuhe machen	203	67	33,0
Puppen fertigmachen	283	76	26,9
Puppengelenke putzen	115	30	26,1
Balg machen	77	19	24,7
Holzspielwaren machen	182	69	37,9
Farbkasten machen	78	18	23,1
Porzellan malen	54	7	13,0
Porzellan abputzen	101	46	45,5
Glasaugen blasen	66	13	19,7
Glasaugen abschneiden	60	20	33,3[12]

Als Wochenverdienst für die ganze Familie werden 20–25 Mark genannt; 2 Pfund Brot kosteten
etwa 50 Pfennig. Das Hauptnahrungsmittel waren Kartoffeln, die man im Garten und auf dem
kleinen Äckerchen anbaute.
»Kartoffeln in der Früh’,
zu Mittag in der Brüh’,
des Abends samt dem Kleid,
Kartoffeln in Ewigkeit!«
hieß ein Spottvers auf die Nahrungsgewohnheiten der Heimarbeiter.
Die Erhebungen, die in den ersten Jahrzehnten un-

seres Jahrhunderts über die Wohn- und Lebensverhältnisse der Heimarbeiter angestellt worden
sind, liefern Elendsbilder, besonders in der Bür-
stenindustrie und der Puppenmöbelfabrikation
des Erzgebirges, der Spielwarenindustrie um
Sonneberg, der Blechspielwarenbranche in und
um Nürnberg, der Korbflechterei in Oberfran-
ken.
»In der Spielwarenindustrie trifft man fast aus-
nahmslos auf Fälle grausamster Kinderarbeit.
Schon die ganz Kleinen, noch nicht Schulpflichti-
gen leisten hier tagein, tagaus Erwerbsarbeit und
zwar bei der Herstellung von Gegenständen, die
geschaffen werden, um Kindern Freude zu machen. Für diejenigen Kinder, die die Gegenstände
herstellen helfen, werden sie zum Fluch. – Es werden nämlich oft genug, trotz der Mithilfe der Kinder, nur Stundenverdienste von 7–12 Pfennig er-
zielt, wie z. B. bei der Herstellung von Metall-
spielzeug primitiver Art in der Nürnberger Gegend. Eine Ausdehnung des Arbeitstages bis in die
Nacht hinein ist die Folge«[13].
Das waren familiäre Arbeits- und Lebensverhältnisse, die sich seit der Mitte des 19. Jahrhunderts
über fast 100 Jahre hinweg kaum geändert haben.
Noch zu Beginn des 20. Jahrhunderts war die Situation der Heimarbeiter auf einem derartigen
Stand der Verelendung angelangt, daß eine Ausstellung in Berlin das Bewußtsein der Gesellschaft
dieser Gruppe gegenüber wachrütteln und »einen
Einblick in die soziale Seite des Produktionsvor-
ganges… gewähren« sollte.
»In eine Ausstellung der Not und der Anklage
werden wir geladen«, schrieb Leopold von Wiese
in einem einführenden Artikel[14]; »sie zeugt von
Zuständen, denen gegenüber die Fabrikarbeit und
Fabrikorganisation als ein erstrebenswertes Ideal
erscheint… Denn in den dumpfen Stuben, in denen gearbeitet, geschlafen, gekocht, gewaschen
wird, …muß von früher Morgenstunde… bis in
die späte Nacht hinein für einen oft jämmerlichen
Lohn von allen Familienmitgliedern gearbeitet
werden, jeden Tag immer wieder, monoton und
eilig, und was das Schlimmste ist, ungezählte
Kinderhände müssen von den Eltern gemiß-

braucht werden, damit die Puppen und Bleisoldaten, die Federn und Perlenbesätze rechtzeitig fertig werden.«

Die zuweilen geäußerte Vorstellung, daß es durch das gemeinsame Arbeiten um einen Familientisch herum eine gewisse binnenfamiliäre Wärme gegeben und gar so etwas wie der alte Geist der gemeinsam wirtschaftenden Haushaltsfamilie eine neue Wirklichkeit gewonnen hätte, kann nur durch Unkenntnis und Mißdeutung der wahren Verhältnisse entstehen. Die Heimarbeiter befanden sich nicht im Besitz ihrer Produktionsmittel, sondern mußten ihre und ihrer Kinder Arbeitskraft zu den niedrigsten, allein von den Verlegern bestimmten Preisen verkaufen. Auf diesem Boden entstand wohl erzwungenermaßen eine gewisse familiäre Solidarität im Hinblick auf die Technik des Daseins, aber die Gestaltung der Sozialform Familie konnte hier nicht wachsen, eine Entwicklung der Kinder ihren Fähigkeiten entsprechend nicht gedeihen. Ihre Lebenschancen waren aufs äußerste reduziert.

Gerade die Lage der Heimarbeiter, die in ihrer Abgeschlossenheit meist keinen Anschluß an sozialistische Bewegungen fanden und ohne Kontakt mit sozialen Bestrebungen blieben, war von allen Arbeiterverhältnissen am hoffnungslosesten.

197 »Elendsvieh«.

5. Die ländliche Familie

Auf dem Lande verlief die Entwicklung regional sehr unterschiedlich entsprechend den agrarökonomischen Formen, die sich in den einzelnen Landschaften im Verlauf des 19. Jahrhunderts nach der sogenannten Bauernbefreiung und Aufhebung der Leibeigenschaft herausbildeten. Im allgemeinen ist zu sagen, daß sich bei den Bauern – wie auch im Adel – noch längere Zeit ältere Familienvorstellungen erhielten. Das betraf einmal, besonders im Hinblick auf die Heiratsvorschriften, den alten Sippengedanken mit seiner am Besitz»stand« orientierten Endogamie, vor allem in den Landschaften mit Anerbenrecht, z. B. in Bayern. Zum anderen betraf das Festhalten an älteren Strukturen die Wirtschaftsform der großen Haushaltsfamilie, was sich auch im Verhältnis zum Gesinde deutlich ausdrückte. Bestand z. B. in Bayern schon infolge des vorherrschenden Anerbenrechtes die Hälfte aller landwirtschaftlichen Arbeitskräfte aus Familienangehörigen, so begriff sich auch das weitere Drittel außerfamiliären Gesindes als durchaus zur Familie gehörig. Im Gegensatz zu anderen Landschaften bildete der Gesindedienst hier keine Durchgangssituation, sondern einen Lebensberuf. Ohne selbst an Heirat und Familiengründung zu denken, erweiterten die Dienstleute den familiären Kreis des Bauernhofes, und ihre volkssprachliche Bezeichnung als »Ehehalten« spricht aus, daß ihr Verhältnis als dem Haus und dem Patriarchat des Bauern eng verbundene Arbeitsgenossen gleichzeitig die Entsagung für eigene Entfaltungsmöglichkeiten weitgehend einschloß. Solche Umstände mag Wilhelm Heinrich Riehl im Auge gehabt haben, als er schrieb:

»Das Gesinde soll im ›ganzen Hause‹ sein Schicksal als eins erkennen mit dem des Herrn. Auf mehreren Kirchhöfen Südbayerns und Tirols fand ich Familiengräber angesehener, ja vornehmer Leute, in welchen – laut Inschrift – auch die Särge alter treuer Dienstboten des Hauses beigesetzt waren. Das ganze Haus behauptete sich bis in's Grab.« (*Die Familie. 1885, S. 162*)

Die Tragik, die solch Eingebettetsein »bis ins Grab« für manches Knechts- und Magdschicksal bedeuten konnte, hat er allerdings nicht mit bedacht, doch ist es richtig, daß sich hier die Schutz- und Sorgepflicht des »ganzen Hauses« erhalten hatte.

In den Gebieten größerer und selbständiger Bauernwirtschaften in Mittel- und Norddeutschland, im Westen und Süden lebte und wirtschaftete die Bauernfamilie in traditioneller Weise (vgl. Kap. III, A 2). Doch bedeutet das keineswegs, daß hier im Zusammenleben und -wirtschaften der Generationen die Harmonie eines »Gemeinschaftslebens« herrschte, wie sie von Familienwochenschriften, Lesebüchern und den Schriftstellern der Agrarromantik gerne geschildert wurde. Die Übergabeverträge, »Aufsätze« und »Ausbehalte«, die meist bei Abgabe des Hofes an den Hoferben notariell abgefaßt wurden, zeigen, wie präzise jede Partei ihre Interessen wahrte und gegen diejenigen der anderen abgrenzte. Da ist genau das Altenteilszimmer im Obergeschoß mit seiner Einrichtung beschrieben und der zu benutzende Zugang; da ist die Verköstigung bis auf jeden Liter Milch und jedes Ei im Sommer und im Winter festgelegt und jede Sonderleistung im Krankheitsfall; da werden pedantische Vorschriften erlassen über den verbliebenen Ackerrest und seine Bewirtschaftung; da wird jede Unsicherheit beseitigt über die Probleme der Reinhaltung, Instandsetzung, Beheizung usw. Diese Übergabeverträge sind vorzügliche Quellen für die gegenständliche und die soziale Lebenswelt auf dem Lande. Sie machen das Leben der älteren Generation in Altenteilerstuben bei ärmeren Verhältnissen und in Leibzuchthäusern (Westfalen) oder Ellerhäuschen (Hessen) oder dem Ausgedinge (Österreich) bei etwas wohlhabenderen und die Trennung der Generationen im Familienverbande deutlich. Sie zeigen aber auch, daß die Versorgung der älteren Generation innerfamiliär geordnet wurde, entsprechend dem autarken Denken und Wirtschaften im Bauernhof. Als Beispiel folgt im Wortlaut eine derartige Übergabeordnung von 1883 aus dem damaligen Österreich so, wie sie ähnlich auch in den meisten deutschen Bauerndörfern üblich war:

»Aufsatz:
Mathias Fischer gibt seiner Tochter Susanna Fischer 2800 Gulden, sage zweitausend achthundert Gulden österreichischer Währung. Und zwar den ersten Termin bis 1. Jänner 1885. II. Termin, dann bekommt Susanna Fischer 1 Feder Bett, 1 Milch Kuh, 1 Kleiderkasten.
Anton Schwengler übergibt seinem Sohn Nikolaus Schwengler (Hausnummer 298) mit einer ganzen Session (– 32 Joch Feld –), vier angeschirrte Pferde sammt Wagen, Pflug, Egge und kurtz was zur Bauernarbeit gehört, dann noch einen großen Schrank, drei Stück magere Schweine.
Dafür haben die jungen Eheleute 3 Jahre Dienst zu leisten; für Liedlohn (– Jahreslohn –) bekommen sie 1 Joch Winter- und 1 Joch Sommerfeld frei verarbeitet. Sollten die jungen Eheleute sich 2 Joch ankaufen, hat der Vater durch 3 Jahre frei zu verarbeiten. Nach verflossenen 3 Jahr bekommen sie 12 Metz Brotfrucht Samen für 8 Joch Frucht anbauen für 8 Joch Hafersamen 30 Metz Futter, dann im Jahre 1886 zwei Joch Kukurutz von Vater oder Mutter frei.
Sollte die jungen Eheleute eins' oder das andere ohne Leibeserben mit Tod abgehen, so hat der längst Lebende an den Verstorbenen seine Familie zweitausend Gulden österreichischer Währung retour zu zahlen; das sämtliche Vermögen bleibt dann ungestört. Dem längst Lebenden hat Anton Schwengler oder Mutter das Hausz unter den 3 Jahren auszubessern; dann bekommen die jungen Eheleute 2 Schweinställe. Die jungen Eheleute haben an Vatter und Mutter dreitausenddreihundert Gulden österreichischer Währung zu zahlen und die Gebühr gemeinschaftlich zahlen.
Ausbehalt (lautet)
Beide Eltern Anton und Barbara Schwengler hat lebenslänglich 18 Ctnr. Frucht, 9 Ctnr. Kukuruz, 9 Ctnr. Hafer, ein Joch Ackerfeld in der großen Wiesen gegen Ort. Sollte Vatter und Mutter sich noch 2 Joch ankaufen, dann sind beide 3 Joch frei zu verarbeiten, das Nöthige vermahlen und den Überrest zu Markt verführen. Eine halbe Klafter Brennholz zu Hausz führen, Feld für ¼ Hanfsamen, dann 300 Hühnereier und sechs Stück Hän-

deln, ein Schweinstall, den halb Hausgarten und halben Weingarten, auch die Fechsthum (– Ernte –) zu Hausz führen, hinlängliches Brennstroh, Stallung für 2 Kühe und Futter.

Den Wohnsitz in der Kammer, die Speise an der Kammer, die halbe Kugel (– Küche –), den Boden über dem Vorterenzimmer. Von der Gerechtigkeit (= Hof) 10 Klafter durch und durch gegen Nachbar Nr. 326.

Billet am 21. Oktober 1883«

Derartige gerichtlich festgelegte Abmachungen wie diese sind in ähnlicher Form bis zum Ende des 2. Weltkrieges nachzuweisen. Der durchschnittliche Ausbehalt bestand etwa aus folgenden Abgaben:

300 Eier jährlich
  2 Hühner monatlich
  1 Joch bebautes Feld jährlich
 50 kg Mais jährlich
 50 kg Weizen jährlich
  ½ des Ertrags des Weingartens
300 Bund Stroh jährlich
  1 Wagen Streu jährlich
  1 Wagen Weizenstreu jährlich
  1 gemästete Kuh jährlich
  1 gemästetes Schwein jährlich.

Durch solche dokumentarischen Belege tritt die materielle Basis der alten Bauernfamilie in ein deutliches Licht. Sie war für drei bis vier aufeinanderfolgende Generationen ein ökonomisch korrelatives Ganzes, denn die Eltern des jungverheirateten Paares mußten ja zuweilen noch ihre eigenen alten Eltern dem »Ausbehalt« folgend versorgen. Aus diesem ökonomischen Familiensystem ergaben sich auch die äußeren Formen der Hofanlage, die Einteilung der Stuben und Böden u. a. m.

Das Zusammenleben war also in erster Linie durch die Ökonomie bestimmt und entsprach dem Typus der großen Haushaltsfamilie, die patriarchalisch organisiert war. Der Vater blieb auch nach der Übergabe meist faktisch der Herr im Haus und hatte alle Möglichkeiten, die jungen Leute zu leiten, aber auch zu tyrannisieren. Er konnte darauf dringen, daß sein Feld zuerst bestellt, seine Ernte zuerst eingebracht wurde. Andererseits war er es, der Kenntnisse und Erfahrungen weiterzugeben vermochte, und wo ein gutes Verhältnis in den Familien herrschte, dort halfen die Großeltern den Jungen, das bäuerliche Wirtschaftsleben zu bewältigen, hing doch vom Gedeihen des Hofes auch ihr eigenes Wohlergehen ab. Einem derartigen Denken in wirtschafts- und arbeitsorganisatorischen Bezügen folgte auch das bäuerliche Selbstverständnis darüber, was denn »Familie« sei: nämlich der Verband derjenigen, die für den einzelnen Bauernhof eine Rolle spielen, ihm durch ihre Arbeitskraft nutzen, durch ihr Vermögen den Besitz vermehren oder später als Altenteiler erhalten und versorgt werden müssen. Schon die Schwester, die vielleicht mit Mann und Kindern im Haus über die Gasse wohnt, galt von daher als nicht mehr zur eigentlichen »Familie«, sondern nur zur »näheren Verwandtschaft« gehörig.

198 Friedrich Eduard Meyerheim (1808–1879): Bauernfamilie.

Die Auswirkungen dieses komplexen familiären
Arbeits- und Wirtschaftssystems betrafen – neben
der Sicherung der älteren Generation – die verschiedensten Einzelheiten der sozial-kulturellen
Regeln und Normen in der Familie.
Wo das Anerbenrecht galt, mußten die Geschwister des Hoferben ausgezahlt werden. Das bedeutet nicht nur eine große finanzielle Verpflichtung,
die vielleicht durch eine gute Heirat wettgemacht
werden konnte, – das brachte auch häufig Unge-
rechtigkeiten für die jüngeren Geschwister, besonders die Schwestern mit sich, die sich u. U. gezwungen sahen, Burschen aus dem ärmeren
Handwerkerstand zu heiraten oder sogar für einige Jahre bei ihren eigenen Geschwistern zu dienen. Nicht selten resultierten von daher große soziale Unterschiede in ein und derselben Familie.
Wo die Realteilung üblich war, führte der immer
mehr zerstückelte Kleinbesitz notwendig zu rück-
schrittlichen Formen der Agrarverfassung und
damit vielfach zu Verschuldungen und einem
Unvermögen, den Anschluß an die moderne
Wirtschaft mit ihrem freien Markt- und Geldsy-
stem zu finden. Die Folge war ein Auseinanderfal-
len der Familien, ein Anwachsen von Wanderar-
beit und Hausiererhandel und eine starke Aus-
wandererbewegung nach Amerika.
Diese Verhältnisse sind über längere Zeiträume
im großen und ganzen ähnlich geblieben. Die
agrarreformerischen Bewegungen des 19. Jahrhunderts haben für die bäuerliche Familiensitua-
tion der Regionen mit vorwiegend bäuerlich be-
triebener Landwirtschaft nur wenig geändert,
während sich in den großen Gutslandschaften in
Mittel- und Ostdeutschland ein Wandel vollzog.
Als neue soziale Gruppe bildete sich hier diejenige
der Landarbeiter heraus. Sie entstand infolge der
sogenannten Bauernbefreiung und des rücksichts-
losen »Bauernlegens« und fächerte sich in einem
sehr differenzierten Verhältnis ihrer Gutsabhängigkeit auf. Nach Verlust ihres Bodens und ihrer
geringen Produktionsmittel vermochten diese
Landbewohner kaum, ihre neue soziale Situation
selbst zu bestimmen. Der ihnen ungewohnte
Verkauf der eigenen Arbeitskraft als nunmehr

199 Ludwig Braun (1836–1916): Kornernte in Mecklenburg. 1871.

ländliche Lohnarbeiter ging lange einher mit dem
verzweifelten und vergeblichen Versuch, die Le-
bensweisen ihrer traditionellen bäuerlichen Struktur in irgendeiner Form zu erhalten. Dafür gibt es
objektive und erschütternde Zeugnisse wie den
Bericht über »Die Verhandlungen der Berliner
Konferenz ländlicher Arbeitgeber« von 1872, auf
der die Gutsbesitzer u. a. eine Hebung der sittli-
chen Bildung unter den Landarbeitern als Boll-
werk gegen die Einflüsse der Sozialdemokratie
forderten und gleichzeitig die Akkordarbeit auch
für die Landarbeiter*frau* als bestes Regulativ in
beiderseitigem Interesse vorschlugen. Wie sich
das Familienleben unter solchem Druck und in
den beschränkten Wohnverhältnissen dieser neu
entstehenden Sozialgruppe abspielte, – dafür
möge als Beispiel eine Schilderung aus Ostpreußen von 1902 folgen:
»Die einer Familie zur Verfügung stehenden
Räumlichkeiten bestehen aus einer Stube in den
alten, aus Stube und Kammer in den neueren Häusern, einem Bodenraum, zu dem nicht selten eine
einfache Leiter führt, einem Hausflur für zwei
Wohnungen bestimmt, sowie Stallung für eine
Kuh und mehrere Schweine. Eine Küche findet
sich höchst selten, und wo sie vorhanden, ist sie
von kläglicher Beschaffenheit. Sie wird dargestellt
durch einen von zwei Familien zu benutzenden

dunklen Raum unter dem Schornstein mit dem Backofen.

Die Größe der Stube wird verschieden angegeben; in Fischhausen beträgt die Grundfläche derselben 12 qm, in Königsberg 16–24 qm, 24–30 qm, 30–36 qm, in Rastenburg ist der Wohnraum, bei einer Höhe von 2,20 m, 5 m lang und 4 m breit. Über die allzugeringe Höhe der Stube wird durchgängig geklagt. Die Kammer hat $^1/_4$–$^1/_2$ der Stubengröße. Der Bodenraum deckt sich gewöhnlich mit der Grundfläche der Stube. Dielen finden sich nur in neueren Häusern, in alten besteht der Zimmerboden aus Estrich von Lehm, oder aus Ziegellage. In einer Ecke des Fußbodens, unter dem Himmelbett, befindet sich oft ein viereckiges, 1 m tiefes Loch, das mit Brettern verdeckt ist und zur Aufbewahrung der Kartoffeln dient – der Keller. Einen gewölbten Keller haben nur die neueren Häuser. Das Wohnzimmer ist auch zugleich Schlafzimmer für das Ehepaar und alle Kinder. Ist die Familie zahlreich, so schlafen 2–3 Kinder auf einer Lagerstätte. Wenn die Betten ausreichen, so wird auf Trennung der Geschlechter gesehen, andernfalls nicht, letzteres namentlich, wenn die Kinder noch klein sind. Aus Preußisch Eylau wird geschrieben: Geschwister schlafen bis zur Konfirmation in einem Bett, und zwei desselben Geschlechts schlafen auch als Erwachsene zusammen; zuweilen wird solch einem Schlafgenossenpaar noch ein kleines Kind in das schon nicht sehr breite Bett gelegt. Wenn eine Arbeiterfamilie die alten Eltern bei sich hat, so muß auch für deren Himmelbett Raum geschafft werden; für die Kinder werden dann Lagerstätten mitten in der Stube bereitet. Dieser Mangel an Betten – in Fischhausen sollen Familien von acht Personen nur zwei Betten, oft nur eins haben – hat zweifelsohne nicht nur seinen Grund in der Armut der Leute, sondern auch in dem Mangel an Raum. Sind ältere Kinder oder Scharwerker vorhanden, so schlafen diese entweder in der Kammer oder, da diese häufig von solcher Beschaffenheit, daß sie zum Schlafen ganz ungeeignet ist, auf dem Boden; zuweilen werden dieselben, namentlich im Winter, auch mit im Wohnzimmer untergebracht.

Da ferner diese Wohnstube meistens auch als Küche dient, so steht es mit den Luftverhältnissen sehr übel, zumal das Fenster kaum im Sommer, geschweige denn im Winter geöffnet wird, denn um Erhaltung der Wärme willen herrscht bei den Arbeiterfamilien ziemlich allgemein eine Abneigung gegen Lüften des Zimmers, sowie gegen gründliche Reinigung desselben. Frische kann somit nur beim Öffnen der Tür und durch den Kamin eindringen. Häufig mangelt es auch sehr an Licht, da, namentlich in den älteren Häusern, meist nur ein Fenster vorhanden, dessen Scheiben klein, das Glas blind und schmutzig, oft durch Papier ersetzt ist.

Daß das Schlafen in derartigen Räumen der Gesundheit höchst nachteilig ist, wie auch von einigen Berichterstattern hervorgehoben wird, und daß es beim Auftreten epidemischer Krankheiten besonders verhängnisvoll wird, liegt klar auf der Hand. Dies beweist auch die ungewöhnlich hohe Sterblichkeit unter den Kindern ländlicher Arbeiter, denn wenn diese auch noch auf anderen Ursachen beruht, so tragen doch diese schlechten Wohnungsverhältnisse wesentlich dazu bei.

Daß diese engen Wohnungsverhältnisse die Sittlichkeit in hohem Maße gefährden, ist leider eine nicht zu leugnende Tatsache«[15].

Es ist also ein Irrtum zu glauben, daß die Familienverhältnisse auf dem Lande im 19. Jahrhundert ganz allgemein »bäuerlich« geblieben wären im Sinne der alten gemeinsam wirtschaftenden Haushaltsfamilie und deshalb besser und gesünder als bei den Proletariern der Städte. Besonders in den ostelbischen Provinzen Preußens, in Pommern und auch Mecklenburg veränderte sich die Gruppe der besitzlos gewordenen Bauern zu Lohnarbeitern, und der notwendige Wandel ihres Bewußtseins veränderte allmählich gleichfalls ihre familiären Strukturen, wenn auch die alten patriarchalischen Vorstellungen der bäuerlichen Welt noch lange, oft funktionslos, erhalten blieben.

Entscheidend wirkte sich diese Strukturveränderung auf die Heiratssitten der Landbewohner aus. In Pommern z. B. waren die bäuerlichen Bräute

meist sehr jung, unter 20; das männliche Heiratsalter lag in dieser Schicht aber oft über 25 Jahren
wegen der mühsamen Suche nach einer möglichst
wohlhabenden Hoftochter; die besitzlosen Land-
arbeitersöhne dagegen heirateten in jüngeren Jahren unter 25 und suchten sich eine etwa gleichaltrige, nicht zu junge Frau, die als Ehegrundlage
über die notwendigen Kräfte für eine nützliche
Arbeitspartnerschaft verfügen mußte. Das war
besonders für die wichtige Ernteperiode von großer Bedeutung: ein jeder Mäher mußte sich seine
Binderin mitbringen. Nur paarweise wurden sie
auf den Gütern eingestellt, und das Bindenkönnen
hinter der Sense war zugleich eine Arbeits- und
Eheprobe, wie die sogenannten »Brautharken«
ausweisen. Sie hatten ihren doppelten Sinn als
Arbeitsgerät und als Zeichen für die Beziehung
zwischen Mäher und Binderin als Arbeits- und
Liebespaar, als »Pasch«.

Hier verdeutlichte sich die absolute Wechselwirkung zwischen veränderter ökonomischer wie
auch sozialer Situation und den damit verbundenen kulturellen Strukturen. (s. Exkurs S. 268 ff.) Das
Selbstbewußtsein der Landarbeitergruppen blieb
jedoch in diesem Zeitabschnitt weitgehend un-
entwickelt. Schwankend zwischen den traditionellen Relationen zwischen Person und Eigentum, den Werten des verlorenen oder doch reduzierten Besitzes und dem meist noch unerkannten
Eigenwert der Arbeit vermochten sie nur in Aus-
nahmesituationen – wie der Erntezeit –, die üblichen Herrschaftsordnungen zu durchbrechen und
zu verwandeln. Eine bewußte Familiengestaltung
und adäquate Kindererziehung war von diesen
überlasteten, bedrückten und ungeschulten Land-
arbeitergenerationen in ihrer Gesamtheit nicht zu
erwarten.

Besser als die besitzlosen Landarbeiter stand sich
auch in Norddeutschland das Gesinde, das sich in
seiner Existenz doch wenigstens das Jahr hindurch
gesichert sah, wenn auch ohne vertragsmäßige
Arbeitszeitbegrenzung. Ganz selbstverständlich
allerdings unterschieden sich auch hier die Löhne
zuungunsten der Mägde. So erhielt z. B. im Han-
noverschen ein Knecht über 18 Jahre 18 Rheintaler

200 Brautharken aus Mecklenburg. 19. Jahrhundert. Geschenk der Schnitter an ihre Binderinnen vor der Ernte.

im Jahr, 1 Hemd und 1 Hose, – eine Magd dagegen
nur 7–10 Rheintaler, 1 Paar Schuhe und 1 Schürze
sowie eine Stiege Lein. Aber nicht nur eine Hierarchie nach Geschlechtern hatte sich auf dem
Lande ungebrochen aus den vergangenen Jahrhunderten erhalten und wurde von den Mägden
widerspruchslos hingenommen. Auch die Hierarchie innerhalb der Gruppe der Dienstboten bewahrte sich in Form althergebrachter Etiketten,
die strenge eingehalten wurden.

Waren schon die Rangunterschiede innerhalb der
Gesindegruppe derartig »standesgemäß« geordnet, so hatten sich zwischen Bauern und Nicht-
Bauern noch viel festere Schranken aufgebaut.
Z. B. gab es in der Regel zwei streng getrennte
Spinnstuben im Dorfe, eine für die Bauerntöchter
und eine für die Dienstmädchen. Für alle Dorf-
kompetenten sichtbar unterschieden sich Arm
und Reich in Einzelheiten der Tracht[16]. Unauf-
hebbar und unangefochten behauptete jede
Gruppe ihren angestammten Platz im Dorfwirts-
haus:

»Im Wirtshaus war strenge Rangordnung, und
niemand dachte sie zu durchbrechen. Die Großbauern hatten ihren besonderen Tisch und bekamen Flaschen und Gläser dazu, die Halbbauern
saßen wieder gesondert und hatten glatte Schop-
pengläser, die Häusler, zu denen Brosi gehörte,
saßen ebenfalls für sich und hatten gerippte Gläser«[17].

»Als die Kinder versammelt waren, fiel es mir auf,

201 Michael Neder (1807–1882): Im Weinkeller. 1866.

daß sie sich in einer andern Reihenfolge gesetzt
hatten, wie in der Schule. Obenan saß der Sohn
des Schulzen und Kirchenvorstehers, dann folgten
die Bauernsöhne, dann die Büdnersöhne usw., der
letzte war des Deckers Sohn. In ähnlicher Weise
hatten sich auch die Mädchen geordnet. Der Küster riet sehr dazu, daß ich die Kinder sollte so sitzen lassen, weil sonst viel Lärm entstehen würde,
und weil es überhaupt bedenklich sei, in solchen
Sachen zu ändern. Der Unterschied zwischen
Bauern, Büdnern und Tagelöhnern wurde auch
stets in einer merkwürdigen Weise von der einen
Seite geltend gemacht und von der andern Seite
respektiert. Das zeigte sich besonders bei allen
festlichen Gelegenheiten, und auch die Sitzplätze
in der Kirche waren danach verteilt. Der Knecht
und die Magd nannten zwar den Hausherrn und
die Hausfrau ›Vater‹ und ›Mutter‹, und das ganze
Haus aß an einem Tische, aber jeder hatte und behielt ein Bewußtsein von seiner Stellung. Es kam
selten vor, daß bei Heiraten die Grenzen des Stan-
des überschritten wurden. Die Bauersfrau sagte:
›Meine Tochter ist noch zu jung, als daß sie unter

ihren Stand heiraten sollte‹, auch wenn das Mädchen schon dreißig Jahre alt war«[18].

So zeigten sich die innerdörflichen Autoritätsstrukturen im Normgefüge der kulturellen Aus-
drucksmöglichkeiten. Das gleiche Ordnungsden-
ken übertrug sich auch auf das Familieninnere und
zwar in allen Schichten der Landbevölkerung.
Standes- und Mannesautorität bestimmten die
Lebensformen, prägten das Denken der Landkinder
von frühester Jugend bis zu ihrer Militärzeit.
Hier lernten sie den Mechanismus von oben nach
unten, von Befehlen und Gehorchen als eine institutionalisierte Wahrheit. Die Gleichheit von ge-
samtgesellschaftlichem und familiärem Verhal-
tensmodell erwies sich gerade im Hinblick auf die
patriarchale Ordnung als besonders deutlich.
»Bei aller Ökonomisierung und Technisierung
des landwirtschaftlichen Lebens…, bei aller Auf-
fächerung der überkommenen Herrschafts- und
Genossenschaftsordnung blieb in Zentraleuropa
die Ideologie von der Einheit von Staat und Gesellschaft, vom ›ganzen Haus‹, lebendig und erwies sich als so widerstandsfähig gegenüber allen
demokratischen und konstitutionellen Tendenzen
der aufkommenden Industrialisierung, daß nicht
nur die Restauration der Adelsvorherrschaft, sondern eine Allianz der Träger des industriellen
Fortschritts mit der ständisch-feudalen Welt möglich wurde«[19].

201a Hermann Werner (1816–1905):
Der kleine Schulmeister.

6. Frauenbewegung und Emanzipation

Als letzter systemimmanenter Bereich aus der Zeit um die Jahrhundertwende seien die emanzipatorischen Bemühungen der bürgerlichen Frauenverbände genannt.

1882 verzeichnete die Statistik, daß ein Viertel aller deutschen Frauen berufstätig sei, wobei die Mitarbeit im häuslichen Gewerbe- und Landwirtschaftsbetrieb nicht einmal voll erfaßt sein dürfte. 540 000 Frauen waren in der Industrie beschäftigt; bis 1907 stieg ihre Zahl um das Dreifache auf 1 560 000[20]. Das bedeutete jedoch kein weibliches Bekenntnis zur gewollten Arbeit, keine Gleichberechtigung auf dem Gebiet der Arbeitsmöglichkeiten.

Der Geist einer großbürgerlichen Epoche, für den die Entmündigung und Diskriminierung der körperlichen Arbeit, insbesondere der weiblichen, so bezeichnend war, gelangte zu Ende des 19. Jahrhunderts an eine kaum überschreitbare Grenze. Freiheit und Gleichheit für alle Menschen, also auch für die Frauen: diese Forderung der großen Menschheitsrevolution mußte nach 100 Jahren neu gestellt werden; und da sich das Bürgertum als Ganzes von den einst verkündeten Werten längst abgewandt hatte, war es nun eine isolierte bürgerliche Gruppe, die Frauenvereine, die einer durch Vaterautorität bestimmten Gesellschaft den Kampf ansagte. Ihre Ziele richteten sich einseitig auf Berufstätigkeit und Gleichberechtigung der Frau, auf eine bessere Ausbildung für junge Mädchen, eine größere Zahl höherer Schulen und Zulassung der Frauen zu den Universitäten, – nicht zuletzt auch auf das aktive und passive Wahlrecht der Frauen. Das alles wurde allmählich in schweren sozial-politischen Kämpfen durch den intelligenten und mutigen Einsatz der Vertreterinnen dieser Bewegung erreicht: ausgehend von dem ersten Programm der Luise Otto-Peters (1819–1895) von 1865 bis zum Internationalen Frauenbund, dem Höhepunkt der Frauenbewegung um die Jahrhundertwende. Zu ihren führenden Gestalten gehörten in Deutschland Helene Lange (1848–1930), die 1889 in Berlin das erste zur Hochschulreife führende Mädchengymna-

sium begründete, Gertrud Bäumer (1873–1954), Elly Heuss-Knapp (1881–1952), Marie Elisabeth Lüders (1878–1966) u. a. m.[21].

Sie erreichten um 1900 die Zulassung der Frauen zum Studium, offiziell erst 1908, lange nach der Schweiz (1840) und den angelsächsischen (1850) und nordischen Ländern (1870). Die Revolution von 1918 brachte den deutschen Frauen endlich das passive und aktive Wahlrecht. Die Frauenbewegung veränderte auch das äußere Bild der Dame, ihre Kultur, ihre Mode. Kostüm und Hemdbluse wurden zum beliebten Anzug der emanzipierten Frau.

Aber wenn auch die Frauen nun endlich aus den entwürdigenden Fesseln befreit wurden, die ihnen die patriarchale Gesellschaftsordnung des Großbürgertums im 19. Jahrhundert angelegt hatte, so blieb der Sieg doch ein halber.

»Denn die bürgerliche Frauenbewegung bejahte, forderte und erkämpfte einen Beruf vorzüglich für die alleinstehende Frau: die Frau vor der Ehe, die dauernd ehelose Frau, allenfalls die Ehefrau ohne Kinder: Beruf *oder* Mutterschaft. Doch eine wachsende Anzahl emanzipierter Frauen wünschte beides zu vereinen. In der darauffolgenden Debatte über die Doppelaufgabe der Frau wurde die Vereinigung beider Rollen ›grundsätzlich unlösbar‹ gefunden, nahm man doch die Erziehung der Kinder sehr ernst, als eine ausfüllende und alle Kräfte erfordernde Aufgabe. Die bürgerlichen Emanzipierten in ihrer überwiegenden Mehrzahl forderten, jedenfalls in Deutschland, von der Frau auch weiterhin die Entscheidung zwischen Beruf und Haus; das Opfer auch des geliebten Berufes, wenn sie Mutter wurde. Nur wenn sie eine schöpferische Natur war, die Künstlerisches oder Geistiges leistete, gestand man einer Frau zu, ›nach strenger Selbstprüfung‹ oder ›ernster Gewissensprüfung‹ ihren Beruf auch als Mutter weiter auszuüben. Um die Alternative für eine Frau, die einen Beruf ausgeübt hatte und an ihm hing, erträglich zu machen, wurde die Tätigkeit der Mutter und Hausfrau in Analogie zur Berufstätigkeit als vollwertiger Beruf erklärt. Das bürgerliche Sozialmodell, das dem Manne die Rolle des Ernährers zuwies, der Frau die Rolle der Herrin im Hause, wurde im Grunde von der Frauenbewegung noch akzeptiert, wenn auch nicht mehr in der Form, daß die Frau ins Haus gehöre, so doch in der abgewandelten Form, daß die Mutter zu ihren Kindern gehöre«[22].

Damit hat Elisabeth Pfeil klar die sozialgeschichtlichen Grenzen der Frauenemanzipation, gerade was ihre Beziehung zur Familie betraf, festgestellt. Man wollte neben anderen Zielen dem sinnlos gewordenen Leben der Bürgerfrau durch die Aufwertung der Kategorie »Arbeit« eine neue Erfüllung verleihen. Der blaustrumpf-frauenrechtlerische Zug jedenfalls, der einer so großartigen und von so klugen und bedeutenden Frauen getragenen Bewegung[23] vom vorurteilsvollen Blickpunkt des Bürgers aus doch immer anhaftete, hing mit eben dieser falschen Alternative zusammen: Beruf *oder* Mutterschaft, Studium *oder* Familie. Dieses »oder« setzte vollkommen falsche Akzente für die Einschätzung weiblicher Arbeitsmöglichkeiten. Und es ist bezeichnend für den bürgerlich regressiven Geist weiter Kreise in der Bundesrepublik, daß die gleichen bornierten Vorstellungen als Frageergebnisse in dem Bericht über die Frauen in der Bundesrepublik von 1964 wieder auftauchten[24]. Danach wird eine Berufstätigkeit der Frauen oft von diesen selbst, besonders aber von den Männern nur als ein vorübergehendes Stadium vor der Eheschließung betrachtet, weshalb sich angeblich eine kostspielige Berufsausbildung für Mädchen nicht lohne! Die Frau als Vorgesetzte gar ist auch heute eine unübliche und überwiegend abgelehnte Vorstellung. Führungsaufgaben werden ganz allgemein als eine Angelegenheit der Männer betrachtet.

Hier ist noch eine tiefgreifende Aufklärungsarbeit zu leisten, auch bei den Frauen und Mädchen selbst.

August Bebels Sätze von 1879 sind also leider in vieler Hinsicht noch kaum überholt:

»Obgleich nun die gekennzeichnete Entwicklung in der Stellung der Frau mit Händen zu greifen ist, sie jeder sehen muß, der offene Augen hat, hört man täglich noch das Geschwätz vom ›Naturberuf‹ der Frau, der sie auf die Häuslichkeit und die Familie hinweise. Diese Redensart wird dort am lautesten gehört, wo die Frau den Versuch macht, in den Kreis der sogenannten höheren Berufsarten einzudringen, z. B. in die höheren Lehr- und Verwaltungsfächer, den ärztlichen oder juristischen Beruf, die Naturwissenschaften. Die lächerlichsten und absurdesten Einwendungen werden hervorgesucht und unter dem Schein der ›Gelehrsamkeit‹ verteidigt. Als gelehrt geltende Herren berufen sich hier, wie in vielen anderen Dingen, auf die Wissenschaft, um das Absurdeste und Widersinnigste zu verteidigen. Ihr Haupttrumpf ist, die Frau sei an geistiger Befähigung dem Mann inferior, es sei ein Unsinn zu glauben, daß sie auf geistigem Gebiete etwas Bemerkenswertes leiste. Diese von ›Gelehrten‹ erhobenen Einwände entsprechen so sehr dem allgemeinen Vorurteil der Männer über Beruf und Fähigkeiten der Frau, daß, wer sie erhebt, auf den Beifall der Mehrheit rechnen kann.[25]«

[1] Dietrich, Richard: *Berlins Weg.* 1960, S. 173; vgl. Weber-Kellermann, Ingeborg: *Der Berliner.* 1965, S. 17 f.

[2] Schneider, Lothar: *Der Arbeiterhaushalt im 18. und 19. Jahrhundert.* Berlin 1967, S. 135.

[3] Bebel, August: *Die Frau und der Sozialismus.* 1879; bis 1950 erschienen 56 Auflagen! Laut Brockhaus 1967 ›das meistgelesene sozialistische Buch in deutscher Sprache‹.

[4] Kulischer, Josef: *Allgemeine Wirtschaftsgeschichte* II ²1958, S. 187/88, in Deutschland wurde erst 1891 ein Arbeitsschutzgesetz erlassen; 1903: Regelung von Arbeitszeit und Löhnen (Tarife), Kinderschutzgesetz und Mutterschutzgesetz; 1908: Zehnstundentag für Frauen.

[5] Dieses und die folgenden Daten nach Hofmann, Ernst: *Volkskundliche Betrachtungen zur proletarischen Familie.* 1971, S. 66 ff.

[6] *Das häusliche Glück. Vollständiger Haushaltungsunterricht nebst Anleitung zum Kochen für Arbeiterfrauen.* Leipzig 1882. Mit Interviews aus Arbeiterfamilien neu hrsg. von Richard Blank. München 1975.

[7] Teuteberg, Hans J.: *Der Wandel der Nahrungsgewohnheiten unter dem Einfluß der Industrialisierung.* 1972, bes. S. 51 ff., S. 140 ff.

[8] *Die Zerstörung der deutschen Politik. Dokumente 1871–1933.* Fischer-Bücher des Wissens 264, 1959, S. 57.

[9] Pfeil, Elisabeth: *Die Frau in Beruf, Familie und Haushalt.* 1966, S. 142 f.

[10] Virchow, Rudolf: *Die Not im Spessart.* 1852; zur Heimarbeit und Hausindustrie vgl. Riegl, Alois: *Volkskunst, Hausfleiß und Hausindustrie,* Berlin 1894; Schnapper-Arndt, Gottlieb: *Fünf Dorfgemeinden.* 1883.

[11] Bebel, August: *Die Frau und der Sozialismus.* ²⁶1896, S. 128.

[12] Bierer, Willy: *Die hausindustrielle Kinderarbeit im Kreise Sonneberg.* Tübingen 1913, S. 34.

[13] Kuczynski, Jürgen u. Ruth Hoppe: *Geschichte der Kinderarbeit.* 1958, I, S. 363 f.; S. 340 ff.

[14] Wiese, Leopold von: *Was wird mit der deutschen Heimarbeiterausstellung in Berlin beabsichtigt?* In: Sozialer Fortschritt 63/64, 1906, S. 2.

[15] Gerhardt, Felix: *Die Landarbeiter in der Provinz Ostpreußen.* Diss. Heidelberg – Lucka 1902, S. 33 f.

[16] Weber-Kellermann, Ingeborg: *Soziale Strukturen und ihre museale Darstellung,* in: *Festschrift für Robert Wildhaber.* Basel 1972, S. 703–711.

[17] Auerbach, Berthold: *Schwarzwälder Dorfgeschichten.* Bd. 4 Stuttgart 1864; *Brosi und Moni.* 1852, S. 64.

[18] Büchsel, Carl: *Erinnerungen aus dem Leben eines Landgeistlichen.* ¹⁰Berlin 1925, S. 37.

[19] Böhme, Helmut: *Prolegomena zu einer Sozial- und Wirtschaftsgeschichte Deutschlands im 19. und 20. Jahrhundert.* edition suhrkamp 253, Frankfurt/M. 1968, S. 39.

[20] vgl. Art. »Frauen«, in: *Der Spiegel,* 19. 12. 1966, S. 51; Deuerlein, Ernst: *Gesellschaft im Maschinenzeitalter.* 1970, S. 113.

[21] Bäumer, Gertrud u. Helene Lange: *Handbuch der Frauenbewegung.* 5 Bde. 1901 ff.; Lange, Helene: *Lebenserinnerungen.* 1925; vgl. Deuerlein, Ernst: *Gesellschaft im Maschinenzeitalter.* 1970, S. 114 ff.

[22] Pfeil, Elisabeth: *Die Frau in Beruf, Familie und Haushalt.* 1966, S. 141 f.

[23] vgl. Thönnissen, Werner: *Frauenemanzipation.* 1969, und die dort angegebene Literatur.

[24] *Bericht über die Situation der Frauen.* 1964, S. 77 ff.; *Die Frau in Beruf, Familie und Gesellschaft.* 1966, S. 27.

[25] Bebel, August: *Die Frau und der Sozialismus.* ²⁶1896, S. 221.

202

Von 1871–1940 wuchs die Zahl der Berliner Bevölkerung von 800 000 auf 4,5 Millionen. 1881 gab es 23 289 Kellerwohnungen mit zusammen 100 301 Bewohnern, und noch 1895 existierten 27 471 Wohnungen mit einem Zimmer und sechs und mehr Bewohnern; in 471 Wohnungen mit zwei Räumen wohnten 11 und mehr Personen.

»Da ferner die Wohnungsmieten im Vergleich zu den Löhnen und zu dem Einkommen des Arbeiters, des niederen Beamten und des kleinen Mannes viel zu hoch sind, so müssen sie sich aufs Äußerste einschränken. Es werden sogenannte Schlafburschen oder Logiermädchen in die Wohnung genommen, öfter beide Geschlechter zugleich. Alte und Junge wohnen auf engstem Raume, ohne Scheidung der Geschlechter, und sind selbst bei den intimsten Vorgängen zusammengepfercht. Wie, dabei Schamgefühl und Sittlichkeit fahren, darüber gibt es schauerliche Tatsachen. Die so vielfach erörterte Zunahme der Verrohung und Verwilderung der Jugend ist vorzugsweise den Zuständen in unserem Industriesystem geschuldet, mit dem die Wohnungsmisere in

engster Beziehung steht. Und welche Wirkung muß die industrielle Arbeit für die Kinder haben? Die schlechteste, die sich denken läßt, sowohl physisch wie moralisch. Die immer mehr zunehmende industrielle Beschäftigung auch der verheirateten Frau ist namentlich bei Schwangerschaften, Geburten und während der ersten Lebenszeit der Kinder, während welcher diese auf die mütterliche Nahrung angewiesen sind, von den verhängnisvollsten Folgen. Es entstehen eine Menge Krankheiten während der Schwangerschaft, die sowohl auf die Leibesfrucht, als auf den Organismus der Frau zerstörend wirken und Früh- und Totgeburten hervorrufen, worüber noch einiges gesagt werden wird. Ist das Kind zur Welt, so ist die Mutter gezwungen, so rasch als möglich wieder zur Fabrik zurückzukehren, damit nicht ihr Platz von einer Konkurrentin besetzt wird. Die unausbleiblichen Folgen für die kleinen Würmer sind: vernachlässigte Pflege, unpassende Nahrung oder gänzlicher Mangel an Nahrung; sie werden mit Opiaten gefüttert, um ruhig zu sein.« *August Bebel (1840–1913): Die Frau und der Sozialismus. 1879.*

»Auf freiem Felde, zwischen dem Cottbusser Tor
und der Hasenheide erheben sich mitten im Kar-
toffel- und Ackerland eine große Zahl ärmlicher,
dürftig zusammengeschlagener Bretterbuden,
durch deren Dach der Regen und durch deren
fingerbreite Spalten in den Wänden der Wind
pfeift. An der einen Seite ist eine Brettertür, an der
anderen sind ein paar kleine Fenster angebracht,
an der dritten Seite aber ist ein Stück Ofenrohr
durch die Bretterwand gesteckt, welches als
Schornstein dient; und diese ärmlichen erbärmli-
chen Buden, direkt auf der feuchten Erde auf-
gepflanzt, dienen einer großen Zahl von Einwoh-
nern der kaiserlichen Residenz als Wohnstätten.«
Der Volksstaat. Parteiorgan der Eisenacher. Nr. 62,
3.8.1872. Redakteur Wilhelm Liebknecht (1826 bis 1900).

202 Ludwig Loeffler (1819–1876): Barackenstadt vor Berlin.
203 Berliner Wohnungsnot 1872. Barackenkolonie am
Kottbusser Damm.
204 Proletarierkind. 1883.

205

Hans Baluscheks Gemälde verdeutlicht die Familien-
situation der Arbeiter. Frauen und Kinder kommen in
der Mittagspause zum Essen in die Fabrik.

»Beide, Mann und Frau, gehen auf Arbeit. Die
Kinder sind sich selbst oder der Überwachung älterer Geschwister überlassen, die selbst der
Überwachung und Erziehung bedürfen. In der
Mittagstunde wird in fliegender Eile das sogenannte Mittagessen hinabgeschlungen, vorausgesetzt, daß die Eltern überhaupt Zeit haben, nach
Hause zu eilen, was in Tausenden von Fällen wegen der Kürze der Pausen und der Entfernung der
Arbeitsstätte von der Wohnung nicht möglich ist;
müde und abgespannt kehren beide abends heim.
Statt einer freundlichen, anmutenden Häuslichkeit finden sie eine enge, ungesunde Wohnung,
die oft Licht und Luft entbehrt und meist auch der
nötigsten Bequemlichkeiten.«
August Bebel (1840–1913): Die Frau und der Sozia-
lismus. 1896., S. 124.

»Es ist noch hinzuzufügen, daß die Frau nicht alles
ißt, was hier auf sie gerechnet wurde. Oft denkt sie
bei ihrem kärglichen Mahle an ihre Kinder daheim; dann packt sie etwas ein, heimlich, ›daß der
Mann nichts merkt‹, denn dieser will das nicht
dulden. Wenn ihr Tun bemerkt wird, sagt sie, sie
wäre satt. Abends erwartet sie ihr kleiner, blauäu-
giger Junge schon am Tore und fragt: ›Mutter,
hast du mir etwas mitgebracht?‹ Da gibt sie ihm
denn eine Spur Wurst oder einen Käseringel eines
Quarkkäses. ›Die Kinder müssen doch auch Liebe
behalten zu einem‹.«
H. Mehner: Der Haushalt und die Lebenshaltung einer
Leipziger Arbeiterfamilie. 1887.

206

»Im tiefsten Morgengrauen verläßt der Fabrik-
proletarier sein Bett und seine Behausung. Sein
Arbeitstag beginnt meist sehr früh. Zwischen
schlafenden Kindern beim Schein der Funzel hat
er sich notdürftig angekleidet, dann rasch einen
Schluck Kaffee hinuntergestürzt, auch das vielleicht nicht einmal, nun eilt er dem riesigen Mo-
loch, der Fabrik, in die Arme, deren schriller Pfiff
um sechs verkündet, daß nun das Einzelleben der
Insassen für viele Stunden aufgehört, daß die
Herrschaft des Kapitals über Leib und Seele für
diesen Tag wieder begonnen hat. Der ganze lange
Arbeitstag hält ihn von den Seinen fern. Kaum
daß er zu Mittag ein kurzes, flüchtiges Beisam-
mensein mit ihnen ergeizen und erhetzen kann. In
zahllosen Fällen bekommt er auch da Weib und
Kinder nicht zu Gesicht. In der Kantine, im Maschinensaal, in der Baubude oder in einem Schup-
pen wird Mittag gemacht; oft genug muß er auf
einer Promenadenbank, einem Haufen Späne oder
der blanken Erde sein armseliges Mahl zu sich

nehmen. Die dicke Suppe im Blechtopf, ein Stück
Brot, einen Fetzen Wurst, einen Schluck Kaffee
oder Bier. Dann ein Viertelstündchen Schlaf. Die
Fabrikpfeife ruft. Nun wieder Arbeit bis der
Abend kommt. Endlich Feierabend! Müde
schleppt sich der entkräftete Körper der Behausung zu. Die Kinder sind längst zu Bett; wie sie
den Tag verbracht – wer sollte sich jetzt noch darüber den Kopf zerbrechen? Von seiner Arbeit haben sie nichts gesehen; er selbst hat alle Verrich-
tungen nur mechanisch, ohne innere Anteilnahme
und Freude vollbracht. Wie er leer und kalt dabei
blieb, konnte er keine belebende Wärme, keine erzieherischen Einflüsse auf sie überströmen lassen.
Zudem hat die öde und schwere Körperarbeit
auch die Gedanken träge gemacht. Ist das schmale
Abendbrot verzehrt, bringt vielleicht ein Pfeif-
chen noch Genuß. Der organisierte und aufgeklärte Arbeiter liest noch seine Zeitung, seltener
ein Buch, vorausgesetzt, daß nicht Sitzungen oder
Versammlungen seiner warten. Dann kehrt er erst
spät nachts heim. Ein paar kurze Stunden bleiern-
nen Schlafes – im engen Raume und in schlechter
Luft –, bis allzubald die harte Pflicht wieder ruft.
Und so Tag für Tag, Woche für Woche, Jahr für
Jahr...«
Otto Rühle (1874–1943): Das proletarische Kind.
1911.

205 Hans Baluschek (1870–1935): Mittagspause. 1925.
206 Heinrich Zille (1858–1929): Foto 1902. Rückkehr von
der Fabrik.

207

208

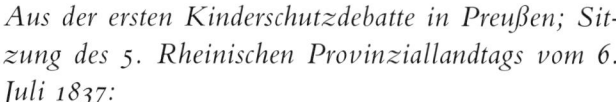

Aus der ersten Kinderschutzdebatte in Preußen; Sitzung des 5. Rheinischen Provinziallandtags vom 6. Juli 1837:

»Der Herr Abgeordnete Schuchard/Barmen bemerkte: daß gewissenhafte Kreisphysiker versicherten, wenn die Kinder auch nur um 10 Stunden in die Höhle des Jammers eingesperrt würden und stets sich auf den Beinen befinden, um zu arbeiten, so erhielten besonders die Mädchen Geschwülste und Auswüchse, die Beine schwänden, und die Kinder welkten elendiglich dahin. Er müsse indessen das Zeugnis ablegen, daß die Spinnerei von Oberempt in Barmen insoweit eine Musteranstalt genannt werden könne, indem derselbe um 11 Uhr morgens seine Maschine stillstehen lasse, um seinen 200 (!) Spinnkindern 1 bis 1 ¹/₄ Stunde Unterricht erteilen und sie dann 1 Stunde freie Luft genießen zu lassen…

Der Herr Abgeordnete von Goch sagte uns, daß bei ihm, wo der Gewerbestand unbedeutend ist, ein Kind von 10 Jahren am Knopfnadelmachen täglich… 4 ¹/₂ Pfg. und ein Butterbrot verdient; wären dort Industrieentwicklungen, die Sie als Höhlen des Jammers, jedoch mit zu schwarzen Farben schildern, so würden die Bemühungen dieser Kleinen 3 bis 5mal besser belohnt werden…

Ich pflichte Ihnen, meine Herren, vollkommen bei, daß die armen Kinder, deren Kräfte ausnahmsweise mitunter zu sehr in Anspruch genommen sein mögen, unter den Schutz milder Gesetze gestellt werden, jedoch dürfen diese keine so großen Beschränkungen erhalten, wie hier vorgeschlagen wird, …daß dadurch der Bestand unserer Industrieanlagen wegen der Konkurrenz des Auslandes unmöglich gemacht wird. Der Wohlstand und die Zierde unserer Provinz ginge hierdurch verloren.«
Wolfgang Köllmann: Die industrielle Revolution. 1961.

207 Kinderarbeit im Arbeitssaal der Buntpapierfabrik Dessauer, Aschaffenburg. Vor 1848.
208 Kinder als Lagerplatzarbeiter. Maschinenbauanstalt von Maffei in Hirschau bei München. Um 1850.
209 Minderjährige im Bergwerk. Foto 1911.
210 Heinrich Zille (1858–1929): Schwangere Frau.
211 Heinrich Zille (1858–1929): Mädchenbild.

209

210/211

»Ich hab dich ausgetragen,
und das war schon Kampf genug.
Dich empfangen hieß etwas wagen,
und kühn war es, daß ich dich trug.

Der Moltke und der Blücher,
die könnten nicht siegen, mein Kind,
wo schon ein paar Windeln und Tücher
riesige Siege sind.

Brot und ein Schluck Milch sind Siege!
Warme Stube: gewonnene Schlacht!
Eh ich dich da groß kriege,
muß ich kämpfen Tag und Nacht.

Denn für dich ein Stück Brot erringen,
das heißt Streikposten stehn
und große Generäle bezwingen
und gegen Tanks angehn.

Doch habe ich im Kampf dich Kleinen
erst einmal groß gekriegt,
dann hab ich gewonnen einen,
der mit uns kämpft und siegt.«

Bertolt Brecht (1898–1956) 1932.

Das Ideal der Arbeiterfamilie blieben die Lebensformen der Kleinbürger. Der Arbeiterdichter Karl Bröger schildert die Hochzeit seiner Eltern, die er mit seinen 3 Geschwistern als Schuljunge erlebt und zu der ein katholischer Geistlicher die Eltern nach langem Zögern überredet hat:

»Um Platz zu schaffen, war das Zimmer zu räumen, worin die Familie wohnte und schlief. Mit dem Vater schleppte Ernst die Betten auf den Speicher, im Waschboden wurden sie verstaut. Aber es sah in der Wohnung doch prächtig aus. Die sonst in zwei Zimmer geteilte, enge Wohnung war eine neue Einheit, die Ernst gleich abmessen mußte. Genau neunzehn Schritte von einer Wand zur andern. Drei Tische (zwei davon freundnachbarlich ausgeborgt) bildeten eine lange Tafel. Die Tische waren verschieden hoch, so daß es auf der Fläche bergan und bergab ging.

Mit hochrotem Kopf kam Johannes Löhner aus der Nachbarswohnung, die als Ankleideraum diente. Nach heftiger Anstrengung war die stämmige Gestalt in den Gehrock geschlüpft. Prustend nestelte Johannes den engen Kragen zurecht und mühte sich umsonst, die breiten Fäuste in die Stoffhandschuhe zu zwängen. Der gequetschte Daumen spottete aller Mühe. Schließlich erlaubte Maria, die Handschuhe im Rockschoß unterzubringen.

Besser ging es mit der bräutlichen Einkleidung. Maria sah in ihrem weißen Kleid sogar recht vorteilhaft aus. Mit 32 Jahren, und wenn man seit der Schulentlassung in die Fabrik geht, ist die Schönheit weg. Heute lebt Maria wieder einmal auf; froher Glanz lag in den Augen und sanftrosiger Schein über den Wangen.

Drunten polterte der Hochzeitswagen vor...

Ernst, der sich keine Einzelheit des Tages entgehen lassen wollte, erhaschte bei der Abfahrt noch, daß dem Vater der angejahrte Zylinderhut entsprang, was ihm so köstlich vorkam, daß er aus vollem Halse lachte.

Armer Leute Fest hat den Magen zum besten Gast. Auch bei dieser Hochzeit wurde geschmort und gebraten, gebacken und gerührt, daß der ganze Zwinger nach den Wohlgerüchen duftete.

212

Die Hochzeiter kamen zurück. Johannes lachte dröhnend über die reichlich schwülstigen Glückwünsche, drehte sich mit vom Leib abgehaltenen Rockschößen zweimal um die Achse und hieb seine neue Frau derb auf die Schulter. ›Etzt hätt mersch, Alte! Etzt därf ka Mensch mehr 'Fräulein' zu dir sag'n.‹

Fast zwei Stunden vergingen mit Kauen und Schlucken. Punkt drei Uhr öffnete Johannes den letzten Westenknopf und meinte stillvergnügt, der Mensch müßte eigentlich zwei Mägen haben. Dann stand er auf, blickte unsicher durchs Fenster und verschwand mit fliegendem Rock. Was sollte er jetzt daheim machen, wo die Weiber ihren Kaffeeklatsch vorbereiteten? Da ging ein vernünftiger Mann lieber zum Bier.«

Karl Bröger (1886–1944): Der Held im Schatten. 1920.

212 Berliner Arbeiterfrauen. Foto Heinrich Zille.
213 Die Armen kaufen bei der Freibank. Foto 1910.

213

»Wie oft hatte ich mir schon ein Paar neuer Stiefel gewünscht, wenn ich sah, wie die Kinder wohlhabender Eltern vergnügt in solchen einherstolzierten. Leider blieb das für mich ein frommer Wunsch, der, solange ich zu Hause war, nie in Erfüllung ging. Vom Frühsommer bis in den kalten Spätherbst mußte ich barfuß gehen. Schuhzeug galt dann für ›uns Schlag Leute‹ als ein überflüssiger Luxus. Nur des Sonntags durfte ich Stiefel anziehen, und die waren bei irgendeinem jüdischen Alt-Trödler für höchstens 12 bis 15 Groschen als ›abgelegt‹ gekauft worden; geflickt und verriestert auf allen Ecken und Enden. ›Wichse sie nur tüchtig‹, meinte Mutter, ›dann ist das nicht so zu sehen.‹ Im Winter lief ich werktägig stets auf Holzpantinen; die Strümpfe waren mit derben Flicken ›versohlt‹, damit die Stopfwolle gespart wurde. Mit der Kleidung war es ja jetzt etwas besser bestellt. Wenigstens mangelte es nicht an den nötigen Flicken. Wozu wäre mein Vater denn auch Schneider gewesen! Zu einem neuen Anzug aber reichte es selten. Mit Vergnügen entsinne ich mich noch, wie mir mein Vater aus dem uralten abge-

tragenen Rock eines verstorbenen Exekutors einen ›nagelneuen‹ blauen Schoßrock zusammengebaut hatte. Stolz wie ein Spanier zog ich als zehnjähriger Knirps mit dem patentwürdigen Garderobenstück des Sonntags zur Kirche, woselbst ich im Orgelchor der Stadtschüler mitsingen mußte. Ich ließ es mir auch wenig anfechten, daß mir die Rockschöße um die Waden schlugen und andere Jungen deswegen mich weidlich auslachten…

Mein Vater aber sagte von wegen der langen Schöße und der aufgekrempelten Ärmel bedeutsam zu mir, die seien deswegen so vollkommen gemacht, damit ich da hineinwachsen könne. Darin ließ sich ja so ungefähr ermessen, wie lange der alte Wallmusch noch halten sollte.«

Franz Rehbein (1867–1909): Das Leben eines Landarbeiters. 1911.

214

»Es entstanden Häuser und Wohnanlagen mit zwei, drei, vier, fünf, sechs und sieben Hinterhöfen, in denen sich Tür an Tür befand. ...Da die Arbeitenden bei Morgengrauen das Haus verließen und erst am Abend zurückkehrten, waren sie in erster Linie an einer Schlafstelle interessiert. Daraus entwickelte sich das Schlafburschentum. Die jungen Arbeiter und Arbeiterinnen konnten sich lediglich eine Schlafstelle in dem von der Familie des Vermieters meistens voll genutzten Wohnraum leisten – eine Lagerstätte, nicht mehr, und auch diese nur für Stunden. Zahlreiche Vermieter vermieteten die Lagerstätte bei Nacht und auch bei Tag. Das Bett... wurde nicht kalt... viele junge Arbeiterinnen mußten sich damit begnügen, bei Familien mit Kindern in einem Bett zu schlafen.«

Ernst Deuerlein: Gesellschaft im Maschinenzeitalter. 1970.

215

216

217

»STUBEN DER ARMUT.

In diesen Stuben bin ich oft gesessen,
wo hart der Tisch das Brot der Armut trägt,
die Fenster müd auf helle Mauern starren,
und Wintersturm den kalten Ofen fegt.

Ich kenn die Stühle, die selbst müd geworden,
von allen Müden, die in ihnen ruhn,
und weiß, wie bitter diese alten Kasten
geheimnisvoll mit ihrem Inhalt tun.

Ich weiß, daß unter dem geflickten Bettzeug
die Sorge und der Kummer liegt,
daß sie dem Schlaf das ruh'ge Atmen nehmen
und auch der Traum sich ihrer Nähe fügt.

Und diese Türen, die den Lärm nicht halten
und durch die Gänge in den Hausflur schrein,
sie laden mit den abgegriffnen Klinken
nur Leid und Not zu langem Bleiben ein.

Ich weiß, was diese Mauern scheu verschweigen
und warum sie so schnell vergrau'n –
sie sind wie Wangen, tiefgefurcht, mit Spuren
von Zeit und Tränen anzuschaun.

In diesen Stuben bin ich aufgewachsen,
ihr Lärm, ihr Schweigen ist zutiefst in mir –
und alle Schönheit, alles Glück der Erden,
sie nehmen nicht ihr müdes Grau von mir.«

*Willy Miksch, *1904, Hilfsarbeiter,
später Erzieher.*

214 Elendswohnung in der Altstadt Hannover vor der Sanierung. 1933.
215 Kreuzberger Mietskaserne – Hinterhof.
216 Elendswohnung in der Altstadt Hannover vor der Sanierung. 1933.
217 Elendswohnung in der Altstadt Hannover vor der Sanierung. 1933.

218

Waren Ausflüge ins Grüne und der Umzug in eine Gartenwohnung während der Sommermonate schon lange das Vergnügen des gehobenen Bürgertums gewesen, so verbreitete sich um die Jahrhundertwende mehr und mehr die Mode der Sommerreise mit Familie. Zum städtischen Dasein suchte man eine Gegenwelt der Natur und Einsamkeit ——— und befriedigte zugleich seine Prestigebedürfnisse. Ein besonders beliebtes Reiseziel war Bayern.

»›Karline, ich warte nu schon die ganze Zeit und sehe nich die Spur von Industrie. Nischt wie Bauernhäuser un Kirchen und Kirchen un Bauernhäuser. Die ganze Neuzeit mit ihrem kolossalen Fortschritt ist in diese Gegend überhaupt noch nich vorjedrungen. Nich ein Fabrikschlot, nich ein Etablissemank, und wenn ich an so ne Fahrt denke, wie von Berlin nach Leipzig oder Hannover oder nach Halle, dann frage ich mich, wie is es möglich, daß der moderne Geist einfach wie vor ner Schranke halt gemacht hat, und wie is es möglich...‹ ›Gott, Gustav! Das sagt doch schon Baedeker, daß man in der Fremde nich die gleichen Verhältnisse suchen soll wie zu Hause.‹«
Ludwig Thoma (1867–1921): Altaich. 1918.

219

218 Carl Spitzweg (1808–1885): Der Sonntagsspaziergang. 1841.

219 Lothar Bechstein (1884–1936): Sommerfrische. 1908.

220 Emil Limmer (1854–1931): Arbeiterkundgebung am 1. Mai. 1890.

221 Heinrich Zille (1858–1929): Sozialist geht zur Parade.

Die Arbeiter der gleichen Zeit hatten keine derartigen Erholungsmöglichkeiten. Ihre bescheidenen Ausflüge ins Grüne bildeten den Hintergrund für Demonstrationen, mit denen sie sich schließlich ihren eigenen Feiertag am 1. Mai erkämpften (1889 in Paris als Tag der Arbeit festgelegt).

»Mit ›Musik‹ ziehen die Berliner Arbeiter zur Maifeier nach Pichelsberg. Solche Bilder muten uns heute idyllisch an. Aber in jenen Jahren ge-

hörte Bekennermut dazu, am 1. Mai zu demonstrieren. Wer die Arbeit ruhen ließ, dem drohten Entlassung und Polizeischikanen.«
Aus: 100 Jahre SPD.

1898 arbeiteten (aufgrund einer sozialdemokratischen Erhebung) über eine halbe Million schulpflichtiger Kinder in der Heimindustrie. – Noch nach dem Ersten Weltkrieg – ca. 1925 – gab es in Deutschland bei einer Gesamtbevölkerung von ca. 62 Millionen 138 000 statistisch erfaßte Heimarbeiter. Sozial gehörten sie zur Unterschicht, die mit insgesamt 40,7 Millionen angesetzt werden kann gegenüber ca. 20 Millionen Mittelstand und 2 Millionen Oberschicht.
Nach Hans Magnus Enzensberger: Klassenbuch 3. 1972.

»Wahrscheinlich verlangte es meinen Vater nach einer freieren Luft; er siedelte bald nach Hamburg über, wo er bei einer Zigarrenfabrik als Heimarbeiter eine Anstellung fand. Trotz meiner 7 Jahre hieß es hier fest zupacken. Das war für mich eine wahre Qual und lief meinem Plan, recht viel im Hafen herumzustrolchen, zuwider. Ein Grauen kroch mir den Rücken herauf, wenn mein Vater mit weitgespreizten Fingern in die Tabakkiste griff und gelassen sagte, als wolle er damit die Geringfügigkeit der Arbeit beweisen: ›Wenn das fertig ist, hast du Feierabend.‹ Aber aus Erfahrung wußte ich, erstens: daß dieser riesige Blätterhaufen, der zu ›strippen‹ war (›strippen‹ heißt die Mittelrippe aus jedem einzelnen Tabaksblatt herausziehen), bei sehr flotter Arbeit nur noch höchstens zwei Stunden Spielzeit bis zum Abendessen übrigließ, zweitens: daß mein Vater in nichts unzuverlässiger war als im Halten seines Versprechens. Meist gab es, nach anfänglich erteiltem Pensum, noch etwas zu tun. Es war ein stetiger Kampf zwischen uns.«
Ludwig Turek (1898): Ein Prolet erzählt. 1930.*

| Durchschn. Wochenverdienst einer Spielwarenmacherfamilie | | | Die Familie gerechnet zu Arbeitskräften | Arbeitsgegenstand | Ort |
1875 M.	1878 M.	1881 M.			
9.90	7.80	5.70	3½	Viehherden	Seiffen
18.70	16.20	8.70	3	Feldschlachten	"
40.80	30.40	12.80	3½	Pferde aus Masse	"
17.00	11.00	5.00	3½	Menagerien	"
4.20	3.50	2.70	2½	Flinten	"
3.60	2.60	1.40	2½	Pistolen	"
28.80	16.20	9.60	4	Holzpferde	"
9.60	9.00	7.80	4	Häuser	"
46.80	32.40	13.50	3½	Fahrende Vögel	"
40.50	31.50	26.50	3½	Holzschläge	"
5.60	5.00	3.75	3½	Städte und Figuren	"
18.00	13.50	7.50	3½	Soldaten	"
32.40	13.20	12.00	3½	Gemüsemärkte	"
49.60	40.40	9.60	2¼	Garnwinden	"
30.60	21.60	12.60	2¼	Stopfpilze	"
30.00	17.40	15.00	4½	Möbel	"
24.00	19.00	19.00	3	Holzquirle	"
15.00	11.25	11.25	3	Nudelhölzer	"
20.00	16.00	8.00	2½	"	"
38.00	32.00	22.00	3	Federkästen	"
27.00	27.00	19.00	2½	Klimperkästchen	"
20.80	13.50	6.30	7	Soldaten	"
11.25	8.75	5.00	2½	Frachtwagen	"
6.60	6.60	3.60	2	"	"
7.00	7.00	4.50	2	Sprossenwagen	"
9.42	8.40	2.16	2	Kleine Möbel	"
9.75	7.25	6.25	1½	Schlangen	"
19.65	7.50	3.75	3	Services	"
41.40	27.90	11.40	6	Kanonen	"
16.00	15.20	8.00	2	Schießscheiben	Heidelberg i. E.
15.60	14.40	9.60	2	Stehaufchen	"
45.50	35.00	14.00	4	Turner	"
21.00	21.00	10.50	4	Bäumchen	"
16.65	12.15	9.60	4½	Affen	"
13.20	11.40	10.80	3	Zappelmänner	"
22.50	21.50	6.00	3	Hundewagen	"
13.00	13.00	4.00	3	Klapperstörche	"
16.80	16.80	5.60	3	Wiegenreiter	"
12.00	12.00	11.00	4	Hühnerhöfe	Seiffen
10.50	10.50	9.00	4	Landgüter	"
18.45	15.45	13.20	3	Güterwagen	"
40.00	26.40	16.00	4	Jagden aus Masse	"
27.00	14.72	9.12	4	Brezelschnurren	"
9.27	9.27	9.27	2	Tiere m. Tuchstaub belegt	Deutscheinsiedel
43.05	28.05	14.55	6¾	Windmühlen	Niederseiffenbach
21.75	15.75	9.75	6¾	Schaukeln	
15.00	10.20	1.80	3	Soldaten	Seiffen
14.04	9.90	9.00	3	Schachspiele	"
16.80	5.60	1.60	2½	Topfgeschirre	"
15.00	7.50	?	2¾	Schwenkhähne	"

»Das Durchschnittseinkommen der Spielzeugmacher sank also ganz erheblich zwischen 1875 und 1881 und lag um 30 % und mehr unter dem Existenzminimum, während das Geschäft mit Spielzeug ständig zunahm.«
Nach Hellmut Bilz: Seiffener Spielzeugmacher. 1975.

222 Gustav König (1808–1869): Obdachlose Kinder fertigen im Arbeitshaus, in dem sie Asyl gefunden haben, Zigarrenkisten an. 1857 in Berlin.
223 Die Gelehrten des Hauses. 1873.
224 Heinrich Zille (1858–1929): Heimarbeit in der Puppenherstellung.

222

223

Die Puppen, mit denen die Bürgerkinder so vergnüglich spielen konnten, stammten meist aus der Sonneberger Heimindustrie, deren Fabrikanten die ganze Welt belieferten. Sie wurden hergestellt von arbeitenden Kindern gleichen Alters.

Wie deren Kinderarbeit, die aus Gründen der Existenzerhaltung von den eigenen Eltern gefördert wurde, sich im konkreten Lebenszusammenhang darstellte, kann man aus ideologie-unverdächtiger Heimatliteratur entnehmen. Agnes Sapper schildert das Leben einer thüringischen Puppenmacherfamilie um 1900, die im Dampf des kochenden Papiermachébreis in einer Stube ihre Arbeit

224

verrichtet. Während der Vater die Masse in die Formen drückt, schneidet die Mutter aus Schirting den Stoff zu den Puppenkörpern aus und näht die Bälge. Das Umwenden besorgt der Fünfjährige, weil seine kleinen Finger dazu am geschicktesten sind, während die sechsjährige Schwester die Köpfe zum Trocknen aufreiht und die Bälge mit Sägespänen füllen muß. Schulbesuch und Schularbeiten kommen natürlich dabei zu kurz. Der Dreijährige darf noch herumspielen. »Der Johann ist jetzt schon drei Jahre«, tröstet die Mutter den wegen des schlechten Verdienstes deprimierten Vater, »mit vier kann man ihn schon anweisen, und mit fünf hilft er so viel wie der Philipp.« *Agnes Sapper (1852–1929): Im Thüringer Wald. 1914.*

225

Die Kinder, die hier Hochzeit spielen (etwa 1850), haben Dörfchen und Bäumchen aus Spanschachteln aus-
gepackt, wie sie seither fast unverändert in den Spiel-
zeugmacherdörfern des Erzgebirges hergestellt werden.
Auf der anderen Seite der Gesellschaft sind gleichaltrige
Kinder im Familienbetrieb an dieser Heimarbeit beteiligt.

»Die Malstube war wirklich voll. Klaus schrak zurück. An einem großen Tisch hantierten mit Pin-

sel und Scheren ein Mann, eine Frau, ein großes
Mädchen, ein kleines und ein Junge. Dieses Bild
der Heimarbeit hätte Klaus nicht erschreckt – er
kannte die Nester dieser Arbeiter so gut wie ihren
Fleiß und ihre Geduld. Aber Klaus Schart war
noch nicht bei den Maskenmachern zu Besuch
gewesen. Von den Wänden, von Tisch und Stuhl
und Fußboden, aus allen Ecken und Winkeln grin-
sten ihn zahllose bunte Larven an: lustige, böse,
grausige, wüste, verzerrte.
Dazu muß man sich noch den fast unerträglichen
Geruch des Knochenleims denken, der die
schlecht gelüftete Stube erfüllte.«
Kurt Kluge (1886–1940): Der Herr Kortüm. 1938.

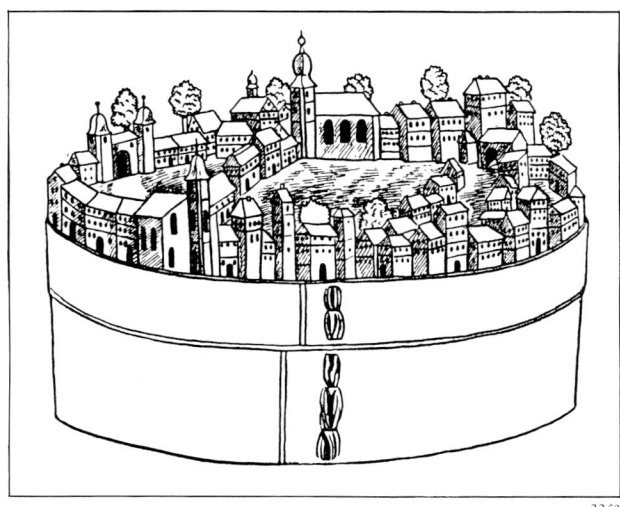

225a

225 Johann Peter Hasenclever (1810–1853): Spielende Kinder.
225aDorf auf einer Spanschachtel. Katalog Oehme 1840.
226 Heimarbeit im Erzgebirge. Um 1900.
226aHeimarbeit im Erzgebirge. Um 1925.

226

Die ganze Hilflosigkeit dem ökonomischen und sozialen System gegenüber spricht aus dem folgenden Dokument:

Bericht des Königlichen Bezirksarztes zu Freiberg vom 31. Januar 1907:

»Hierbei möchte ich gleichzeitig anregen, doch der Frage nähertreten zu wollen, ob in solchen Familien, in denen ansteckende Krankheiten herrschen, gerade wie Diphtherie und Scharlach, nicht besser die Spielwarenindustrie eingeschränkt wird. Stets arbeiten auch kleine Kinder mit, sie kleben Arme, Beine, Schwänze, Hörner und ähnliche Dinge an Holzspielsachen, sitzen im gleichen Zimmer, in welchem erkrankte Geschwister im Bette liegen, ja oft fiebern sie selbst schon oder husten etc. – kurz, sie sind im höchsten Grade ansteckungsfähig, und doch haben sie Holzspielsachen in den Händen, die nun die schädlichen Keime in alle Welt tragen... Und doch möchte ich nicht mit rigorosen Verboten jeder Arbeit in solchen Fällen Anträge stellen. Meistens handelt es sich um arme Familien. ...die, vielfach in keiner Kasse, durch die Krankheiten erheblich in ihrem

Erwerbe geschädigt werden. ...Wird dann solchen Familien... jeder Verdienst entzogen, so würde viel Elend entstehen, oder – noch schlimmer, ...die ärztliche Hilfe nicht geholt, sondern überhaupt Kurpfuscherei und Verheimlichung großgezogen.«
Staatsarchiv Dresden.

226a

227

227 Friedrich Campe (1777–1846): Vater unser oder die 7 Bitten.
228 Jakob Emanuel Gaiser (1825–1899): Der Gänsebraten.
229 Otto Günther (1838–1884): Tagelöhner in Thüringen. 1875.
230 Johann Heinrich Wilhelm Tischbein (1751–1829): Bauern bei der Mahlzeit. 1810.

Für die Bauernwirtschaft hatten die alten Maximen des guten Hausvaters, der tüchtigen Hausmutter noch lange unveränderte Geltung. Die Gattung der Bauernromane feierte diese Tugenden ebenso wie die bildende Kunst, wo alles ablief, »wie es sich gehört«.

»Blank war das Haus, hell glitzerten die Fenster, ein freundlicher Garten lag vor demselben, und wohlbesorgte Blumen spendeten freigebig ihre reichen Düfte. Ein schlankes großes Mädchen mit reinem Haar, reinem Hemd und Händen saß auf der Türschwelle, schnitt Brot ein und hatte ein lustig prasselnd Feuer in der Küche, doch nicht das halbe Feuer draußen auf der Feuerplatte, sondern alles drinnen im Loch, wie es sich gehört. Rauh und trotzig frug er (der ›Kesselflicker‹ Joggeli) nach Arbeit. Wo Weibervolk sei, da sei immer etwas zu heften oder zu flicken, fügte er bei. Das Mädchen antwortete: wenn er warten wolle, bis es angerichtet, so habe es ihm Arbeit genug. …Wolle er… Verstand brauchen, so könne er seinethalben mit ihnen z' Morgen essen, während der Zeit wolle es ihm Arbeit rüsten. Der Keßler blieb nicht ungern, da das Ganze so eine Art hatte, daß es ihn heimelte. Er …setzte sich zu dem Volk an den Tisch. Es hatte alles ein reindlich Ansehen, und das Volk tat manierlich, betete mit Andacht, und aus dem ganzen Benehmen sah man, daß da Gott und Meisterleute geehrt würden.«
Jeremias Gotthelf (1797–1854): Wie Joggeli eine Frau sucht.

228

229

»Ich muß erzählen, wie eigentlich Vater Stilling seine Ordnung und Rang am Tische beobachtete. Oben in der Stube war eine Bank von einem eichenen Brett längs der Wand genagelt, die bis hinter den Ofen reichte. Vor dieser Bank, dem Ofen gegenüber, stund der Tisch, als Klappe an die Wand befestigt, damit man ihn an dieselbe aufschlagen konnte. Er war aus einer eichenen Diele von Vater Stilling selbsten ganz fest und treuherzig ausgearbeitet. An diesem Tisch saß Eberhard Stilling oben an der Wand, wo er durch das Brett befestigt

war, und zwar vor demselben. Vielleicht darum hatte er sich diesen vorteilhaften Platz gewählt, damit er seinen linken Ellenbogen auf das Brett stützen und zugleich ungehindert mit der rechten Hand essen könnte. Doch davon ist keine Gewißheit, denn er hat sich nie in seinem Leben deutlich darüber erkläret. An seiner rechten Seite vor dem Tisch saßen seine vier Töchter, damit sie ungehindert ab und zu gehen könnten. Zwischen dem Tisch und dem Ofen hatte Margrethe ihren Platz; einesteils, weil sie leicht fror, und andernteils, damit sie füglich über den Tisch sehen könnte, ob hier oder dort etwas fehlte. Hinter dem Tisch hatten Johann und Wilhelm gesessen; weil aber der eine verheiratet war und der andere Schule hielt, so waren diese Plätze leer, bis jetzo, da sie dem jungen Ehepaar, nach reiflicher Überlegung, angewiesen wurden.«

Heinrich Jung-Stilling (1740–1817): Heinrich Stillings Jugend. 1777.

230

231

Das Landleben wurde aus der Sicht der Städter meist in agrarromantischer Verklärung gesehen, – als eine Gegenwelt der Volkslieder und Trachten, der gesunden und schlichten Daseinsform. Die Chronisten, die ungeschminkt die Wirklichkeit dokumentierten, sind vereinzelt.

»Im Winter ging ich des Abends öfters in die sogenannten Familienhäuser (der Landarbeiter) und besuchte einzelne. Ein Mann hatte sieben Kinder, die schnell aufeinander gefolgt waren; er ließ es sich sauer werden und hatte einen guten Ruf. Seine Kinder schliefen schon, als ich einmal kam. Auf der Lade lagen zwei, und als ich meine Freude über die Ruhe und den Frieden im Gesicht der schlafenden Kinder aussprach, sagte der Vater: ›Ja, die haben es noch gut und brauchen sich nicht mit Sorgen quälen.‹

...

Die ehelichen Verhältnisse bei den Armen sind ganz anderen Gefahren ausgesetzt als bei den Reichen. Schwere Arbeiten und drückende Sorgen machen den Menschen mürrisch, verdrießlich und verzagt. Die armen Kinder wurden, wie ich meinte, zu hart und zu lieblos behandelt. Die Unreinlichkeit und das Ungeziefer in den Wohnungen, der unerträgliche Geruch in den niedrigen Stuben, in denen die Betten den meisten Raum einnahmen – denn in den Stuben wohnten oft zwei Familien – auch der Schmutz hinter und vor dem Haus, und das sittliche Elend, die Trunksucht, Unzucht, das Fluchen und dergleichen machten es mir oft schwer, meiner Pflicht nachzukommen... Die Pflege der Kranken war oft den kleinen Kindern überlassen und daher sehr dürftig. Ein Arzt wurde von der Gutsherrschaft gehalten, aber die Befolgung seiner Anordnungen war sehr mangelhaft.«

Carl Büchsel (1803–1889): Erinnerungen eines Landgeistlichen. 1861. Hier schildert er Verhältnisse in der Uckermark um 1845.

231 Jakob Becker (1810–1872): Heimkehrende Landleute.
232 Carl Ludwig Jessen (1833–1917): Letzte Tröstung.
233 August Danckworth (1813–1854): Der sterbende Großvater.

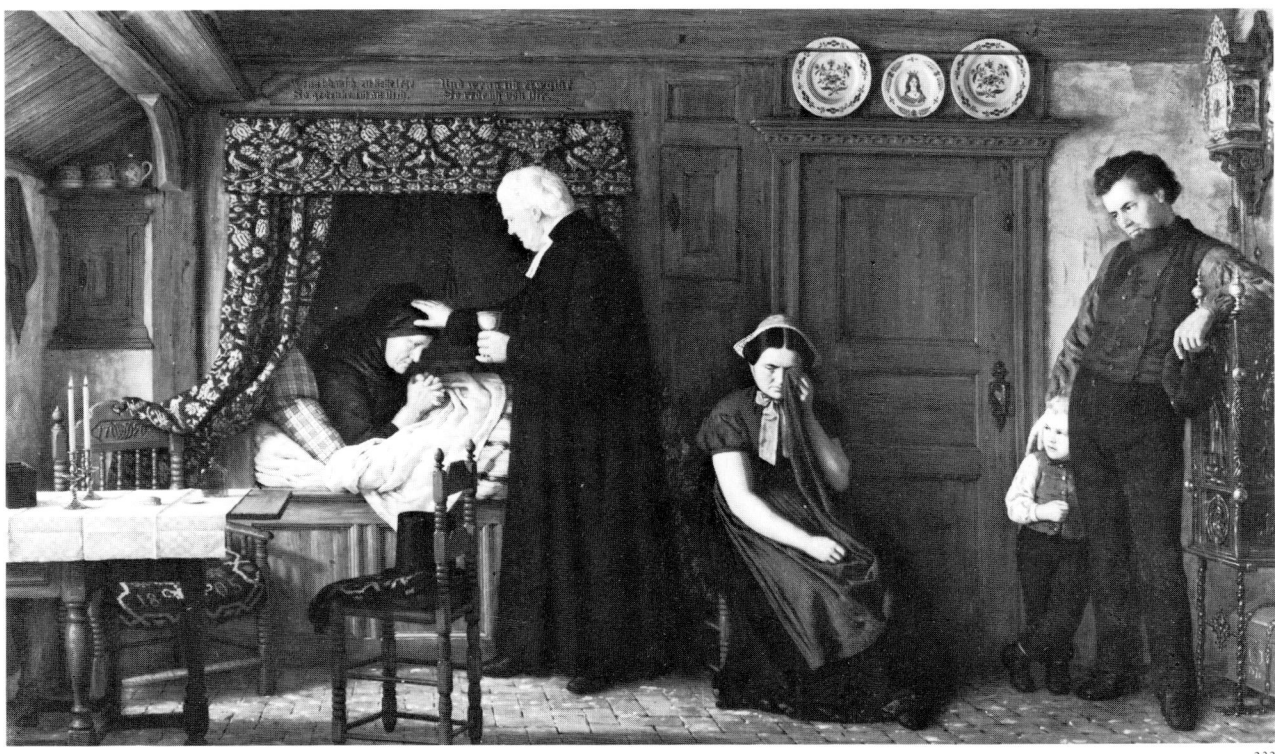

232

»Nun wurden Stillings sechs Kinder zusammen-
berufen, die sich auch des andern Morgens zeitig
einfanden. Sie setzten sich alle rings ums Bett, waren stille, klagten und weinten. Die Fenster wurden
mit Tüchern zugehangen... Freitagnachmittag fing
der Kopf des Kranken an zu beben, die oberste
Lippe erhob sich ein wenig und wurde bläulich,
und ein kalter Schweiß duftete überall hervor. Seine
Kinder rückten näher ums Bett zusammen. Margrethe sah es auch; sie nahm einen Stuhl und setzte
sich zurück an die Wand ins Dunkele; alle sahen vor
sich nieder und schwiegen. Henrich saß zu den

Füßen seines Großvaters, sah ihn zuweilen mit
nassen Augen an und war auch stille. So saßen sie
alle bis abends neun Uhr. Da bemerkte Cathrine
zuerst, daß ihres Vaters Atem stillstand. Sie rief
ängstlich: Mein Vater stirbt! – Alle fielen mit ihrem Angesicht auf das Bette, schluchzten und
weinten. Henrich stand da, ergriff seines Großvaters beide Füße und weinte bitterlich... Nun kam
der letzte Herzensstoß; der ganze Körper zog sich;
er stieß einen Schrei aus; nun war er verschieden.
Margrethe hörte auf zu beten, faßte dem entseelten Manne seine rechte Hand an, schüttelte sie und
sagte: Leb wohl, Eberhard, in dem schönen
Himmel sehen wir uns bald wieder! Sowie sie das
sagte, sank sie nieder auf ihre Knie; alle ihre Kinder fielen um sie herum. Nun weinte auch Margrethe die bittersten Tränen und klagte sehr. Die
Nachbarn kamen indessen, um den Entseelten an-
zukleiden. Die Kinder stunden auf, und die Mutter holte das Totenkleid. Bis den folgenden Montag lag Stilling auf der Bahre; dann führte man ihn
nach Florenburg, um ihn zu begraben.«
*Heinrich Jung-Stilling (1740–1817): Heinrich Stil-
lings Jugend. 1777.*

233

234

Diese Fotografie einer deutschen Bauernfamilie aus Le-
nauheim im rumänischen Banat vom Jahre 1904 wider-
spiegelt deutlich die familiäre Ordnung: Vater und
Mutter sitzend am Tisch, die unverheirateten Söhne
vor sich, die verheirateten Kinder, als drei junge Fami-
lien, dahinter stehend. Alle sind arbeitend, erbend und
vererbend am Erhalt und am Ausbau der Wirtschaft be-
teiligt: die große bäuerliche Haushaltsfamilie.

»Köppel hatte eine stark ausgeprägte Vorstellung
von seinem Besitz, und wie eine Geliebte war dieser ihm jederzeit gegenwärtig. Nichts war ihm
ungewiß. ...Sein Bewußtsein trieb sich niemals
irgendwo in der Welt umher; es umklammerte
wie eine Zange das Seine – nicht aus Angst, man
könne ihm nehmen, was ihm gehörte, sondern aus
Verantwortungsgefühl sich selbst und seinen
Kindern gegenüber.

Da war zuerst einmal das Haus in der Laudongasse.
Wenn er daran dachte, ...sah er die farbigen Glas-
scheiben, mit denen der obere Teil der beiden
Torflügel gefüllt war: das gab nachmittags, wenn
die Sonne darauf fiel, ein regenbogenhaft getöntes
Licht in der kühlen dämmerigen Toreinfahrt, von
der nach links und rechts hinter ein paar mit Läu-
fern ausgelegten und mit Blumentöpfen gesäum-
ten Stufen die Glastüren abgingen, links in seine
eigene Wohnung, rechts in die Wohnung seiner
Schwiegereltern im Altenteil.«
Johannes Weidenheim: Treffpunkt jenseits der Schuld.
1956.

»In einer anderen benachbarten Hütte... wohnte Marianne, verw. Roth, 42 Jahre alt, Mutter von 8 Kindern, von denen 6 am Leben sind. ... Die Mutter lag in einem schmutzigen, höchst widerwärtigen Bett, dessen ursprüngliche Farbe nicht mehr zu erkennen war und in dem selbst das Stroh schon ein ganz schwärzliches Aussehen angenommen hatte. Die Kinder lagen auf etwas Stroh am Fußboden, indem sie sich mit einer alten Jacke zudeckten. Möbel gab es in der Stube nicht. Wenn man das Deckbett aufhob, so sprangen die Flöhe so dicht umher, daß man im ersten Augenblick nur die Wahrnehmung des Flimmerns vor Augen hatte...

Wenn es fast Regel ist, daß alle Bewohner eines Hauses in demselben Raum schlafen oder höchstens in zwei dicht zusammenstoßenden, daß in jedem Bett zwei bis drei Personen liegen, ... daß die Jungen die geschlechtlichen Genüsse der Alten unmittelbar vor Augen haben... etc.«

Rudolf Virchow (1821–1902): Die Not im Spessart. Eine medizinisch-geographisch-historische Skizze. 1852.

Die Butzenscheibenromantik dieses Bildes einer Bauernstube in liebenswerter Bescheidenheit und auch Unordnung, – eines von vielen, mit denen dem Stadtbewohner das Ländlich-Sittliche nahegebracht werden sollte, fordert dazu heraus, zumindest einen Bericht darüber zu hören, wie dazumal jede Mißernte den kleinen Bauern in tiefes auswegloses Unglück stürzte.

234 Familienbild aus Lenauheim (rumänisches Banat). 1904.
235 Meyer von Bremen: Brüderchen schläft. 1880.

236

Soziales Verhalten lernte das Dorfkind von Jugend an
– aber nur im Sinne der Aufrechterhaltung einer statisch
verfestigten Dorfordnung.

Volkstümlicher Vers bei einem Kinderbegräbnis:

»Noch lächelt mir des Lebens schönster Morgen,
denn reiche Tugend hielt mein Herz geborgen.
Aber meine blühend Jugendjahr'
führen mich hin zur Totenbahr.
Liebe Freunde, das hab ich nicht gedacht,
bei mir hat's der liebe Gott gemacht.
Liebe Eltern und Geschwister,
weinet nicht zu sehr,
Auf dieser Welt hilft jetzt nichts mehr!«

237

»Ich hab gehört, ihr habt geschlacht'
und habt recht lange Würst' gemacht!
Gebt mir von den langen,
die kurzen laßt ruhig hangen!«

238

236 Christian Ludwig Bokelmann (1844–1894): Trauerfeier
in Nordfriesland.
237 J. W. Lansinck (17. Jahrhundert): Das geschlachtete
Schwein.
238 Ludwig Dettmann (1865–1944): Am Schweinestall.

In der streng beobachteten Hierarchie unter dem ländlichen Gesinde wiederholten sich die allgemein geltenden gesellschaftlichen Ordnungen. Von einer »Klassensolidarität« konnte hier keine Rede sein.

»Wenn die Ackerknechte sich zum Frühstück setzen, so durfte sich kein Knecht unterstehen, sich nieder zu setzen, bevor der Großknecht es getan; beim Ausspannen durfte kein Knecht das Pferd besteigen, bevor der Großknecht darauf saß. Beim Frühstück der Mäher durfte kein Mäher den Kober eher schließen, auch wenn er gesättigt war, bevor es der Vormäher tat. Die Übertretung eines dieser Gesetze kostete dem betreffenden Individuum ein Quart Branntwein oder bei Zahlungsunfähigkeit eine Tracht Prügel. Ebenso durfte beim Mittagessen kein Knecht den Löffel anfassen, bevor der Großknecht den Anfang gemacht«. Und bezeichnend für die Denkart der damaligen Zeit fährt der Berichterstatter, ein Volksschullehrer, bedauernd fort, daß diese Bräuche immer mehr verschwinden, da bei dem Erntearbeitermangel blutjunge Knechte gemietet werden müßten, ›die so etwas nicht zu würdigen wissen‹!«
Aus den Antworten auf die Fragen des Wilhelm Mannhardt nach Erntebräuchen von 1865; hs. Ms. in der Handschriftenabt. der Berliner Staatsbibliothek.

»Die Dienstboten haben ihre besondere Tischordnung. Der Oberknecht ist der erste, der zum Essen kommt, dann streng nach Amt und Würde der zweite Knecht, Mitterknecht genannt, der Dienstbube, dann die holde Weiblichkeit, voran die Oberdirn, folgend die Unterdirn, und zuletzt das Mädchen. Der Knecht fängt zu beten an, vor ihm darf sich keiner der Dienstboten zu Tische setzen. Er taucht zuerst den Löffel in die gemeinsame Schüssel, er ist auch der erste, der ihn weglegt. Das ist das Zeichen für das Ende der Mahlzeit. Niemand darf es wagen, noch einen Bissen zu essen. Die Mägde, die oft erst zu Tisch kommen, wenn die männlichen Genossen es sich schon lange schmecken lassen, kommen auf diese Weise oft nicht auf ihre Rechnung. Manchmal erhalten sie überhaupt nichts, wenn nämlich der Knecht

239

aus Ärger über ihr langes Ausbleiben den Löffel weglegt, sobald sie sich am Tische niedergelassen haben.
Meistens herrscht beim Essen eine große Stille. Man hört nur das Schnarren der Löffel an der Schüsselwand, ein wenig Schmatzen und Schlürfen. Hier und da erzählt der Knecht ein besonderes Vorkommnis oder er macht gar einen Witz. Der Dienstbube und das Mädchen dürfen es aber nicht wagen zu lachen oder gar mitzureden.
Zehn Minuten vor Beendigung der Mahlzeit schaut der Knecht den Dienstbuben an. Dieser steht stillschweigend auf und geht hinaus, um die Gäule zu füttern.
Der Knecht ist ein König unter dem Dienstbotenvolk, ein Herrscher, der ein strenges Regiment führt, das er nicht nur beim Essen betätigt.«
Münchner Zeitung 14. 2. 1928.

239 Bernhard Winter (*1871): In der Leutekammer. Süderdithmarschen 1913.
240 Die hl. Notburga, Heilige der ländlichen Dienstboten.

241

Wie schwer es war, aus den festgefügten Ordnungen des dörflichen Lebens auszubrechen, wird nur an Ausnahmeschicksalen deutlich.

»Suhrkamps Jugend steht unter einem ununterdrückbaren Drang zur Unabhängigkeit. Als ältester von insgesamt drei Brüdern sollte er den elterlichen Hof übernehmen. Sein Vater wies ihn in die Hofarbeit ein. Wie er als kleiner Junge Kühe hütete, hat er Frauen gegenüber lustvoll erzählt, auch wie er sich von der Bauernarbeit wegstahl, wie der Lehrer, den er liebte, ihn heimlich im Geigenspiel unterrichtete, wie durch die Verbindung mit diesem Lehrer in ihm der Wunsch entstand, selbst Lehrer zu werden, und wie der Vater ihm dies verbot. Er besorgte sich den Aufnahmebogen der Präparandenanstalt, wieder sagte der Vater nein, ›der Junge wird Bauer‹. Doch der Junge füllte den Fragebogen heimlich aus, setzte die Unterschrift seines Vaters in den Bogen und meldete sich zur

Prüfung an. Für die Prüfung in Oldenburg, die drei Tage dauerte, riß er aus, nachts schlief er in einem Torweg. Er hat die Prüfung bestanden. Als er nach Hause kam, wurde er vom Vater geschlagen. Der stellte ihn sofort vor die Alternative, zu bleiben und den Hof zu übernehmen oder am nächsten Tag den Hof zu verlassen. Suhrkamp entschied sich für seine Unabhängigkeit. Er bekam am nächsten Morgen eine Holztruhe für seine persönlichen Dinge, dann fuhr der Knecht vor mit dem Wagen, die Kiste wurde aufgeladen. Als er sich vor dem Hof von den Eltern verabschiedete, drückte ihm seine Mutter heimlich ein Goldstück in die Hand; er ließ es demonstrativ in den Sand fallen.«
Siegfried Unseld: Peter Suhrkamp. (1891–1959) 1975.

242

241 Hans Thoma (1839–1924): Die Geschwister.
242 Julius Ehrentraut (1841–1923): Schwälmer Bauernjunge.
243 Paula Modersohn-Becker (1876–1907): Worpsweder Bauernmädchen.
244 Wilhelm Busch (1832–1908): Alte Frau.

243

244

»Es begann also damit, daß meine Mutter vor über fünfzig Jahren im gleichen Ort geboren wurde, in dem sie auch gestorben ist… Mein Großvater war Zimmermann und bearbeitete daneben mit seiner Frau ein paar Äcker und Wiesen… Nach Generationen von besitzlosen Knechtsgestalten mit lückenhaft ausgefüllten Taufscheinen, in fremden Kammern geboren und gestorben, kaum zu beerben, weil sie mit der einzigen Habe, dem Feiertagsanzug, ins Grab gelegt wurden, wuchs so der Großvater als erster in einer Umgebung auf, in der er sich auch wirklich zu Hause fühlen konnte, ohne gegen tägliche Arbeitsleistung nur geduldet zu sein…

Mein Großvater sparte also…, indem er die eigenen Bedürfnisse unterdrückte und diese gespenstische Bedürfnislosigkeit auch seinen Kindern zutraute; seine Frau, als Frau, hatte von Geburt an ohnehin von etwas anderem nicht einmal träumen können. Er sparte immer weiter, bis die Kinder für Heirat oder Berufsausübung eine Ausstattung brauchen würden. Das Ersparte schon vorher für ihre Ausbildung zu verwenden, ein solcher Gedanke konnte ihm, vor allem was seine Töchter betraf, wie naturgemäß gar nicht kommen…

Als Frau in diese Umstände geboren zu werden, ist von vornherein schon tödlich gewesen. Man kann es aber auch beruhigend nennen: jedenfalls keine Zukunftsangst…, keine Möglichkeit, alles schon vorgesehen: kleine Schäkereien, ein Kichern, eine kurze Fassungslosigkeit, dann zum ersten Mal die fremde gefaßte Miene…, die ersten Kinder, ein bißchen noch Dabeisein nach dem Hantieren in der Küche, von Anfang an Überhörtwerden, selber immer Weghören, Selbstgespräche, dann schlecht auf den Beinen, Krampfadern, nur noch ein Murmeln im Schlaf, Unterleibskrebs, und mit dem Tod ist die Vorsehung schließlich erfüllt.«

Peter Handke: Wunschloses Unglück. 1972.

Während die Kinderarbeit in den Fabriken mit Beginn des 20. Jahrhunderts mehr und mehr durch Gesetze zurückgedrängt wurde, dauerte sie auf dem Lande ungehindert fort – nicht nur auf den Bauernhöfen, sondern vor allem bei den Tagelöhnern und Landarbeitern.

»Bei der diesmaligen Kartoffelernte wurden nun auf den umliegenden Gütern ausnahmsweise viel Arbeitskräfte gebraucht. Schon in der Schule hatten die Lehrer bekanntgegeben, daß wer von uns jetzt einen guten Groschen verdienen wolle, sich dort und dort melden könne. Dies war Grund genug für meine Mutter, sich in diesem Herbste nicht bei den Ackerbürgern zu verdingen, sondern aufs Gut zu gehen. Ich sollte mithelfen. Mit dem Voigt von Friederikenhof, der am Wochenmarktstage die ›Leute‹ annahm, hatte sie bereits gesprochen. Alles war in Ordnung, wir konnten anfangen.

Ganz erfreut war meine Mutter über die Höhe des Lohnes. Während es in den vorigen Jahren für Erwachsene nur einen Tagelohn von 45 Pfennigen und für Kinder 20 Pfennige gegeben hatte, betrug er jetzt 50 und 25 Pfennige.

…Der Gutsvoigt erwartete uns schon mit mehreren Tagelöhnern auf dem Plan. Gleich darauf kamen auch vom Gut her eine Anzahl Tagelöhnerfrauen mit ihren Kindern. Von den letzteren waren nur wenige älter wie ich, dagegen sah ich mehrere, die erst in einem Alter von 8 bis 9 Jahren standen. Alle erhielten wir nun unsere Kartoffelreihen angewiesen; die Erwachsenen zwei, wir Kinder je eine, wobei die Kinder rechts und links neben die Erwachsenen verteilt wurden. Wie uns der Voigt sagte, hatte der Herr Inspektor schon am Sonntag von den Knechten so viel Acker umpflügen lassen, daß wir jetzt am Montagmorgen rechtzeitig und ohne Aufenthalt mit dem Sammeln beginnen konnten. Jeder hatte nun seinen Korb oder eine Kiepe vor sich und durchwühlte mit den Händen fleißig die von der Pflugschar umgelegten Stauden, um die Knollen aufzulesen.«

Franz Rehbein (1867–1909): Das Leben eines Landarbeiters. 1911.

245

»Die Kinder erhielten einen Kinderrechen als Geschenk zu bestimmten Gelegenheiten wie Namenstagen oder der Heuernte von nahen Verwandten und Paten. Allgemein sollen die farbig gehaltenen, der Größe des Kindes angepaßten Geräte dem Kind den Übergang vom Spiel zum Ernst der Arbeit erleichtern: eine Aufgabe, die im vorwiegend von kleinbäuerlichen Familienbetrieben geprägten Hessen, als die ganze Familie noch geschlossen ins Heu ziehen mußte, von besonderer Bedeutung war.«

Walter Stolle: Heuernte und Hausindustrie in Hessen. 1973.

245 Christian Rand (1865–1930): Die Kartoffelernte.
246 Fritz von Uhde (1848–1911): Ährenleser. Um 1880.
247 Hans Olde d. Ä. (1855–1917): Ährenleserin.

246

»Etwa um 1873: ›Im Winter starb der Vater. Die älteste Schwester übernahm das Anwesen. Nach des Vaters Tod kam ich ³/₄ Jahr zu einem Bauer. Da der Großknecht vor Ablauf der ausbedungenen Zeit nach Westfalen ging, wurde ich schon zu Arbeiten herangezogen, die über meine Kräfte gingen. Zu damaliger Zeit gab es noch keine landwirtschaftlichen Maschinen. Es mußte noch alles mit der Hand gemacht, die ganze Halmfrucht mit der Sichel geschnitten, das Getreide mit dem Handdreschflegel gedroschen werden. Von der Ernte bis vor Weihnachten mußte ich jede Nacht um 12 Uhr aufstehen und dreschen; mehr als vier Stunden Schlaf gab es selten. Sonntags durfte ich mich dann mal gründlich ausschlafen. Wahrheitsgemäß soll angeführt werden, daß ich nie zweimal geweckt zu werden brauchte, sondern der Ruf und der Sprung aus dem Bett – das, nebenbei gesagt, im Pferdestall stand – waren eins. Zähigkeit und Energie, die mir immer eigen waren, helfen dem Menschen über vieles hinweg.‹«

Georg Eckert: Aus den Lebensberichten deutscher Fabrikarbeiter. 1949.

247

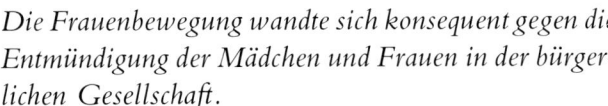

248

249

Die Frauenbewegung wandte sich konsequent gegen die Entmündigung der Mädchen und Frauen in der bürgerlichen Gesellschaft.
Aus dem Tagebuch einer 1855 in Hamburg geborenen »höheren Tochter«, begonnen 1872:

»13. Januar: Clavierstunde gehabt; wollte zu Willy (= älterer Bruder) gehen, Mama fand das Wetter aber zu schlecht. – Meine Handschuhe alle nachgesehen und genäht – ich habe jetzt 23 Paar tragbare und 10 Paar neue! In der Gartenlaube gelesen. 4. März: Clavierstunde gehabt und auch französische Stunde. Bei Ruete und Schuetts einen Besuch gemacht, zum Glück beide nicht angetroffen, meine Karte abgegeben.«

Gleichzeitig: »Zum 16. Oktober 1865 rief Luise Otto eine Konferenz der Schwächsten der Schwachen in Deutschland, der deutschen Frauen, nach Leipzig ein. ...Und so fand die erste große öffentlich Versammlung in Deutschland statt, die von einer Frau geleitet wurde. Sie erklärte die Arbeit, welche die Grundlage der ganzen neuen Gesellschaft sein soll, für eine Pflicht und Ehre des weiblichen Geschlechts, sie nahm dagegen das Recht auf Arbeit und erhöhte geistige Bildung und die Beseitigung aller für die Frauen noch dafür bestehenden Hindernisse in Anspruch.«
Helene Lange (1848–1930): Lebenserinnerungen. 1925.

250

»22. März: Heute werde ich 10 Minuten vor 1 Uhr mit Adolf (= Cousin) in Hamburg zusammen des Kaisers Wohl trinken. – Dann mit Mama zur Stadt gefahren und bei Fräulein Weimann einen Hut ändern lassen – dann bei Homann Kuchen und Bonbons mitgenommen, wir wollten nämlich zu Hause des Kaisers Wohl essen, dann sind wir mit einer Droschke nach Hause gefahren. –
27. März: Ich wurde 17 Jahre alt. Meine süße Mama hatte meine Spieluhr genommen und wollte mir nun so ein Ständchen bringen: sie hielt in der einen Hand ein wunderschönes Bouquet, und in diesem Bouquet steckte ein Crayon von Gold mit meinem Namenszug. Mama führte mich hinunter, dann mußte ich meine Sachen be-

sehen. Wie hatte Mamachen sich wieder abgearbeitet: eine so reizende Reisetasche, wie sie mir gearbeitet hatte, und auch noch einen Wollkragen, von Mad. Schubert eine sehr hübsche Bürste, von dem alten Herrn Sch. eine Azalie, ich habe überhaupt fürchterlich viele Blumen bekommen, Montagmorgen hatten wir 14 Bouquette und 7 Blumentöpfe, auch bekam ich von meinen Brüdern einen sehr hübschen Ring, – Mama hatte für mich einen Sammetanzug besorgt und einen reizenden Hut, – Tante Mathilde schenkte mir einen Rosenstrauß und einen goldenen Fingerhut. – Um 5 Uhr kam der Friseur. Ich nahm kleine Rosenknospen ins Haar, war überhaupt recht fein, ich nahm das rosa Bouquet mit, das eigens für meinen Anzug gemacht war. – Ich wurde gleich gratuliert, wie ich ankam. Ich tanzte drei Lanciers und eine Polonaise, welche eigens für mich getanzt wurde. Um 4 Uhr kamen wir erst nach Hause. Onkel hat mir den Zettel für die ererbten Silbersachen gegeben und mich gefragt, ob ich sie verkaufen wollte. Mein Bruder meinte, es wäre richtiger, ich ließe die Sachen so liegen, wie Papa sie für mich zurückgelegt hätte. Mein Kopf wurde mir ordentlich heiß, ich bin ja erst 17 Jahre und muß schon denken!«

Gleichzeitig: »Die Universität Zürich nimmt zum ersten Mal Medizinstudentinnen auf; Bismarck beginnt den Kulturkampf; der Verein für Sozialpolitik wird gegründet; Bodelschwingh gründet eine Anstalt für Epileptiker in Bethel; zwischen Deutschland, Österreich und Rußland wird in Berlin das Drei-Kaiser-Bündnis geschlossen.«

248 Friedrich Kraus (1826–1894): Nicht angetroffen!
249 Helene Lange (1848–1930): Um 1887.
250 Lehrbuch der Weltgeschichte für Töchterschulen. Titelblatt 1858.

Die Frauenemanzipation, die das so lang vertraute Modell der harmonisch in sich ruhenden Bürgerfamilie mit ihrer vorgeschriebenen Rollenverteilung aufzubrechen drohte, verbreitete bei vielen jungen Frauen nicht nur ein Gefühl der Befreiung, sondern auch Unsicherheit und Furcht. Zu lange hatte die Geborgenheit im Familienschoße gewährt.

»So feierte ich wahre Leseorgien. Voll Heißhunger verschlang ich, was ich vorfand an Dramen von Shakespeare, Racine, Corneille, Goethe, Kleist, und bedauerte nur, daß meine arme Großmama nicht ein einziges Werk der Klassiker besessen hatte, in die Lessing sich versenkte, als er in meinem Alter stand. Er freilich, er lernte sie in ihrer Sprache kennen, der Glückliche. Weil er ein Bub war, *durfte* er das, er *mußte* sogar Griechisch lernen und Latein. Von seinen Lippen tönte die Sprache, in der Themistokles, Demosthenes, Cäsar, Titus geredet haben. Zum Ruhme gereichte ihm sein Glück... Wofür würde ich angesehen werden, wenn ich anfangen wollte, Griechisch und Latein zu lernen? Ganz einfach für verrückt. Ich war ja nur ein Mädchen. Was gehört sich alles nicht, schickt sich alles nicht für ein Mädchen! Himmelhoch türmen sich die Mauern vor mir empor, zwischen denen mein Dichten und Trachten sich zu bewegen hatte, die Mauern, die mich – umfriedeten.«
Marie von Ebner-Eschenbach (1830–1916): Meine Kinderjahre. 1906

251

»Einen hinreißenden Eindruck aber machte mir Raimunds ›Mädchen aus der Feenwelt‹ (wenn ich nicht irre, im Theater an der Wien dargestellt). Völlig berauscht kam ich nach Hause; die Richtung, in der meine Phantasie fortan ihre Flüge nehmen sollte, war bestimmt. Ich wurde unerschöpflich in der Erfindung von Theaterstücken, die ich nicht aufschrieb, sondern nur meiner Schwester und unsern Freundinnen und Altersgenossinnen erzählte. Gegen diese Art der Produktion wendete Friederike nichts ein; sie übernahm sogar eine Rolle, wenn die Aufführung meiner Komödie beschlossen wurde. Und das war keine so leichte Sache, denn die Schauspielerinnen mußten die Reden improvisieren. Es geschah mit Feuereifer und gänzlich unbefangen. Auf ein Publikum brauchten wir nicht Rücksicht zu nehmen; das fehlte, ging uns aber nicht ab. Die Gouvernanten, die es hätten bilden können, saßen im Nebenzimmer und schwatzten. Uns selbst zu erfreuen und zu gefallen war der Zweck unserer künstlerischen Leistungen, und sie erfüllten ihn glänzend.
Marie von Ebner-Eschenbach (1830–1916): Meine Kinderjahre. 1906.

251 Leopold von Kalckreuth (1855–1928): Kindertheater.
252 Max Liebermann (1847–1935): Leseunterricht.
253 Bernhard Mohrhagen (1813–1877): Der verbotene Roman. Um 1858.

252

»So freigebig mir auch die klassische Literatur gestattet wurde, in neueren Romanen wurde ich
kurzgehalten. Im verschwiegenen las ich Auer-
bachs ›Auf der Höhe‹. Neulich sprach ich mit
Herrn von Glasenapp, dem so frischen, feingebil-
deten Reichsbankpräsidenten, über die ehemals
aufrüttelnden Romane… ›Erinnern Sie sich noch‹,
frug ich, ›wie der greise Vater in jenem packenden

253

Auftritt der vor ihm knieenden Tochter, der Für-
stengeliebten, das entsetzliche Wort mit den vier
Buchstaben auf die Stirne zeichnete?‹ ›Und ob ich
das noch weiß! Sie haben das Wort aber doch nicht
erraten?‹ – ›Natürlich, sofort.‹ – ›Oh‹, sagte er und
rang die Hände, ›das ist ja ein erschütternder Einblick in frühe Verderbtheit! Ich war da anders, mit
siebzehn Jahren zerbrach ich mir mit meinem
gleichaltrigen Freund hierüber den Kopf, aber wir
bekamen es nicht heraus.‹«
Marie von Bunsen (1860–1941): Die Welt, in der ich
lebte. 1929.

»Sie selbst allerdings, wenn sie ehrlich sein solle,
habe es auch nicht immer gut gemacht. Sie sei
immer viel zu aufgeregt gewesen. Einmal sei sie
mit offenen Schuhen von zu Hause losgelaufen.
Aber damals sei das noch was anderes gewesen, da
habe das Lernen noch nicht *die* Rolle gespielt. Das
sei ja vorsintflutlich gewesen.
›Bücher lesen – so was gab es ja überhaupt nicht.‹
In ihrer jungen Ehe habe sie zum ersten Mal ein
Buch angefaßt.«
Walter Kempowski: Tadellöser & Wolff. 1971.

254

Selbst in der trivialen Literatur wurde es zu Ende des Jahrhunderts Mode, den standesgemäßen Heiratsantrag als einziges Erziehungs- und Lebensziel für die Familientochter in Frage zu stellen.

»In diesem Augenblick trat die Mutter ein, ihre Blicke flogen von Aenne zu ihrem Manne; sie sah, es ging um etwas Ernstes. – ›Na, was wird denn hier verhandelt?‹ fragte sie. Der Vater räusperte sich. ›Aenne will Musik studieren in Dresden‹, sagte er ruhig. Die Mutter lachte kurz auf, dann wurde sie still unter dem Blick des Kindes. ›Ich bin nicht in der Lage, dir das Studium zu ermöglichen‹, fuhr der Medizinalrat fort. – ›Aber – Walter studiert doch auch, und Robert –‹, wandte Aenne ein. – ›Schwatz doch nicht solches Blech!‹ fuhr die Mutter sie an. ›Walter ist ein Junge‹. – ›Und wenn ich nun ebenfalls ein Junge wäre‹, unterbrach das Mädchen, ›müßte ich dann auch hier sitzen, tatenlos, ohne Zweck und Ziel? Wäre dann auch nichts für mich da?‹ – ›Du bist aber eben kein Junge, damit beruhige dich!‹ rief die Mutter streng. ›Sei doch froh, daß du deine Eltern noch hast und nicht hinaus brauchst in die Fremde!‹ – ›Ich soll nichts tun, nichts lernen?‹ – ›Nichts tun? Genug ist zu

tun, Kochen, Flicken, Staub wischen, deine Mutter pflegen‹ – ›Aber, Mama, ihr seid schon drei mit dem Mädchen! Es ist ja ein furchtbares Faulenzerleben, zu dem ihr mich verdammt!‹ – ›Die meisten Mädchen leben bis zu ihrer Hochzeit so; du bist auf der Welt zum Nutzen, zur Freude deiner Eltern und um später die Frau eines braven Mannes zu werden – basta! Nun red’ nicht mehr davon!‹«
Wilhelmine Heimburg (1850–1912): Trotzige Herzen. 1897.

254 Henri Brispot (1848–1928): Die Brautwerbung. Um 1885.
255 Carl Koch (1827–1905): Eine Arbeiterinnen-Versammlung. Illustrirte Zeitung, Leipzig, vom 8. 3. 1890.

255

Es entwickelte sich auch eine proletarische, sozialisti-
sche Frauenbewegung, die von ihren Mitgliedern aller-
dings viel Mut und eine andersgeartete Aufopferung
verlangte wie die bürgerliche. Auch unter der weibli-
chen Arbeiterschaft stieß sie weitgehend auf Unver-
ständnis, blieb doch hier vielfach das alttradierte bürger-
liche Lebensideal als Zielvorstellung erhalten.

»Wie sich meine Mutter zu meinen Idealen und zu
meiner Tätigkeit (in der sozialistischen Arbeiter-
bewegung – Red.) stellte, will ich noch erzählen,
und dies ist noch eines der traurigsten Kapitel in
meinen Erinnerungen. Die alte Frau, die auf eine
Kette von Leiden und Entbehrungen zurückblick-
te, die unter schrecklichen Verhältnissen jedes 2.
Jahr ein Kind geboren hatte, das sie dann 16 bis 18
Monate an ihren Brüsten nährte, um länger vor
einem neuen Wochenbett bewahrt zu bleiben,
diese Frau, die verkümmert und frühzeitig von
harter Arbeit gebeugt war, konnte sich für ihre
Tochter kein anderes Los vorstellen als eine gute
Ehe. Ihre Tochter gut zu verheiraten, war ihr Sinnen und Trachten, und gar viel mußte ich ausste-
hen, wenn ich mich gegen eine Ehe wehrte, die
nur den Zweck gehabt hätte, mir mein Los zu er-

leichtern und mich von der Fabrik zu befreien.
Heiraten und Kinder bekommen sah sie als die Bestimmung des Weibes an. So sehr ihr anfangs die
Lobreden, die sie über mich hörte, schmeichelten,
ebensosehr änderte sich das, als sie einsah, daß ich
mein ganzes Leben meinen Bestrebungen widmen wollte. Je mehr ich als Rednerin verwendet
wurde, um so unwilliger wurde sie.«
Friedrich Engels und August Bebel, die die Autorin
kennengelernt hatten, besuchten sie. »Sie wollten der
alten Frau begreiflich machen, daß sie auf ihre
Tochter eigentlich stolz sein sollte. Aber meine
Mutter... zeigte für die guten Absichten der beiden Führer kein Verständnis... sie kannte nicht
einmal ihre Namen. Als wir wieder allein waren,
sagte sie geringschätzend: ›So Alte bringst du daher!‹ In ihren Augen handelte es sich bei jedem
Mann, der kam, um einen Freier für mich... Unsere beiden Besucher, von denen der eine ein Greis
war, während der andere mein Vater hätte sein
können, schienen ihr nicht die rechte Eignung
zum Gatten ihrer jungen Tochter zu haben.«
Adelheid Popp (1869–1939): Jugendgeschichte einer
Arbeiterin. 1909.

256 Aus: Gedenkbuch für das Leben. 1861.

Exkurs:
Hochzeit und Hochzeitsstaat

In der volkskundlichen wissenschaftlichen und beschreibenden Literatur[1] hat die Hochzeit mit allen sie begleitenden pittoresken und schmuckhaften Elementen wohl die meiste Beachtung erfahren, ohne daß man sie im allgemeinen zu ihrem sozialen Kontext in Beziehung setzte. Hier nun sollen Brauchmodelle nur so weit geschildert werden, wie sie in einem überschaubaren Zusammenhang zu den im vorhergehenden Kapitel geschilderten Familienmodellen stehen, vor allem zum bürgerlichen. Denn die einzelnen Bauelemente der Hochzeitsbräuche ordnen sich nach den subjektiven Stellenwerten, die ihnen die jeweils ausübende Gruppe im Zusammenhang ihrer inneren Logik verleiht, – nach den Interessendominanzen, die sie innerhalb der Gesellschaft einnehmen.

Zur »weißen Hochzeit« einer bürgerlichen Braut gehörte (und gehört) ein weißes seidenes Kleid, knöchellang und mit langen Ärmeln, ein elegant drapierter Schleier, modisch mit einem Myrtenkranz oder Blüten befestigt und für das »ganz große Brautkleid« lang über den Rücken herunterwallend. Die Braut braucht weiße Handschuhe und Schuhe, die sie von gesparten Brautpfennigen erwirbt; sie braucht zwei Brautjungfern und zwei Brautführer, denen sie vorher kleine Geschenke überreichen sollte. Der Bräutigam besorgt die Trauringe, möglichst glatt und aus Gold; er bestellt den Brautstrauß, der seiner Braut am Hochzeitstage überreicht wird, und er sorgt auch dafür, daß er selbst ein Myrtensträußchen an den Frack oder Gehrock stecken kann. Er denkt an die Ausstattung des Brautwagens, und er bespricht – gemeinsam mit seiner Braut – den Verlauf der kirchlichen Feier mit dem Pfarrer und den Blumen- und Kerzenschmuck in Kirche und Sakristei mit dem Küster. Er überlegt sich, wie der Weg zuerst zum Abholen der Braut für die Kirche und anschließend gemeinsam zur Hochzeitsfeier in feierlicher und angemessener Form zu erfolgen habe.

Aber es sind nicht nur die beiden betroffenen Personen, Braut und Bräutigam, auf deren Schultern die organisatorische Vorbereitungslast dieses großen Tages liegt. Die Brauteltern haben ebenfalls alle Hände voll zu tun: schon in den Jahren vor der Verheiratung ihrer Töchter sorgten sie für deren Brautausstattung, und jetzt kümmern sie sich um die Hochzeitsfeier, verschicken die Einladungen, überlegen die Tischordnung und planen eine schöne Speisenfolge mit den passenden Getränken.

Und die nächsten Verwandten denken über die Geschenke und die Tischreden nach, während Freunde und Freundinnen der Brautleute den Polterabend ausgestalten und sich auf das hochzeitliche Tanzvergnügen freuen.

Bei näherem Zuschauen ergibt sich, daß jede dieser Phasen des Hochzeitsfestes ihre eigene Geschichte hat, aber auch einen eigenen wechselnden Stellenwert innerhalb der vielen sozialen Gemeinschaften, die solche Bräuche im Verlauf der Zeiten ausgeübt und ausgestaltet – oder abgelegt haben. Da ist zunächst das *weiße Brautkleid*, Zeichen der Reinheit und Jungfräulichkeit der Braut, wie es die kirchliche Moral vorschreibt. Noch vor 3–4 Generationen hat man in städtischen Bürgerkreisen schwarz geheiratet, und erst das Vorbild höfischer Hochzeitskleider im Verlauf des 19. Jahrhunderts brachte das weiße Brautkleid im Bürgertum in Mode. Aber auch an den Höfen scheint die Farbe Weiß erst während des 18. Jahrhunderts aufgekommen zu sein.

Kulturgeschichtlich sehr viel älter als das weiße Brautkleid ist der Brautschleier, seit dem 4. Jahrhundert als Symbol der Reinheit der Schmuck der christlichen Braut (wie der schwarze Schleier Zeichen christlicher Trauer ist). Die Sitte der Verschleierung der Frau kommt aus dem Orient, wo man früh zartes Schleiergewebe herzustellen verstand. Der Kopfschleier sollte die Frau sowohl vor den unkeuschen Blicken der Männer wie auch vor

257 Hochzeit des preußischen Kronprinzen Friedrich Wilhelm mit der Tochter Viktoria der Queen Viktoria 1858.

dem Zugriff gefürchteter Dämonen schützen, und diese Vorstellungen sind zumindest seit dem Apostel Paulus nachweisbar in das christlich katholische Ritual eingegangen, das ja auch eine Verschleierung des weiblichen Hauptes beim Betreten einer Kirche verlangt. Die Verschleierung der Braut übernahm das Christentum zunächst für die Gottesbräute, die jungen Nonnen. Als Bestandteil der kirchlichen Brautkleidung setzte sich die Mode, einen Schleier zu tragen, erst seit dem Beginn des 19. Jahrhunderts durch, dann allerdings in schnellem Tempo und allgemeiner Verbreitung.

Wie tief die Vorstellung vom verhüllenden Charakter dieses kleidsamen, zarten hochzeitlichen Schmuckelementes haftet, beweist eine Vor-

schrift, die die Zeitschrift »Constanze« in ihrer Hochzeitsnummer vom 22. 6. 1965 veröffentlichte: »Ein kurzes doppeltes Teil (des Tüllschleiers) verhüllt bis zur eigentlichen Trauung das Gesicht. Nach der Trauungszeremonie schlagen Sie dieses lose Teil zurück und kommen mit unverhülltem Gesicht vom Altar.«

Weiß ist die Farbe der Unschuld, und das weiße Hochzeitskleid – ebenso wie der Schleier – entsprechen also ganz dem Keuschheitsgebot der Kirche. So setzte sich diese Bekleidung auch nur für die kirchliche Trauung durch, zunächst seitens der Bürgerbräute und auch hier erst im 19. Jahrhundert als Nachahmung adliger Gepflogenheiten und im Geiste einer auf äußere Repräsentation drängenden, vordergründig kirchlichen Moral.

Bis nach der Französischen Revolution hatten sich regionaltypische Kleidungssitten in der Form von Landestrachten in Deutschland erhalten, die auch die Hochzeitskleidung mit einbeschlossen. Erst als das Bürgertum die Höfe in der internationalen Modegeltung ablöste, als zu Beginn des 19. Jahrhunderts die englische Mode die französische zu verdrängen begann und der Bürger sich internationalisierte, traten die Landestrachten allmählich in die Dörfer zurück. Die Bürger begannen, sich ihr eigenes Hochzeitsritual zu entwickeln, zu dem vor allem das weiße Brautkleid gehörte.

Weiß zu heiraten wurde erst dann allgemein bürgerliche Mode, als »Altar und Thron« die moralischen Leitbilder prägten, – als aber auch mehr und mehr Poesie und Sentimentalität in einer eigenen bürgerlichen Festgestaltung den Hochzeitsakt umrankten. Nun allerdings war kein Halten mehr, und jedes Stadtmädchen träumte von der Hochzeit in Weiß mit Schleier. Heinrich Zille hat diese Träume in seinen Berliner Kinderspielbildern zu Papier gebracht.

Wie stand es dagegen auf dem Lande? Hier waren sehr viel länger ganz andere Motive für die Eheschließung relevant geblieben als die Keuschheit, die die Kirche forderte: materielle Ebenbürtigkeit, was Besitz und Stand betraf; verläßlicher Kindersegen, besonders im Hinblick auf den Hoferben.

258 Heinrich Zille (1858–1929): Berliner Kinder spielen Hochzeit.

Die bäuerlichen Werbungsbräuche, die weit über die gesamte europäische Bauernwelt verbreitet sind, sprechen im Sinne der inneren Logik dieses bäuerlichen Denkens eine beredte Sprache. Sie äußert sich in landschaftlich normierten Bräuchen wie der Nachtfreierei, dem Fensterln, dem Gasslgehen und vor allem der prunkvollen Hochzeitsfeier mit der Braut in ihrem Feststaat. »Sie heiratet weiß«, sagen auch heute die Bauersfrauen auf dem Lande und betonen damit, daß diese Tatsache im ländlichen Bereich neu und teilweise sogar ungewohnt ist. Noch vor einer Generation heiratete man, wie in der Stadt vor etwa drei Generationen, in schwarz, aber mit langem weißen Tüllschleier, dessen Ausmaße Kunde gaben von der wirtschaftlichen Lage der Braut: eine Übertragung der Sprache bäuerlichen Besitzdenkens auf das neue stoffliche Material.

Diese Prunkliebe konnte sich deutlicher in den alten Hochzeitstrachten äußern, die weder die Farbe weiß noch den Schleier kannten. Auch sie waren das Ergebnis einer sich seit Jahrhunderten vollziehenden Umstilisierung höfisch-städtischer, festtäglicher Kostüme in die Geschmackswelt der Bauern, deren materielle stoffliche Möglichkeiten und kollektive brauchmäßige Formsprache. Ein gutes Beispiel für diese Erscheinungen ist die alte Schwälmer Hochzeitstracht. Die verschiedensten Zeitstile und schichtungsspezifischen Eigentümlichkeiten haben sich hier vereint: ist das seidene Brusttuch des Bräutigams verhältnismäßig alt, so zeigt dessen großer Kopfputz, die sogenannte

Lust, neuere und auch ganz neue Züge in dem der Barockzeit nachempfundenen Menschenpaar zwischen den glitzernden Kugeln des Aufbaues und den bunten, das Gesicht verschleiernden Bändern, die nicht älter sein dürften als 50–60 Jahre. Aber hier kommt noch etwas anderes zum Ausdruck: die Gestaltsprache der Tracht. Nur der anständige und honorige Jüngling durfte diese *Lust* gerade und symmetrisch aufsetzen, wie es die Hochzeitstracht vorschreibt; hatte er aber ein uneheliches Kind, so blieb ihm nichts anderes übrig, als sie schief aufzusetzen. Darüber wachten streng die kirchlich gefärbte Dorfmoral und der Herr Pfarrer!

Der Kopfputz der Braut war nicht weniger ausladend gestaltet und mußte am Hochzeitsmorgen von einer kundigen Frau, der *Schapplerin*, am Kopfe der Braut in stundenlanger Arbeit aufgesteckt werden. Sie wird *geschappelt*: ein alter Wortbegriff, denn wenn auch das *Brett*, die bunten Bänder auf dem Rücken der Braut, ein erst seit 1900 aufkommender Schleierersatz sind, so verbergen sich unter ihrem Riesenkopfputz sehr viel ältere kostümliche Elemente. Das jochartige Holzgestell, das die mit Bändern und Flitterwerk ausgezierte *Brautlust* trägt, ist nichts anderes als die Restform einer alten Brautkrone, wie sie seit dem 6. Jahrhundert durch Gregor von Tours literarisch belegt ist. Krone und Kranz fanden dann ihren Eingang in die Modekleidung der mittelalterlichen Damen, die sie direkt auf dem Haar oder über einem untergelegten Kopftuch trugen. Dieses Requisit hieß *Schapel* oder *schapellekin*, hergeleitet von franz. *chapel* und lat. *capellus*, – ähnelte doch der kronenartige Kopfputz einem Kapellenbogen.

Walther von der Vogelweide hat ihn um 1200 in einem Gedichte besungen:
»Nemt, frowe, disen kranz’…
ir sît sô wol getân,
daz ich iu mîn *schapel* gerne geben wil,
so ichz aller beste hân…«
Hier steht *Schapel* als Synonym für Kranz, – und für den Hauptschmuck der verheirateten Frau.
Nur die reichen Dorfmädchen hatten ein Schappel

259 Frau mit »Schapel« aus der Manessischen Handschrift. Um 1300.

in ihrem Besitz, und die Hochzeitstracht widerspiegelte den Besitzstand ihrer Trägerin.

Mit solchen aus bäuerlichen Familientraditionen erwachsenen Denk- und Normvorstellungen trat nun die Kirche mit ihrem Keuschheitsgebot in Konkurrenz. Die farbsymbolische Kraft einer zeichenreichen bäuerlichen Hochzeitstracht wich allmählich dem keuschen und einheitlichen Weiß der christlich bürgerlichen Braut, deren Kleidung lediglich die Unschuld symbolisieren sollte und dessen Zeichensprache also auf einer ganz anderen Kommunikationsebene lag.

Einen ähnlichen Sinn hat der grüne *Myrtenkranz*. Frisches Grün und Hochzeitsmaien schmückten die Hochzeitsgäste der Antike, und auch die frühen Bildbelege aus Deutschland zeigen vor allem den Bräutigam bekränzt. Das üppig duftende Rosmarinkraut kam früh aus dem Mittelmeerraum in die deutschen Bauerngärten und wurde zum Liebes- und Hochzeitssymbol.

»Rosmarin und Suppenkraut
wächst in unserem Garten;
unser Ännchen ist die Braut,
soll nicht lang mehr warten!«
heißt es im Kinderlied – oder im Volkslied:
»Ein Brieflein schrieb sie mir,
Ich sollt' treu bleiben ihr.
Drauf schickt ich ihr ein Sträußelein,
Schön Rosmarin und Nägelein,
Sie soll mein eigen sein.«
In dieser Volksliedstrophe – wie auch in mancher anderen mündlichen Überlieferung – schimmern nun, wenn auch unverstanden, noch ältere rechtsbräuchliche Vorstellungen hindurch, denn das Abbrechen, Tragen und Übergeben eines Zweiges bedeutete rechtlich die Aneignung und Besitzergreifung des bezeichneten Gegenstandes. Das ist eine alte Erinnerung an die germanische Eheschließung, die ein Rechtsvertrag war, gleichbedeutend mit der Übergabe der Braut als Besitz. – Der Zweig als Symbol der Besitzergreifung verlor dann in späteren Jahrhunderten in diesem Zusammenhang seinen Sinn und grünte in einer gefühlsbetonteren Epoche lediglich als Lebens- und Liebeszeichen.

260 Mit Maien geschmückte Hochzeitsgäste.

Rosmarinzweige als Hochzeitskraut werden in manchen ländlichen Gegenden bis heute den Hochzeitsgästen an den Rockaufschlag geheftet. Erst spät wurden sie auf dem Lande durch die Myrte verdrängt, die ebenfalls aus dem Mittelmeerraum kam und zum kirchlichen Hochzeitszeichen avancierte, zum Material für den Jungfernkranz, den nur die unbescholtene Braut tragen

261 Daniel Chodowiecki (1726–1801): Dieser Kranz sey eurer Unschuld Preis!

durfte! Denn gerade das Kranztragen, das heute ganz abgekommen ist, wurde von der Kirche zum besonderen Zeichen der Reinheit erhöht. Eine Lücke im bräutlichen Myrtenkranz, Stroh- und Weidenkränze wiesen nach alten Kirchen- und Gemeindeordnungen auf die verbotenen vorehelichen Freuden der Brautleute hin!

Auch der glatte *Fingerring* als Zeichen der ehelichen Bindung ist später mit dem Christentum und der christlichen Einsegnung der Ehe zu uns

gekommen, wohl aus römischer Überlieferung. Er war ein Treuering und konnte erst als Rechtssymbol für das Treueversprechen Geltung gewinnen, als sich die alte germanische Sippenverfassung aufgelöst hatte, als nicht mehr der Ehevertrag durch die im Ring stehenden Gesippen bekräftigt wurde, sondern sich die Ehe auf das persönliche Treuegelöbnis zweier Menschen gründete. Von der Kirche ist er vom Treue-Ring zum Trauring gewandelt worden, zum Zeichen des durch den Priester gesegneten Ehebundes. Aber der Glaube an die Symbolkraft des Ringes und die volkstümliche Vorstellung, daß mit seinem Bestand die Treue verbunden sei, hat sich lange erhalten:

»Sie hat mir Treu versprochen,
gab mir ein' Ring dabei,
sie hat die Treu gebrochen,
das Ringlein sprang entzwei.«

Das unauflösliche Rund des glatten Reifs, die Magie des edlen geweihten Metalls, die feierliche Handlung des Überstreifens: das alles trug zum hohen Stellenwert dieses Requisits im Bereich bürgerlicher Moral bei. Auf dem Lande sind übrigens Trauringe häufig erst spät in Mode gekommen, während sie in der bürgerlichen Gesellschaft entsprechend dem kirchlichen Sorgegelöbnis des Mannes einen dominanten Stellenwert einnahmen.

Zusammenfassend ist zu sagen, daß die bäuerliche Gesellschaft des 19. Jahrhunderts ältere Brauchschichten bewahrt hat als die bürgerliche, was vor allem mit der Beibehaltung des Sippengedankens bei der Eheschließung zusammenhängt. Zumindest beweist sich hier die Dominanz dieser älteren, vornehmlich wirtschaftlich bedingten, den Besitz betonenden Sippengesichtspunkte, die sich mit den Prinzipien der Haushaltsfamilie verbanden. Aber als führende Schicht erhob sich seit 1800 das Bürgertum. Seine kulturelle Formsprache verbreitete sich allmählich auf alle Kreise der Städte und dann auch auf das Land. Äußerlich hatte es seine Verhaltensmuster zum größten Teil aus dem Reservoir höfischer Etikette entnommen; innerlich wurde es geprägt von strenger Kirchenmoral, in deren Befolgung man dem christlichen Keuschheits- und Treuegebot einen besonders hohen, auch nach außen sichtbaren Wert beilegte.

Alte Hochzeitsbilder zeigen diese Strenge ehelicher Bindung, und auf dem Lande hat sich solche Gestik, passend für die Hochzeitsfotografie, oft bis in die Gegenwart bewahrt: In geordneter Haltung steht das Brautpaar nebeneinander, die Hände ums Gesangbuch oder Taschentuch gelegt, den ernsten Blick auf den Fotografen gerichtet. Man berührt sich nicht und lächelt sich nicht an; kein Zeichen des Gefühls, wie es doch moderne Hochzeitsbilder gerne zeigen, ist zu erkennen, – nur der Ernst der Stunde!

262 Das Hochzeitsfoto!

Auch heute wird bei keiner anderen Festlichkeit wie bei der Hochzeitsfeier in Stadt und Land so sehr auf »Etikette« geachtet, auf die Erfüllung der Normen, die Meinung der Verwandten, Nachbarn und Kollegen. Die Briefkästen der Illustrierten sind voll von Anfragen darüber, was sich für Braut und Bräutigam, für Brautjungfern und Brautführer, für die Brauteltern und sonstigen Verwandten »gehöre«. Und von Zeit zu Zeit veröffentlichen dann die Frauenzeitschriften viel-

begehrte Sonderhefte zu diesem Thema. Die darin gegebenen Ratschläge offenbaren in schöner Deutlichkeit, daß auch der moderne Mensch oftmals nicht auf traditionelle, bürgerliche Verhaltensnormen bei solcher Gelegenheit verzichten will. Und er mischt an diesem seinem »Ehrentag« all jene Brauchelemente zu einer bildhaften und für ihn sinnreichen Festesfolge, die Rechtsgeschichte und Volksleben in jahrhundertelanger Wechselwirkung bunt gestaltet haben. Er fügt dem häufig ein anachronistisches bürgerliches »Standesgefühl« hinzu, das manche Hochzeitsfeier zu einem Quell familiärer Verschuldung werden läßt.

Anders denken und handeln viele der heutigen jungen Generation. Die neueste Mode, das »Brautkleid in Bunt«, bringt übrigens nun auch in der Sprache der Farben die Abkehr vom kirchlichen Keuschheitsideal.

[1] zuletzt Deneke, Bernward: *Hochzeit.* 1971 (mit vielen ikonographischen Zeugnissen zu den einzelnen Elementen); Informationsband *Hochzeit.* München 1964; s. Brauch und seine Rolle im Verhaltenscode sozialer Gruppen. 1973, S. 44 ff.

Anzeigen.

Mit Sven Hedin durch Tibet

ist nicht so gefährlich und anstrengend, wie ein Besuch bei Dr. K. in O. Nachdem man über Betten und Stühle geklettert ist, gelangt man erst dann in das Wohnzimmer, wenn man das Ehepaar gebeten hat, einen Augenblick hinauszugehen, und dann hat man noch große Schwierigkeit, sich frei zu bewegen. Besuch sehr lohnend.

☞ Eintritt nur 50 Pfg. ☜

Die erste
musikalische Familienvorstellung

des Duetts **Koch-Henze** findet voraussichtlich **Mitte Mai** statt. Beifallsbezeigungen irgend welcher Art im allgemeinen Interesse höflichst verbeten.

Die jenigen Herren, welche früher mit meiner Frau ein **Dielliebchen** auf Du und Du gegessen haben, werden ersucht, dies als verjährt zu betrachten.   Dr. K.

Welche edelgesinnte Dame?

verschafft gemütvollem und verträglichem Manne

häusliches Glück

dadurch, daß sie seine Frau wenigstens einmal in der Woche zum Tee einlädt, damit er zum Abendschoppen gehen kann? Tee und Wasser werden geliefert.
Offert. unter A. K. 100 an die Expedition.

Zur Anfertigung von formvollendeten

Gelegenheitsgedichten

zu jeder passenden und unpassenden Gelegenheit, besonders zu Polterabend-, Hochzeits-, Tauf- und sonstigen Familienfesten, empfiehlt sich   Frau **Helene F.**
(Zahlreiche schmeichelhafte Anerkennungen. Honorar nach Uebereinkunft.)

Achtung!   Achtung!
Neues Museum.

Die größte Sensation des 20. Jahrhunderts!
Jeden Nachmittag von 6 Uhr ab:

Die beiden Blinddärme in einem Glase.

Nur für Erwachsene!
Sehr lehrreich, urkomisch, zum Totlachen!
Eintritt 50 Pfg.

Wie ☞ beseitigt man schmerzlos ☜ **graue Haare?**

Die Methode, daß die Frau die Haare einzeln auszieht, ist schon als zu schmerzvoll abgegeben worden.   Dr. K.

Reelles Heiratsgesuch.

Junggeselle, Arzt mit guter Praxis und hübschen Schwestern, die sich nach einer Schwägerin sehnen; stattliche Erscheinung, Militär-Assistenzarzt der Reserve, 1 mal Säbel gefochten, Ende der 20, sucht hübsches, heiteres, feingebildetes, kunstverständiges, belesenes, musikalisches, häusliches, praktisches junges Mädchen ohne falsche Haare und falsche Zähne (auch Hosenrock ausgeschlossen), mit angenehmer, gutmütiger Mutter zwecks baldiger Heirat (nicht mit der Mutter, sondern mit der Tochter).

Suchender ist am 20. d. M., abends zwischen 10 und 11 Uhr, in der Steinhütte des ref. Pfarrgartens zu treffen. Diskretion Ehrensache.

Honny soit qui mal y pense!

Junge Mädchen, die Lust haben,

Schwester zu werden, finden in Fr. a. M. liebevolle Aufnahme. Ein **liebreiches Herz**, besonders für kranke Junggesellen, ist Bedingung.   **Neues Krankenhaus.**

Habe mich vom 21. April an in O. niedergelassen und bitte die verehrlichen Schuhhändler um ihren Besuch mit einigen Proben, da ich demnächst einen größeren

☞ Pantoffel ☜

für meinen Gemahl nötig habe.   Frau Dr. K.

Empfehle mich den Herren Arminen von Marburg im Anfertigen von
gestickten Bändern.

Aufträge werden prompt nachts zwischen 12½ bis 2 Uhr erledigt. Petroleum muß vergütet werden. Jahreskonsum 214 Stück. Refer. stehen zur Verfügung.   Frau Dr. K.

Suche noch einige lästige **Verehrer**, da überflüssig, möglichst bald **loszuwerden.**
Reflekt. unter „Ehe 1911".

263   Seite aus einer Hochzeitszeitung.

Mit zunächst schwarzem, dann weißem Hochzeits-
kleid, Kranz und Schleier entwickelte sich die kirchli-
che Trauung zu einem zugleich verinnerlichten und
prestige-erfüllten Teil der Eheschließung. In ihr wur-
den bewußt Tradition und Christentum gepflegt und
Bestehendes befestigt.

»AM HOCHZEITSMORGEN.

Zwei Hände wollen heute sich
An heil'ger Stätte fassen,
sie halten treu und inniglich
und nimmermehr sich lassen;
doch festzuziehn solch Liebesband,
soll helfen eine andre Hand,
soll Gottes Hand zum Segen
sich auf die euern legen!...

Zwei Namen wollen heute gern
in einem sich verschlingen,
den ihren will dem Eheherrn
die Braut zum Opfer bringen;
doch soll der Bund gesegnet sein,
so klinge noch ein Name drein,
so kling in Gottes Namen
zu eurem Ja das Amen.

Zwei Häuser blicken lieb und traut
aufs neugeschmückte dritte;
der Eltern Segen hat's gebaut
den Liebenden zur Hütte;
wie glänzt das Hüttchen schmuck und neu!
Doch daß da gut zu wohnen sei,
laßt fleißig euch die Glocken
zum Hause Gottes locken!«

Karl Gerok (1815–1890).

264

265

»DAS BRAUTKLEID.

Der höchste Ehrentag für ein Mädchen bleibt der Hochzeitstag. Und in all die schönen Mädchenträume hinein, die sich an das Bild des ›Herrlichsten‹ knüpfen, webt sich die Vorstellung des lang herabwallenden weißen Brautkleides, des Schleiers und des Myrtenkranzes. Das Brautkleid ist der wichtigste Gegenstand des ganzen hochzeitlichen Ceremoniells, und mehr als irgend eines all der schönen Dinge, die den Kleider- und Wäscheschrank der jungen Frau füllen werden, beschäftigt sie die Frage: ob Atlas oder Seide, ob mit langer oder kurzer Schleppe, ob mit oder ohne Besatz, ob in Prinzeßform oder mit loser Taille? Kein Mädchen wird freiwillig auf das weiße Hochzeitskleid verzichten. Selbst bei Trauerfall in der Familie und einer Feier im engsten Kreise wird sie es wählen. Sie überlege nur eins: ob sie ein sehr kostbares weißes Kleid auch späterhin verwenden kann, ob es für ihre Verhältnisse oder die ihres zukünftigen Gatten nicht ein Luxus ist, im Schrank ein wertvolles Gewand mit ellenlanger spitzen-

umsäumter Schleppe hängen zu haben, für das sie jahrelang keine Verwendung haben wird? ...Eine sehr kostbare Brauttoilette sollte also nur die junge Frau wählen, die es zu großen Festen verwerten kann oder die gar nicht darauf angewiesen ist, bei der Wahl an den Nutzen zu denken...
Den Schleier trägt man sehr lang herabfallend, weit über die gewöhnliche hintere Rocklänge. Auch fällt er nach vorn oft bis zu den Knien und umhüllt so die ganze Gestalt wie eine leichte weiße Wolke. Außer dem Myrtenkranz in den Haaren, dem Symbol der deutschen Braut, befestigt man oft im Schleier, an der Taille oder im Rocksaum kleine Myrtenzweige.
Als Schmuck trägt die Braut nur ein kostbares Familienstück oder ein Geschenk des Bräutigams in Form einer Brosche oder eines Medaillons.
Schuhe und Handschuhe der Braut sind weiß. Besonderen Wert legt man auf ein feines Spitzentaschentuch.«
Spemanns Goldenes Buch der Sitte. 1902.

264 Hochzeitsfoto. Um 1900.
265 Hochzeitsfoto. Um 1950.
266 Butterick's Moden-Revue: Brautkleid. November 1902.

267

268

»Die erste Anbahnung eines Verhältnisses erfolgt keineswegs immer von den zunächst beteiligten Personen: es werden vielmehr häufig sogenannte Freiersleute gewonnen, die dem heiratslustigen Bauer eine Frau auszusuchen den Auftrag erhalten. Was hierbei vor allem beachtet wird, ist Stand und Vermögen, denn auch im Bauer waltet nicht minder aristokratischer Sinn, als in dem zu Helm und Schild geborenen Adel. Was dem Adel der Bürger, das ist dem Bauer der Köther. Der vierspännige Bauer erkennt den zweispännigen Köther keineswegs als ebenbürtig an und betrachtet eine Verbindung mit einem solchen als eine Herabsetzung, sogar als eine Verunehrung seiner Stellung.«
Georg Landau (1807–1865): Sitte und Brauch in Hessen vor 100 Jahren. 1959.

»BEI EINER TRAUUNG.

Vor lauter hochadligen Zeugen
kopuliert man ihrer zwei;
die Orgel hängt voller Geigen,
der Himmel nicht, mein Treu!

Seht doch! *sie* weint ja greulich,
er macht ein Gesicht abscheulich!
Denn leider, freilich, freilich,
keine Lieb ist nicht dabei.«

Eduard Mörike (1804–1875).

269

»Rede, wie Bräuten geziemt, was Fröhliches,
   nicht von dem Abschied,
Trautes Kind, und zumal am heiligen Polterabend,
da schon Kammer und Bette zur Hochzeitsfeier
   geschmückt ist.
Schad' um die kleine Luise! Das jugendlich hüp-
   fende Mägdlein
wird Hausmütterchen schon, ehrbar und dem
   Manne gehorsam!
Männer küssen nicht mehr mit Bescheidenheit
   oder errötend;
herrisch umarmt sein Weib der Gemahl und zer-
   küßt ihr herrisch,
oft mit stechendem Kusse, die Wängelein, wann es
   ihm einfällt,

alles nach ehlicher Pflicht! Und zuletzt noch, o der
   Verruchtheit!
Muß sie als Amm' ihm dienen und Wärterin! Aber
   warum doch
bogst Du den Nacken in's Joch so bändiges Sinns,
   da Du schön bist?«
Scherzhaftes Gespräch zwischen Luise und ihrer
Freundin in »Luise« von Johann Heinrich Voß
(1751–1826), endgültige Fassung 1807, 3. Idylle: Die
Vermählung.

267 Hochzeitsbild aus der Schwalm. 1907.
268 Hochzeitsbild des deutschen Kronprinzen und der
Kronprinzessin. 1905.
269 Philipp Schillgen (1792–1857): Trauung in der Kirche
zu Oerlinghausen. 1836.

270

»An einem klaren Augustmorgen brannten im Oberhofe so viele Kochfeuer, als ob die Bevölkerung sämtlicher Ortschaften in der Runde zum Mittagsmahle erwartet werde. Über der Herdflamme, durch große Klötze und Scheiter zu ungewöhnlicher Größe entzündet, schwebte an dem eingezahnten, eisernen Haken der mächtigste Kessel, welchen die Wirtschaft bewahrte. Sechs oder sieben eiserne Töpfe umstanden mit ihrem siedenden und brodelnden Inhalte diese Gluten. Auf dem Platze vor dem Hause nach dem Eichenkampe zu prasselten, wenn die Geschichte die Wahrheit sagt, neun Feuer und ebenso viele oder höchstens eins weniger auf dem Hofe in der Nähe der Linden. Über allen diesen Kochstätten waren Böcke oder Roste errichtet, auf welchen Bratpfannen standen, oder an welchen Kessel von nicht geringer Größe hingen, obschon keiner derselben sich mit dem Umfange dessen, der über dem Herde seine Pflicht leistete, vergleichen durfte...

Die Mägde des Oberhofes gingen mit den Schaumlöffeln oder Gabeln zwischen den Kochstätten geschäftig hin und her. Es durfte, sollte die Speise den Gästen munden, nicht gefeiert werden mit Abschäumen und Umwenden, denn in dem

großen Kessel über dem Herde gaben acht Hühner die Kraft zur Suppe her, und in den übrigen dreiundzwanzig oder vierundzwanzig Töpfen, Kesseln und Pfannen sotten oder brieten sechs Schinken, drei Truthähne, fünf Schweinsbraten nebst der entsprechenden Anzahl von Hühnern... Während die Mägde in den Bratpfannen nachgossen, die Schinken anstachen, unter den Truthähnen die Glut erfrischten, von den Hühnern und der Suppe den Schaum hinwegnahmen, waren auch die Knechte fleißig an ihrem Werke. Der schwarzäugige Verwegene richtete im Baumgarten mit Böcken, Blöcken und Brettern eine gewaltige, lange Tafel zwischen den Blumenbeeten und unter den Fruchtstämmen zu, nachdem ihm ein ähnliches Gerüst bereits im Flure gelungen war. Der dicke Langsame bekleidete die Pforten des Hauses, die Wände des Flures und die Türen der beiden Zimmer... mit grünen Birkenstämmen. Er seufzte nachdrücklich über diese grüne und lustige Arbeit, auch fiel ihm, wie es schien, die Glut beschwerlich. Dennoch war ihm ein nachgiebigeres Geschäft zugefallen als seinem Mitknechte, dem zornigen Rothaarigen. Denn er hatte doch nur mit schmiegsamen Maien zu tun, jenem aber lag ob, das Vieh festlich zu zieren. Den Kühen

271

nämlich und Rindern, welche an der einen Seite
des Flurs hinter ihren Krippen standen, vergoldete
der Rothaarige mit Schaumgold die Hörner oder
band ihnen bunte Schleifen und Quasten um dieselben.«

Karl Leberecht Immermann (1796–1840): Der Ober-
hof. 1839.

270 Münchner Bilderbogen Nr. 107.
271 Eduard Ritter (1808–1853): Bauernhochzeit.
272 Josef Wahl: Der Kammerwagen. 1973.

»Specification dessen, was zu einem Brautwagen und der Aussteuer gehört: 272

Ein Überbett ad 10 Pfd. Federn a Pfd. 19 Grote
Ein Federbühren darauf 15 Ellen Linnen 4 Grote
eine gemeine Bühre zu 15 Ellen 4 ¹/2 Grote
eine feine Bühre zu 15 Ellen a 6 Grote
Ein Unterbette zu 14 Pfd. Federn, das Pfd. 19 Grote
eine Federbühre darauf 15 Ellen a 4 Grote
eine Bühre darauf 15 Ellen a 4 ¹/2 Grote
zwey Haupt Pöhl, ein jeder zu 4 Pfd. Federn a 19 Grote
zwey Feder Bühren darauf 10 Ellen a 4 Grote
zwey Überbühren darauf 10 Ellen a 4 ¹/2 Grote
zwey Haupt-Küssen, ein jedes 3 Pfd. Federn
zwey Feder Bühren darauf 21 Ellen. macht 5
Ellen a 4 Grote
zwey Ober Bühren darauf 5 Ellen a 4 ¹/2 Grote
zwey feine Bühren zu 5 Ellen a 6 Grote
zwey feine Bettlaken a 27 Ellen a 6 Grote
zwey schlechte Bettlaken a 27 Ellen a 5 Grote
zwey Halblaken Bettücher zu 27 Ellen a 4 ¹/2 Grote
1 Tischtuch zu 6 Ellen a Elle 6 Grote
1 Tischtuch zu 4 Ellen a Elle 4 ¹/2 Grote
ein Vorhang vors Bett zu 8 Ellen
2 Handtücher zu 6 Ellen a 6 Grote
2 altages Handtücher ein jedes 3 Ellen a 4 ¹/2
Grote macht
6 Stuhlküssen a 36 Grote
ein Kroß
ein Butterfaß
2 Pfd. Butter
ein Dutzend Teller
Pfeffermühle
eine Reibe
eine Mistforke
eine Harke
einen Flegel

ein Ribeysen
ein Hechel
ein Spinnrad
eine Schlepbrake
2 Stühle
ein Mangelholz
ein kupfern Kessel
eine Seite Speck
ein Ehrenkleid
ein altages Kleid
eine Kiste
einen Sack zu 6 Ellen a 4 Grote
ein Scheffelback oder 3 gute Brodt
eine Lade
Handtuchs armel
Eine Braut, die die völligen Biester bekömmt, sind 12 Stück
Rindvieh auch ein Pferd.
Vier Kühe a 5 Reichsthaler
2 große Ochsen a 2 ¹/2 Reichsthaler
2 kleine Ochsen a 2 ¹/2 Reichsthaler
2 große Vahl Rinder a 1 ¹/2 Rthlr.
2 kleine Vahl Rinder a 1 Rt. 9 Gr.
1 Pferd das wehrt
6 Schweine, das erste Paar zu 2 Rt. 36 Gr.
    das zweite Paar zu 2 Rt.
    das dritte Paar zu 48 Gr.
Summa das völlige Vieh zu einem ganzen Brautwagen beträgt 55 Rt. 58 Gr.
Beim halben Brautwagen wird Halbscheid gegeben, statt des
Pferdes ein Fohlen zu 5 Reichsthalern.
Wenn alte und junge Leute sich nicht vertragen können, und
die Alten die Leibzucht haben wollen, oder nehmen müssen,
so kömmt 2 Alten der sechste Teil von Länderei auch von
Wiesen zu, einem Alten der 12. Teil von Land und Wiesen.
Notiert, (Diepholz) 20. September 1736
Johann Christoph Reuter, Fr. W. Ufferhard«

273

Die Aussteuer, oder Bauer Klaus und der Freier.

Der Freier.

Herr Klaus, ich hätte Lust zu frei'n
Wohl eine Eurer Töchter,
Doch müßt Ihr mir die Frag' verzeih'n,
(Die Zeiten werden schlechter)
Was gebt Ihr denn nach Brauch und Sitt
Der ält'sten Tochter Martha mit?

Klaus.

Hoho! Ihr fragt verteufelt schlau
Nach Mosen und Propheten,
Ihr freit das Geld, und nehmt die Frau
So nebenbei aus Nöthen;
Doch kenn' ich Euch als recht und schlicht,
Und so ganz Unrecht habt Ihr nicht.

Denn Mancher freit so in den Tag
Hinein, denkt was zu fischen,
Und glaubt: das Geld kommt hinterdrein,
Wirst schon dein Theil erwischen;
Doch sieht's gewöhnlich traurig aus,
Er kriegt die Frau oft nackt ins Haus.

Drum sag' ich Euch ganz offen hin,
Was meine Töchter kriegen,
Und ist dies nicht nach Eurem Sinn,
Mögt Ihr Euch fort verfügen;
Die Schwiegersöhne kommen doch
Am Ende wohl zu Dutzend noch.

Wer meine Tochter Martha freit,
Hat eine wack're Dirne,
Treu ist sie, fleißig und gescheidt,
App'titlich wie 'ne Birne;
Von Leinwand ist ihr Koffer schwer,
Die Amtmannstochter hat nicht mehr.

Daneben kriegt sie noch von mir
Die schönste Kuh im Stalle,
Alljährlich auch ein Tönnchen Bier
Und eine Mausefalle,
Zwölf Hühner und ein fettes Schwein,
Ein neues Bett, wie Schnee so rein.

Ein Spinnrad, funkelnagelneu,
Ein Dutzend Wockenbinden,
Drauf werdet Ihr, bei meiner Treu,
Viel hübsche Lieder finden;
Die kauf' ich Euch bei Gustav Kühn,
Der hat die besten in Ruppin.

Für Eure Küche bringt sie Euch
Viel Töpfe und viel Tiegel,
Auch geb' ich, nach der Hochzeit gleich,
Euch meinen größten Spiegel,
Ja, eine neue Ofenbank
Von Buchenholz, vier Ellen lang.

Von Eichenholz den besten Tisch,
Vier Schemmel noch daneben,
Und wöchentlich 'nen Schauerwisch
Will ich Euch gerne geben,
Denn Alles muß ja blank und rein
Beim neuen Ehepaare seyn.

Sechs Schafe, eine Ziege auch
Will ich der Martha geben,
Und nach der Hochzeit, in den Rauch
Häng' ich, für Euch zu leben,
Vier Schinken und acht Würste auf,
Auch ein Paar Gänse in den Kauf.

Ja, ein Gesangbuch, golden blank,
Mit Jahreszahl und Namen,
Von Birkenholz 'nen Kleiderschrank,
Christus im schwarzen Rahmen,
Damit Ihr fromm und bieder bleibt,
Und keine lose Dinge treibt.

Hab' eine gold'ne Kette noch,
Die soll die Martha tragen,
Mit der Bedingung aber doch:
Nicht in den Wochentagen;
Nur Sonntags, wenn's zur Kirche geht,
Ein solcher Schmuck ihr lieblich steht.

Und bringt Ihr mir das erste Kind,
Schenk' ich's zum Angebinde
Das allergrößte, fett'ste Rind,
Was ich im Stalle finde,
Das setzt Ihr um in blankes Geld,
Und kauft dafür, was Euch gefällt.

Und nun sagt an, Herr Freiersmann,
Ob Euch die Mitgift gnüget?
Mehr giebt so leicht kein Bauersmann,
Der selbst den Acker pflüget;
Wollt Ihr die Martha, so schlagt ein,
Was ich gesagt soll Euer seyn.

Der Freier.

Topp, Vater Klaus, hier meine Hand,
Der Handel ist geschlossen,
Der Handschlag sey das Unterpfand,
Wir reden keine Possen;
Die Martha wird mein Eheweib,
Das schwör' ich Euch bei Seel' und Leib.

Neu-Ruppin, zu haben bei Gustav Kühn.

»Sing mit fröhlichem Gemüte,
Bräutigam mit deiner Braut,
die dir heute Gottes Güte
zur Gehilfin anvertraut,
daß sie dich in Angst und Plagen
trösten soll in dieser Welt
und die Bürde mit dir tragen,
daß zu schwer sie euch nicht fällt.

Tretet fröhlich zum Altare,
betet Gott mit Ehrfurcht an,
dessen Güte viele Jahre
euch gesund erhalten kann;
bittet Jesum um den Segen,
ladet ihn zur Hochzeit ein,
denn daran ist es gelegen,
wenn ihr wollet glücklich sein.

Reicht einander Händ und Herzen
redlich ohne Heuchelei,
trachtet daß in Freud und Schmerzen
eure Treue standhaft sei.
Immer soll die Liebe brennen
nach dem göttlichen Gebot:
niemand soll die Ehe trennen,
niemand, als allein der Tod.«

Bäuerliches Hochzeitslied. 19. Jahrhundert.

274

273 Bilderbogen aus Neu-Ruppin.
274 Hochzeitsfoto: Katholische Tracht aus Mardorf in Hessen, 1919.
275 Hochzeitsfoto: Hüttenberger Tracht, Hessen, 1921.
276 Modernes Hochzeitsfoto, 1965.
277 Modernes Hochzeitsfoto, 1975.

275

276

277

»REZEPT, EINEN BRAUCHBAREN EHEMANN
ZU BEKOMMEN.

Ihr Mädchen, eh' Ihr Eure Hand verschenket,
Besinnt Euch siebenzig und sieben mal.
An Eurem ›Ja‹ vor'm Altar, das bedenket,
Hängt Freude oder Schmerz – nach *Eurer* Wahl.

Traut nicht den schmeichlerischen *Süßigkeiten*,
Wohinter oft die *bittre* Falschheit steckt!
Laßt Euch vom *ersten* Eindruck nicht verleiten,

Prüft sorgsam, ob Euch auch kein Kobold neckt,
Cupido's Binde erst vom Aug' gethan –
Dann wählt den Mann.

Der Mann, der Euch mit faden Schmeicheleien
Und Complimenten stets die Ohren füllt,
Der nicht genug des Weihrauchs Euch kann
     streuen,
Und vor *Vergött'rung* oftmals überquillt;
Der Euch vergleicht mit all' den tausend Engeln,
Die droben wimmeln über'm Sternenzelt:

Das ist so einer von den *Modebengeln*,
Ein *flacher Kopf*, ein *Promenadenheld*.
Kommt Euch so einer jemals zu Gesicht –
Den nehmet nicht.

Doch wer mit freier Stirn, in biedrem Tone
Euch sagt, was ihm an Euch auch *nicht* gefällt,
Der Eurer Tugend – jeder Mädchen Krone –
In Wort und Tat, nie eine Falle stellt;
Der nie durch schmutzige Zweideutigkeiten
Eu'r jungfräuliches Zartgefühl verletzt,
Der stets bemüht, Euch rechten Pfad zu leiten,
Und sein Verdienst dabei nicht überschätzt;
Der Euch in Ehren hält, so hoch er kann:
Den nehmt zum Mann.«

*Bürgerliches Hochzeitscouplet. Museum komischer
Vorträge für das Haus und die ganze Welt.*

278 Carlo Mense (1886–1965): Familienbild. 1918.

v.
Die Familie nach dem Ersten Weltkrieg

1. Die zwanziger Jahre

Die Illusion von der ewigen Dauer des bürgerlichen Familienmodells, die zugleich eine Illusion von der Dauer der herrschenden Gesellschaftsordnung überhaupt bedeutete, hatten der Erste Weltkrieg und die ihm folgende Revolution gründlich zerstört. Zaghaft begann das neue demokratische Deutschland, die ständischen Privilegien abzubauen und damit auch die Vorrechte der aristokratischen und der bürgerlichen Familien.

Doch neben den sozialen und ökonomischen Veränderungen hatte sich auch sonst fast der gesamte Kontext gewandelt, der typisch für die patriarchalische Kernfamilie gewesen war.

Durch die Lehren Sigmund Freuds (1856–1939) hoben sich die Schleier vor den Tabus des Geschlechtlichen und brachten die Entdeckung von Sexualverdrängung und Triebverzicht und deren soziokulturellen Konsequenzen, ja, dem Zusammenhang mit dem Entstehen von Kultur überhaupt.

»Die Triebsublimierung ist ein besonders hervorstechender Zug der Kulturentwicklung, sie macht es möglich, daß höhere psychische Tätigkeiten, wissenschaftliche, künstlerische, ideologische, eine so bedeutsame Rolle im Kulturleben spielen. Wenn man dem ersten Eindruck nachgibt, ist man versucht zu sagen, die Sublimierung sei überhaupt ein von der Kultur erzwungenes Triebschicksal... (Es) ist unmöglich zu übersehen, in welchem Ausmaß die Kultur auf Triebverzicht aufgebaut ist, wie sehr sie gerade die Nichtbefriedigung von mächtigen Trieben zur Voraussetzung hat«[1].

Wilhelm Reich (1897–1957) ging einen Schritt weiter und stellte fest, daß »die Sexualunterdrückung (nur) die massenpsychologische Grundlage einer bestimmten, nämlich der patriarchalischen Kultur in allen ihren Formen bildet, nicht aber die Grundlage der Kultur und ihrer Bildung überhaupt«[2].

Der sozialistische Freudschüler versuchte in seiner »Sexualökonomie« eine Kombination von Psychoanalyse und dialektischem Materialismus. Er gelangte zu einer Ablehnung der Freudschen Konzeption des Destruktionstriebes und interpretierte diesen als gesellschaftlich erzeugt. Der Aggressionstrieb des Menschen ist nach Reich Folge der Sexualunterdrückung. In allzu einseitiger Sicht interpretiert sie Reich als moralische Norm in der bürgerlich-patriarchalischen Familie, deren Erziehung den »autoritär-masochistischen Charakter« hervorbringe und damit dem totalitären System in die Hände arbeite.

Reich erkannte deutlich die dialektische Wechselwirkung zwischen Familien- und Gesellschaftsstruktur und wurde zum Anreger einer ganzen philosophisch-psychologisch-soziologischen Richtung, die noch behandelt werden wird.

Vieles kam nach dem Ersten Weltkrieg in Gang, und die Bewegungen der Sexualreform drangen nach langer Stauung überall vor, so in Deutschland z. B. durch Helene Stöcker und ihren »Deutschen Bund für Mutterschutz und Sexualreform« (1922).

Hier mischten sich Ziele der »gesunden« Neugestaltung familiären Lebens im Gegensatz zu den verwirrten gesellschaftlichen Zuständen der Vergangenheit mit ihrer »sexuellen Heuchelei und erzwungenen Enthaltsamkeit« mit Forderungen nach dem »einzigen Weg endlich zur vollen schöpferischen Ausgestaltung menschlichen Seins und Wesens in Mutterschaft und Vaterschaft« in einer »rechtlich anerkannten Einehe auf der Grundlage der wirklichen Gleichberechtigung der Geschlechter«. Das waren zumindest, gefördert durch Weltkrieg und Jugendbewegung, Anfänge eines neuen Denkens nach dem Muff des Plüschzeitalters, wenn auch die alten Ehevorstellungen noch weitgehend erhalten blieben.

Solche Ansätze, die hier nur angedeutet werden können, kupierte der Nationalsozialismus total und leitete eine neue Epoche der Familienideologie ein.

Als man nach dem Ersten Weltkrieg gewissermaßen In-
ventur machte, erwiesen sich gerade die alten Mittel-
schichten, die ihr Geldvermögen verloren hatten, als die
Leidtragenden. 1918 war der Wert der Mark auf 50
Pfennig gesunken – im November 1923 entsprachen 4,2
Billionen Papiermark einem US-Dollar. Stabil blieben
lediglich die Vorstellungen vom bürgerlichen Lebens-
standard.

»Sie räumte den Kleiderschrank auf.
Geblüht im Sommerwinde,
gebleicht auf grüner Au
ruhst still du jetzt im Spinde
als Stolz der deutschen Frau.

Alles schön auf Kante, Waschlappen, Taschentücher (früher ritsch-ritsch-ritsch mit Kölnisch
Wasser). Bettlaken noch aus Wandsbek. Indan-
thren: links Sonne, rechts Regen, in der Mitte ein
stilisiertes I.
Die Fächer müßte man mal wieder mit Papier aus-
legen, weiß mit kleinen blauen Sternen, und zäh-
len, was man so hat. Bettücher, Bettbezüge und
die dazugehörigen Knopfstreifen. Auch mal wieder alles durchsehen und flicken. Was Tante Basta
wohl machte? Aus erstklassiger Familie, aber ver-
armt irgendwie, die hatte immer so schön gehol-
fen. Die gute Alte. Die ganze Aussteuer hatte sie
damals genäht.«
Walter Kempowski (1929): Uns geht's ja noch gold.*
1972.

279 Felix Vallotton (1865–1925): Frau am Wäscheschrank.

Bei einer Arbeitslosigkeit von 20 % der Arbeitnehmer
im Jahre 1923 blieben auch die Lebensbedingungen der
arbeitenden Bevölkerung gewissermaßen »stabil«.

280

»VATER UND ICH

Ich wartete gern
am Tor der Fabrik,
du brachtest
saftige Birnen mit,
wie ich seitdem
keine mehr aß.
Du berührtest manchmal
leise mein Haar,
du sahst nicht einmal,
daß ich schmutzig war,
wir waren nur
ineinander da!
Dann sagtest du oft
mit wehem Blick:
Nie laß ich dich
in die Fabrik!«

280 Sonntagsausflug mit Vater. Fotografie 1930.
281 Hans Baluschek (1870–1935): Feierabend.

Else Opitz (* 1909), 35 Jahre in
einer Nadelfabrik beschäftigt.

281

»Im Gegensatz zu dem Marxschen Begriff ist der Begriff ›schöpferische Muße‹ realistisch und den gegenwärtigen Verhältnissen angepaßt. Die ›freie Zeit‹ bei Marx ist keine ›Freizeit‹; ... Freie Zeit gehört zu einer freien Gesellschaft, Freizeit zu einer repressiven. Wenn bei dieser der Arbeitstag verkürzt werden muß, dann muß die freie Zeit organisiert, ja, verwaltet werden. Denn der Arbeiter, Angestellte oder Beamte tritt ein in seine freie Zeit, ausgestattet mit den Qualitäten, Haltungen, Werten und Verhaltensweisen, die zu seiner Stellung in der Gesellschaft gehören... seine freizeitliche Aktivität oder Passivität wird einfach eine Verlängerung oder Wiederherstellung seiner so-

zialen Rolle sein... Freiheit verbindet so die beiden Reiche: das Subjekt des Arbeitstages ist zugleich das der freien Zeit. In der zeitgenössischen Industriegesellschaft ist der Mensch nicht das Subjekt seines Arbeitstages; wenn er also das Subjekt seiner freien Zeit werden soll, so muß er zu einem solchen werden. Und solange nicht die repressive Organisation des Arbeitstages abgeschafft ist, wird er durch eben dieselben Mächte in ein Subjekt von Freizeit verwandelt, die den Arbeitstag beherrschen.«

Herbert Marcuse (* 1898): Ideen zu einer kritischen Theorie der Gesellschaft. 1969.

282

Jenseits der finanziellen Misere entfaltete sich in den 20er Jahren in vielen Häusern ein freieres Familienleben. Die »hierarchische Pyramide« wich zusehends einem zwanglosen Verkehr zwischen den Familienmitgliedern; man sprach mehr miteinander und wußte mehr voneinander als je zuvor.

»Die Großen [Kinder] nennen ihre Eltern ›die Greise‹ – nicht hinter ihrem Rücken, sondern anredeweise und in aller Anhänglichkeit, obgleich Cornelius erst siebenundvierzig und seine Frau noch acht Jahre jünger ist. ›Geschätzter Greis!‹ sagen sie, ›treuherzige Greisin!‹ und die Eltern des Professors… heißen in ihrem Munde ›die Urgreise‹. Was die Kleinen betrifft, Lorchen und Beißer, …so reden sie nach dem Beispiel der Mutter den Vater mit Vornamen an, sagen also Abel. Es klingt unbeschreiblich drollig in seiner extravaganten Zutraulichkeit, wenn sie ihn so rufen und nennen… ›Greislein‹, sagt Ingrid angenehm, in-

dem sie ihre große, aber schöne Hand auf die des Vaters legt, der nach bürgerlichem und nicht unnatürlichem Herkommen dem Familientisch vorsitzt, und zu dessen Linken sie, der Mutter gegenüber, ihren Platz hat – ›guter Vorfahr, laß dich nun sanft gemahnen, denn sicher hast Du's verdrängt. Es war also heute nachmittag, daß wir unsre kleine Lustbarkeit haben sollten, unser Gänsehüpfen mit Heringssalat – da heißt es für deine Person denn Fassung bewahren und nicht verzagen, um neun Uhr ist alles vorüber.‹

…Lorchen sagt und singt … ganz reizend mit ihrem beweglichen Mäulchen und ihrer süßen Stimme – viel besser als Beißer. Sie macht alles besser als er, und er bewundert sie denn auch ehrlich und ordnet sich ihr, von Anfällen der Auflehnung und des raufsüchtigen Kollers abgesehen, in allen Stücken unter. Oft unterrichtet sie ihn wissenschaftlich, erklärt ihm die Vögel im Bilderbuch, macht sie ihm namhaft: den Wolkenfresser,

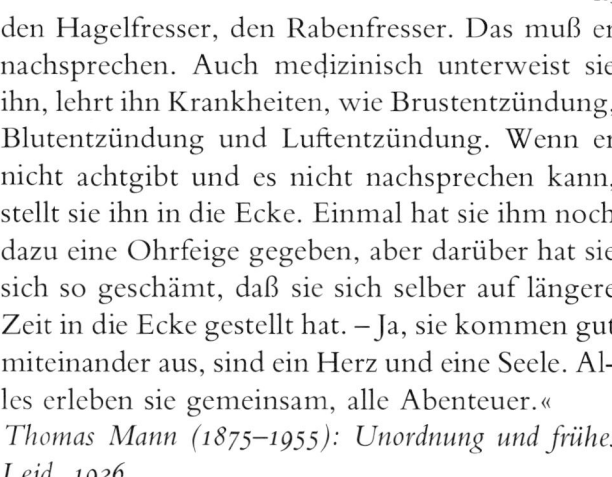

den Hagelfresser, den Rabenfresser. Das muß er
nachsprechen. Auch medizinisch unterweist sie
ihn, lehrt ihn Krankheiten, wie Brustentzündung,
Blutentzündung und Luftentzündung. Wenn er
nicht achtgibt und es nicht nachsprechen kann,
stellt sie ihn in die Ecke. Einmal hat sie ihm noch
dazu eine Ohrfeige gegeben, aber darüber hat sie
sich so geschämt, daß sie sich selber auf längere
Zeit in die Ecke gestellt hat. – Ja, sie kommen gut
miteinander aus, sind ein Herz und eine Seele. Alles erleben sie gemeinsam, alle Abenteuer.«
*Thomas Mann (1875–1955): Unordnung und frühes
Leid. 1926.*

282 Lovis Corinth (1858–1925): Familie Rumpf.
283 Otto Dix (1891–1969): Familie des Malers. 1927.
284 Carlo Mense (1886–1965): Mutter mit Kindern. 1925.
285 Geschwister. Fotografie 1921.

Daß mit dem Schuleintritt, wenn auch versüßt durch Zuckertüten, zuweilen neue Zwänge beginnen, von neuem autoritäre Strukturen das Kind in ihr System einordnen, haben die meisten erlebt. Die Eltern standen dabei oft ganz selbstverständlich auf der Seite der Erwachsenen, also von den Kindern aus gesehen auf der Gegenseite.

Schuleintritt um 1930:
»Die Pestalozzischule war ein neuer, ziegelroter, mit Sgraffitos und Fresken modern geschmückter, dreistöckiger, länglicher, oben flacher Kasten, der auf lautes Drängen der damals noch recht aktiven Sozialdemokraten hin vom Senat der kinderreichen Vorstadt gebaut wurde. Mir gefiel der Kasten, bis auf seinen Geruch und die sporttreibenden Jugendstilknaben auf den Sgraffitos und Fresken, nicht schlecht...
Aus allen Richtungen drangen Mütter vor, die bunte spitze Tüten hielten und schreiende oder musterhafte Knaben nach sich zogen. Noch nie hatte Oskar so viele Mütter in eine Richtung streben sehen. Schon in der Vorhalle dieser Schulgeruch, der, oft genug beschrieben, jedes bekannte Parfüm dieser Welt an Intimität übertrifft...
Mama führte mich monumentale, für Riesen geschlagene Treppen hoch, durch hallende Korridore in einen Raum, über dessen Tür ein Schildchen mit der Aufschrift Ia hing. Der Raum war voller Knaben in meinem Alter. Die Mütter der Knaben drückten sich an die Wand gegenüber der Fensterfront und hielten die traditionellen spitzbunten, oben mit Seidenpapier verschlossenen, mich überragenden Tüten für den ersten Schultag hinter verschränkten Armen. Mama trug auch solch eine Tüte bei sich...
Es wurde ruhiger in der Klasse Ia, als eine Frau eintrat, die sich hinterher Fräulein Spollenhauer nannte...
Fräulein Spollenhauer trug ein eckig zugeschnittenes Kostüm, das ihr ein trocken männliches Aussehen gab... Kaum hatte sie in flachen Wanderschuhen die Klasse betreten, wollte sie sich sogleich beliebt machen und stellte die Frage: ›Nun, liebe Kinder, könnt ihr auch ein Liedchen singen?‹

286

287

286 Der erste Schultag. Fotografie 1932.
287 Der erste Schultag. Fotografie 1907.
288 Klassenzimmer einer Grundschule. Fotografie 1918.

288

Als Antwort wurde ihr Gebrüll zuteil, welches sie jedoch als Bejahung ihrer Frage wertete, denn sie stimmte geziert hoch das Frühlingslied ›Der Mai ist gekommen‹ an, obgleich wir Mitte April hatten. Kaum hatte sie den Mai verkündet, brach die Hölle los. Ohne auf das Zeichen zum Einsatz zu warten, ohne den Text recht zu kennen, ohne das geringste Gefühl für den simplen Rhythmus dieses Liedchens, begann die Bande hinter mir, den Putz an den Wänden lockernd, durcheinanderzugrölen…

[Die Lehrerin] straffte dann ihre Figur, daß es knackte, und gab, während sie in die Aktentasche langte, zu verstehen: ›Ich lese euch jetzt den Stundenplan vor.‹

Einen Stoß Zettel fischte sie aus dem Schweinsleder, hob einen Zettel für sich ab, gab den Rest an die Mütter, so auch an Mama weiter und verriet endlich den schon unruhig werdenden Sechsjährigen, was der Stundenplan zu bieten hatte. ›Montag: Religion, Schreiben, Rechnen, Spielen…‹

Das verkündigte Fräulein Spollenhauer wie ein unabänderliches Schicksal, gab diesem Produkt einer Volksschullehrerkonferenz ihre gestrenge, keinen Buchstaben verschmähende Stimme,

wurde dann, sich ihrer Seminarzeit erinnernd, fortschrittlich milde, jauchzte, in erzieherische Lustigkeit ausbrechend: ›Das, liebe Kinder, wollen wir nun alle zusammen wiederholen. Bitte – Montag?‹

Die Horde brüllte Montag.

Sie darauf: ›Religion?‹ Die getauften Heiden brüllten das Wörtchen Religion…

An der Spollenhauer vorbei fand ich zu meiner Mama, faßte sie bei der Hand, zog sie aus dem zugigen Klassenzimmer der Klasse Ia. Hallende Korridore. Steintreppen für Riesenkinder. Brotreste in sprudelnden Granitbecken. Mama hielt noch immer das Zettelchen…

Dem Fotografen jedoch, der zwischen den Säulen des Portals auf die Erstkläßler mit den Schultüten und Müttern wartete, erlaubte Oskar, eine Aufnahme von ihm und seiner bei all dem Durcheinander nicht verlorengegangenen Schultüte zu machen. Die Sonne kam hervor, über uns summten Klassenzimmer. Der Fotograf stellte Oskar vor die Kulisse einer Schultafel, auf der geschrieben stand: Mein erster Schultag.«

Günter Grass: Die Blechtrommel. 1959.

289

Trotz Revolution, Republik und Demokratisierung
änderte sich wenig an den Rollenvorstellungen, nach
denen die Familien ihre Kinder erzogen. Die kleinen
Mädchen spielten mit Puppen und die Knaben Krieg,
d. h. sie setzten die Erzählungen ihrer Väter in Spiele
um.

»EINEM KIND ZU EINER PUPPE.

...

Jedes Spiel, das du gespielt,
bring ihm bei und die Befehle
gib ihm, die man dir befiehlt,
bis es lebt mit deiner Seele,
bis es lacht und weint wie du!
Wie du's wiegst in deinem Schoße,
wirst du selber, wirst im Nu,
eh du's dachtest, eine große
lächelnde und ernste Frau.
Es schlägt Augen auf wie deine:
zweier süßer Edelsteine
unerschöpflich tiefes Blau.«

Max Kommerell (1902–1944).

290

»... So entbrannten die Feindseligkeiten, zuerst
mit wüsten Schimpfereien, denn an die Knüppel
der Kummerower trauten sich die Welsowschen
nicht heran... Allmählich wurden die Goten aus
dem Dorf herausgedrängt, zum Glück in der
Richtung auf Randemünde, denn die anderen
dachten ihnen damit einen Streich zu spielen. Die
Welsowschen hatten einen sandigen Kartoffelak-
ker besetzt, so waren sie ausreichend mit Muni-
tion versorgt... Mutig gemacht durch ihren vermeintlichen Sieg rückten die Welsowschen nach.
...Da blies Johannes von sich aus zum Angriff.«
Ehm Welk (1884–1966): Die Heiden von Kummerow.
1937.

289 Puppenmütter. Fotografie 1932.
290 Jungen spielen »Schützengraben«. Fotografie 1929.

291

»Wer singt da auf der Straße? Kommunisten? Ich denke, das ist vorbei? Ach so, bloß Wandervögel! Sie – heute hab ich die Reichswehr vorbeiziehn sehn, die sind da an unserem Geschäft langgekommen – ich sage Ihnen: fabelhaft! Wie früher! Sehr gut. Na, der Hindenburg macht seine Sache schon ausgezeichnet, das muß man ihm lassen.« *Kurt Tucholsky (1890–1935): Herr Wendriner kauft ein. 1924.*

291 John Heartfield (1891–1968): Untertanen. Fotomontage 1929.

2. Familie und Familienpolitik in der Zeit des Natio-
nalsozialismus
Kinderreiche Familie und Mutterbild

Welchen Typus von Familienform übernahm
der Nationalsozialismus? Welche soziale Größe
schien den Ideologen des Systems angemessen,
nachdem das deutsche Volk mit Autobahnbau
und Rüstungsfabriken voll in die hochindustriali-
sierte Gesellschaft des 20. Jahrhunderts integriert
worden war?

Hitler schreibt in »Mein Kampf« zum Thema
Frau und Familie:

»Nicht im ehrbaren Spießbürger oder der tugend-
samen alten Jungfer sieht er [der völkische Staat]
sein Menschheitsideal, sondern in der trotzigen
Verkörperung männlicher Kraft und in Weibern,
die wieder Männer zur Welt zu bringen vermögen« (S. 455).

Und weiter:

»Analog der Erziehung des Knaben kann der völkische Staat auch die Erziehung des Mädchens
von den gleichen Gesichtspunkten aus leiten.
Auch dort ist das Hauptgewicht vor allem auf die
körperliche Ausbildung zu legen, erst dann auf die
Förderung der seelischen und zuletzt der geistigen
Werte. Das *Ziel* der weiblichen Erziehung hat
unverrückbar die kommende Mutter zu sein«
(S. 459).

Im übrigen finden sich in Hitlers Werk vor allem
rassenhygienische Bemerkungen über die Ehe, die
in der Forderung nach einer frühen Verehelichung
in den kommenden Generationen kulminieren,
um Prostitution und Syphilis zu vertreiben, und in
der Verurteilung der Rassenmischung:

»Ein völkischer Staat wird damit in erster Linie
die Ehe aus dem Niveau einer dauernden Rassen-
schande herauszuheben haben, um ihr die Weihe
jener Institution zu geben, die berufen ist, Eben-
bilder des Herren zu zeugen und nicht Mißgeburten zwischen Mensch und Affe« (S. 272 u. 444).
Die Stichwörter »Frau« und »Familie« fehlen im
Sachregister von »Mein Kampf«.

Um so ausführlicher äußerte sich die politisierte
Wissenschaft zu diesem Thema. Horst Beckers
Familienbuch[3] baute auf den Riehlschen Positio-

nen auf, ohne sich voll damit zu identifizieren. Der
Verfasser heiligte die deutsche Familie germa-
nisch-bäuerlicher Prägung im Blut-und-Boden-
Geist. Seine »Familien-Sozialgeschichte« diente
ausschließlich der Theorie einer Familie, wie sie
innerhalb der nationalsozialistischen Volksord-
nung Gültigkeit haben könnte. Als eine »Volkskunde der Familie« ist dieses Buch nicht zu bezeichnen. Horst Becker, geboren 1906, übernahm
von Riehl das statische Bild der Familie.
»Sie [die Familie] ist das bewahrende Element innerhalb der natürlichen Ordnung des Volkes...
Weil sie ein Glied der natürlichen Ordnung ist, ist
ihr Bewahren von natürlicher, organischer Art:
Sie ist Bewahrerin des Blutes, Erhalterin des Blut-
stromes im Volke. Zeugen und Gebären ist für die
Familie nicht Hervorbringen eines Neuen, sondern Erhalten des Wachstums, Bewahren des Le-
bensstromes« (S. 135 f.).
Auch über die Entstehung der Familie ist Becker
sich mit Riehl einig: gottgewollt ist die Ungleichheit von Mann und Weib und die Familie eine »natürliche Ordnung«.
Die Irrationalität seiner Aussagen verbindet sich
mit dem Blut-und-Boden-Mystizismus jener
Zeit. Von hier ist es nur ein kleiner Schritt zur
Verherrlichung des Bauernstandes schlechthin
und seiner Familienform, die »so ganz aus den
Tiefen einer unmittelbaren Natürlichkeit pflan-
zenhaft emporzuwachsen scheint« (S. 14).
Auch das Verhältnis zu den Kindern erscheint –
wie bei Riehl – naturgegeben, was immer damit
gemeint sei:
»Von Natur ist dieses Verhältnis begründet als ein
unmittelbares Verhältnis des Blutes: ›Weil Vater
und Mutter die Auctores, die Urheber der Familie
sind, darum besitzen sie von selber die Auctoritas,
die Macht der *Autorität*...‹ Wenn das Familien-
haupt den übrigen Gliedern der Familie gegenüber im Verhältnis der Autorität steht, so stehen
diese zu ihm im Verhältnis der *Pietät*, der liebe-
und ehrfurchtsvollen Hingebung‹ (Riehl)« (S. 27).
Die Verherrlichung der bäuerlichen Familie, oder
vielmehr des Bildes, das man sich von ihr macht –
hervorgegangen aus der germanischen Sippe, rein

und ungebrochen in ihrer Form bewahrt bis heute: das ist das Generalthema des gesamten Buches. Der bürgerlichen Familie, deren Entstehen Becker mit einer Reihe interessanter Interpretationen klassischer Familiengemälde begleitet, begegnet er mit Mißtrauen:

»Die bürgerliche Familie trägt in sich selbst den Anfang ihrer Auflösung. Sie ist als Gemeinschaft nach der Arbeit aus dem tätigen Leben, aus der öffentlichen Welt der Arbeit ausgeschieden und zur privaten Gruppe geworden, und sie trägt die Tendenz zu immer weiter gehender Privatisierung in sich. Sie hat aus dieser Schrumpfung einen Gewinn gemacht, indem sie die menschliche Seite des Familienverhältnisses, die Liebe, zum Grund und Kern der Familie machte. Die bäuerliche Familie steht auf einer anderen breiteren Basis. Sie ist als Arbeitsgemeinschaft, geführt vom Vater, tätiges Glied der Arbeitsordnung des Volkes und ist, repräsentiert durch den Bauern, Glied des Dorfes als einer politischen Gruppe. Sie ist mehr als eine private Verbindung und alles andere als ein Feld privater Erholung« (S. 103).

Diese Analyse, gerade weil sie im einzelnen Richtiges enthält, muß als Ganzes richtiggestellt werden, denn sie ist falsch wegen ihrer ahistorischen ideologischen Denkgrundlage.

Richtig ist die Kennzeichnung der Bauernfamilie als selbst produzierende Arbeitsgruppe – aber doch nur im Sinne eines vorläufigen Fortbestandes der gemeinsam wirtschaftenden Haushaltsfamilie. Bei zunehmender Rationalisierung und Technisierung des Bauernhofes wird sie sich ebenfalls der Form der Kleinfamilie mit Konsumbedürfnissen annähern. – Richtig ist die Kennzeichnung der Bürgerfamilie als einer auf Häuslichkeit gerichteten Innengruppe – aber doch nur für die Epoche des 19. Jahrhunderts mit ihrer Vaterherrschaft und mangelnden Emanzipierung von Frau und Kindern. Obgleich Becker gewisse geschichtliche Veränderungen nicht unerwähnt läßt, erweckt er doch im ganzen, besonders was die Bauernfamilie anbetrifft, die Vorstellung eines statischen Zustandes von »Urzeiten« an.

Der Erhaltung dieses idealischen Zustandes soll

die Erziehung der Kinder zu zukünftigen Volksgenossen dienen, denn Eheschließung ist nicht – wie in der bürgerlichen Familie – »mehr nur Sache der Liebe, sondern steht unter politischer Verantwortung, unterliegt den Forderungen der Rassenpflege und Rassenpolitik. Kinder zeugen und gebären ist eine nationale Pflicht, eine Forderung der Bevölkerungspolitik« (S. 146).

Um diese Kinder zu erziehen, brauche man die Familie, denn Erziehen sei mehr als Aufzucht im biologischen Sinne.

Der kindliche Gehorsam sei dann die selbstverständliche Anerkennung für die elterliche Sorge. Hier münde die Darstellung Beckers wieder ganz ein in den Topos von der patriarchalischen Familienordnung, den er jedoch sogleich im politischen Sinne erweitert:

»In der Familie lernen wir die Liebe, die treue Fürsorge. Aber diese Liebe ist streng persönlich gebunden, sie zielt auf diesen, unseren Blutsverwandten. Diese Gesinnung der sorgenden Liebe… muß auf den Volksgenossen erweitert werden. Damit dies geschehe, wird die Erziehung der Familie fortgesetzt in der Erziehung in der Jungmannschaft, im Bund, im Heer, in der Schulgemeinschaft« (S. 139).

Damit ist er angelangt an jenem Punkt, wo Unvereinbares vereint werden soll: gemütvolles patriarchalisches Familienleben mit gehorsamen Kindern und gleichzeitig männerbündische Freiheit in kriegerischen Jungmannschaften. Gewaltsam versucht er, die Diskrepanz dieser beiden Erscheinungsformen zu verbinden:

»Beide, Familie und Männerbund, sind in ihrem Sinn und ihrer Aufgabe nach polar gegeneinander gesetzt, so daß beide erst durch ihr Gegeneinandergesetztsein ihren Sinn finden, steigern und erfüllen. So wie die Familie bewahrend, konservativ ist, so drängt der Männerbund über sie hinaus« (S. 134).

Den Kern einer solchen Gruppe bilden die jungen Burschen zwischen Pubertät und Heirat. In ihrem Zusammenschluß artikuliere sich ihr Drang, über ihr individuelles Sein hinauszuwachsen.

»Werkstatt und Heer sind solche männerbündischen Organisationen, die aus der organischen Schicht herausgewachsen sind und zu tragenden Gebilden der Arbeitswelt und der politischen Ordnung des Volkes sich verselbständigt haben... Dieser bedeutsame Zug des Männerbundes liegt unmittelbar in seinem Charakter als einer Scharung von Männern, im besonderen von jungen Männern, begründet. Er trägt in sich das Revolutionäre der männlichen Jugend wie auch das Verstandesmäßige des Mannestums überhaupt.« Becker hat in seinem Buch die germanisch-bäuerliche Sippenfamilie in ihrer »geschichtlichen Beständigkeit« der bürgerlichen Familie in ihrer Veränderlichkeit gegenübergestellt. Er widerspricht Riehl insofern, als er dessen Postulat einer zeitlosen Gültigkeit der bürgerlichen Haushaltsfamilie nicht zustimmt. Er versucht, bäuerliche wie bürgerliche Familie als »historische Schöpfungen« darzustellen, doch zugleich preist er den historisch überlebten Sippengedanken, den »Gedanken des Blutes«, als alleinverbindlich für die Familie der Zukunft. Aber wie lassen sich nun Familie und wehrhafte Erziehung vereinigen?

Die Erziehung der Knaben in Richtung auf die heroisch männerbündische Daseinsform kann nach den gesellschaftspolitischen Vorstellungen der Nationalsozialisten nicht Sache der Familie bleiben. Sie muß in die Hand der Partei, in die Ordensburgen verlegt werden.

»Meine Pädagogik ist hart«, sagt Hitler in seinen Gesprächen[4], »das Schwache muß weggehämmert werden. In meinen Ordensburgen wird eine Jugend heranwachsen, vor der sich die Welt erschrecken wird... Ich will keine intellektuelle Erziehung... aber Beherrschung müssen sie lernen. Sie sollen mir in den schwierigsten Proben die Todesfurcht besiegen lernen. Das ist die Stufe der heroischen Jugend. Aus ihr wächst die Stufe des Freien, des Menschen, der Maß und Mitte der Welt ist, des schaffenden Menschen, des Gottmenschen. In meinen Ordensburgen wird der schöne, sich selbst gebietende Gottesmensch als kultisches Bild stehen und die Jugend auf die kommende Stufe der männlichen Reife vorbereiten.« Spätestens an dieser Stelle wird der Beschwichti-

gungscharakter des Topos von der »Familie als der Keimzelle des Staates« deutlich. Das galt nur in rein biologischer Hinsicht, denn als Ort der Sozialisation hatte die Familie nach dem Willen der nationalsozialistischen Führer so gut wie gar keine Rolle zu spielen. Ihre Funktion war damit so herabgemindert wie kaum jemals in ihrer gesamten Sozialgeschichte seit der Zeit der Germanen. Das betraf insbesondere die Frauen. War dem Manne die politische Tätigkeit vorbehalten, so der Frau die Mutterrolle.

»Als erreichbares Ziel muß jedoch abgesteckt werden: Die Mutter soll ganz ihren Kindern und der Familie, die Frau sich dem Manne widmen können, und das unverheiratete Mädchen soll nur auf solche Berufe angewiesen sein, die der weiblichen Wesensart entsprechen. Im übrigen soll jede Berufstätigkeit dem Manne überlassen bleiben«[5]. Damit schien alles zurückgenommen, was die Frauen sich in den vorangegangenen Generationen erkämpft hatten.

Ehestandsdarlehen, Kinderbeihilfen, Steuerermäßigungen, völlige Steuerfreiheit ab 5 Kindern: das alles sollte der Auffüllung des völkischen Staates mit rassereinem erbgesundem Volkstum dienen. Aber man ging noch weiter und ließ mit der bevölkerungspolitischen, zunächst geheimgehaltenen Einrichtung des »Lebensborn« die traditionellen Familienvorstellungen weit hinter sich. Heinrich Himmler, Reichsführer der SS, am 9. Mai 1943 zu seinem Leibarzt und späteren Biographen Kersten:

»Ich ließ zunächst mehr inoffiziell durchblicken, daß jede unverheiratete Frau, die sich allein auf der Welt befindet, aber gern ein Kind will, sich vertrauensvoll an den Lebensborn wenden soll. Die Reichsführung SS wird das Kind adoptieren und für seine Erziehung sorgen. Ich war mir klar, daß dies einen revolutionären Schritt bedeutete... Aber Sie können sich vorstellen, daß wir nur wertvolle und rassisch einwandfreie Männer als Begattungshelfer verwenden... Man wird sehen, was wir erst aus der Sache machen, wenn der Krieg vorbei ist. Da wird es für jede deutsche Frau Ehrensache werden, wenn sie mit dreißig immer noch kinderlos ist, ihr Kind auf diese Weise zu bekommen. Dann wird sich auch niemand mehr dagegen sträuben, wenn wir die Sache nicht mehr auf freiwilliger Basis machen, sondern gesetzlich erzwingen…«[5a]

Dem Blut-und-Boden-Gedanken entsprach die Eigenheimbewegung: »Heim – nicht Wohnung«, hieß die Parole, im Gegensatz zur bürgerlichen Familie in ihrer Wohnetage, die von der natürlichen Entsprechung, dem Boden, getrennt sei: »Der Kleingarten des Arbeiters und Angestellten ist zwar ein schwacher Ersatz für den Boden eines Erbhofs… Er ist Boden, soweit es ihn innerhalb der bürgerlich städtischen Gesellschaft geben kann, Boden mit allen Unwägbarkeiten, die in diesem Wort liegen. Es müssen schon hartgesottene Materialisten sein, die in ihrem Kleingarten nur eine Produktionsstätte für Möhren und Kohlrabis sehen, denen nicht vom ersten Tag an, da sie auf eigenem Grund stehen, ein inneres und inniges Verhältnis zu ihrem Boden aufginge«[6].

Im Mittelpunkt all dessen stand die häusliche Frau, das Heimchen am Herde, die Gebärerin, die seit 1938 je nach Kinderzahl mit den verschiedenen Stufen des Ehrenkreuzes der deutschen Mutter ausgezeichnet wurde: in Bronze an Mütter von 4–5 Kindern, in Silber an Mütter von 6–7 Kindern, in Gold an Mütter von 8 und mehr Kindern. Es wurde am blauen Band am Halse getragen und trug die Aufschrift: »Das Kind adelt die Mutter«. Die politökonomischen Ziele dieser Maßnahmen waren durchsichtig: mit der Vergabe eines Ehestandsdarlehens verknüpfte man die Bedingung, daß die Frau aus dem Arbeitsprozeß ausschied und ihren Arbeitsplatz freigab. Damit war ihre Funktion und ihr Interesse gänzlich auf den Haushalt und die Aufzucht kleiner Kinder reduziert, die sofort nach Eintritt in eine selbständigere Altersstufe in die Erziehungsgewalt des Staates übergingen, zumindest die Knaben. Die Mutter sollte also als geistiger Partner, als selbständig denkender Bürger ausgeschaltet werden. Nur den politisch tätigen und arbeitenden Vater als Autorität und die haushaltende und gebärende Mutter sah die gewünschte Rollenverteilung vor. In dieses Schema

wurden die Kinder hineingeboren und erzogen und so von vornherein einem Autoritätsbegriff unterstellt, der auf das gesamte politische System übertragbar war.

Der Krieg allerdings erzwang andere Konsequenzen, erforderte die Berufstätigkeit der Frauen in einem quantitativ sehr hohen und qualitativ sehr umfassenden Maße. Er erlegte den Frauen oftmals unfreiwillig die Erprobung ihrer Fähigkeiten als verantwortlicher Haushaltungsvorstand in schwierigsten Situationen auf, ihre Qualifikation für Aufgaben, für die es kein Vorbild gab. Damit wurde das autoritäre Familienmodell des Nationalsozialismus weitgehend zerstört, noch ehe es sich in allen Einzelheiten durchgesetzt hatte.

3. Autorität und Familie als politisches Instrument

Wurde im vorhergehenden Abschnitt versucht, das zeitgültige Familienmodell aus der Innensicht der Nationalsozialisten selbst zu verdeutlichen, so sei jetzt die Analyse referiert, die diesem Familienmodell von außen her zuteil wurde, von einer Gruppe emigrierter Soziologen, die mit Erschütterung und Sorge die Entwicklung in Deutschland beobachteten und den Schlüssel für den anfänglichen Erfolg des Hitlersystems in der familialen Disposition der deutschen Bevölkerung zu finden glaubten.

Max Horkheimer, Erich Fromm und Herbert Marcuse veröffentlichten aus der Emigration 1936 ihr Studienmaterial über »Autorität und Familie«[7]. Entscheidend für unseren Zusammenhang ist der »Sozialpsychologische Teil« von Erich Fromm (S. 77–135).

Fromm, geboren 1900, seit 1934 in den USA, gehört zu den Neofreudianern. Auch seine Autoritätsstudie basiert auf dem Freudschen Persönlichkeitsmodell:

»Er [Freud] nimmt im seelischen Apparat drei Instanzen an: Das ›Es‹, das ›Ich‹ und das ›Über-Ich‹. Dies sind nicht Bezeichnungen für ›Teile‹ im statischen, sondern für Träger von Funktionen im dynamischen Sinne; nicht scharf abgegrenzt, sondern ineinander übergehend. Das ›Es‹ ist die ursprüngliche und undifferenzierte Form des seeli-

schen Apparates... Das Ich ist ›der durch den di-
rekten Einfluß der Außenwelt... veränderte Teil
des Es‹. Es repräsentiert, ›was man Vernunft und
Besonnenheit nennen kann, im Gegensatz zum
Es, welches die Leidenschaften enthält‹. ...Das
Über-Ich... ist die phylogenetisch letzte und hei-
kelste Instanz des seelischen Apparates. Als seine
Funktion bezeichnet Freud ›die Selbstbeobach-
tung, das moralische Gewissen, die Traumzensur
und den Haupteinfluß bei der Verdrängung‹.
...Die Entstehung des Über-Ichs bringt er in eine
enge Beziehung zum Vater. Schon vor allen Ob-
jektbeziehungen identifiziert sich der kleine
Knabe mit dem Vater, und hinter dem Ichideal
›verbirgt sich die erste und bedeutsamste Identifizierung des Individuums, die mit dem Vater
der persönlichen Vorzeit‹« (S. 81 f.).
Im Laufe der Entwicklung aber nimmt »das
Über-Ich auch die Einflüsse jener Personen an, die
an die Stelle der Eltern getreten sind, also von Er-
ziehern, Lehrern, idealen Vorbildern«. Damit
wird es zum Träger der Tradition und ist die Verinnerlichung des äußeren Zwanges.
Trotz der Widersprüche und Unklarheiten in der
Theorie des Über-Ich hat Freud eine entscheidende Einsicht in das Problem der Autorität und
der gesellschaftlichen Dynamik vermittelt.
»Seine Theorie liefert einen wichtigen Beitrag zur
Beantwortung der Frage, wie es möglich ist, daß
die in einer Gesellschaft herrschende Gewalt tatsächlich so wirkungsvoll ist, wie uns das die Geschichte zeigt. Die äußerste, in den jeweils für eine
Gesellschaft maßgebenden Autoritäten verkör-
perte Gewalt und Macht ist ein unerläßlicher Bestandteil für das Zustandekommen der Fügsam-
keit und Unterwerfung der Masse unter diese Autorität« (S. 83).
Damit ist die entscheidende Frage der Beziehung
zwischen familialer und gesellschaftlicher Autorität angesprochen. Durch das Über-Ich wird die
äußere Gewalt in eine innere verwandelt, werden
die autoritären Vertreter der äußeren Gewalt verinnerlicht, und das Individuum handelt nun nach
ihren Geboten entsprechend den Forderungen, die
es an sich selbst stellt.

»Die äußere in der Gesellschaft wirksame Gewalt
tritt dem in der Familie aufwachsenden Kind in
der Person der Eltern und in der patriarchalischen
Kleinfamilie speziell in der des Vaters gegenüber.
Durch Identifizierung mit dem Vater und Verin-
nerlichung seiner Ge- und Verbote wird das
Über-Ich als eine Instanz mit den Attributen der
Moral und Macht bekleidet. Ist aber diese Instanz
einmal aufgerichtet, so vollzieht sich mit dem
Prozeß der Identifizierung gleichzeitig ein umge-
kehrter Vorgang. Das Über-Ich wird immer wieder von neuem auf die in der Gesellschaft herrschenden Autoritätsträger projiziert, mit andern
Worten, das Individuum bekleidet die faktischen
Autoritäten mit den Eigenschaften seines eigenen
Über-Ichs. Durch diesen Akt der Projektion des
Über-Ichs auf die Autoritäten werden diese weitgehend der rationalen Kritik entzogen. Es wird an
ihre Moral, Weisheit, Stärke in einem von ihrer
realen Erscheinung bis zu einem hohen Grade un-
abhängigen Maße geglaubt. Dadurch aber werden
diese Autoritäten umgekehrt wiederum geeignet,
immer von neuen verinnerlicht und zu Trägern
des Über-Ichs zu werden. Diese Verklärung der
Autoritäten durch Projizierung der Über-Ich-
Qualität trägt zur Aufhellung einer Schwierigkeit
bei. Es ist ja leicht zu verstehen, warum das kleine
Kind infolge seiner mangelnden Lebenserfahrung
und Kritik die Eltern für Ideale hält und sie infolgedessen im Sinne der Über-Ich-Bildung in sich
aufnehmen kann. Es wäre für den kritischeren
Erwachsenen schon viel schwieriger, das gleiche
Gefühl der Verehrung für die in der Gesellschaft
herrschenden Autoritäten zu haben, wenn eben
nicht diese Autoritäten durch die Projizierung des
Über-Ichs auf sie für ihn die gleichen Qualitäten
erhielten, welche die Eltern einst für das kritiklose
Kind hatten« (S. 84 f.).
Die herrschenden Strukturen der Gesellschaft stehen also in engstem Zusammenhang mit den
frühkindlichen Erlebnissen in der Familie:
»Indem das Über-Ich schon in den frühen Lebens-
jahren des Kindes als eine durch die Angst vor
dem Vater und dem gleichzeitigen Wunsch, von
ihm geliebt zu werden, bedingte Instanz entsteht,

erweist sich die Familie als eine wichtige Hilfe für die Herstellung der späteren Fähigkeiten des Erwachsenen, an Autoritäten zu glauben und sich ihnen unterzuordnen« (S. 87).

Über Freud hinausgehend sagt er weiterhin, daß in der Produktion der gesellschaftlich erwünschten seelischen Struktur die wichtigste gesellschaftliche Funktion der Familie liegt (S. 87).

Damit ergibt sich, daß die Autorität des Familienvaters nicht zufällig ist, sondern ihre Begründung in der Autoritätsstruktur der Gesamtgesellschaft findet. Der Familienvater erscheint für das Kind zwar als erster Vermittler dieser Autorität, ist aber (inhaltlich gesehen) »nicht ihr Vorbild, sondern ihr Abbild« (S. 88). Autoritätsgläubigkeit als irrationale Einstellung einerseits und autoritäres Verhalten als ebenso irrationale Attitüde andererseits sind also die beiden Möglichkeiten, die sich aus der Verinnerlichung der Autorität durch das Über-Ich ergeben. Erst wenn diese beiden Seiten »funktionieren«, kann der totalitäre Staat in vollem Maße seine Machtpositionen besetzen. Fromm gesteht jedoch der Autorität nicht nur eine negative Funktion, sondern unter demokratischen Voraussetzungen auch eine positive zu, nämlich als Vorbild zu einem bestimmten Verhalten anzuspornen. Gerade die Doppelfunktion von Autorität und Über-Ich eröffnet verschiedene Möglichkeiten:

»Indem sie auch die idealen und positiven Triebe des Individuums zum Inhalt haben, wird die triebunterdrückende Seite gleichsam vom Glanze der positiven Funktion gefärbt... Die Verbote der Autorität zu übertreten, heißt eben nicht nur, die Gefahr der Bestrafung zu riskieren, sondern den Verlust der Liebe jener Instanz, welche die eigenen Ideale, den Inhalt alles dessen, was man selbst werden möchte, verkörpert.« Beide Funktionen der Autorität, die negative sowie die positive, werden innerhalb der Familie wahrgenommen, denn »die Bildung zu den anspornenden Idealen ebenso wie zu den triebeinschränkenden Verboten erfolgt in der bürgerlichen Gesellschaft durch das Medium der Familie« (S. 109).

Der Autoritätsbegriff erfährt hier eine neue Be-

leuchtung durch die Betonung seiner gesellschaftlichen Immanenz. War Autorität früher mehr oder weniger notwendig gewesen durch die gemeinschaftlichen unternehmerischen Interessen, die die Familienmitglieder verbanden (Handwerksbetrieb, Kaufmannskontor, Landwirtschaft), so nahm nach deren weitgehendem Fortfall autoritäres Verhalten im Hause jetzt einen irrationalen Zug an, der nur durch Konventionen und traditionelle Symbole gestützt werden konnte[8]. Durch das Zurücktreten der realen Interessensolidarität erhält der Machtanspruch der Autoritätsperson oder -instanz eine erhöhte und gefährliche, weil unkontrollierbare Qualität. Bei der Kindererziehung führt das zu einer frühzeitigen autoritätsgebundenen Prädisposition, die sich später auf das gesamte Verhältnis zu Staat und Gesellschaft auswirkt.

Auch Fromm unterscheidet zwischen der psychologischen Struktur einer demokratischen Autorität mit der Interessensolidarität ihrer Teilnehmer und der in einem totalitären Staat. In dem totalitären Staat besteht keine innere Beziehung zwischen dem Befehlenden und dem Gehorchenden.

»Anders die demokratische Autorität. Die Kluft zwischen dem Autoritätsobjekt und dem Autoritätsträger erscheint hier nicht als unüberbrückbar. Die Leistung, welche die Autoritätsträger vollbracht haben, wäre an sich für jeden möglich. Mit der demokratischen Autorität kann man sich identifizieren, statt sich mit dem bloßen Partizipieren begnügen zu müssen« (S. 133).

Was den totalitären NS-Staat jedoch anbetrifft, so zeigte er eine extreme Autoritätsstruktur, für die die »Tatsache der unüberbrückbaren Distanz zwischen dem Autoritätsobjekt und dem Autoritätsträger fundamental« war (S. 133).

Von der Seite der Psychoanalyse sind durch die Autoren des Werkes über *Autorität und Familie* Zusammenhänge erhellt worden, die scheinbar Unerklärliches erklärbar machten. Das zweitausend Jahre alte, in immer neuen Kombinationen sich realisierende patriarchal-autoritäre Familiengefüge bot einen Schlüssel für das Verständnis einer historischen Erscheinung, die sich auf »Weltanschauung« berief, aber auf die Machtherrschaft der Autorität gegründet war. Fromm und Horkheimer haben die Beziehung zwischen diesem Autoritätsanspruch und dem patriarchalischen Familienmodell zu erklären gesucht.

Den Begriff des »Patriarchalismus«, ursprünglich die Autorität eines Herrn über seinen Haushalt, verwendete Max Weber (1864–1920) im Zusammenhang mit dem »reinen Typus« der traditionellen Herrschaft[9]. Im Doppelaspekt der willkürlichen Gewalt des Herrn und ihrer Beschränkung durch heilige, von jeher geltende Traditionen erkannte er ein Wesensmerkmal der traditionellen Herrschaft in allen ihren Formen. Damit wurde bereits von ihm in unübersehbarer Deutlichkeit die innere Beziehung zwischen Familie und Staat herausgestellt, die Vorformung der Autoritätsstrukturen im Familienverband und von hier aus die Einleitung eines Identifizierungsmechanismus hin zum Staat.

Der Soziologengruppe Fromm – Marcuse – Horkheimer ist es gelungen, die inneren Abhängigkeiten zwischen autoritärer Familienerziehung und Faschismus aufzuzeigen – zu entdecken, wie geschickt die Machthaber jener Zeit die vorhandenen psychologischen Mechanismen zu nutzen wußten. In ihrer Ideologie priesen sie die Blutsbande der reinrassigen Sippenfamilie als Grundlage des Staates; deren altüberlieferte autoritäre Struktur setzten sie für die Erreichung ihrer machtpolitischen Ziele ein. Aber das bezog sich auf eine irrationale Vorstellung von Familie, die man zu indoktrinieren versuchte, von der man aber wohl wußte, daß sie den realen sozialen Gegebenheiten jener Zeit nicht entsprach. So beargwöhnten die Nationalsozialisten im Grunde die Primärform Familie als eine dem totalitären Staat feindliche Struktur, der man die Kindererziehung so früh wie möglich entziehen müßte.

»Heute erhebt sich die Frage«, schreibt Horkheimer, »ob das komplizierte Zusammenspiel jener Kräfte etwas Einmaliges war oder ob sich hier eine allgemeine geschichtliche Tendenz ankündigt« (S. 94).

Den Weg von der autoritären Identifizierungs- zur demokratisch-humanen Einfühlungsphase aufzuzeigen, ist das Thema des Psychoanalytikers Alexander Mitscherlich[10]. Er versteht den personalkulturellen Sozialisierungsprozeß als den einer permanenten Anpassung an die menschliche Mitwelt, und so treten hier wieder die bewährten Kategorien der funktionellen Dynamik in ihr volles Recht. Das durch Identifikationen geschaffene Verhaltensrepertoire, bestimmt durch den »unsichtbaren Vater«, kann dann zu jenen Gehorsamkeitsmechanismen führen, zur »Angsterweckung als Herrschaftsmittel«, die die Autoritätsstrukturen ausmachen.

[1] Freud, Sigmund: *Abriß der Psychoanalyse.* 1938, 1953, S. 132 f.
[2] Reich, Wilhelm: *Die sexuelle Revolution.* 1971, S. 34.
[3] Becker, Horst: *Die Familie.* 1935.
[4] Adolf Hitler über Jugenderziehung, in: *Der Nationalsozialismus. Dokumente 1933–1945.* Fischer-Bücherei 172, 1957, S. 88.
[5] Rudolf Frick, in: *Völkischer Beobachter* vom 12. 6. 1934.
[5a] Kersten, Felix: *Totenkopf und Treue.* Hamburg 1952, Kap. ›Die neue Bigamie‹.
[6] Becker, Horst: *Die Familie.* 1935, S. 166.
[7] Horkheimer, Max (Hrsg.): *Studien über Autorität und Familie.* 1936.
[8] Horkheimer, Max: *Autorität und Familie.* 1973, S. 81 f.
[9] Weber, Max: *Wirtschaft und Gesellschaft.* 2 Bde [4]1956, Bd. I, S. 130 f. und Bd. II, S. 588 ff.; vgl. die dort vorangegangenen Kapitel über die Hausgemeinschaft und deren Beziehung zur Nachbarschaft und weiteren Gemeinde, zur Sippe und zu den militärischen und wirtschaftlichen Organisationen.
[10] Mitscherlich, Alexander: *Auf dem Weg zur vaterlosen Gesellschaft.* 1963; ders. u. Margarete Mitscherlich: *Die Unfähigkeit zu trauern.* 1968.

Obgleich die Nationalsozialisten gern ganz biologistisch von der »Familie als der Keimzelle des Staates« sprachen und ihre Künstler heroisierte Familienbilder produzierten, mißtrauten sie gründlich der bürgerlichen Familie als Ort der kindlichen Sozialisation.

**»Und wegen so etwas setzt unser Herr Papa
den guten Ruf der Familie aufs Spiel!«**

292

»Die Zelle des Volkes als Demos ist die Familie. Durch sie wurzeln Volk und Volkstum in einem Bereich des Urhaften und Menschentümlichen, der bis ins Animalische übergreift. Man verkennt das Wesen der Familie, wenn man sie lediglich als ein gesellschaftliches Gebilde auffaßt. Denn ganz abgesehen von den soziologischen Bindungen, die zwischen den einzelnen Familienmitgliedern bestehen, verwirklicht die Familie schon durch die Identität des Keimplasmas einen naturwesentlichen Zusammenhang, der sich von allen gesellschaftlichen Beziehungen grundlegend unterscheidet. Verfolgt man nun diese rein natürliche Verwandtschaft von der Familie über die Sippe zum Stamm im anthropologischen Sinne, so gelangt man schließlich zum relativen Schlußpunkt der Rasse als eines obersten Inbegriffes leiblicher Verwandtschaft.«
Max Hildebert Boehm (1891–1968): Das eigenständige Volk. 1932.

»Alle saßen unbewegt in der Reihe. Vorbeugen, um den Schuh zuzumachen, wäre schon riskant gewesen.
Und die Rede dauerte lange. Er sagte: …und ich präge hiermit das Wort: daß, – wenn…
Und dann schimpfte er auf die verdammte Familie, die müsse zertrümmert werden. Soweit wäre das 3. Reich noch nicht, daß die Familienbande, die ja auch Fesseln wären, fielen. Leider! Oh, wie würde er das begrüßen. Aber nach dem Krieg. Da sollten wir mal sehen, da würden uns noch die Augen übergehen. Da werde das Mucker- und das Duckertum im Keim erstickt und wir würden geschmiedet, daß die Funken sprühten und das rotheiße Eisen unter den mächtigen Schlägen die Form annähme, die der Führer sich ausbedungen habe…
Kam'raden, die Rotfront und Reaktion erschossen, marschier'n im Geist in unsern Reihen mit!«
Walter Kempowski (1929): Tadellöser & Wolff. 1971.*

292 Kurt Halbritter: Mein Kampf. 1975.
293 Paul Matthias Padua: Der Führer spricht. 1940.

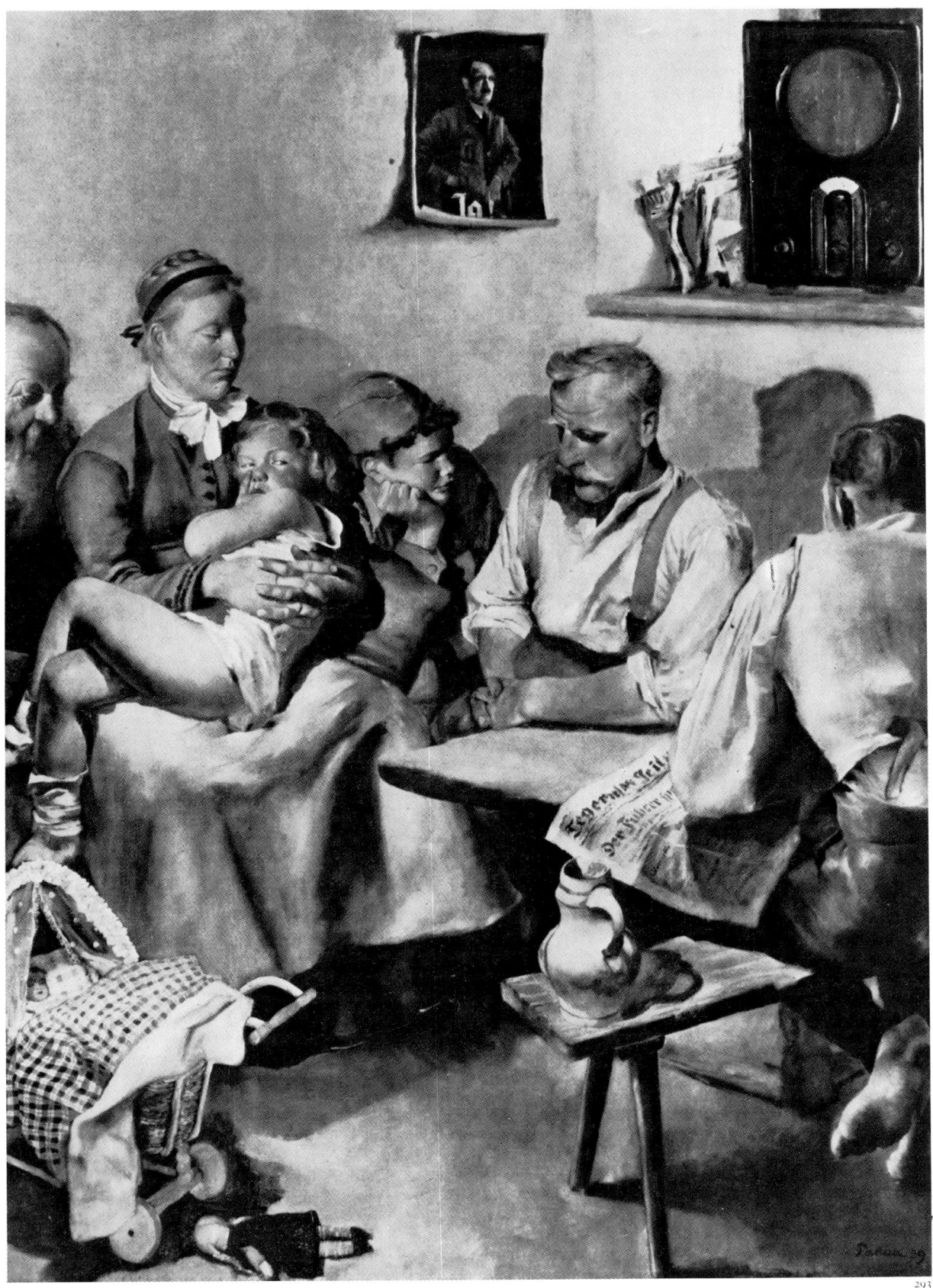

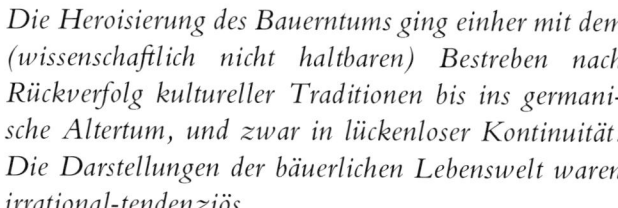

Die Heroisierung des Bauerntums ging einher mit dem (wissenschaftlich nicht haltbaren) Bestreben nach Rückverfolg kultureller Traditionen bis ins germanische Altertum, und zwar in lückenloser Kontinuität. Die Darstellungen der bäuerlichen Lebenswelt waren irrational-tendenziös.

»Wir kämpfen heute gegen die gefährlichsten Versuche der Entartung deutschen Wesens, gegen die Zersetzung von innen. Um dagegen gefeit zu sein, suchen wir allenthalben deutsches Wesen zum Bewußtsein zu bringen. Solches Wissen soll Kraft werden und Richtung weisen für die Neugestaltung unserer deutschen Kultur.

Bräuche, die in erster Reihe den Familienkreis angehen, haben sich am ehesten zäh und echt durch die Jahrhunderte erhalten. So ist die Sitte des Weihnachtsbaumes herzuleiten aus dem germanischen Maien, so ist in den Hochzeitsbräuchen noch vieles erhalten, was germanisch-deutsche Haltung und Art zeigt.«

Eugen Fehrle (1880–1957): Deutsche Hochzeitsbräuche. 1937.

294 Die Hausfamilie. Blatt aus einer Dorfchronik.
295 Karl Lenz (1898–1948): Braut aus Mardorf in Hessen. 1936.
296 Johannes Beutner: Reifezeit. 1941.
297 Switbert Lobisser: Feldpost.

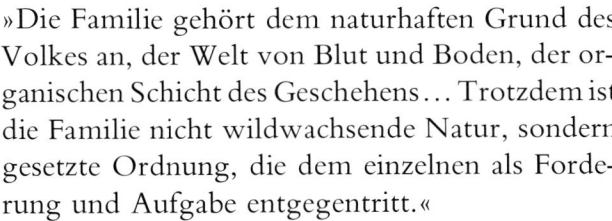

296

297

»Die Familie gehört dem naturhaften Grund des Volkes an, der Welt von Blut und Boden, der organischen Schicht des Geschehens... Trotzdem ist die Familie nicht wildwachsende Natur, sondern gesetzte Ordnung, die dem einzelnen als Forderung und Aufgabe entgegentritt.«
Horst Becker: Die Familie. 1935.

»Der Bauer lebt auf dem Hof, den sein Urahn gebaut, sein Großvater erweitert, sein Vater erneuert hat, auf dem sein Sohn jetzt wirkt, und auf dem sein Enkel sitzen wird, im Schatten der Bäume, die er ihm jetzt pflanzt. Für den Bauern leben seine Ahnen, auch wenn er sie nicht kennt, in den Geräten, mit denen er umgeht, in dem Haus, das er bewohnt. Weil seine Ahnen um ihn leben und wirken, braucht er von ihnen kein geschriebenes Wissen.«
Horst Becker: Die Familie. 1935.

298

Mit Ehestandsdarlehen und unzähligen Mutterkreuzen wurde ein emanzipationsfeindliches Mädchen- und Frauenideal gepflegt von der Frau als erbgesunder Ge-bärerin, der heroischen Mutter. Im Krieg standen sie dann mit ihren Kindern allein, Millionen von Männern kehrten nicht zurück und hinterließen eine vaterlose Nachkriegsgeneration.

»Berlin, 5. Januar. – Wie die Reichskammer der bildenden Künste mitteilt, hat das Rassenpoliti-sche Amt der NSDAP die Bemerkung gemacht, daß in der Öffentlichkeit vielfach Darstellungen aus unserer Zeit auftauchten, die bildlich oder sinnbildlich die deutsche Familie bedauerlicher-weise noch mit einem oder zwei Kindern zeigten. Der Nationalsozialismus bekämpfe mit Nach-druck das Zwei-Kinder-System, da es das deut-sche Volk unrettbar dem Untergang zuführe. Er vertrete die Forderung nach mindestens vier Kin-dern in jeder Familie, um die heutige Bevölke-rungszahl wenigstens zu halten. Wo immer die künstlerischen Notwendigkeiten es erlaubten – und das werde in der Mehrzahl der Fälle möglich

sein –, solle auch der bildende Künstler, besonders der Maler und Gebrauchsgrafiker, sich das Ziel setzen, im Rahmen der künstlerischen Gestal-tungsmöglichkeiten wenigstens vier deutsche Kinder zu zeigen, wenn eine ›Familie‹ dargestellt werde.«
Frankfurter Zeitung vom 6. 1. 1937.

299

300

301

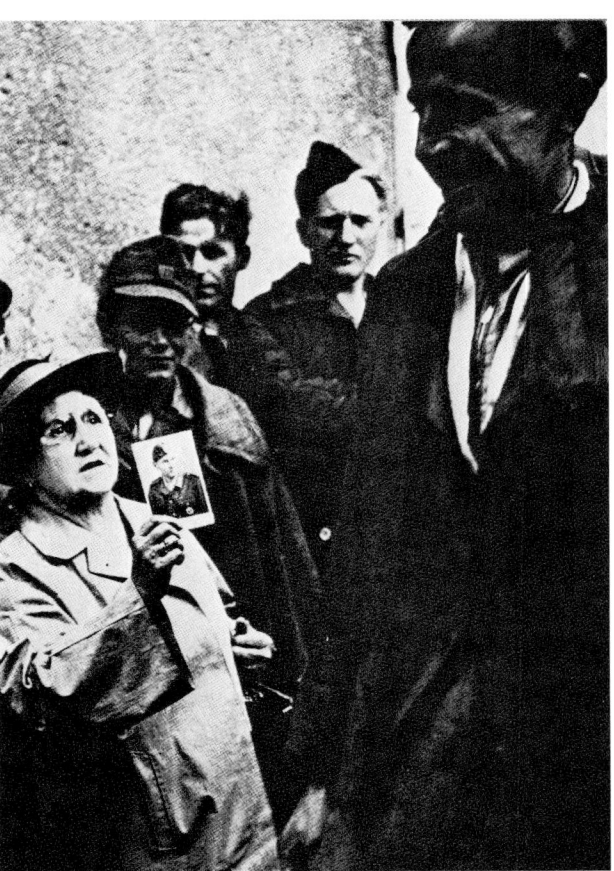

302

»Setzt ihr euren Helden Steine,
baut ihr einem Mann das Mal,
dann vergeßt der Mütter keine,
die da starben hundertmal.

Hundertmal in bangen Stunden!
Wenn die Söhne in der Schlacht
einmal nur den Tod gefunden,
fanden sie ihn jede Nacht.

Und so fanden sie das Leben
mitten aus Gewalt und Tod,
und so konnten sie es geben
einem Volk als Morgenrot!«

*»Wir Mädel singen«, Liederbuch des
Bundes Deutscher Mädel. 1937.*

298 Rudolf Otto (*1887): Bergbauernfamilie.
299 Constantin Gerhardinger (*1888): Familienbild.
300 Heinrich Zille (1858–1929): Das Eiserne Kreuz. 1916.
301 Mutterkreuz.
302 Heimkehr 1945.

Exkurs:
Patriarchat und Erntebrauch

Mitscherlichs im weitesten Sinne gefaßter Vaterbegriff und die Bedeutung der paternistischen Großstrukturen für die individuelle Rollenverteilung in Familie und Gesellschaft werden zum erklärenden Hintergrund auch für viele kulturelle Phänomene, die die Volkskunde bisher im allgemeinen lediglich als Fakten mit motivgeschichtlicher Interpretierung zu sehen gewohnt war. Autoritätsstrukturen und Autoritätskonflikte in ihren sozialgeschichtlich wechselnden Stellenwerten widerspiegeln sich in den Äußerungen der Gruppenkultur und damit also auch im passiven und aktiven Normverhalten der Familie. Es wird hier als ethnologisches Exempel ein Bereich gewählt, der auf den ersten Blick nicht unmittelbar mit dem Thema Familie verbunden zu sein scheint. Doch erweist sich bei näherem Zusehen, wie das nach ideologischen Bedürfnissen konstruierte Bild der Sippenfamilie weite Bereiche der faschistischen Kulturlandschaft überschattete und färbte – in ganz besonderem Maße die agrarische Welt. Der folgenden Darstellung liegt dabei der theoretische Ansatz zugrunde, daß die kulturellen Erscheinungen in unmittelbarem Zusammenhang mit der jeweiligen sozioökonomischen Wirklichkeit stehen; sobald man sie aus diesem Zusammenhang löst, gelangt man unweigerlich zu ideologisierten Fehleinschätzungen.

Es blieb den Nationalsozialisten vorbehalten, ein Bild des deutschen Bauern zu zeichnen und zu propagieren, das den realen Verhältnissen des industriellen 20. Jahrhunderts nicht entsprach. Mit dem Bemühen um Konservierung und Reaktivierung längst vergangener agrarischer Kulturgedanken für die gesamte »Volksgemeinschaft« sollte die ungebrochene Kontinuität der nordisch-bäuerlichen Rasse und ihrer germanischen Weltschau in einem Kreisschlußverfahren bewiesen werden. So hieß es in einem vielgelesenen Werk über die deutschen Bauernbräuche:

»Erst seit dem nationalsozialistischen Siege feiern wir ein Erntefest als Nationalfeiertag des ganzen Volkes, das unter dem Zeichen der Schicksalsverbundenheit von Stadt und Land und unter dem der völkischen Sendung des Bauerntums steht«[1]. Das bedeutete zunächst einmal ganz konkret eine Überbewertung des bäuerlichen Anteils an der Gesamtbevölkerung mit ideologischer Zielsetzung, denn tatsächlich waren nur noch knapp 20 % in der Landwirtschaft tätig gegenüber 1882: 52,5 %; 1907: 28,65 %.

Aber wie sah es nun mit der Interpretation der Erntebräuche des 20. Jahrhunderts aus. Strobel schildert die Ernte im Geist einer Mythologie, in der der germanische Vatergott Wodan keine geringe Rolle spielt. – In den Ernteabschlußbräuchen äußere sich der Dank an den »treuen Allvater«, an Donar und die drei Schicksalsfrauen in Sprüchen und sinnbildlichen Handlungen. Da liest man:

»Der Rassenseele des germanischen Bauern entspricht es nicht, seinen Dank in viele Worte langer Litaneien zu fassen. Sein Handeln, sein Brauch ist sinnbildlicher Ausdruck seiner Seele, und der höchste Gottesdienst ist und bleibt für den Bauern eben seine Arbeit an der Scholle und am Volk« (S. 140).

Tatsache ist aber, daß gerade in Norddeutschland besonders lange Sprüche beim Überreichen der Erntekrone sehr beliebt waren, allerdings aus anderen Gründen als der Beziehung zu »nordischer Rassenseele«. Strobel deutet nun die Sinnbildhaftigkeit der Bräuche unter Bezugnahme auf ihre angenommene germanische Kontinuität, und alles, was mit Wodan und Frau Gode zusammenhängen könnte, wird bedeutsam hervorgehoben. Besonderen Wert legt er auf die Ernteabschlußbräuche, den Erntekranz mit dem holzgeschnitzten Hahn (»Sinnbild der Lebenskraft«), die Überreichung der Erntekrone (»Sinnzeichen der Fruchtbarkeit«) und – im Widerspruch zu dem obigen Zitat – auf die Sprüche, die deren Überreichung an Bauer und Bäuerin begleiten. Es geht dem Verfasser um die Aufwertung dieser Bräuche

303 Erneuerter Brauch: Überreichung der Erntekrone an
den Bauern. 1936.

im Sinne einer Aufwertung der vermeintlichen
germanisch-bäuerlichen Lebensform überhaupt.
»Als im Reiche Adolf Hitlers der deutsche Bauer
Ehre und Freiheit wieder erhielt, rückte er und
sein Tun auch wieder in die Stelle der Volksgemeinschaft ein, die ihm dank seiner Aufgabe gebührt. Und so findet sich einmal im Jahre, am
Sonntag nach dem Micheltag, wenn alle Ernte
heimgebracht, das ganze Volk zusammen im Bewußtsein, daß nur Bauernart unser Volk und
Reich erhalten kann. Das Führerwort, ›Das Dritte
Reich wird ein Bauernreich sein, oder es wird untergehen wie die Reiche der Hohenzollern und
Hohenstaufen untergegangen sind‹, steht an diesem Tage im Herzen des ganzen Volkes, das sich
in Stadt und Land zusammenfindet, um des
Führers Worten zu lauschen, die er vor Hundert-
tausenden deutscher Bauern aus allen Teilen des
Reiches auf der altheiligen Weihestätte, dem Bükkeberg, zur Zeit des alten germanischen Michel-
dings spricht« (S. 150).
Das Erntefest auf dem Bückeberg bei Hameln war
der Höhepunkt dieser Identifikationsversuche des
deutschen Volkes mit bäuerlicher Art.
»Es ist geballter Volkswille, wesentlich politische
Kundgebung. Aber alles, was sich in Jahrhunder-

ten an Brauchtum entwickelt hat, ist in das neue
Bild aufgenommen. Die Männer und Frauen tragen das Trachtenkleid ihrer Landschaft, sie führen
ihre Zeichen und Erntekränze, den Hahn und den
Kornalten mit... Dann wird dem Reichsbauern-
führer der Erntekranz übergeben, dazu ein Brot
aus neuem Mehl. Und eine Abordnung von Jung-
bauern – jedes Jahr aus einer anderen Landschaft –
überreicht dem Führer die Erntekrone, aus Rog-
gen, Weizen, Hafer, Gerste und Flachs gebunden,
von einem leuchtend roten Bande, dem Symbol
des fruchtbringenden Lebens, durchflochten und
mit farbigen Bändern geschmückt. Eine Bäuerin
spricht den Spruch... Mit dieser Krone bietet das
deutsche Bauerntum sich selbst dem Führer dar
und gelobt ihm aufs neue Gefolgschaft und Dienst
an der Heimatscholle«[2].
Bauerntum als innere Haltung, als die Lebensform, in der noch die heilenden Kräfte des Mythos
und der Natur anzutreffen seien, Mythologie als
bäuerliches Sippenwerk: das waren die ideologischen Grundsteine, auf denen man eine erneuerte
deutsche Kultur errichten wollte, und die bäuerliche Familie sollte Träger und Reaktivator solcher
kulturellen Kräfte sein.
Wie stand es nun tatsächlich mit dem Verhältnis
der bäuerlichen Familie des 20. Jahrhunderts zu
solchen Brauchüberlieferungen. Wie bereits früher (Kap. IV S. 178 ff.) ausgeführt, war schon die
ländliche Familie des 19. Jahrhunderts keineswegs
eine homogene Gruppe von »Bauern« mit einheitli-
chem Kulturverhalten, sondern eine vielschich-
tige Sozialform, die in den einzelnen deutschen
Landschaften den verschiedensten sozialen Gruppen angehörte. Die Enquête des Grimmschülers
Wilhelm Mannhardt (1831–1880) zum Komplex
der Erntebräuche, die dieser 1865 mit einem de-
taillierten Fragebogen in ganz Deutschland und
seinen Grenzgebieten anstellte[3], erbrachte jedenfalls ein Ergebnis, das die unterschiedliche Struktur der ländlichen Lebensformen deutlich widerspiegelte: Erntefeste mit Überreichung eines Erntekranzes waren damals nur in Landschaften mit
landwirtschaftlichen Großbetrieben üblich, also
vor allem den Güterlandschaften in Norddeutsch-

303a Daniel Chodowiecki (1726–1801): Überreichung der Erntekrone an den Gutsherrn.

land und Ostelbien. Gebiete mit landwirtschaftlichen Kleinbetrieben dagegen pflegten kaum Gestaltungsformen des Erntefestes. In Bauerndörfern vereinte sich dieses Fest zumeist mit den Gemeindefreuden der Kirmes.

Wie ist diese Erscheinung, die sich in der Zeit bis zum 2. Weltkrieg nicht grundsätzlich verändert, sondern höchstens abgeschliffen hat und in deutlichem Gegensatz zu den nationalsozialistischen Interpretationen steht, zu erklären?

Um die reale Situation auf den Erntefeldern des 19. und 20. Jahrhunderts zu beurteilen, muß die einschlägige wirtschafts- und sozialgeschichtliche Literatur herangezogen werden. Sie macht die Lage deutlich, die auf S. 178 ff. dargestellt wurde: Die von der Leibeigenschaft befreiten Bauern waren nun der Güte oder Strenge ihrer Gutsherren preisgegeben, deren Mehrzahl sich in Ostelbien – ihrerseits »befreit« von der alten patriarchalischen Sorgepflicht – am Grund und Boden der Bauern als Gegenleistung für den Fortfall der bisherigen Frondienste schadlos hielt.

Der Übergang zur intensiveren Bearbeitung des Bodens entwickelte den Saisoncharakter der landwirtschaftlichen Arbeit. So kam es, daß das Erntequartal zur einzigen Periode sicherer Verdienstmöglichkeiten für Tagelöhner, freie Landarbeiter, Saisonarbeiter und deren Familien wurde und damit zu einem sehnsüchtig erwarteten und freudig begangenen Zeitabschnitt, in dem eine kollektive überschaubare Arbeitsleistung vollbracht wurde.

Wie sehr ein solcher bedeutungsvoller Schwerpunkt im wirtschaftlichen Leben des Landarbeiters auch dessen brauchmäßig-kulturelle Gestaltungsformen eindrücklich prägte, zeigt der Brauch der Überreichung eines Erntekranzes an den Gutsbesitzer.

Die Gruppe der Brauchausübenden, der Mäher und Binderinnen, war durch den Charakter ihrer gemeinsamen Arbeit gekennzeichnet, durch die arbeitsteilige Organisation und Technik ihrer Tätigkeit miteinander verbunden. Sie erreichte in der Saisonarbeit der Erntezeit einen gewissen Grad der Bewußtheit, den sie in den anderen Abschnitten des ländlichen Jahres vermissen ließ, war doch gerade die ostelbische Landarbeitschaft, sorgfältig abgeschirmt durch Gutsherrschaften und Kirche, viel später von den Bewegungen des Sozialismus erreicht worden als die Arbeiterschaft der Städte. Doch in dem für den Gutsbesitzer wirtschaftlich wichtigen Erntequartal gelangten sie in eine Art von Ausnahmesituation und fingen an, die Bedeutung ihrer Arbeitskraft zu begreifen. Nach dem Verlust von Boden und Vieh hatten sie ja erst langsam begonnen, sich von der alten Wertskala bäuerlicher Maßstäbe und deren Besitzideologie zu lösen. Als neu entstehende ländliche Sozialgruppe lernten sie nun, ihre Arbeitskraft als einziges ihnen verbliebenes Produktionsmittel zu erkennen und in der Auseinandersetzung mit dem Gutsherrn voll einzusetzen. Aus diesem Bewußtseinswandel erwuchs ein neues Wertgefühl, aus dem heraus sie sich während der Erntezeit als die eigentlichen »Herren des Feldes« empfanden und die familiär gefärbte Abhängigkeit von der Gutsherrschaft zeitweilig überspielten.

304 Robert Budzinski (1874–1955): Ostpreußisches Erntefeld. 1935.

Je mehr die Erntearbeit organisiert wurde, je komplizierter sich das Ineinanderspiel der Arbeitsteilung formierte, je erfolgreicher sie das damalige moderne Gerät, die Getreidesense, handhaben, je schneller im Zuge des Akkordsystems der Schnitt vorangetrieben werden mußte, um so mehr wuchs ihr Stolz auf die eigene Leistung und ihr Bescheidwissen. War einst der Getreideschnitt eine von vielen Arbeiten des ländlichen Jahreslaufes gewesen, wenn auch eine besonders wichtige, so wechselte er nun in der Zeit des ostelbischen Agrarkapitalismus zu einer Art von Berufsarbeit der Schnitter und ihrer Binderinnen.

Die arbeitsbedingte Rollenverteilung beim Ernteschnitt hatte ihr Rückwirkung auf Partnersuche und Familienbildung: der ansässige Landarbeiter achtete bei seiner Brautwahl auf Kraft und Geschicklichkeit des Mädchens und fragte, ob sie als Binderin hinter seiner Sense Schritt halten konnte. Der mobile Saisonarbeiter mußte, wenn er nicht verheiratet war, eine Art von »Ernteehe« eingehen, um die geforderten Voraussetzungen für diesen wichtigen Jahresabschnitt zu erfüllen. Die sozialen Konsequenzen der paarweisen Arbeitsorganisation hat Rühle für Mecklenburg geschildert:
»Kommt der Arbeiter zu einem Stellenvermittler, so wird er gefragt, ob er auch eine Arbeiterin mitbringe. Denn Arbeiter werden nur paschweise, wie es heißt, eingestellt, immer nur Arbeiter und Arbeiterinnen zusammen als ›Schnitterpärchen‹. Wer nun unverheiratet ist, hat sich, wenn er Arbeit haben will, ein Mädchen zu suchen, das mit ihm die Stelle zusammen antritt, mit ihm arbeitet und mit ihm zusammen das Obdach teilt. Und zwar immer mehrere solcher Pärchen in einem Raume. Ohne äußere Trennung, selbst ohne An-

deutung einer solchen Trennung. Wie wilde Tiere, wild zusammengeworfen. Von den Trägern des Gedankens einer Heiligkeit der Ehe. Wird das Mädchen krank, wird auch der Arbeiter entlassen. Und umgekehrt. Es geht nur paschweise. Ist die Arbeit zu Ende, gehen beide auseinander. Das Mädchen oft schwanger mit einem Kinde, ohne Unterkunft und Mittel. Reif für die Prostitution«[4].

Das war eine makabre Form der »Familienpolitik«, die andauerte, bis die Mechanisierung der Landwirtschaft die alte Arbeitsorganisation überflüssig machte. Diese Schnitterpaare jedenfalls bildeten bis weit ins 20. Jahrhundert auf den Gütern die Gruppe der Erntearbeiter.

Ihre Sprüche beim Überreichen des Kranzes erhalten von daher einen neuen Sinn. Die Arbeiter produzierten alles andere als Fruchtbarkeitsmagie, mythische Glaubensvorstellungen oder Bettelverse: »der Herr wird schon wissen, was auf diesen Kranz gehört!« oder: »wir haben eingeführt, daß der Sand stäubt – nun möge der Herr auftragen lassen, daß der Tisch sich beugt!«. Hier formulierten sie, wenn auch im Zeitstil der üblichen Glückwunschverse und in der gängigen Dorfschullehrerpoesie, *Rechtsansprüche*, die sich allerdings bescheiden genug auf eine gute Mahlzeit und Tanzmusik beschränkten. In ihrer Form spiegelten sich entsprechend der Ambivalenz solcher Übergangszeiten noch die Denkweisen der alten patriarchalen Schutz- und Treuepflicht wider. Der Gutsherr stattete seinen Dank für die Arbeit in der Ernte ab. Der Unterschied der Stände hörte auf; alle bildeten eine große Familie: der Herr tanzte mit dem Großmädchen, die Frau mit dem Großknecht; Herr und Frau tanzten mit Krone und Kranz und gaben dann beides weiter an den Inspektor und dessen Tänzerin, diese an den Statthalter, und so machten Krone und Kranz ihre Wanderung bis zum Hofjungen und Hofmädchen – in einer Art von Zeichensetzung für, modern ausgedrückt, einen Ansatz zu demokratischer Mitbestimmung.

Die agrarromantische Vorstellung von der Geschlossenheit eines angeblich in sich ruhenden, in

seinen »überlieferten Ordnungen« beharrenden, »heilen« Bauerntums lassen sich nicht festhalten, wenn man die Realitäten einer außerordentlich differenziert gestaffelten Sozialstruktur im agrarischen Bereich erkannt hat, die in Verbindung stand mit dem allgemeinen sozioökonomischen System jener Zeit.

Wenn sich die Erntearbeiter die auf den Bauernhöfen absterbenden Traditionsformen des Erntekranzbrauches aneigneten, so verfolgten sie damit durchaus ein eigenes Ziel. Das Umprägen der Brauchhandlungen, die Kompilation der Sprüche waren ein lebendiger und aktiver Vorgang.

Es fand also keine Sinnentleerung einst bäuerlicher Überlieferungen statt, sondern im Gegenteil eine neuen Zwecken entsprechende Sinnaufladung, eine Innovation, die sich auf dem Boden der sozialen Konfliktsituation entfaltete, in der sich die Brauchausübenden befanden. Die Bräuche waren ihre Sprache in einem Kommunikationsprozeß zwischen Landarbeitern und Gutsherrschaft. Der Kranz blieb wohl Symbol des Erntesegens, aber in dem Sinne, daß die Schnitter diesen Segen nicht mit der Güte Gottes, sondern mit ihrer eigenen Arbeitsleistung identifizierten. Die Überreichung des Kranzes bildete für sie den Schluß der kurzen Jahresperiode, in der die Macht des Patriarchats verblaßte, in der Gedeih und Verderb der Gutsherrschaft von ihnen abhängig gewesen waren. Im Symbol des Erntekranzes kulminierte dieses Bewußtsein, das sich in jener Epoche einer noch unentwickelten Rationalität nur mit den Mitteln traditioneller Brauchsprache ausdrücken konnte. Die Kranzüberreichung wollte etwa sagen: »Dieser Kranz beinhaltet den Segen des Feldes deshalb, weil er das Zeichen unserer Arbeit ist. Wenn wir ihn Euch in Eure Diele hängen, dann könnt Ihr unter der Bedingung eine gute Vorbedeutung für neuen Erntesegen daraus ableiten, daß Ihr uns, die Arbeiter, ehrt und gut bewirtet! Diese Ernte haben wir Euch eingebracht. Einen neuen Erntesegen werdet Ihr nicht erhalten, wenn Ihr das Prinzip der Gegenseitigkeit nicht allsogleich mit einem Erntefest erfüllt!«

Hier klangen andere Vorstellungen an als die von

einer unauflöslichen, hierarchisch-patriarchalischen Ordnung von oben nach unten.

Das, was die Landarbeiter bei der Erntearbeit unter Benutzung älterer Brauchtraditionen und auch unter Befreiung vom Druck des Numinosen betrieben, war also so etwas wie der zage Beginn einer emanzipatorischen Bewegung. Dieser inneren sozial-psychischen Leistung entsprach die kulturelle Kraft, mit der sie die Brauchinnovationen ausgestalteten – bis hin zu einer Art von brauchtümlicher Antistruktur, die den gesellschaftlichen Antagonismus für kurze Zeit in sein Gegenteil verkehrte, die Herrschaftsverhältnisse halb spielerisch pervertierte.

So wie die Richtkrone auf dem Dachgerüst den Bauherrn zum Spendieren eines Umtrunks für die Bauarbeiter ermahnt, so sollte auch der Erntekranz den ländlichen Arbeitgeber an seine derartigen Pflichten erinnern. Diese Funktion des Erntebrauches im Bereich eines Gewohnheitsrechtes der Arbeitenden hat sich in den folgenden Jahrzehnten nicht verändert und geriet erst allmählich in Vergessenheit, als die zunehmende Mechanisierung der Landwirtschaft den gesamten Charakter der Ernteperiode für Arbeitgeber und Arbeitnehmer wandelte. Der wachsende Maschinenpark verkürzte die Erntearbeit auf wenige Tage und machte den Gutsbesitzer und Großbauern mehr und mehr unabhängig vom Landarbeiterbesatz, der zahlenmäßig gewaltig abnahm und die Arbeiterbevölkerung der Städte vermehrte.

Die Nationalsozialisten haben mit der Konservierung gerade des Erntefestbrauches freilich andere Vorstellungen verbunden und vermittelt als die Erntearbeiter auf den großen Gütern. Als sie in den dreißiger Jahren des 20. Jahrhunderts Bräuche mit der Erntekrone zum Nationalfest hochstilisierten, war das in vieler Hinsicht anachronistisch und voll ideologisiert, d. h. unvereinbar mit dem damals gegenwärtigen Stand der Produktionsweise. Es gehörte in ihren Ideologieplan, mit der Ehrung der Erbhofbauern den Gedanken der germanisch-bäuerlichen Sippe aufzuwerten und in einer Stadt-Land-Bewegung auch dem Städter Geschmack an bäuerlicher Lebensform zu vermit-

teln. Diese Verherrlichung des Bauerntums durch die Übernahme seiner Brauchrequisiten in einem überdimensionalen Maßstab war die eine Seite des Bückebergfestes. Daneben fand aber in der Sprache agrarischen Brauches noch eine andere Machtdemonstration statt. Die Oppositionsstruktur des Brauches: Gutsbesitzer – Erntearbeiter wurde als äußerliches Formelement auf Führer – Landbevölkerung, ja »Volk« überhaupt übertragen. Dabei mißverstand man dieses Verhältnis als ein vorwiegend patriarchalisches, wobei der Führer in die Rolle des Gutsherrn und Landesvaters eintrat; man übersah, daß die Landarbeiter nicht als jubelnde Untertanen, sondern mit dem Rechtsanspruch der Arbeitenden vor die Gutsherrschaft getreten waren; man unterdrückte weiterhin die Tatsache, daß die industrielle und marktwirtschaftliche Entwicklung schon längst auch ganz objektiv die Situation auf dem Lande verändert hatte.

Ein »Volksfeiertag aus bäuerlichem Brauchtum hervorgewachsen«[5]! Das waren sehr falsche Töne, denn »jede Erscheinung ist dort entsprungen, wo das, was sie angibt oder aussagt, Wahrheit ist oder Wahrheit sein soll«[6].

Das Erntefest auf dem Bückeberg war keine solche Wahrheit. Es stand im totalen Widerspruch zur sozialen Wirklichkeit, eingepaßt einem irrationalen, völkisch-politischen Weltbild. Die »bäuerliche Sippe« sollte auf dieser Bühne, erdacht und geführt von der Hand der Herrschenden, eine bedeutsame und bevölkerungspolitisch prägende Rolle spielen.

[1] Strobel, Hans: *Bauernbrauch.* 1937, S. 139.
[2] Jarosch, Günther: *Erntebrauch und Erntedank.* Jena 1939, S. 90f.
[3] Weber-Kellermann, Ingeborg: *Erntebrauch.* 1965, S. 28ff., 41ff.
[4] Rühle, Otto: *Illustrierte Kultur- und Sittengeschichte des Proletariats.* 1930, S. 470.
[5] Jarosch, Günther: *Erntebrauch.* 1939, S. 92.
[6] Peuckert, Will-Erich, in seinen Ausführungen über den geschichtlichen Grund der Volkskunde im Bericht über den Allgemeinen volkskundlichen Kongreß (7. deutscher Volkskundetag) 1951. Stuttgart 1952, S. 59.

Durch ihre Arbeit empfanden sich die Schnitter und Binderinnen während der Ernte als die Herren auf dem Felde, die dem Gutsbesitzer ihre – meist sehr bescheidenen – Bedingungen stellen konnten: ein großes Erntefest für alle, die an der Erntearbeit beteiligt waren.

Beim Überreichen der Erntekrone sagten die Landarbeiter in Pommern:

»Jetzt trete ich heran und setze Ihnen die Krone auf;

haben Sie viel zu geben, so geben Sie reichlich,

haben Sie wenig, so geben Sie das Wenige aus freiwilligem Herzen!

Huich! So sollt hüt abend gehn:

wat unne is, soll baben (oben) stehn!«

Ingeborg Weber-Kellermann: Erntebrauch in der ländlichen Arbeitswelt des 19. Jahrhunderts. 1965.

305 Ein holsteinisches Erntefest. 1856.
306 Jürgen Wegener(*1901): Erntedank.
307 Saarländische Bauern überreichen Hitler auf dem Bükkeberg den Erntekranz. 1938.

306

»Aber nicht nur der Bauer allein feiert heute sein
Erntefest. Mit ihm nimmt das ganze Volk und
sein Führer daran teil. Auf dem Bückeberg, einer
altheiligen Weihestätte, kommen deutsche Bauern und Städter alljährlich in gewaltigen Scharen
zusammen, um Gott für den Segen der Ernte zu
danken. Dank zu sagen aber auch dem Führer, der
erst wieder die Grundlage für ein Aufblühen nicht
nur auf wirtschaftlichem, sondern auch auf kultu-
rellem Gebiete geschaffen hat. In der Erntekrone,
die ihm deutsche Bauern als wertvollste Gabe
deutscher Erde überreichen, findet dieser Dank
sinnvollen Ausdruck.«
Rolf Helm: Deutsche Erntebräuche. 1937.

307

308 Manfred von Papen: ›Stern‹-Karikatur 1975.

VI.
Ausblick:
Die Familie in der Gegenwart

Noch im 19. Jahrhundert verstand man die Familie gern als eine biologisch begründete, mehr oder weniger autonome Einheit; Pierers Universal-Conversations-Lexikon von 1876 gibt die damals gängigen Anschauungen folgendermaßen wieder: »...Die Familie erscheint als eine Verbindung, welche durch die Natur des Menschen von selbst gefordert ist, insofern nur durch sie eine geordnete Fortpflanzung, Unterhalt, Pflege und Erziehung genügend ermöglicht werden kann...«
Hundert Jahre später liest man in der Brockhaus-Enzyklopädie (Wiesbaden 1968) unter dem Stichwort »Familie«:
»...Die Familiengründung ist rechtlich fast unbeschränkt... Umgekehrt hat der Staat wesentliche Aufgaben übernommen, die früher zumeist der Familie oblagen, und wirkt damit entscheidend auf das Familienleben ein, insbesondere durch öffentliche Anstalten und halböffentliche Einrichtungen der Ausbildung für den Nachwuchs (Schule, Berufslehre) und durch Vorsorge für die Arbeitsunfähigkeit (Sozialversicherung)...«
In dieser Gegenüberstellung kommt deutlich der entscheidende Wandlungsprozeß für die ökonomische Lage der Durchschnittsfamilie zum Ausdruck. Einst lag ihr die Versorgung mehrerer Generationen ob – Verpflichtungen, die heute weitgehend die Öffentlichkeit trägt. Wie spiegeln sich diese Veränderungen in der familiensoziologischen Forschung?
Nach dem Zweiten Weltkrieg rückte René König die moderne Familie aus dem Schatten eines verbreiteten Kulturpessimismus in die Normalbeleuchtung einer objektiven Betrachtung sozialer Wandlungsprozesse[1]. Die ersten Nachkriegsverhältnisse hatten zu einer Einschätzung der Familie als dem einzigen Halt geführt, der in ungewissen Zeiten verblieben war, und daher zur Beschwörung althergebrachter Familienstrukturen. So sieht auch König den modernen Individualismus weniger als Mangel an Regelungen überhaupt,

sondern selbst als volles Regelungssystem mit allen Konsequenzen für die Struktur von Ehe und Familie. Er möchte deshalb einen Begriff wie »Desorganisation«, der sich auf die innere Verfassung der Familiengruppe bezieht, nicht verwechselt wissen mit »Desintegration«, worunter er das Verhältnis der Familie zur Gesamtgesellschaft versteht als entscheidendes Merkmal aller differenzierteren Kulturen.
Andererseits wird jedoch mit einer solchen makro- und mikrosoziologischen Betrachtungsweise ein stabiles, durch die Geschichte hindurchgehendes Familienmodell vorausgesetzt und eine Trennung von Gesellschaft und Individuum angenommen, was in dieser Schärfe nicht aufrechterhalten werden kann. »Das dialektische Verhältnis zwischen den geronnenen Formen des sozialen Lebens, den Institutionen und befestigten Gruppenstrukturen einerseits und den Individuen andererseits, die doch in der tätigen Auseinandersetzung mit der Umwelt die gesellschaftlichen Verhältnisse erst produzieren, kann mit dieser Konzeption nicht erfaßt werden«[2].
Nach dem Zweiten Weltkrieg sind in Deutschland drei Phasen einer wissenschaftlichen Beschäftigung mit familiensoziologischen Fragen zu unterscheiden: Die Phase um 1950, als Familienforschung in der neu entstandenen Bundesrepublik einen großen Aufschwung erfuhr, verbunden mit den Namen Baumert[3], König[4], Schelsky[5], Wurzbacher[6].
Gerhard Wurzbacher zeichnete aufgrund von 164 Familienmonographien ein Bild der Wandlungen in der ersten Nachkriegszeit, indem er aus seinem empirischen Material eine Analyse der Kleinfamilie und ihrer Verwandtenbeziehungen erarbeitete. – Einen ähnlichen Ansatz zeigte schon vorher die materialreiche Arbeit von Hilde Thurnwald[7], die 1946/47 fast 500 Berliner Familien nach ihrem familiären Eigenbewußtsein und ihren Lebensverhältnissen befragt hatte. Sie gelangte angesichts

der unmittelbaren Nachkriegssituation in einer zerstörten Großstadt zu mehr pessimistischen Folgerungen im Hinblick auf Desorganisation und Unstabilität der Familienverbände.

Schelsky, aufbauend vor allem auf Gehlens Institutionsbegriff[8], trennt zwischen Organisation und Institution, wobei er erstere als Koordinierung von Personen zur Verwirklichung bewußter Ziele bezeichnet und letztere als dauerhafte Regelung mit Entlastungsfunktion. In seiner Familiensoziologie betrachtet er, ausgehend von den Auflösungserscheinungen nach dem Zweiten Weltkrieg, die Familie als einzigen Stabilitätsrest. Die Reform der Gesellschaft glaubt er, durch eine Reform der Familie vollziehen zu können. Hier ist an Wilhelm Heinrich Riehl zu denken, der mehr als hundert Jahre früher von einem gleichen Ansatz aus in seinem Familienbuch traditionell und konservativ die alte Gesellschaft durch eine Stärkung der Kräfte des Beharrens in der Familie restaurieren wollte.

Auch Schelsky sieht wie ehemals Riehl in jedem Autoritätsschwund eine Überbelastung und Verletzung der alten Familienformen und wendet sich von solchem Ansatz her scharf gegen die Frankfurter Soziologenschule und damit auch gegen die von der Psychoanalyse aufgedeckte Beziehung zwischen autoritärer Erziehung und politischem Verhalten. Er errichtet eine starre Front zwischen den Gesetzen der Privatheit in der Familie und denen der Öffentlichkeit in der Gesellschaft.

Die Kritik H. Rosenbaums am ahistorischen Charakter der vielfach angewandten institutionalistischen Methode ist weithin berechtigt. Dazu kommt, daß immer nur »die moderne Familie« im Mittelpunkt steht; historische Tatbestände werden meist nur zum Vergleich herangezogen, wenn sie nicht, wie bei der Rechtshistorikerin Hildegard Bürgin-Kreis[9], das eigentliche Thema bilden. Für die letzten 150 Jahre in der Schweiz stellt sie dar, daß sich die Familie als Rechtsgemeinschaft zu einer Gruppe von mehreren freien Rechtspersönlichkeiten wandelt, was eine Fülle gesellschaftlicher und sozialkultureller Konsequenzen nach sich zieht. Auch aus einer derartigen, wenngleich

thematisch begrenzten Studie geht hervor, daß kein Gegenstand der Familiensoziologie nur binnenfamiliär betrachtet werden kann, sondern immer entsprechend seiner Beziehung zur jeweiligen gesamtgesellschaftlichen Situation.

Die Gründe für das lebhafte Interesse am Thema Familiensoziologie in der Zeit nach dem Zweiten Weltkrieg lassen sich in der Tatsache finden, daß damals die Familie oft als einzige intakte Stütze für den Einzelnen übriggeblieben war und von daher eine große gesellschaftliche Relevanz besaß. Man hielt auch sozialpolitisch die Stärkung dieser Kleingruppe für absolut wichtig, hatte man doch erlebt, wie eine unüberschaubare Massengesellschaft besonders anfällig für politische Verführer gewesen war. Zudem fügte sich die Beschäftigung mit der Kleingruppe Familie in die allgemeinen Dezentralisierungstendenzen, die die gesellschaftliche und politische Arbeit in der damaligen Bundesrepublik beherrschten und die von den unterschiedlichsten politischen Richtungen her vertreten wurden.

Nach dem Abflauen der 1. Phase in der familiensoziologischen Forschung erwachte Mitte der sechziger Jahre neues Interesse für das Thema mit den Arbeiten von Claessens[10], Neidhardt[11], Wurzbacher[12], Oeter[13], Pfeil [14]. Eine dritte Phase ist durch die zusammenfassenden Untersuchungen der letzten Zeit, vor allem von König[15] und Schwägler[16], bestimmt.

In dem hier vorgelegten Versuch wurden Fragen der familiensoziologischen Forschung nur behandelt, soweit sie das historische Problem Familie berühren und ihrem prozeßhaften Charakter Rechnung tragen.

Die beiden eingangs zitierten Lexikonartikel verdeutlichen diese Fragestellung. Veränderungen in der ökonomischen und sozialen Struktur der Gesamtgesellschaft verändern auch die Struktur der Familie und das zwischenmenschliche Verhältnis ihrer Mitglieder. So hat Elisabeth Pfeil[17] in diesem Zusammenhang die Umwertung der Frau in neues Licht gerückt: vom Heimchen am Herd zur berufstätigen Ehefrau mit allen daraus resultierenden Änderungen des Familienlebens. Helge

Pross[18] erkennt die Veränderung der wirtschaftlichen Verhältnisse als maßgebend. Den Stellenwert von Kinderzahl und »Kindersegen« sieht sie für die Vergangenheit innerhalb einer hauptsächlich ökonomiebedingten Skala, und nach deren Wegfall glaubt sie für die Gegenwart »Zufall und traditionalistische Imitation« an der Wiege der Kinder zu entdecken. Man hat Kinder, weil das so üblich ist, oft ohne sich als »Familie« der sozialkulturellen Erziehungsaufgabe voll bewußt zu werden. In der weit verbreiteten Hinführung zu kritiklosem Konsumverhalten sieht Helge Pross die Gefahr einer Orientierung hin auf autoritär-bürokratische Systeme. Die Hinwendung auf gesellschaftshistorische Zusammenhänge ist jedoch selten in der modernen Familiensoziologie.

Es bleibt René Königs großes Verdienst, betont zu haben, daß die Entwicklung der sogenannten primitiven Gesellschaften und die der Hochkulturen nicht auf einer Linie abgehandelt werden kann, wie es ältere Autoren und auch die amerikanischen Kulturanthropologen immer wieder versuchten. – Lebten die von kulturellen Wandlungen nur wenig erfaßten naturvolklichen Ethnien vielfach lange Zeit im gleichen Rahmen wie ehedem weiter, so bahnte sich in Europa mit dem Christentum eine völlig neue Entwicklung an, vorbereitet in der antiken Philosophie, einmündend in die christliche Monogamie, die Treue- und Beistandspflicht zum Gebot erhob. Das ergab eine Fülle von Überschichtungsprozessen, die das jeweilige Nebeneinander verschiedener Familientypen in verschiedenen sozialen Schichten mit sich brachte. Den von Durkheim geprägten, noch evolutionistischen Begriff der »Kontraktion« ersetzt König durch denjenigen der historischen »Konvergenzerscheinung« zwischen verschiedenen Familientypen, insbesondere zwischen »Kernfamilie« und »Großfamilie« (große Haushaltsfamilie). Die Konvergenzerscheinungen im ausgehenden 18. und 19. Jahrhundert bewegten sich nach König zwischen der durch die Wirtschaftsentwicklung modifizierten erweiterten patriarchalischen Familie der Ober- und Mittelklassen und der Kernfamilie der aufsteigenden Arbeiterklasse.

Und diese ganz konkreten historischen Fakten waren es, die Durkheim zu seiner Kontraktionstheorie führten.

Aber auch hier hielt die Entwicklung nicht an. König betont, welche gesellschaftliche Rolle die desintegrierte Familie in der Gegenwart mit einem sich nach innen wendenden Verantwortungsgefühl für den Aufbau der sozial-kulturellen Persönlichkeit ihrer Kinder spielt mit neuen stabilisierenden Momenten[19]. Als Folgemöglichkeiten, teilweise im Zuge einer Desorganisation, wären dann nach König Überorganisation und schließlich die frühe Emanzipation der jungen Familienmitglieder zu nennen. Solche Überlegungen verraten jedoch ein Konzept, in dem eine bestimmte Familienstruktur wieder mehr oder weniger zeitlos als vorgegebene Größe erscheint, als einziger Ort der jugendlichen Sozialisation, als gesellschaftlich weitgehend konstant. Das Bild solcher scheinbar invarianten Vater-Mutter-Kind-Beziehungen kann durch eine sozialhistorische Beschäftigung mit der Familie neue Konturen gewinnen. Bei nüchterner Betrachtung wird sich dann ergeben, daß durchaus nicht grundsätzlich die Aura der Geborgenheit und Harmonie mit dem Topos »Familie« verbunden sein muß. Jede Gesellschaft und jede Gesellschaftsschicht hat in der Vergangenheit die ihr gemäße Form der Familie, ihren sozialen und ökonomischen Möglichkeiten entsprechend, hervorgebracht. Werturteile verbieten sich von daher ebenso wie der nostalgische Wunsch nach *der* Familie der guten alten Zeit.

Will man die Sozialgeschichte der Familie bis in die Gegenwart führen, so ergibt sich für ihre Phänomene wiederum die Notwendigkeit einer passenden sozial- und wirtschaftshistorischen Einordnung in einen gesamtgesellschaftlichen Rahmen. Das heißt z. B., daß nur für den die Bestrebungen der heutigen Jugend nach frühzeitiger Selbständigkeit gleichbedeutend mit dem »Verfall der Familie« sind, der unter diesem Begriff lediglich die alte patriarchalische Struktur versteht. Unter solchen Voraussetzungen werden dann u. a. von manchen Kritikern die Eheschließungen von Studenten umgemünzt zu »Frühehen«, die

ohne gebührende »Reife« der ökonomisch unge-
sicherten Partner geschlossen seien. In anderen
Gesellschaftsschichten bezeichnet man es jedoch
durchaus nicht als Frühehe, wenn Dreiundzwan-
zigjährige heiraten. Tatsächlich ist es also die Gesellschaft selbst, die die bürgerlichen Maximen der
Vergangenheit, z. B. die finanzielle Abhängigkeit
vom Elternhaus als Ehehindernis, unverändert in
die Gegenwart transponieren will. Erst solche
Vorurteile schaffen die Vorbedingungen für die
weitgehende Ablehnung der Studentenehe in der
Öffentlichkeit[20].

Kein Wunder, wenn in einem Teil dieser jungen
Familien der Wunsch nach Befreiung von gesellschaftlichen Traditionen übermächtig wird und
manchmal nach ungewöhnlichen Zeichen verlangt. Das Bedürfnis nach frühzeitiger Emanzipation und selbständiger Persönlichkeitsentfaltung
ohne Verwandtenkontrolle muß sich nicht unbedingt familienfeindlich auswirken, wenn man den
Begriff »Familie« nicht statisch, sondern gesell-
schaftsdynamisch versteht.

Neue Formen der Familiengestaltung drücken
sich heute in vielen jungen Familien vor allem in

309 Wieder eine schlechte Osterzensur.

der Abkehr von der alten Verteilung der Machtpositionen nach dem patriarchalisch-autoritären
Familienmodell aus. Hier spielt für den Bereich
der familiären Erziehung die Ablehnung der Prü-
gelstrafe eine entscheidende Rolle, die ja erst 1971
an deutschen Schulen endgültig verboten wurde.
Daß sie in vielen Familien jedoch weiterhin zum
normalen Ritual gehört – dafür bietet Walter
Hävernick in seinem berechtigterweise stark kriti-
sierten Buch »Schläge als Strafe«[21] eine geradezu
horrende »wissenschaftliche« Legitimierung. Er
bezeichnet auch für die Gegenwart das planvolle
Schlagen der Kinder und Jugendlichen im Fami-
lienbereich als »von der Sitte gebilligte feste Form
des Strafvollzuges«, der von den Jugendlichen als
Teil des elterlichen Schutzes empfunden und akzeptiert würde! Damit wiederholt sich wieder
einmal die alte Vorstellung von der Familie als einer Institution, die unabhängig von den Bewegungen der Gesamtgesellschaft in traditionellen
Verhaltensmustern beharren solle. Hävernicks
ahistorische und undynamische Auffassung dessen, was »Sitte« sei, führt ihn weiterhin zur
unreflektierten Verteidigung von groben Auswirkungen der rein kräftemäßigen Überlegen-
heitsverhältnisse im Elternhaus und damit zur
scheinwissenschaftlichen Verteidigung eines autoritären Prügelprinzips überhaupt[22], wie es in
vergangenen Jahrhunderten zur Norm gehört haben mag: Nicht Erziehung als Prozeß des Auto-
nomwerdens, sondern Schläge als selbstverständ-
licher Teil der sogenannten elterlichen »munt«.
Die Vorstellung, daß Gewalt unter bestimmten
Prämissen gerechtfertigt sei, wird so dem Kind in
früher Jugend mit den Schlägen gewissermaßen
eingebleut. Was eine solche Auffassung von den
Möglichkeiten der innerfamiliären Kommunikation für die Entwicklung der Kinder bedeutet, hat
Hävernick nur in konservativstem Sinne zu Ende
gedacht.

»Denn Menschen, die schon als Kinder nur auf die
Dimension von Befehlen und Gehorchen einge-
schworen wurden, finden später nichts Außerge-
wöhnliches am Quälen und Gequältwerden, am
Vernichten und Vernichtetwerden, am scheinbar

310 Wilhelm Busch (1832–1908): Zwei Prügelszenen aus
»Plisch und Plum«.

zufälligen, schicksalhaften Spiel von Macht und
Ohnmacht; insbesondere dann nicht, wenn das
Kollektiv ökonomisch in Bedrängnis gerät. Der
Zusammenhang von Demokratie und Erziehung
unter den gegebenen gesellschaftlichen Verhältnissen ist so beunruhigend, daß man Hävernicks
Thesen nicht unkommentiert lassen kann. Denn
eine Gesellschaft, die durch Prügel – und seien sie
normiert – in ihren Fugen gehalten werden soll, ist
danach«[23].
Aber abgesehen von solchen negativen Konstitu-
anten eines autoritär-patriarchalischen Familiengeistes haben sich auch andere Elemente und Vor-

stellungen erhalten, haben bürgerliche Verhal-
tensmuster der Vergangenheit in einer zeitlichen
Phasenverschiebung auf dem Lande Eingang ge-
funden. Dazu trugen in nicht geringem Maße die
Familienfernsehsendungen bei, die das standardi-
sierte Bild von einer bürgerlich utopischen »heilen
Welt« mit ihrer »naturgegebenen« hierarchischen
Generationsschichtung in die Wohnstuben der
Landbevölkerung flimmerten[24].
Damit wurden Vorbilder für ein altüberkomme-
nes Familienbewußtsein vermittelt und mancher
Ansatz zu verändertem und modernem Denken
im Keime erstickt. Gerade der leitbildgebende
Einfluß der Massenmedien auf die Familienmo-
delle harrt noch der gründlichen Erforschung als
Grundlage für angewandte Sozialisationsmaß-
nahmen auf diesem Gebiete.
Die Landfamilie jedenfalls war und ist hier z. T.
fremden Vorbildern konfrontiert, was Denken
und Verhalten, aber auch Kleidung, Wohnungs-
einrichtung usw. anbetrifft – Vorbildern, die ihrerseits zumeist wieder auf überholten bürgerlichen Normen beruhen.
Daneben aber haben sich gerade auf dem Dorfe
noch vielerlei traditionelle Familienbräuche erhalten, wenn auch zuweilen in neuen Kombinationsmustern und verändertem sozialen Zusammenhang.
Denn neben den großen Familien der Aristokratie
und den »schönen« Familien des Großbürgertums, in denen Zusammenhalt und Familiensinn
gleichbedeutend sind mit Macht und Geld, bewahrt sich der Familiengeist in der Gegenwart am
stärksten auf dem Lande und in der Kleinstadt.
Geburtstage, Hochzeiten, Einsegnungen und Be-
gräbnisse sind hier noch wirkliche große Fami-
lienzusammenkünfte, wenn auch die Verwandtenkontrolle und -mitsprache vornehmlich verba-
len Charakter erhalten hat und sich meist auf
Klatsch reduziert. Aber die gegenseitigen Besuche
der weiteren Verwandtenkreise zu diesen Gelegenheiten sind obligatorisch. Viele Kannen voll
Kaffee werden gekocht, Massen von Torten aus
den Beständen der Tiefkühltruhe gefertigt und am
Abend Schnitzel und Schaschlik serviert.

Einige dieser Familienfeiern wie Hochzeit und Begräbnis haben auf dem Lande immer eine große familienverbindende Funktion besessen. Mit dem Leichenschmaus als Zeichen, daß das Erbe angetreten wurde, muß bis heute in vorgeschriebener Speisenfolge die Trauergemeinde bewirtet werden[25]. Die Kleidungsbräuche der Trauer waren jedoch weit über den Termin des Sterbefalles hinaus bedeutsam und verpflichteten die Familienangehörigen zu einer äußeren Zeichensetzung, die bei vielen Trachten den Verwandtschaftsgrad und das Maß der Trauer über 2–4 Jahre erkennen ließen. Von der »harten Trauer« in stumpfem Schwarz reichten die dörflichen Vorschriften zu den Übergangsstadien mit weißen Farbelementen, zeigten Kleidung und Zubehör bis hin zu den farbigen Tragkörben z. B. in der hessischen Schwalm das Maß der Trauer.

Wohl diktiert die Gesellschaft auch den städtischen Menschen einen bestimmten Kleidungsstil beim Todesfall seiner Angehörigen. Doch kann er sich bis zu einem gewissen Grade von solchen Etiketten emanzipieren und tut es heute in zunehmendem Maße. Die dörfliche Ordnung dagegen war unerbittlich und ist es z. T. noch heute. Den Maßen der »harten Trauer«, der »Halb- und Vierteltrauer« entsprach in den Trachten eine ganze Skala von Tüchern, Hauben, Schürzen und in der

hessischen Schwalm gar Schuhschnallen, die bei Trauer oval und nicht eckig sein durften. Solche Trauersitten und -normen erweisen sich in den Verhaltensweisen häufig stärker als die Tracht selbst und werden nach deren Ablegen oft auf die bürgerliche Trauerkleidung übertragen.

Bestimmte Elemente bürgerlichen Familienverhaltens haben Eingang auf dem Lande gefunden und sich mit den dort herrschenden Denkweisen zu neuen Formen verbunden. Dazu gehören vor allem gedruckte Trauerannoncen in der Lokalzeitung. Sie zeigen neben Gedenkversen der seit dem 19. Jahrhundert beliebten Lesebuchpoesie vor allem den Verwandtenbereich, in dem der Verstorbene gestanden hat, und offenbaren damit ein ausgeprägtes Familienbewußtsein. Alle Verwandtschaftsgrade, aus denen der Tote herausgestorben ist, werden hier angegeben, und auch der »Pate« darf nicht fehlen, ist doch das Patenverhältnis für die ländliche Familienbindung von ganz besonderer Bedeutung[26].

Für die vielen Glückwünsche, Blumen und Geschenke zu meiner

Konfirmation

möchte ich mich, auch im Namen meiner Eltern, recht herzlich bedanken.

Kerstin Benkel

Laudenbach, Heppenheimer Str. 6, im April 1968

Herzlichen Dank, auch im Namen meiner Eltern, allen, die mich zu meiner

Konfirmation

so überaus reichlich mit Glückwünschen, Blumen und Geschenken erfreut haben.

Luise Kämmerer

Fronstadt/Lahn, im April 1968
Stöcksweg 27

Konfirmationsbedankungen

Gedruckte Familienanzeigen bieten die seltene Gelegenheit, die Familie in der Zeitung veröffentlicht zu finden. Das mag ein Motiv für eine ländliche Innovation sein, die mit jedem Jahr an Intensität zunimmt: die Dankesanzeige bei Trauerfällen, aber auch für Glückwünsche und Geschenke zur Konfirmation. Hier zeigt sich der eingesegnete Jugendliche mit seiner gedruckten Unterzeichnung zum erstenmal offiziell als selbständige Person. Zugleich sind diese Anzeigen, die tagelang

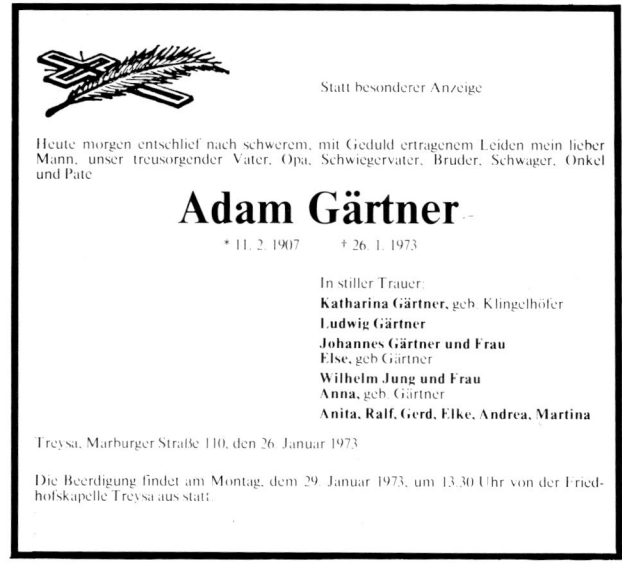

Statt besonderer Anzeige

Heute morgen entschlief nach schwerem, mit Geduld ertragenem Leiden mein lieber Mann, unser treusorgender Vater, Opa, Schwiegervater, Bruder, Schwager, Onkel und Pate

Adam Gärtner

* 11. 2. 1907   † 26. 1. 1973

In stiller Trauer:
Katharina Gärtner, geb. Klingelhöfer
Ludwig Gärtner
Johannes Gärtner und Frau
Else, geb. Gärtner
Wilhelm Jung und Frau
Anna, geb. Gärtner
Anita, Ralf, Gerd, Elke, Andrea, Martina

Treysa, Marburger Straße 110, den 26. Januar 1973

Die Beerdigung findet am Montag, dem 29. Januar 1973, um 13.30 Uhr von der Friedhofskapelle Treysa aus statt.

Ländliche Todesanzeige

ganze Seiten der Lokalzeitungen bedecken, ein Zeichen für die Ausmaße, zu denen Konfirmationsfeiern angewachsen sind. Sie bilden für die ländliche und kleinbürgerliche Familie vor der Hochzeit die letzte große Zusammenkunft, die ganz auf das heranwachsende Kind abgestimmt ist. In der Großstadt gelten Einsegnungen nicht so ausschließlich als Familienfeste, sondern umfassen auch die »gemachten Gemeinschaften«: Freunde, Schulgenossen, Berufs- und Vereinskollegen. Die Befreiung von der rein familiären Gebundenheit beginnt hier häufig früher. Doch dürfen solche Bemerkungen nicht zu der pauschalen Vorstellung führen, als ob die Familie in der Großstadt keine Rolle mehr spiele. Elisabeth Pfeil hat nachgewiesen[27], daß in der Großstadt die Familie vielfach funktionsreicher geblieben ist, als man das zunächst annehmen konnte, wenn sich auch – nach Pfeil – Familie und öffentliches Leben voneinander entfernen. Aber sowohl an dieser Aussage wie an mancher anderen über die städtische Nachkriegsfamilie wären aufgrund neuer empirischer Forschungen Korrekturen anzubringen und das Klischee der vorherrschenden Desintegrationserscheinungen zu berichtigen. Die Veränderungen können auch in die positive Richtung weisen. Das betrifft besonders die freiere Lebenslandschaft der Frau in der Gegenwart. Moderne Technik und Medizin haben sie von vielen binnenfamiliären Aufgaben entlastet, die ihre Mütter und Großmütter zu bewältigen hatten. Diesen freien Raum muß sie ihren Fähigkeiten entsprechend ausfüllen lernen, ohne daß ihr ständig das mahnende Leitbild der sogenannten »Familienmutter« und »guten Hausfrau« vor Augen gehalten wird. Frau und moderne Familie brauchen den Beruf, in dem sich die Frau wohl fühlt und Bestätigung für ihre Fähigkeiten finden kann. Aber was geschieht dann mit den Kindern, und wie wird die Familie unter solch veränderten Voraussetzungen ihren Sozialisationsaufgaben gerecht? Die Heranziehung der Großmütter und damit das modifizierte Wiederaufleben einer Dreigenerationenfamilie muß nicht der einzige Ausweg sein, wenn die Frau ein Rollengleichgewicht in der Ehe

anstrebt und ihrem Beruf nachgeht. Es gibt auch Ansätze zu neuen Entwicklungen, bei denen die Ehemänner in einer modernen Aufgabenteilung mit ihren Frauen partnerschaftlich kooperieren. Überall entschließen sich Eltern-Kinder-Gruppen, Initiativkreise und Wohngemeinschaften, in dieser Richtung zu experimentieren[28]. Es geht dabei um die Einübung von neuen Formen des Zusammenlebens, die allerdings sämtlich zunächst noch den Charakter des Vorläufigen haben.

So tritt an die Stelle der bürgerlichen Verlobung mehr und mehr die Ehe auf Probe oder eine andere Form der vorehelichen Monogamie. Die ist allerdings häufig so streng, daß sie auch harmlose Formen jugendlicher Geselligkeit empfindlich lähmen kann, wenn z. B. auf Parties jeder nur ausschließlich mit seinem Partner tanzt – Verhaltensweisen, die der vorhergehenden Generation ganz unbekannt waren.

Die persönlichen Beziehungen sind also enger geworden, und freie Gefühlsäußerungen zwischen den Partnern gehören zur Selbstverständlichkeit. Schon in der frühen Phase des Zueinanderfindens distanziert man sich in seinem privaten Raum von verwandtschaftlicher Kontrolle. Das kann man um so eher, als für die Jugendlichen das eigene Fortkommen im Mittelpunkt des Interesses steht und das Verdienenkönnen im allgemeinen Arbeitsleben kein Problem darstellt. So verlieren Konflikte mit dem Elternhaus ihre Schrecken. »Autorität im Hause nimmt einen irrationalen Zug an«[29].

Wenn das Bedürfnis nach ökonomischer und damit auch psychischer Unabhängigkeit in der jungen Generation immer früher nach Ausdruck verlangt und sich auch tatsächlich artikuliert, so wird damit wohl die alte patriarchalische Familie mit ihren Tabus und Autoritätsstrukturen ihr Ende finden. Aber es können sich neue freiere Familien- und Sozialisationsformen bilden, die sich andere Maßstäbe und Ziele setzen.

Es kann nicht der Sinn dieses sozialhistorischen Überblicks sein, einen vollständigen Katalog zu bieten oder gar Prognosen zu stellen. Erwähnt seien die tastenden Versuche der sogenannten

Wir haben unseren Kram zusammengeschmissen.

Marianne Neuhaus-Lambrusky

Martin Krauskopf

August 1971

89 Aschaffenburg, Roseggerstraße 11

MIT FREUDE GEBEN WIR DIE VERMÄHLUNG UNSERER KINDER EDDA UND JOACHIM BEKANNT		WIR HEIRATEN
ANNEMARIE NEUMANN geb. Schuchardt		JOACHIM HELLFRISCH
Oberlandforstmeister a. D. Dr. JOHANNES HELLFRISCH und FRAU EDITH geb. Keller		EDDA HELLFRISCH geb. NEUMANN
356 Stiegenkopf Grünewaldstraße 14	5928 Strahlau Am Schloßberg 10	DIE TRAUUNG FINDET AM 24. OKTOBER 1970 UM 17 UHR IN DER STADTKIRCHE IN STIEGENKOPF STATT!

Unkonventionelle und konventionelle Vermählungsanzeigen

modernen »Großfamilien« oder Kommunen, die sich allerdings bisher kaum durchsetzen oder auch nur bewähren konnten. Ihre Nachfolger sind von der ökonomischen Seite her die Wohngemeinschaften, die besonders die Studenten in Anbetracht der oft katastrophalen Zimmerprobleme an Hochschulorten praktizieren; – von der erzieherischen Seite her die Eltern-Kind-Gruppen, die sich vielerorts zusammenschließen. Es handelt sich hier also um so etwas wie praktikable »Kunstfamilien« oder um erweiterte Familienkreise mit neuem Funktionsbereich. Auf der gleichen Linie einer kooperativen Mehrfamilienvorstellung liegen Projekte, die die Bauherren in Zukunft verpflichten sollen, Kinderspielplätze und spezielle gemeinsame Spielzimmer auf den einzelnen Etagen in Mehrfamilienhäusern einzuplanen. Das führt zu der Konsequenz, daß die Familie, wenn sie aus ihrer gesellschaftlichen Abschirmung heraustritt, nicht mehr die einzige Sozialisationsinstanz sein kann. Doch müssen derartige Funktionsverluste nicht ihre Auflösung bedeuten.

Was aufhören wird und schon vielfach aufgehört hat, das ist die unmittelbare persönliche Abhängigkeit, wie sie zum bürgerlichen Familienideal gehörte und von diesem Modell her auf zahlreiche andere Formen der bürgerlichen Gesellschaft ausstrahlte. Das Wort von der totalen Demokratisierung des Lebens beinhaltet auch für die Familie eine freie Bahn, die viele gangbare Möglichkeiten offen läßt, ohne daß sich ein verbindlicher Typus festlegen ließe. Ansätze zu neuem freieren Verhalten werden immer deutlicher, wenn auch die Widersprüche zwischen gesellschaftlicher Wirklichkeit und traditionellem Familienleben häufig noch stark genug hervortreten.

Die Beobachtung dieser Entwicklungen, die sich bereits in einer großen Menge von soziologischer Literatur niedergeschlagen hat[30], präsentiert sich heute intensiver und gründlicher, als sie dem Phänomen Familie je in der Vergangenheit zuteil geworden ist. Damit werden in Zukunft auch ihre kulturellen Leistungen verbindlicher in ihrem sozialen Kontext gedeutet werden können.

[1] König, René: Art. »Familie und Familiensoziologie.« 1969; ders.: *Alte Probleme* 1966, S. 1 ff.; Materialien zur Soziologie der Familie. Köln [1]1946; [2]1974 (erweitert).

[2] Rosenbaum, Heidi: *Familie als Gegenstruktur.* 1973, S. 105.

[3] Baumert, Gerhard und Hünninger, E.: *Deutsche Familien.* 1954.

[4] König, René: *Die Familie der Nachkriegszeit.* 1957.

[5] Schelsky, Helmut: *Wandlungen.* 1953.

[6] Wurzbacher, Gerhard: *Leitbilder gegenwärtigen deutschen Familienlebens.* 1952.

[7] Thurnwald, Hilde: *Gegenwartsprobleme Berliner Familien.* 1948.

[8] Gehlen, Arnold: *Urmensch und Spätkultur.* 1956.

[9] Bürgin-Kreis, Hildegard: *Der Wandel der Familie in Sitte und Recht in den letzten 150 Jahren.* 1953, S. 101 ff.

[10] Claessens, Dieter: *Familie und Wertsystem.* 1962; *Die Familie in der modernen Gesellschaft.* 1966, S. 235 ff.

[11] Neidhardt, Friedhelm: *Die Familie in Deutschland.* 1966. [3]1974.

[12] Wurzbacher, Gerhard: *Die Familie als Sozialisationsfaktor.* 1968.

[13] Oeter, Ferdinand (Hrsg.): *Familie und Gesellschaft.* 1966.

[14] Pfeil, Elisabeth: *Die Familie im Gefüge der Großstadt.* 1965.

[15] König, René: *Soziologie der Familie.* 1969, S. 172 ff.

[16] Schwägler, Georg: *Soziologie der Familie.* 1970.

[17] Pfeil, Elisabeth: *Die Frau in Beruf, Familie und Haushalt.* 1966, S. 141–176.

[18] Pross, H.: *Notizen zur gegenwärtigen Situation der Familie.* 1966, S. 128–134; *Die Wirklichkeit der Hausfrau.* 1975.

[19] vgl. Burgess, Ernest W.: *The Family. From Institution to Companionship.* 1945; Claessens, Dieter: *Familie und Wertsystem.* 1962.

[20] ausführlich dazu Bimmer, Andreas C.: *Traditionelles Verhalten als Konstitutivum autoritärer Strukturen.* 1972.

[21] Hävernick, Walter: »Schläge« als Strafe. 1964, S. 24 ff. usw.

[22] kritische Äußerungen dazu bei Bimmer, Andreas C.: *Traditionelles Verhalten als Konstitutivum autoritärer Strukturen.* 1972, S. 73 ff. und besonders bei Horn, Klaus: *Dressur oder Erziehung.* 1967.

[23] ebda., S. 17.

[24] Schäfer, Harald: *Strukturuntersuchungen zur Situation der Familie vor und auf dem Bildschirm.* 1973. Der Verfasser untersucht diese Vorgänge am Beispiel der »Familie Hesselbach«.

[25] Freybe, Albert: *Das alte deutsche Leichenmahl.* 1909; Wiegelmann, Günter: *Alltags- und Festspeisen.* 1967, S. 176 ff., S. 209 ff.

[26] vgl. Staudt, Reinhold: *Studien zum Patenbrauch in Hessen.* 1958.

[27] Pfeil, Elisabeth: *Die Großstadtfamilie.* 1973, S. 155 ff.

[28] Richter, Horst Eberhard: *Konflikte und Krankheiten der Frau.* 1973, S. 301; Kommune 2. 1969.

[29] Horkheimer, Max: *Autorität und Familie in der Gegenwart.* 1973, S. 81.

[30] König, René: *Die Familie der Gegenwart.* 1974; Rosenbaum, Heidi (Hrsg.): *Familie und Gesellschaftsstruktur.* 1974; *Historische Familienforschung und Demographie.* 1975.

311

Die Erschütterungen des verlorenen Krieges ließen die Familie als den einzigen sozialen Ort wärmender Geborgenheit erscheinen. Nur in ihrem Schutz konnte man die Schwierigkeiten des täglichen Daseins bewältigen. Damit wurde »Familie« aber auch zugleich wieder als eine unwandelbare Konstante verinnerlicht.

»... Der Krieg nahm mir in den Jahren
meine Kindheit, mein schützendes Haus
und lehrte mich, Worte zu sparen
und zahlte mich nur mit baren
harten Erfahrungen aus.«
Hilla Lossen

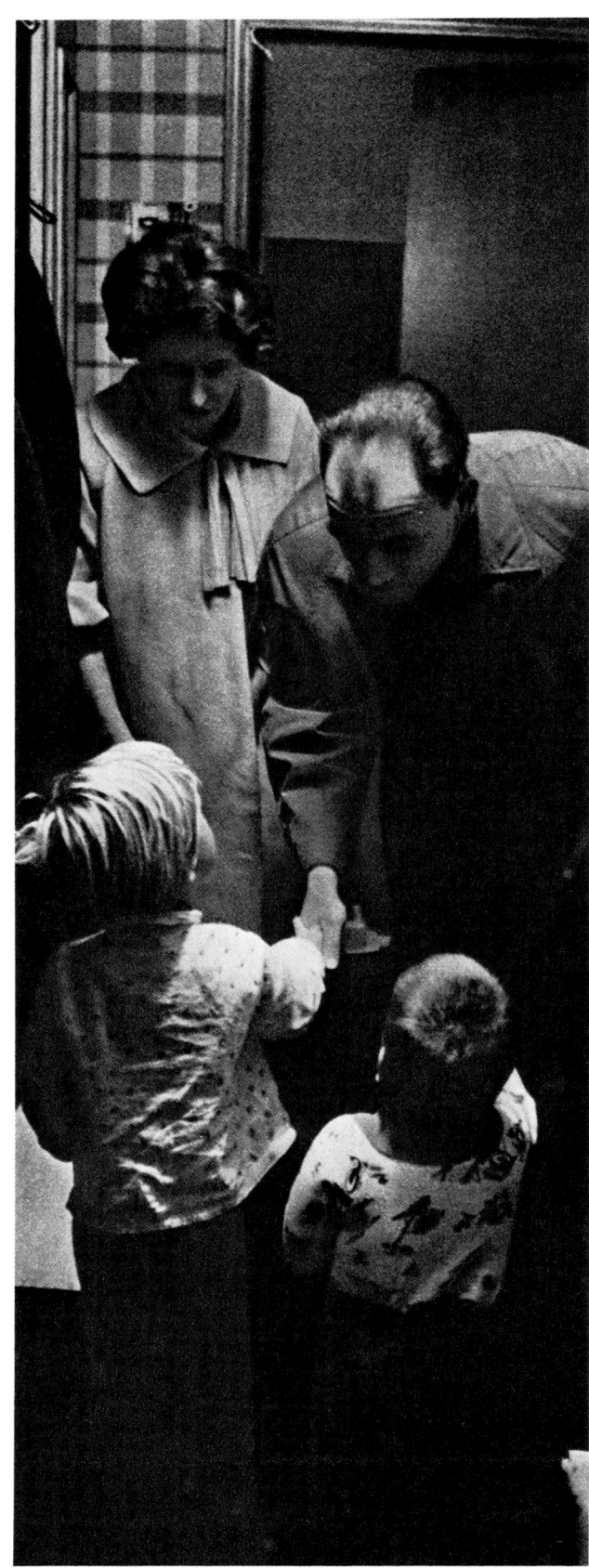

312

313

öffnen, den Kuchen essen, den Braten, die Sahne, die so weiß ist wie frischgefallener Schnee – ich werde in dieser Welt weiterleben, die ich vorfand, wie ich sie verließ. Unser Haus hat die Nummer 87. Der Hausschlüssel paßte noch, als ich... kam. Meine grüne Zahnbürste steht neben deiner gelben im Glas auf dem Bord – zwei neue Zahnbürsten sind inzwischen hinzugekommen: eine blaue und eine rote. Unsere Kinder, ich sehe sie atmen, wenn ich an ihrem Bett stehe. Leben erfüllt sie bis in die letzte Fiber ihres atmenden Fleisches hinein. Wer könnte dem Anblick eines im Schlaf atmenden Kindes widerstehen? Das Erstkommunion-kleid hängt über dem Bügel; es ist schneeweiß; morgen früh wird es mit einem frischen grünen Zweig geschmückt.«
Heinrich Böll (1917–1985): Klopfzeichen. 1960.

314

»Oft, wenn ich den Hausschlüssel ins Schloß stek-ke, habe ich Angst, das Haus könnte zu Staub zer-fallen, und ich könnte allein mit meinem Schlüssel in der Hand vor einer Welt stehen, zu der man kei-nen Schlüssel braucht...
...ich trinke auf unsere kleine Tochter, die mor-gen zum erstenmal (die kleine weiße Hostie) emp-fangen soll... Ich werde die Ananasbüchsen

311 Wilhelm Rudolph (*1889): Dresden 1945.
312 Vater kommt. Fotografie.
313 Die Kommunion. Fotografie.
314 Ludwig Emil Grimm (1790–1863): Schlafendes Kind.

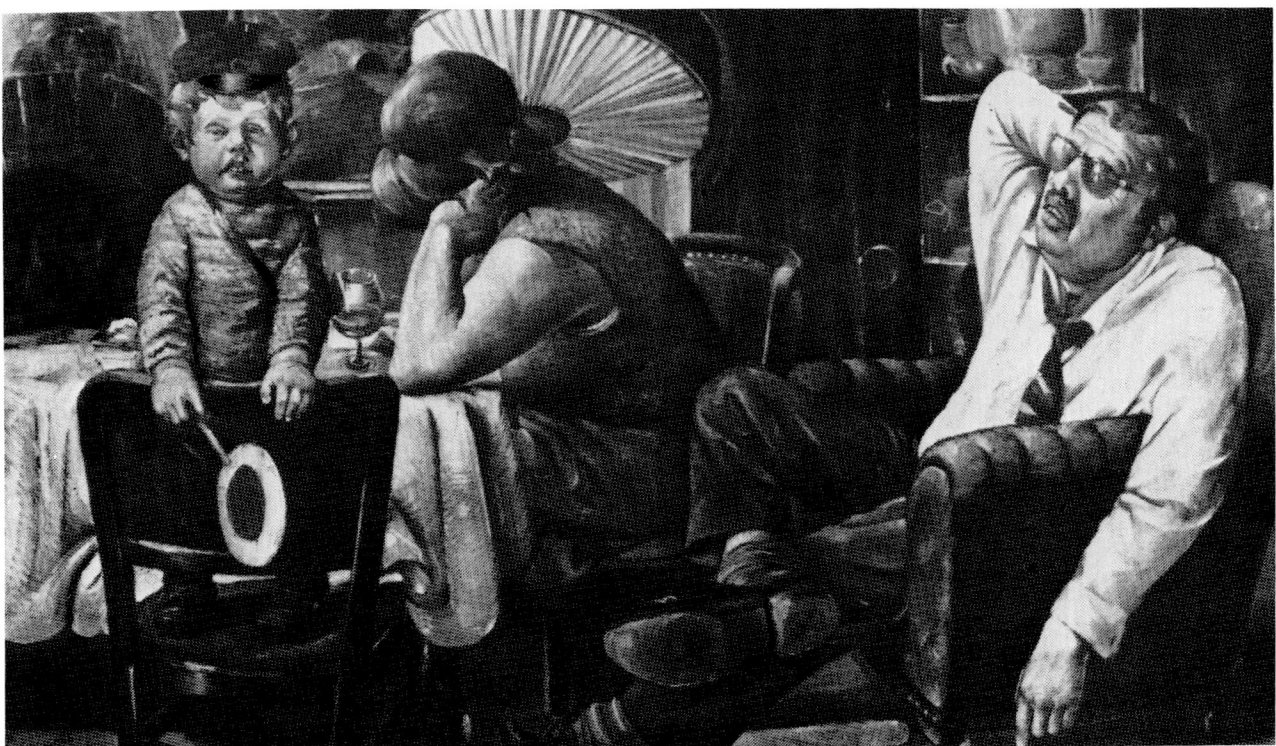

315

Wenn es richtig ist, daß oft in der herkömmlichen Klein-familie bereits das Kind an die Realität autoritärer Hierarchien gewöhnt wird, so kann die unveränderte Wiederbelebung des alten Familienmodells nicht wünschbar sein.

»Es besteht die Tendenz, daß Eltern ihre Kinder auf Werte und Normen hin erziehen, die von der gesellschaftlichen Entwicklung schon überholt sind. Ein ›konservativer‹ Effekt elterlicher Erziehung wird um so problematischer, je stärker sich in der elterlichen Generation ein sozialer Wandel vollzogen hat. Je weniger die Eltern mit ihren in der eigenen Kindheit gebildeten Wertorientierungen diesem Wandel gefolgt sind, um so größer ist der cultural-lag, den sie ihren Kindern anerziehen. Einen cultural-lag stellt es in einer gerade demokratisierten Gesellschaft z. B. dar, wenn nicht wenige Eltern die Erziehung zur Selbständigkeit und zur Individualität vernachlässigen und statt dessen die autoritären Prinzipien von Gehorsam und Artigkeit als primäre Erziehungsziele überbetonen.«
Friedhelm Neidhardt: Die Familie in Deutschland. 1966.

»Kuckuck ist ein braver Mann, eia, eia,
der sieben Frauen halten kann, eia, eia.
Die erste fegt die Stube aus,
die zweite bringt den Unflat raus,
die dritte nimmt den Flederwisch
und fegt dem Kuckuck seinen Tisch.
Eia, eia, eia, eia.
Die vierte holt ihm Brot und Wein,
die fünfte schenkt ihm fleißig ein,
die sechste macht ihm's Bette warm,
die siebte schläft in seinem Arm.
Eia, popei, eia popei, eia popeia, popeia.«
Carl Orff und Gunild Keetmann: Musik für Kinder. 1950.

»Mütterchen hat viel zu tun,
darf nicht rasten und nicht ruhn:
kochen, backen, waschen, flicken,
putzen, scheuern, nähen, stricken.
Spät am Abend, früh am Morgen,
immer schaffen, immer sorgen.«
Frida Neubart: Berliner Fibel 1955/56.

316

»Papst Paul VI. versicherte in seiner traditionellen Sonntagsansprache, auch die Kirche wolle einen Beitrag zum Jahr der Frau leisten, und erklärte, ›wir wünschen einen Fortschritt für die Funktion der Frau in Beruf und Gesellschaft‹. Würde und Mission der Frau müßten jedoch gewahrt bleiben. Gott habe sie zur ›empfindsamen Tochter, zur starken und reinen Jungfrau, zur liebenden Ehefrau und besonders zur heiligen würdevollen Mutter und schließlich zur frommen und arbeitsamen Witwe bestimmt.«
Oberhessische Presse vom 18. 8. 1975.

»Eben ist das Jahr der Frau zu Ende, da kommt aus einem Männer-Arbeitskreis die Erwartung, daß Frauen, die mit gut verdienenden Männern verheiratet sind, die moralische Verpflichtung hätten, ihren Beruf aufzugeben, um Plätze für Arbeitslose frei zu machen. Es wundert einen gar nicht, daß die Konkurrenzsituation auf dem Arbeitsmarkt dazu führt, die Frauen wieder hinter die drei oder vier Ks zu verbannen. Statt wie Männer Menschen mit Interesse an einem Beruf sein zu dürfen, sollen sie sich hinter Küche, Kinder, Konsum und

Kirche zurückziehen. Wie wäre es einmal umgekehrt? Wenn verheiratete Männer hinreichend verdienender Frauen, wie es etwa Lehrerinnen sind, um der Arbeitsplätze willen einmal brüderlich auf ihren Beruf verzichteten und nicht die schwesterliche Barmherzigkeit in Anspruch nähmen?«
Leserbrief von Eva Beese, Frankfurt a. M., in der Frankfurter Rundschau vom 30. Januar 1976.

315 Harald Duwe (*1926): Sonntagnachmittag. 1956.
316 Harald Duwe (*1926): Familienfeier. 1974.

317

318

Wie in einem Kreisschluß verfestigen Werbung und Massenmedien oft das traditionelle Familienmodell, weil ihre Macher glauben, nur so den Rezipienten und Konsumenten »Familie« erreichen zu können.

»Beispiel Henkel x-tra: Ein junger Vater ist angestrengt aber mit wenig Erfolg beschäftigt, sein Kleinkind mit Spinat zu füttern. Er maßt sich damit eine Rolle an, die ›von Natur aus‹ der Frau zukommt. Dieser Verstoß wird dadurch noch verschlimmert, daß er der Beschäftigung in seinem Sessel im Wohnzimmer nachgeht. Dieses Zimmer ist durch seine Ausstattung als ›modern und geschmackvoll‹ gekennzeichnet (Stereoanlage, Kunstdruck, Rokokoleuchter). Es ist also durch die Fütterungsaktion gefährdet.

Bei all diesen Verstößen gegen Hausordnung und traditionelle Rollenverteilung ist es kein Wunder, daß der Familienvater das Kind und sich selbst über und über mit Spinat bekleckert.

Kommentar der Hausfrau: ›Wenn Männer schon mal helfen!...‹

Mit stolzem feistem Lächeln präsentiert der Vater sein Kind. Sein Hemd und das Kinderlätzchen sind wieder sauber. Seine Frau – eine Packung x-tra in der Hand – hat sich bei ihm untergehakt. Mit Hilfe des Waschmittels hat sie ihn auf die rechte Bahn zurückgeführt und die Ordnung im Haus wiederhergestellt. Er wird hoffentlich nie wieder das Kind füttern.

In ihrer platten aber nichtsdestoweniger eindringlichen Art zeigt die Henkel-Werbung besonders deutlich die Tendenz der Werbung, traditionelles Rollenverhalten zu konservieren.«

Familienbilder. 1974.

317 Werbeseite.
318 Werbeseite für Waschmittel.
319 Die Fernsehfamilie. Fotografie.
320 Kurt Halbritter: Fernsehfamilie. 1970.

319

»...das Werbefernsehen macht heute Volks- und
Familientheater. Zwischen 18 und 20 Uhr werden
die Brut-, Futter- und Feuerstellen der kleinen
Leute vom Großkapital heiß umworben – der
Nährvater, der kaputt von der Arbeit kommt...;
die Frau Mama, die mit ihren Nerven völlig herunter ist...; die lieben Kinderlein, die so viel ko-
sten... Zwischen 18 und 20 Uhr bilden Vater-
Mutter-Kind eine heilige Werbeeinheit: ›Ehe und
Familie dürfen als Institution nicht in Frage ge-
stellt, herabgewürdigt oder verhöhnt werden. In
diesem Rahmen sind analytische und kritische
Auseinandersetzungen mit Ehe- und Familien-
problemen dann erlaubt, wenn sie nicht im
Übermaß gesendet werden; künstlerisch-drama-
tische Behandlungen, wenn die Zerrüttung von
Ehe und Familie nicht als Normalfall erscheint‹
(Programmrichtlinien des ZDF).«
Friedrich Knilli: Die heilige Fernsehfamilie: eine Kon-
sumgemeinschaft. 1971.

»Zunächst:
Durch das Fernsehen kann die Familie teilhaben
an dem Geschehen in der weiten Welt. Es ist ein
Geschenk, wenn eine Familie über ihre eigenen
Grenzen hinausblicken kann und wenn sie auf
diese Weise bewahrt wird vor einer Introvertiertheit... Es ist gut für eine Familie, wenn sie erkennt, wie sehr sie im großen Weltzusammen-
hang steht. Die Familie hat außerdem durch das
Fernsehen den Vorteil, Einblick in die Probleme
der Welt und des Lebens zu bekommen. Auch das
ist nützlich... und kann ernsthafte Gespräche in
der Familie veranlassen... Das Fernsehen bringt
uns den Vorzug, daß es die Familie unterhält... So
ist das Fernsehen zweifellos eine große Bereiche-
rung des Lebens in der Familie.

320

Zweitens: Das Fernsehen ist einer der gefährlichsten Eindringlinge in die Intimität der Familie...
usw.«
Fernsehen und Familie. 1956.

321 Verlobung 1972. Fotografie.
322 Verlobung 1860. Fotografie.
323 Doppel-Verlobung 1881. Fotografie.

»Nach einer Umfrage der Wickert-Institute sprechen sich 63 v. H. der jungen Leute zwischen 16 und 29 Jahren für die offizielle Verlobung aus. Dagegen halten nur 25 v. H. eine Verlobung für überflüssig. Am meisten für eine Verlobung plädieren die sogenannten »besseren Kreise«, Selbständige, Angehörige von freien Berufen. Die Bereitschaft von Protestanten ist mit 74 v. H. größer als die von Katholiken – 67 v. H. Am wenigsten verlobungsfreudig sind die Bayern.

Unter Verlobtsein verstehen die jungen Leute allerdings heute ein bißchen mehr als Händchenhalten und Osterspaziergänge. Unter Verlobungen werden praktizierte Partnerschaftsverhältnisse verstanden, die vom schlichten Versprechen bis hin zur hand- und bettfesten Probeehe reichen. Für 90 v. H. der Verlobten ist Verlobtsein – wenn auch mit gewissen Einschränkungen – Ehe vor der Ehe.«

Westdeutsche Allgemeine vom 20. 4. 1974.

*Aus dem Unbehagen an überlebten Formen bildeten
sich die Wohngemeinschaften und Kommunen junger
Menschen mit neuen Verhaltensweisen, die die
Zwänge der alten Ehe- und Familientradition überwinden sollen.*

»Er hat verkündet, man müsse die Kleinfamilie
an der Wurzel sprengen, bevor sie ihre Zwänge
ausbilden könne. Ein Jahr lang hat er das Haus gesucht, in dem es sich zusammen leben lassen würde. Pat und er mit vier bis sechs befreundeten Paa-
ren. Es war an kein großartiges Experiment gedacht, nur an Erleichterungen, mit denen man falschen Gewohnheiten vorbeugen, Zeit gewinnen
kann. Wozu sollen drei Hausfrauen wie du an drei
Herden stehen und dreimal schnell Ravioli braten... und wenn Kinder da sind, dreimal einzeln
mit ihnen gefangen sein... sich aus reinem Selbst-
schutz zurückentwickeln zu niedrigen Lebewesen... voller Ressentiment, das dann mit soge-
nannter Grazie unterdrückt werden muß, aber bei
der ersten Panne durchschlägt in diesem schrecklichen Hausfrauen-Sopran? Er stellte es immer so
dar, als wäre vor allem an die Frauen gedacht –
Pat brauchte gar nicht zuzustimmen. Es verstand
sich von selbst, daß sie das theoretisch ganz richtig
fand, das einzig Mögliche. Schließlich genügte
auch ihr ein Blick auf ihre verheirateten Bekannten, die so nachweislich die *falschen* Probleme hatten. Es war einfach eine Frage der Menschenwür-
de, wenn man diese Wohnerei in etwas weniger
Putziges und Einsames überführte. Unter Menschen durfte das Zwei-Eck, diese absurde
Ehefigur, nicht mehr wahr sein... an sich selbst
dachte er weniger dabei, oder nicht? Es verstand
sich doch, daß ein Mann, der schafft, seine tägliche
Korrektur durch die Gruppe braucht, wenn die
Arbeit nicht verkümmern soll. Soziale Experi-
mente sind jetzt ohnehin wichtiger als ästhetische.
Wir sollten da nicht gleich von einem Kollektiv
reden, die Lernprozesse wollen erst abgewickelt
sein, sehen wir einfach, was daraus wird, lernen
wir unsere Bedürfnisse erst mal echt kennen – Gerede.«

Adolf Muschg: Immer noch Morgen. 1976.

324

324/325 Eine Wohngemeinschaft feiert Jubiläum.

325

»Als wir mit Schwung die Siebeneinhalb-Zimmer-Wohnung im bürgerlichen Stadtteil Berlin-Charlottenburg geweißt und geputzt hatten, bis es uns zum Halse heraushing, ein riesiges Regal für das gemeinsame Arbeitszimmer gebaut und Möbel beim Trödler erstanden waren, als alle männlichen Kommunarden ein überdimensionales Bett in einem der Zimmer aufgebaut hatten und der große Eßtisch im Berliner Zimmer seine endgültige Form und Farbe erhalten hatte, da waren wir uns alle darüber einig, daß die Aufteilung und Einrichtung der Zimmer nur vorläufig bestehen bleiben sollte.

In den Diskussionen über die Einrichtung unseres Domizils haben wir festgestellt, daß jeder individuell verschiedene und ganz bestimmte Vorstellungen darüber hatte, wie ein Zimmer aussehen sollte. Diese Vorstellungen brachte jeder aus seiner Geschichte mit; sie waren nicht rational und

objektiv zu begründen, trotzdem wollte keiner seine Idee einer nichtbürgerlichen Wohnung ohne weiteres aufgeben. So beharrte Eike auf einem riesigen schwarzen Schreibtisch aus Eiche, der mit seiner Wuchtigkeit das ganze Arbeitszimmer dominierte – den Gegenvorschlag, für jeden einfache Arbeitsplatten aufzustellen, lehnte er ab. Bei näherem Zusehen entdeckten wir, daß die Einrichtungsrequisiten für jeden eine besondere Bedeutung hatten. Diese Bedeutung ergab sich – ähnlich wie bei bestimmten Verhaltensformen – aus der Bewältigung seiner speziellen Vorgeschichte. So stand also etwa hinter Eikes Beharren auf dem Schreibtisch der (unbewußte) Wunsch, durch dieses Möbelstück, das den Raum beherrschte und hinter dem man sich verschanzen konnte, die Rolle einer väterlichen Autorität zu übernehmen.«

Kommune 2: Alltag in der Kommune. 1970.

326

Der Wandel der ökonomischen Bedingungen und Arbeitstechniken führt auch auf dem Lande zu einem Abbau der alten Hierarchien.

»Alle setzten sich um den Tisch, und Maria begann sofort zu essen. Die andern hatten noch nicht einmal ihre Löffel aus den Lederschlaufen unterm Tisch hervorgezogen, aber Maria hatte schon einen Knödel auf dem Telle liegen, zerstach ihn mit dem Löffel und aß. Früher wäre ihr vom Bauknecht mit dem Löffel auf die Hand geschlagen worden, aber jetzt brachen die Knechte in Gelächter aus, alle brachen in Gelächter aus über einen jahrhundertealten Brauch, nur der Bauer und die Bäuerin lachten nicht. Aber der Bauer schrie auch nicht, weil er wußte, daß dann der ganze Tisch mitsamt der Knödelschüssel, dem Dreifuß mit der Salatschüssel und den Tellern übern Haufen geflogen wäre. Neiser und Konrad warteten darauf, und niemand hätte sie gehindert. Die Knechte beruhigten sich aber bald und aßen stumm.«
Franz Innerhofer (* 1944): Schöne Tage. 1974.

326 Bauern am Mittagstisch.
327 Heumahd.

327

»(Er) setzte sich neben einen kräftigen Mechaniker auf einen roten Traktorkotflügel, schaute hinunter auf das Gras und zu den Knechten rundher-
um, die jetzt vielfach Schildkappen aufhatten, früher Schneuztuchmützen, jetzt Schildkappen, wie
sie die Handwerker trugen... Dem Mechaniker
fraß er aus der Hand, keinen Handgriff, nichts
brauchte der ihm zu erklären! So schnell konnte
der Bauer gar nicht schauen, und er hatte an Holl
den perfektesten Traktorfahrer... Er sang in das
Traktormähgeräusch, ein leichter Wind um die
Stirn, mit ganzer Kraft riß er den Mähbalken empor und ließ ihn auf den Rasen fallen... Der Bauer
war lange gegen den Traktor gewesen, er jam-
merte und hatte viel auszusetzen. Der Boden tat
ihm leid. Der Preis war ihm zu hoch... Die Maschinen pflegte (der Junge), als wären sie sein Eigentum, und seine Arbeitsleistung steigerte er um
seiner selbst willen...«
Franz Innerhofer (* 1944): Schöne Tage. 1974.

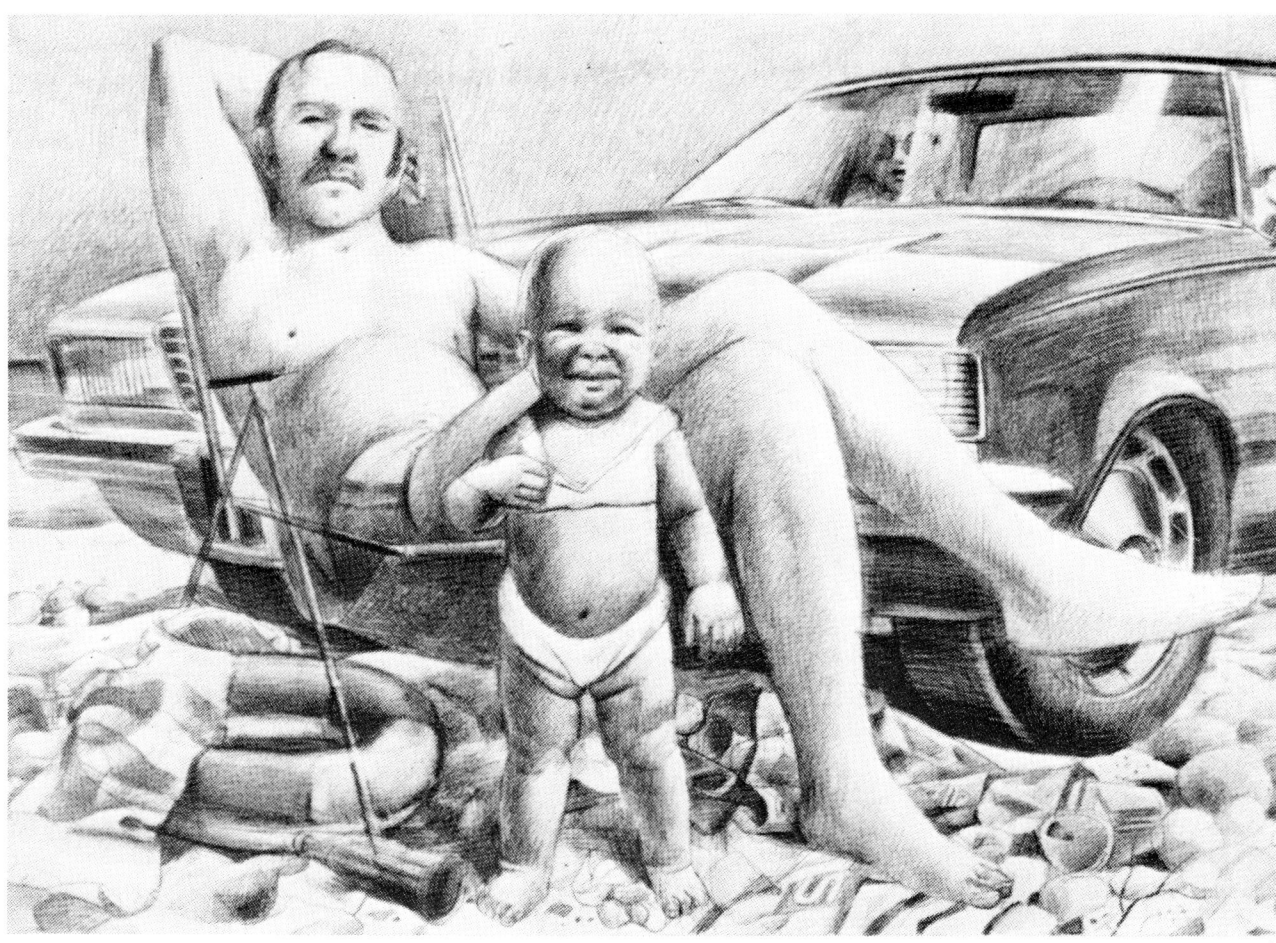

328

*Familie in der Gegenwart, wenn sie bestehen will, be-
deutet gleichberechtigte Partnerschaft, freundschaftliche
Zuwendung und freie Entfaltungsmöglichkeit für alle
ihre Mitglieder.*

»Dann war da (am Strand) noch ein Vater allein
mit seinen drei Kindern, der hat mir gefallen. Die
Kinder waren größer, aber der hatte die so richtig
in Ordnung. Den kleinen Jungen trocknete der so
zärtlich ab, wenn er naß aus dem Wasser kam,
spielte mit den Kindern Ball und war immer mit
ihnen beschäftigt. Wenn sie mal taten, was sie
nicht sollten, zum Beispiel fuhren sie mit dem
Boot zu weit aufs Wasser, sprach er ein Macht-
wort.«
Karin Struck (* 1947): Die Mutter. 1975.

328 Harald Duwe (*1926): Strandbild. 1973.
329 Vater und Tochter. Fotografie 1970.
330 Moderne Familie.

329

330

»Eine richtige Familie, bestehend aus Vater, Mutter und vier Kindern, waren wir gewiß. Aber ob wir ein Familienleben im bürgerlichen Sinne geführt haben, frage ich mich heute und kann es nicht ohne weiteres bejahen. Jedenfalls vermag ich mich an keinen einzigen Familienspaziergang, keine einzige gemeinsame Sommerreise zu erinnern. Mein Vater übersah uns, bis wir in das Alter kamen, wo er etwas mit uns anfangen konnte, bis wir imstande waren, mit ihm Schach zu spielen oder uns an gewissen recht schweren Ratespielen zu beteiligen. Bei Tisch sollten wir nicht wie andere Kinder schweigen, sondern etwas erzählen, eine Beobachtung, ein Erlebnis, das von allgemeinem Interesse war – man kann sich vorstellen, wie lähmend dieser Zwang auf uns wirkte, um so mehr als sowohl Schulgeschichten wie auch jede negative Beurteilung anderer Menschen von der Unterhaltung ausgeschlossen waren. Mit dem Vater allein zu sein war zugleich bedrückend und erhebend… Die Mutter war es auch, die von Zeit zu Zeit für uns Puppentheater spielte, alle Rollen der klassischen Dramen mit verstellter Stimme sprach und die aus Pappe ausgeschnittenen Figuren an steifen Drähten vor unseren Blicken bewegte…

Weder meine Mutter noch mein Vater haben uns, als wir klein waren, je aufs Töpfchen gesetzt; man begreift den Unterschied zu den schon aufgewachsenen und heute aufwachsenden Generationen und die ferne Gottähnlichkeit meiner Eltern, auch daß wir Kinder, je zwei und zwei, uns eng zusammenschlossen. Was den Kindern heutzutage leicht eingeht, nämlich daß Eltern auch Menschen sind, haben wir erst spät und gewiß viel schmerzlicher als die heutigen Kinder erfahren.«
Marie Luise Kaschnitz (1901–1974): So war es bei uns. 1965.

Exkurs: Die deutsche Bürgerfamilie und ihre
weihnachtlichen Verhaltensmuster

Zahlreichen Menschen der jungen Generation – und nicht nur ihnen – ist das Weihnachtsfest in seiner heutigen Form fatal. Warum? Wegen des oft zitierten Konsumterrors? Der falschen Sentimentalität? »Es gibt viele seriöse Leute, die mit Weihnachten unzufrieden sind« – so begannen die Tübinger Volkskundler vor ein paar Jahren ihre originelle Weihnachtsmannperversion, Versuch einer Entmythologisierung der weihnachtlichen Vaterfigur, die im Zwielicht von Innerlichkeit und Geschäftsinteresse stehe. Man kann auch weitergehen und die Beziehung zwischen dem Typus der bürgerlichen Kernfamilie und unserem deutschen Weihnachtsfest analysieren, dessen kulturelle Ausformung mit all ihren Qualitäten wie auch problematischen Momenten die Bürgerfamilie des 19. Jahrhunderts hervorgebracht hat. Die volkskundliche und germanistische Forschung freilich wollte das lange Zeit nicht wahrhaben. Weihnachten mußte irgendwie »uralt« sein, und so beschäftigte man sich vornehmlich damit, die germanischen und christlichen Bestandteile des deutschen Weihnachtsfestes mühsam auseinanderzuflechten. Denn seit den Brüdern Grimm galt der Grundsatz, daß die wertvollen Kulturerscheinungen und -traditionen der Gegenwart stets in dauernder Kontinuität bis in das germanische Altertum zurückzuverfolgen seien. Das sollte auch für das Weihnachtsfest zutreffen, und so interpretierte man den Lichterbaum als Kultbaum des Mittwinterfestes, als Weltenesche des germanischen Mythos. Solche kühnen Verbindungsketten lagen dem Geist des Nationalsozialismus nahe, der das populäre Weihnachtsfest der Christgeburt zum germanischen Julfest umzufunktionieren suchte. Auch der Weihnachtsmann wurde zum Teilhaber des germanenfreundlichen Kontinuitätsdenkens, und noch in einem gut ausgestatteten und in hoher Auflage erschienenen Weihnachtsbuch des Jahres 1962 ist zu lesen, daß der Knecht Ruprecht auf Odin, den Göttervater, zurückzuführen sei – in christlicher Zeit späterhin zum »Knecht Ruprecht« herabgesunken, nicht mehr als Gott verehrt, aber immerhin noch als »ruhmglänzender« Gabenbringer[1].

Nun: derartige Interpretationen sind in dieser Form nicht aufrechtzuerhalten und ohne Sinn. Feste werden von Gruppen gestaltet als kulturelle Funktion der ökonomischen Basis dieser Gruppen. Das ist ihre strukturelle gesellschaftliche Bedeutung. Selektiert man jedoch einzelne Elemente zum Zwecke der Deutung, entsprechend den subjektiven Auswahlprinzipien des jeweiligen Forschers, und reißt sie damit aus ihrem funktionalen Zusammenhang heraus, so führt das allzuleicht zur Ideologisierung in der einen – germanisch-heidnischen – oder anderen – der ausschließlich christlichen – Richtung.

Im Mittelpunkt der häuslichen Zeremonie steht der lichtergeschmückte *Tannenbaum*. Wohl hat es immer schon den Brauch gegeben, zur Feier der Jahreswende die Häuser mit grünen Zweigen zu schmücken. Die Römer zierten ihre Häuser zu den Kalenden mit Lorbeerzweigen, und auch für das mittelalterliche Deutschland ist solcher Grünschmuck aus vielerlei Quellen getreulich belegt. Aber Weihnachtsbäume waren das nicht. Als geschenktragende Schüttelbäumchen erscheinen sie erstmals in den Zunftstuben der Reformationszeit[2], also noch nicht vornehmlich im Zusammenhang mit der Familie. Neben der bürgerlichen Handwerkerwelt tritt dann später ein weiterer sozialer Kreis als Träger weihnachtlicher Baumbräuche ins Blickfeld: die europäischen Fürstenhöfe. 1708 schrieb Liselotte von der Pfalz sehnsüchtig aus Paris von den lichtergeschmückten Buchsbäumchen, die in ihrer Jugend am Heidelberger Hofe üblich gewesen seien. Hundert Jahre später, 1816, führte eine gebürtige nassauische Prinzessin und spätere Erzherzogin den leuchtenden Weihnachtsbaum am österreichischen Hofe ein; 1830 brachte ihn Caroline, die Gemahlin Ludwigs I., in die Münchner Residenz;

1840 entzündete die deutschgebürtige Herzogin von Orléans einen Weihnachtsbaum in den Tuilerien, und an den englischen Königshof kam die Sitte durch Albert, den deutschen Gatten der Queen Viktoria. 1820 war der Weihnachtsbaum in die Prager Paläste gewandert, zur gleichen Zeit

331 Christmas Tree in Windsor Castle.

über Dänemark an die norwegischen Adelshöfe, und auch in Rußland feierten die Aristokraten das Weihnachtsfest unter dem Lichterbaum. Im Volke aber hatte sich in Deutschland der Weihnachtsbaum um diese Zeit noch keineswegs durchgesetzt, und es dauerte eine beträchtliche Zeit, bis es endlich dazu kam. Zunächst war es nur die bürgerliche Oberschicht, die sich aus den Geschenk- und Umgangsbäumen der Zünfte allmählich ihren eigenen Weihnachtsbaum entwickelte und nach seltsamen Umwegen endlich die Verbindung zwischen immergrünem Baum und Kerzenlicht vollzog.

Im 19. Jahrhundert verbreitete sich der Brauch, einen Weihnachtsbaum zu entzünden, dann mehr und mehr bei den Bürgerfamilien in den Städten, aber richtig populär auch im Kleinbürgertum wurde er erst nach dem Krieg von 1870/71, als er auf den Wunsch des preußischen Königs in den Unterständen und Lazaretten aufgestellt worden war. Danach allerdings vollzog sich seine Ausbreitung mit lawinenartigem Tempo – von den Städten mit ihren verschiedenen Bevölkerungsschichten auch auf die Dörfer.

Das Entzünden der Weihnachtsbaumkerzen hinter verschlossener Tür im Kreise der Kleinfamilie nun entsprach dem Bedürfnis nach Intimität und Abschließung nach außen, das kennzeichnend war für das bürgerliche Familienleben des 19. Jahrhunderts. Um diesen zeremoniellen Mittelpunkt rankte sich ein fast liturgisch anmutendes festliches Programm, das in vielen Familien bis in die Gegenwart gültig geblieben ist: unter Benutzung zahlreicher traditioneller Requisiten (grüner Zweig und Licht, gemeinsamer Gesang und Spiel, Geschenke, gemeinsames Mahl, gemeinsamer Trunk) gestalten die Eltern als Frucht langer Vorbereitungen einen Abend familiärer, verinnerlichter Harmonie, mit der sie alle Konflikte beschwichtigen und für einige Stunden die Utopie einer heilen Welt hervorzaubern möchten.

So wurde der Heiligabend der bürgerlichen Familie unter dem Weihnachtsbaum zu einem unvergleichlichen Höhepunkt des Jahres, einer Art von Institution mit geheiligten, kultivierten und tabuierten Verhaltensnormen im freundlichen Dienste der Stabilisierung eines patriarchalischen Familienideals. In strenger Ordnung folgten einander die Programmpunkte: nach dem Kirchgang entzündet der Vater die Weihnachtskerzen; ein Glöckchen erklingt, und die Kinder betreten das Weihnachtszimmer, wo sie erfreut und überrascht werden sollen; Weihnachtswünsche und Familienküsse beschwören den Familienfrieden; Hausmusik, Weihnachtspotpourri und Weihnachtsgedichte müssen zuweilen noch *vor* dem Empfang der Geschenke vorgetragen werden. Und dann kommen die Gaben, die in manchen

Familien Weihnachtsmann oder Knecht Ruprecht persönlich bringen, gehören doch auch diese anonymen Gabenbringer zur bürgerlichen Institution Weihnachten. Das Erscheinen eines Knecht Ruprecht im großbürgerlichen Hause der Buddenbrooks hat Thomas Mann geschildert: »... nachmittags im Wohnzimmer... wurde wie alljährlich und doch auch diesmal ganz überraschenderweise ein ›alter Mann‹ gemeldet, welcher ›nach dem Kleinen frage‹. Er wurde hereingebeten, dieser alte Mann, und kam schlürfenden Schrittes in einem langen Pelze, dessen rauhe Seite nach außen gekehrt und der mit Flittergold und Schneeflocken besetzt war, ebensolcher Mütze,

332 Jarslin: Das Nikolausfest.

schwarzen Zügen im Gesicht und einem ungeheuren weißen Barte, der wie die übernatürlich dicken Augenbrauen mit glitzender Lametta durchsetzt war. Er erklärte, wie jedes Jahr, mit eherner Stimme, daß *dieser* Sack – auf seiner linken Schulter – für gute Kinder, welche beten könnten, Äpfel und goldene Nüsse enthalte, daß aber andererseits *diese* Rute – auf seiner rechten Schulter – für die bösen Kinder bestimmt sei... Es war Knecht Ru-

precht. Das heißt natürlich nicht so ganz und vollkommen der echte und im Grunde vielleicht bloß Barbier Wenzel in Papas gewendetem Pelz; aber soweit ein Knecht Ruprecht überhaupt möglich, war er dies, und Hanno sagte auch dieses Jahr wieder, aufrichtig erschüttert und nur ein- oder zweimal von einem nervösen und halb unbewußten Aufschluchzen unterbrochen, sein Vaterunser her, worauf er einen Griff in den Sack für die guten Kinder tun durfte, den der alte Mann dann überhaupt wieder mit sich zu nehmen vergaß.«

Was hat es nun mit den weihnachtlichen *Schenkriten* auf sich? In einem der Fragebogen des »Atlas der deutschen Volkskunde«, der seit 1927 Verbreitungskarten im Sinne der Kulturraumforschung erarbeitete, heißt es im Zusammenhang mit der Weihnachtsbescherung: »Wer bringt am Heiligen Abend nach der Meinung der kleinen Kinder die Geschenke?«[3].

Diese Frage spiegelt die verbreitete Meinung wider, daß zum weihnachtlichen Termin die Kinder in Unwissenheit über die Spender ihrer Geschenke bleiben sollen, daß die Rollen der wahren Geber – Eltern, Großeltern, Paten usw. – von Ersatzfiguren besetzt werden, denen Wunsch und Dankbarkeit der Kinder stellvertretend gelten. Die Antworten aus allen Schulorten des damaligen Deutschland haben in schöner Klarheit die Machtbereiche der Gebergestalten für die Zeit um 1930 abgegrenzt:

Zu Weihnachten teilten sich »Weihnachtsmann« und »Christkind« in die Ehre, Geschenke zu bringen. Das Christkind schenkte in ganz West-, Südwest- und Süddeutschland genau bis zur westfälisch-friesischen, hessisch-niedersächsischen, hessisch-thüringischen, bayrisch-thüringischen Grenze und wandert dann durch Südthüringen und das südliche Sachsen bis nach Schlesien. Der Weihnachtsmann dagegen brachte seinen Gabensack uneingeschränkt im gesamten mittel-, nord- und ostdeutschen Gebiet und mußte lediglich in Thüringen in verstärktem Maße den Knecht Ruprecht neben sich dulden. Die auf den ersten Blick sichtbare grobe Zuordnung des Christkindes zum katholischen, des Weihnachtsmannes zum prote-

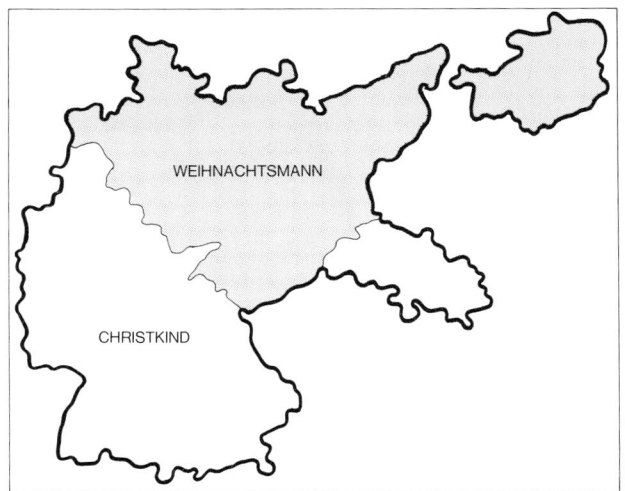

333 Verbreitungskarte nach den Fragebogenergebnissen von 1930.

stantischen Bereich genügt nur oberflächlichen Ansprüchen. Denn der Befund von 1930 dokumentiert gewissermaßen den Abschluß einer Entwicklung, die sich im 19. Jahrhundert vollzogen hat und zu einer Umkehr der ehemals herrschenden Situation führte, nach der gerade das »weibliche« Christkind für die evangelischen und die männliche Nikolausgestalt für die katholischen Gebiete als Gabenbringer gegolten hatten, wobei sich der Beschertermin vom 6. Dezember auf Weihnachten verschob und die bürgerliche Familie ihren Heilig-Abend-Kult entfaltete.

Es erhebt sich bei einer kulturhistorischen Betrachtung sogleich die Frage nach Charakteristik und Alter der Gestalten, ist doch das gabenbringende Christkind keineswegs identisch mit dem neugeborenen Erlöserkind in der Wiege. Vielmehr scheint es jenen vielfältigen Umzugsbräuchen zu entstammen, in denen außer Maria und Joseph mit dem Jesuskind engelhafte Gestalten als Herolde und Begleiter mitgingen, weißgewandete Mädchen mit offenem Haar, deren Anführerin das häufig verschleierte »Christkind« war. Ohne hier auf die Vielfalt dieser Gestaltengruppen eingehen zu wollen, sei angedeutet, daß die Vorbilder der frommen »Umzugchristkinder« in Kirchendarstellungen und Engelsbildern zu sehen sein mögen. Frühzeitig entwickelten sie während ihres Stuben- oder Gassenspieles in bescheidenem Maße ihre gabenbringende Funktion, wenn sie

heimlich von den Eltern vorher zugesteckte kleine Geschenke und Leckereien an die andächtigen Kinder verteilten. Im thüringisch-sächsischen Gebiet vermischten sich die Namen »Christkind« und »Heiliger Christ« für die gleiche Gestalt des weißgekleideten und häufig auch verschleierten weiblichen Gabenbringers. Dessen Tradition reicht jedoch nicht weiter als bis zum 16. Jahrhundert zurück, da Luther energisch den populären katholischen Kirchenheiligen St. Nikolaus mit seinem kräftigen Kultbereich zurückzudrängen und durch den »Heiligen Christ« zu ersetzen suchte. Noch 1535 und 36 treten in den Lutherschen Haushaltsrechnungen Beträge auf für Niclasgeschenke an die Kinder und das Gesinde zum 6. Dezember – deutliche Zeugen des damals selbst noch im Hause des Reformators geübten Schenkbrauches. Zehn Jahre später sind solche Angaben verschwunden zugunsten der Geschenke des »Heiligen Christ« am Weihnachtstag.

334 Eduard Geselschap (1814–1878): Christkind.

335 St. Nikolaus als Kinderpatron.

Für das Lutherland Thüringen nun ist es leicht nachzuweisen, wie wenig die Ersetzung des papistischen Bischofsheiligen durch einen »lieben heiligen frommen Christ« gelungen ist. Solch blutarmer und gesichtsloser Anonymos konnte die auf Konkretisierung drängende Volksphantasie kaum befriedigen. Sie schuf sich unmittelbar eine Verkörperlichung dieses Begriffes in Gestalt eines lichten verschleierten weiblichen Christkindes, das nun auch in den Kerngebieten des Protestantismus als Gabenbringer an die Stelle des Nikolaus trat.

Der Weg von jenem Einkehrspiel-Engel zur Symbolgestalt des schenkenden Christkindes war leicht zu finden. Er führte in die gleiche Richtung wie die gesamte Wandlung der alten Kirchen- und Mittwinterfeier mit ihren dörflichen Umzugsbräuchen zum häuslichen Familien- und Kinderfest.

Aber noch ausdrucksvoller bezeugt der andere große Gabenbringer, der *Weihnachtsmann*, solche Umformungen als Zeichen der Sozialgeschichte des 19. Jahrhunderts. Äußerlich vereinten sich in ihm alle Eigenschaften der mittwinterlichen Nikoläuse und rauhen Perchten. Die ihn nun hauptsächlich auszeichnende schenkende Funktion hat ihr Vorbild in einer der Nikolauslegenden, in der der Heilige drei Töchter eines verarmten, aber frommen Edelmannes auf wunderbare Weise ausstattet, so daß sie sich glücklich verheiraten können – Züge, um die sich ein reich ausgestattetes, klösterlich-mittelalterliches Schenkbrauchtum in ganz Westeuropa entfaltete.

Aber noch andere Legendenelemente haben die Gestalt des Nikolaus und damit auch die des Weihnachtsmannes geprägt. Da ist St. Nikolaus als Patron der Schiffer und Kaufleute, dessen Verehrung sich an den großen See- und Handelsstraßen entlangzieht, nachdem im Jahre 1087 apulische Kaufleute die Gebeine des großen ostkirchlichen Heiligen auf abenteuerlichem Wege aus Kleinasien nach Bari entführt hatten. Und da ist die Legende des Bischofs von Myra, der drei arme wandernde, von einem bösen Gastwirt im Walde zerstückelte Scholaren wieder zusammenflickte und zum Leben erweckte. Sie machte St. Nikolaus zum Schüler-Patron und Wohltäter der Kinder. Alle diese legendären Züge aber verbanden sich auf mitteleuropäischem Boden mit vorchristlichen Elementen, mit dem Ruprecht und rauhen Percht, der entweder brummend oder kettenrasselnd den freundlichen Bischof begleitete – mit sorglicher Arbeitsteilung in strafende und schenkende Funktionen – oder aber sich mit ihm zu einer mehr oder weniger harmonischen Symbiose verband, wie sie Thomas Mann geschildert hat.

Bis etwa 1800 blieb Nikolaus der einzige Gabenbringer. Das 19. Jahrhundert aber brachte dann eine neue mythische Gabenbringergestalt auf den Plan, den Weihnachtsmann, zusammengewachsen aus vielen Einzelzügen mittwinterlicher Traditionen und doch von epochaler Einmaligkeit. Ein Bild seiner entdämonisierten und harmonisierten Figuration schuf Moritz von Schwind mit seinem »Herrn Winter« (1847) für eine Bilderfol-

336 Moritz von Schwind (1804–1871): Herr Winter. 1847.

ge, die die »Münchner Bilderbogen« durch ganz Deutschland und halb Europa verbreiteten. Der Text dazu lautet:

»Die Christnacht ist gekommen. Aus allen Häusern scheint festliches Licht, und das Jauchzen fröhlicher Kinderstimmen dringt auf die mit Schnee bedeckten Straßen. Dort wandert ein alter Mann und schaut an allen Türen, ob man ihm nicht öffnen und den geschmückten Christbaum von ihm als Geschenk annehmen will.«

Damit wurde nichts Geringeres publiziert als das erste Konterfei des Weihnachtsmannes. Pelzrock und Stiefel entlieh er dem Knecht Ruprecht, und mit seinem wallenden Glitzerbart paßte er sich den kindlichen Gottvatervorstellungen an. So begann er um die Mitte des vorigen Jahrhunderts seinen Siegeszug. Heute ist die Grenze seines Machtbereiches gegenüber der Atlasverbreitungskarte von 1930 nach Westen und Süden vorgerückt, insbesondere in den Städten, woran die Schokoladenindustrie keinen geringen Anteil hat. Das Entscheidende aber ist, daß dieser Weihnachtsmann weniger draußen auf den Dorfgassen zu finden war als vielmehr im innerfamiliären Bereich des Bürgerhauses, nicht als Umzugsgestalt in einem Trupp von Perchten, sondern als spezieller Gabenbringer für die Kinder der auf Individualität bedachten Bürgerfamilie.

Der Weihnachtsmann stammt also dokumentierbar direkt aus dem 19. Jahrhundert, und seine ständig wachsende Popularität als Gabenbringer

läßt sich erst seit diesem Zeitpunkt nachweisen. Wo nun liegt der Grund für diese Tatsache, die verrät, daß erst von dem genannten Zeitpunkt an ein breiteres elterliches Bedürfnis nach solch geheimnisvoll verborgenen, mit märchenhaften Eigenschaften ausgestatteten schenkenden Wesen für die Vorstellungswelt der Kinder bestand? Vor die Beantwortung dieser Frage stellt sich eine weitere nach der dominierenden Funktion solcher Gabenbringer und damit nach einer Sozialgeschichte des Schenkens, in unserem Zusammenhang des Schenkens an Kinder.

Die Wortgeschichte von »schenken« kennt die umfassende Bedeutung von »geben« erst für das späte Mittelhochdeutsche; ursprünglich hat es (mit der Grundbedeutung von »schief halten«) den Sinn von »einschenken« in ein Trinkgefäß. Jacob Grimm behandelte 1848 in seiner gelehrten Berliner Akademierede ausführlich die sprachgeschichtliche Möglichkeit, »die beiden bedeutungen des gießens und gebens (zu) einigen«[4], und kommt zu dem Schluß:

»so lehren beide verba geben und schenken einstimmig, daß unsere gastfreien vorfahren aus dem darreichen des trunks den abstracten begriff des gebens überhaupt ableiteten.«

Aber noch einen zweiten Begriff sieht Grimm inhaltlich und wortgeschichtlich aufs engste mit »geben« gekoppelt, und zwar: »binden«, womit das hohe Alter von »Angebinde« laut Grimm durch die Sprache bestätigt wird. »Angebinde« nun im Sinne von eingebundenem oder angehefteten Geschenk, wie es z. B. der Pate dem Täufling ins Steckkissen gibt, führt hin zu jener Beziehung zwischen Geschenk und Recht, der auch Jacob Grimm in seiner Akademierede so breiten Platz einräumt.

»Wenn insgemein alles recht aufgestiegen ist aus dem schoß der sitte, so zeigt sich dieser zusammenhang zwischen beiden ganz augenscheinlich an der schenkung… wie jeder vertrag zwei leute, z. b. der kauf einen käufer und verkäufer, setzt auch die schenkung einen geber und empfänger voraus, und dem geben stellt unsere sprache ein nehmen…, das ist annehmen zur seite.«

Damit hat Grimm das Wesentliche der älteren Schenkbräuche gekennzeichnet: Immer handelt es sich um eine Aktion auf Gegenseitigkeit, deren Normen rechtlich oder zumindest gewohnheitsrechtlich und sittenmäßig verbrieft sind. Besonders deutlich wird solch rechtsmoralischer Hintergrund bei den Minnegaben und Brautgeschenken. Aber auch das Verhältnis zwischen Erwachsenen und Kindern findet auf dieser Ebene seine feste Regelung, und mit der Ehre der Patenschaft übernimmt der Pate zugleich die feste Verpflichtung, zu bestimmten Terminen des Jahres- und Lebenslaufes das Kind mit vorgeschriebenen Gaben zu beschenken. Z. B. kauft der Pate das Taufkleid, überreicht den Patenbrief und bindet den Patentaler ins Taufkissen, schenkt zu jedem Weihnachtsfest ein Kleidungsstück, zu Neujahr eine Brezel, zu Ostern eine bestimmte Anzahl Eier, bei Schulbeginn den Ranzen, zur Konfirmation oder Firmung eine Uhr oder Kette, zur Hochzeit ein größeres Geldgeschenk. Das wären also Geschenke, deren das Kind unter normalen Umständen fest versichert sein darf, auf die es nach der Sittennorm ein Recht hat und die ihrerseits wiederum bestimmte Gegenleistungen einschließen wie z. B. die Einladung des Paten zu allen Familienfesten.

Noch strenger geregelt waren die Gebeverpflichtungen zwischen Arbeitgeber und Arbeitnehmer, zwischen Dienstherrschaft und Gesinde.

In vielen Bereichen des Volkslebens erleben die Teilnehmenden das Schenken in jenem von Jacob Grimm gekennzeichneten Sinne der Gegenseitigkeit: der Gebende ist sich seiner Pflichten gegenüber dem Nehmenden bewußt, aber auch der aus dem Geben erwachsenden Rechte; der Nehmende kennt seine Rechte gegenüber dem Gebenden in vollem Umfang, aber auch die Pflichten, die ihm wiederum aus der Annahme des Geschenkes entstehen. Dieses Wechselspiel trifft auf die Großen wie auf die Kinder gleichmäßig zu. Immer ist in irgendeinem Sinne das Prinzip des »do ut des« entscheidend.

Von solcher Sachlage her wird sogleich der Unterschied zu den mythischen weihnachtlichen Ga-

337 C. Colius: Briefe ans Christkind.

benbringern deutlich. Das Verhältnis ist einseitig geworden, denn Weihnachtsmann und Christkind kann man nicht beschenken, höchstens durch Artigkeit. Man weiß auch nicht genau, was sie bringen werden, selbst wenn der Wunschzettel rechtzeitig abgeschickt wurde. Der Bereich, aus dem sie kommen und in den sie sich das übrige Jahr hindurch wieder zurückziehen, liegt als »Himmel«, »Wichtelland«, »Paradies« in mythisch-unerreichbarer Ferne, so daß man den Gabenspendern nicht einmal richtig danken kann. Diese absolute Anonymität des Schenkenden für die kindliche Welt, die Konzentration auf einzelne und einzigartige mythische Gestalten wie Christkind und Weihnachtsmann geht in der bürgerlichen Gesellschaft parallel mit einer großen Zunahme an Schenk-Vermögen. Denn nie zuvor wurde, von Jahr zu Jahr sich mehrend, so viel verschiedenes und neuartiges Spielzeug geschenkt wie von den weihnachtlichen Gabenbringern dieser Epoche.

Bei näherem Zusehen stellt sich auf solche Weise auch die Hochkonjunktur der Spielzeugherstellung im 19. Jahrhundert mehr in einen brauch- und sozialgeschichtlichen Kontext als etwa in einen Kausalzusammenhang mit der Industrialisierung.

Die großen Herstellungszentren für Spielzeug in Deutschland und darüber hinaus waren das Berchtesgadener Land und das Grödener Tal in

Südtirol, der Thüringer Wald und das Erzgebirge, sämtlich ärmliche Waldgebiete, deren Bevölkerung von eh und je neben karger Landwirtschaft, bzw. vergehendem Erzbergbau auf Nebenerwerb angewiesen war. Daß es sich dabei meist um Holzhandwerke handelte, lag nahe, und so fand man hier die Kleingewerke der Schindelmacher und Rechenbauer, der Holzschuh- und Muldenmacher, der Löffelschnitzer und Schachtelmacher, der Dreher und Schaffelmacher, der Geigen- und Pfeifenbauer. Hölzerne Spielzeuggegenstände waren zuerst nur Nebenprodukte.

Das änderte sich völlig im Verlauf des 19. Jahrhunderts. Der Messebedarf in Nürnberg, Leipzig und Frankfurt a. M. an buntem Holzspielzeug nahm ständig zu; die Aufkäufer brachten erst neue Muster und dann Musterbücher in die Herstellungsgebiete, nach denen die Holzhandwerker arbeiten sollten. Später nahmen sich im Zuge kapitalistischer Wirtschaftsentwicklung die Verleger dieses Geschäftes an: sie fungierten als Zwischenhändler zwischen Hersteller und Absatzmarkt, und mit wachsender Konjunktur machten sie das große Geschäft mit der begehrten Ware, während die holzverarbeitende Waldbevölkerung, ohne Ahnung von der tatsächlichen Marktsituation, sozial in den Zustand einer ausgebeuteten, auf Stücklohn angewiesenen Heimarbeiterschaft absank[5]. Die Verleger vergrößerten ihre Einzugsgebiete bis zu den abgelegensten Dörfern, die sie zur Spielzeugherstellung aufforderten; Rohstoffe, Leim, Farbe, Papier usw. mußten die Heimarbeiter selbst bezahlen. Die ganze Familie stand im Arbeitsprozeß, der sich als eine Art von Serienarbeit in Arbeitsteilung darstellte: der Vater drechselte und schnitzte, die Mutter klebte und setzte zusammen, die Kinder und Großmütter bemalten die fertigen Stücke. Aber dann, wenn Ablieferungstag war und man mit den Rückentragkörben weit über die Berge zum Verleger wandern mußte, konnte man mit einem sicheren Barbetrag rechnen, der allerdings selbstmörderisch gering war. Die Reifentiere hießen »Elendsvieh«, und um die Jahrhundertwende informierte eine große Ausstellung in Berlin über die elende Lage der

Heimarbeiter in der Spielzeugbranche, wobei errechnet wurde, daß die Kinder durchschnittlich einen Stundenlohn von 2 Pfennig, die Erwachsenen von 15 Pfennig verdienten[6].

338 Holzspielzeug aus dem Erzgebirge und aus Berchtesgaden.

Dieser oft beschriebene Zustand hätte sich nicht ohne den großen Boom entwickeln können, den der Spielzeugmarkt im 19. Jahrhundert erlebte. Die Spielzeugherstellung wurde zum Kataloggeschäft – ausgehend von Bestelmeiers vornehmem Magazin nützlicher Spielsachen für die Jugend, nach dem die reichen Bürgerleute schon um 1800 die Geschenke für die Gabentische ihrer Kinder bestellt hatten, bis hin zu einer Fülle von Katalogen in der 2. Hälfte des 19. Jahrhunderts, die deutlich das breite Spektrum des weitverzweigten Spielzeughandels spiegeln. Der Struwwelpeter-Hoffmann hat um 1850 mit deutlicher revolutionärer Tendenz in seinem Bilderbuch vom König

339 Heinrich Hoffmann (1809–1894): Der Frankfurter Christkindchesmarkt.

Nußknacker und dem armen Reinhold die ganze Skala des damaligen, auf dem Frankfurter Christkindchesmarkt angebotenen Spielzeugs besungen: Häuschen, Bäumchen und Kirche, Hampelmann und Nußknacker, Holzsoldat zu Fuß und auch zu Pferde.

340 Heinrich Hoffmann (1809–1894): König Nußknacker.

»König Nußknacker, so heiß ich,
Harte Kerne, die zerbeiß ich.
Süße Kerne schluck ich fleißig,
doch die Schalen, ei, die schmeiß ich
lieber andern hin,
weil ich König bin!«

340a Paul Heydal (1854–1923): Striezelmarkt in Dresden. 1879.

Der gewaltige Zuwachs des Spielzeugrepertoires hing aber keineswegs vorrangig mit Mechanisierung und Industrialisierung zusammen. Das Material war nach wie vor Holz, die Gegenstände von den billigen Arbeitskräften in den Heimarbeitergegenden von Hand gedreht, geschnitzt, gemalt:

Karussells und Klingkästchen, Arche Noah und Puppenstube, Bauernhaus, Schäferei und Pferdestall, Baukästen in schön bemalter Spanschachtel, Nickreiterchen und Pfeiftiere in unübersehbarer Vielfalt und farblichem Reichtum.

All diese Herrlichkeiten schenkten nun Christkind und Weihnachtsmann am Heiligen Abend. Die Suche nach den gesellschaftlichen Hintergründen für einen solchen Zuwachs an Gebemacht führt in das bürgerliche Familienleben des 19. Jahrhunderts, wie es in den vorangegangenen Kapiteln dargestellt wurde. Von seiner Struktur blieb auch der Geist des Schenkens nicht unbeeinflußt. Gewiß weiß man seit langem, daß es seit den Römern Neujahrsgeschenke gab, die nach Festlegung des Geburtstags Christi auf den 25. Dezember zu Weihnachtsgeschenken wurden im Sinne von Glückwunschgaben. Sie leben bis heute fort in den Geldspenden an Brief- und Zeitungsträger, an Mülleute, Hausmeister und Schornsteinfeger zum 1. Januar. Aber über ein Weihnachtsfest als häusliche Geschenkfeier ist erst aus nachreformatorischen Feiern der Städte zu hören. In den Stadthaushalten formte sich allmählich unter dem Einfluß höfischer Geschenkriten das Gabenfest unter dem Weihnachtsbaum. Barocke Bildfreude und aufklärerische Erziehungstendenzen mögen zusätzlich den Boden für die als pädagogisches Druckmittel so gut benutzbaren übernatürlichen Gabenbringer bereitet haben. Die Hauptmotivierung liefert jedoch die Sozialgeschichte des Bürgertums.

Das geordnete glückliche Familienleben, wie es seit dem Biedermeier die bürgerliche Ethik pries, bereitete auch einer neuen Schenkkultur den Boden, Indikator für die prägenden Kräfte des Bürgertums als der neuen führenden Sozialschicht. Durch sie verwandelten sich die Jahresfeiern zu Familienfesten mit dem vornehmlichen Sinn, den Kindern Spielzeug zu schenken. Vom Bürgertum her kam die Nachfrage. Hier war der große Konsument der wachsenden Spielzeugherstellung, während sich auf dem Lande das Schenken noch lange Zeit auf nützliche Gegenstände beschränkte.

341 Weihnachtsbescherung. 1860.

Die neuen Schenkobjekte nun, denen sich die
Produkte einer schnell wachsenden Schokoladenindustrie zugesellten, bedurften auch einer neuen
Szenerie für den Schenkakt. Eine derartige Fülle
bunter und süßer Gaben in ihrer neuartigen Form
und Qualität sollte nicht auf realistischem Wege in
die Kinderstuben gelangen; Eltern, Großeltern
und Paten wollten für solche Art des Schenkens
ihren Kindern gegenüber nicht mehr offiziell ver-
antwortlich zeichnen, entsprechend den Tabus,
mit denen Geld und alle Realitäten des Lebens belegt waren.

So suchten und fanden sie jene geheimnisvollen
Gabenbringer, »Christkind« und »Weihnachtsmann«. Altüberlieferte Vorstellungen wandelten
sich in Gestalt und Funktion zu neuen mythischen
Wesen für die Kinderwelt des bürgerlichen Jahrhunderts. Tief war die Gestalt des Weihnachtsmannes der Bürgerfamilie integriert: eine über-
höhte Vaterfigur, gütig und strenge zugleich,

geliebt und gefürchtet, von unbestechlicher Gerechtigkeit und unantastbarem Urteil, verbreitete
er Angst und Hoffnung in den Weihnachtsstuben.
Alles paßte zusammen: die ein wenig theatralische
Kostümierung und die verstellte Stimme, ja, der
ganze ernsthaft-spielerische und himmlisch-mär-
chenhafte Charakter der Figur. Gründlich hat sich
seither ihr Kontext gewandelt und sie mehr und
mehr zum Werbegag für den Weihnachtskonsum
umfunktioniert.

Mit der fortschreitenden Verbürgerlichung der
Lebensformen in allen Schichten der Bevölkerung
und der wachsenden Konsumabhängigkeit ver-
bürgerlichen sich auch mehr und mehr die
Schenksitten. Das einst gültige Gesetz der Gegenseitigkeit, wie es Jacob Grimm analysierte, verwandelte sich in festliche Handlungen mit gesellschaftlicher Korrektivfunktion: man schenkt, weil
man etwas geschenkt bekam, oder annehmen
muß, etwas geschenkt zu bekommen.

342 Friedrich Peter Hiddemann (1829–1892): Spiele unter dem Weihnachtsbaum.

Für die Kinder trifft das allerdings nicht zu. Es läßt sich jedoch beobachten, daß Weihnachtsmann und Christkind, also die anonymen Gabenbringer, sich auf die Gläubigkeit immer jüngerer Jahrgänge verlassen müssen, heute auf höchstens Vier- bis Sechsjährige. Auch diese Prozesse dürften mit der zunehmenden Rationalisierung der Gefühlsbeziehungen zwischen den Familienangehörigen zusammenhängen, mit einer Entmythologisierung auf allen Gebieten, aber auch mit der modernen vorgeformten Weihnachtsfeiernorm, wie sie Keks- und Kuchenfabriken, Schallplatten, Radio und Fernsehen verbreiten.

An dem alten, autoritär strukturierten Familienkult ein wenig despektierlich zu kratzen, blieb der heutigen Jugend vorbehalten. Ihre Versuche um Autoritätsabbau reichen von dem gutmütigen Schimpfwort »alter Weihnachtsmann« bis zu den Weihnachtsspottliedern, die zuletzt Rühmkorf veröffentlicht hat:

»Oh Tannebaum, oh Tannebaum,
der Weihnachtsmann will Äpfel klaun,
er zieht sich die Galoschen an,
damit man ihn nicht hören kann«[7].
Hier wird der allmächtige Gabenbringer in einem Antitext als Äpfeldieb denunziert, einer Respektsperson ihr Image geraubt – vielleicht auch, um eigene kindliche Furcht zu überwinden?
Wie gestalten nun die jungen Familien einer sich demokratisierenden Gesellschaft das Weihnachtsfest? Viele lehnen den festlichen Termin um seiner familiären Zwänge willen rundweg ab und flüchten nach Mallorca. Das ist aus der Unsicherheit ihres kulturellen Bewußtseins und der gleichzeitig sie beherrschenden Konsumabhängigkeit die einfachste Lösung. Aber ist das eine Lösung?
Was bedeuten ihnen und ihren Kindern Weihnachtsbaum und anonyme Gabenbringer? Der soziale Kontext der patriarchalen Bürgerfamilie, in deren Einbettung sie sich im 19. Jahrhundert so

342a Der Weihnachtsmann in der Werbung.

reich entfalteten, hat sich verschoben, verwischt und teilweise aufgelöst. Von emanzipatorischen Bewegungen werden die Mitglieder der Familien erfaßt, und zwar zunehmend bis zu immer jüngeren Jahrgängen, wodurch das Sich-Einfügen in bestehende Autoritätsverhältnisse – und dazu diente zweifelsohne der Weihnachtsmann – eine immer geringere Rolle spielt.

Zum Festefeiern gehört Muße, gehört Freude am Spiel, gehört Kreativität. Diese Möglichkeiten für das Weihnachtsfest ausgeschöpft zu haben, muß

als positiver Kommentar dem Bürgertum des 19. Jahrhunderts bescheinigt werden. Man sollte das auch bei einer kritischen Betrachtung nicht vergessen.

Das heute weitverbreitete Unbehagen am Weihnachtsfest aber ist ein kultureller Indikator für soziale Veränderungen in der Gesellschaft, für eine gewisse Abkehr vom bürgerlichen Leitbild, für die Suche nach Befreiung von den Zwängen alter Familiennormen, die sich gerade zu Weihnachten als so besonders mächtig erweisen.

Traditionen sind jedoch nicht starr und unwandelbar. Jede Generation sollte sich ihre Feste nach ihren Bedürfnissen gestalten – die Weihnachtszeit genießen als eine willkommene Gelegenheit für freudige Überraschungen, ihre Symbole als Zeichen gläubiger Hoffnung verstehen – oder einfach sich an Weihnachten freuen als einem Freiraum für den spielenden Menschen im Rhythmus des Jahres.

[1] Riemerschmidt, Ulrich: *Weihnachten. Kult und Brauch – einst und jetzt.* Hamburg 1962, S. 27.
[2] Spamer, Adolf: *Weihnachten in alter und neuer Zeit.* Jena 1937, S. 71 ff.
[3] *Atlas der deutschen Volkskunde.* Neue Folge, hrsg. von Zender, Matthias, Erläuterungen Bd. I, Marburg 1959–1964, S. 25.
[4] Grimm, Jacob: »Über Schenken und Geben«, in: *Kleinere Schriften* II. Berlin 1865, S. 173, 205, 210.
[5] Fritzsch, Karl Ewald und Bachmann, Manfred: *Deutsches Spielzeug.* Hamburg 1965, insbes. S. 28 ff.
Spielzeug der bürgerlichen Zeit. Zeugnisse für Kindererziehung und Kinderarbeit. Ausstellung im Marburger Universitätsmuseum 1973/74.
[6] *Bilder aus der deutschen Heimarbeit.* Einführung von Leopold von Wiese. Sozialer Fortschritt 63/64, 1906.
[7] Rühmkorf, Peter: *Über das Volksvermögen.* rororo 1180, 1970, S. 51.

Der Weihnachtsbaum ist in den letzten 100 Jahren zum Inbegriff des Festlichen geworden, zum schönen Zeichen einer nicht alltäglichen Situation. Nur auf Umwegen kam man zu der einfachsten Lösung, die Lichter in den Zweigen zu befestigen.

»O Tannenbaum, o Tannenbaum,
wie treu sind deine Blätter!
Du grünst nicht nur zur Sommerszeit,
nein, auch im Winter, wenn es schneit.
O Tannenbaum, o Tannenbaum,
wie treu sind deine Blätter.

O Tannenbaum, o Tannenbaum,
du kannst mir sehr gefallen!
Wie oft hat nicht zur Weihnachtszeit
ein Baum von dir mich hocherfreut.
O Tannenbaum, o Tannenbaum,
du kannst mir sehr gefallen.

O Tannenbaum, o Tannenbaum,
dein Kleid will mich was lehren:
Die Hoffnung und Beständigkeit
gibt Trost und Kraft zu jeder Zeit.
O Tannenbaum, o Tannenbaum,
dein Kleid will mich was lehren.«

Umdichtung eines älteren Volksliedes durch den Leipziger Lehrer Ernst Anschütz 1824.

343

344

345

346

347

»Einmal besonders gewährte es einen herrlichen Anblick, als man statt des Tannenbaums eine große, dreiseitige Pyramide aufgerichtet hatte. Dieselbe war im ganzen rot und gold gehalten; die Seitenwände netzartig mit vergoldetem Bindfaden überspannt, und wo die Fäden einander kreuzten, hatte man jedesmal eine vergoldete Pfeffernuß aufgeklebt. In die vordere Seite der Pyramide war eine Nische gebrochen, mit Tannenreis und nachgebildetem Schnee und Eiszapfen geschmückt. In der Nische stand ein Weihnachtsmann, den Sack voll Spielzeug auf dem Rücken... Über der Nische war ein großer Stern ausgeschnitten und mit geschliffenen Glassteinen gefüllt, hinter welchem sich, von der Lichtwärme gedreht, ein Zylinder von buntfarbigem Papier bewegte.«

Felix Eberty (1812–1884): Jugenderinnerungen eines alten Berliners. 1878.

343 Weihnachtsbescherung um 1800.
344 Der Weihnachtsbaum um 1820.
345 Johann Michael Voltz (1784–1858): Weihnachten um 1825.
346 Berliner Weihnachtsfest mit Pyramide. Fotografie 1863.
347 Ludwig Meier: Weihnachtsstube um 1825.

348

Aristokratischer Tradition entsprach es, eine ganze Reihe von Bäumen für alle zu Beschenkenden aufzustellen:

»Am Heiligen Abend stellte (eine Gutsbesitzerin bei Zittau) in ihren Gemächern so viel Bäumchen auf, wie sie Personen beschenken wollte. Aus der Höhe, Schmuck und Reihenfolge der Aufstellung konnte jedes sofort erkennen, welcher Baum für es bestimmt war. Sobald die Geschenke verteilt und darunter ausgelegt und die Lichter auf den Bäumchen und neben ihnen angezündet waren, traten die Ihren der Reihe nach ins Zimmer, betrachteten die Bescherung und ergriffen jedes von dem für es bestimmten Baume und den geschenkten Sachen Besitz. Zuletzt kamen auch die Knechte und Mägde in bester Ordnung herein, bekamen jedes seine Geschenke und nahmen dieselben an sich.« Zittau 1737.
Nach Adolf Spamer: Weihnachten in alter und neuer Zeit. 1937.

»Bäume leuchtend, Bäume blendend,
überall das Süße spendend,
in dem Glanze sich bewegend,
alt und junges Herz erregend –
solch ein Fest ist uns bescheret,
mancher Gaben Schmuck verehret;
staunend schaun wir auf und nieder,
hin und her und immer wieder.
Aber, Fürst, wenn dir's begegnet
und ein Abend so dich segnet,
daß als Lichter, daß als Flammen
vor dir glänzten allzusammen
alles, was du ausgerichtet,
alle, die sich dir verpflichtet:
Mit erhöhten Geistesblicken
fühltest herrliches Entzücken.«
Johann Wolfgang von Goethe (1749–1832): Weihnachten 1822, dem Fürsten Karl August bei der Christbescherung seiner Enkel.

349

350

»Einmal befand sich unter den... Geschenken auch eine holländische Windmühle, die größer war als ich und lustig ihre Flügel drehte. Mir drehte sich dabei alles im Kopf, so benommen war ich von dieser Herrlichkeit. Was aber das allerwichtigste war und meinem militärischen Enthusiasmus... den ersten Stoß versetzte, das war bei Musterung dieser Spielsachen die totale Abwesenheit alles karikiert Martialischen, nichts von Helm und Tschako, nichts von Trommel oder Säbel. Der feingebildete Sinn des Hausherrn mied solche Gewöhnlichkeiten.«

Theodor Fontane (1819–1898): Meine Kinderjahre.
1893.

348 Hermann Lüders (1836–1908): Weihnachtsabend im kaiserlichen Palais zu Berlin. 1877.
349 Robert Wehle (1815–1905): Weihnachtsspielzeug.
350 Franz Skarbina (1849–1910): Berliner Weihnachtszimmer. 1892.

351

Wunschzettel werden in Mittel- und Norddeutschland an den Weihnachtsmann, in Süd- und Westdeutschland an das Christkind geschrieben.

352

353

351 Der Weihnachtsmann. Berlin um 1900.
352 Berliner Schulkind. Fotografie 1955.
353 Wunschzettel an den Weihnachtsmann. Berlin 1955
354 Georg Mühlberg (1863–1925): Christkinds Gaben.
355 Eintritt des Christkinds. Thüringen 1837.

354

355

»Wenn ich mich recht erinnere, war ich acht Jahre alt, also in dem Alter, in dem Kinder meiner Generation noch fest daran glaubten, daß Weihnachtsgeschenke ohne Umweg vom Christkind kämen... Da ich nicht wie andere Kinder das Christkind für eine Art Zauberer hielt, sondern (ihm) die gleiche göttliche Allwissenheit zuschrieb wie Gott dem Vater, so erschien es mir überflüssig, sinnlos, ja häretisch..., diesem göttlich allwissenden Kinde meine Wünsche in einem Brief mitzuteilen, wie es üblich war. Ich, ganz spirituell, ich dachte meinen Wunsch. Ich dachte ihn neunmal hintereinander heftig, dann ließ ichs darauf ankommen. Neunmal dachte ich ihn, weil die Zahl neun, drei mal drei, bei mir schon von je eine Rolle spielte. Aber was wünschte ich denn so heftig? Eine kleine Kehrschaufel und einen Besen... Der Heiligabend kam, Schaufel und Besen lagen nicht unter dem Christbaum. Ich gab nicht sofort auf, ich suchte und suchte, suchte unter dem Tisch, dem Sofa, im Nebenzimmer, vor dem Fenster. Die Eltern waren ratlos, dann ärgerlich, dann

böse, denn ich schwieg, und meine Suche muß etwas Besessenes gehabt haben. Schließlich setzte ich mich auf einen Stuhl und blieb da sitzen, die Hände im Schoß, kerzengerade und stumm. Ich war gestorben, Weihnachten war gestorben. Die Eltern bedrängten mich immer stärker, und da dies mir lästig war und da mir ja nun ohnehin alles gleichgültig war, stand ich auf und begann, mit ihren Geschenken zu spielen. Ich wahrte Haltung, war stolz und spielte Stunde um Stunde mit den Spielsachen für ein richtiges Kind.«
Luise Rinser (1911): Schaufel und Besen. 1963.*

356

357

*In der gleichen Zeit und doch voneinander durch eine
tiefe Kluft getrennt lebten die Kinder der Reichen und
der Armen. Die einen durften sorglos spielen, sich unbe-
schwert auf die Geschenke unter dem Weihnachtsbaum
freuen – und wußten nichts von dem Elend der vielen
anderen, für die Spielzeug in der Weihnachtszeit nur
eine kleine Verkaufs-Chance bedeutete und Weih-
nachtsfreuden die Ausnahme waren.*

»Mit den Tannenbäumen begann es. Eines Morgens, noch ehe Ferien waren, hafteten an den Stra-
ßenecken die grünen Siegel, die die Stadt wie ein
großes Weihnachtspaket an hundert Ecken und
Kanten zu sichern schienen. Dann barst sie eines
schönen Tages dennoch, und Spielzeug, Nüsse,
Stroh und Baumschmuck quollen aus ihrem Innern: der Weihnachtsmarkt. Mit ihnen aber quoll
noch etwas anderes hervor. Die Armut. Wie nämlich Äpfel und Nüsse mit ein wenig Schaumgold
neben dem Marzipan sich auf dem Weihnachtstel-
ler zeigen durften, so auch die armen Leute mit
Lametta und bunten Kerzen in den bessern Vier-
teln. Die Reichen aber schickten ihre Kinder vor,
um denen der Armen wollene Schäfchen abzu-
kaufen oder Almosen auszuteilen, die sie selbst
vor Scham nicht über ihre Hände brachten.«
*Walter Benjamin (1892–1940): Berliner Kindheit um
Neunzehnhundert. 1950.*

358

»Wenn Weihnachten, wenn Christkindelzeit war, dann sind wir zum Nachbar rüber gegangen. Bei uns hat's ja nichts 'geben. Wer hat denn damals schon Spielzeug gehabt! Es hat schon Spielzeug gegeben. Aber für uns nicht. Spielzeug auf Weihnachten, so wie heut, das hat's nicht gegeben. Ein Plätzerl oder einen Strumpf, das hat's auf Weihnachten 'geben, aber ein Spielzeug oder mal ein Pferdl...«

Berichte von alten Leuten aus Arbeiterfamilien. In: Das häusliche Glück. 1975.

»Ein Weihnachtsabend ist mir noch immer in Erinnerung, ich war nicht ganz fünf Jahre alt. Beinahe hätte ich dieses eine Mal einen Weihnachtsbaum bekommen. Meine Mutter wollte ihrem jüngsten Kinde, das war ich, auch einmal zeigen, was das Christkind ist. Wochenlang hatte sie immer einige Kreuzer zu erübrigen getrachtet, um kleines Kochgeschirr für mich zu kaufen. Der Weihnachtsbaum war geschmückt mit bunten Papierketten, vergoldeten Nüssen und mit dem bescheidenen Spielzeug behängt. Mit dem Anzünden der Lichter wurde auf den Vater gewartet, der zum Fabrikanten gegangen war, um Ware abzuliefern. Er sollte Geld bringen. Es wurde 6 Uhr, dann 7 und endlich 8 Uhr, der Vater kam nicht. Wir waren alle hungrig und verlangten zu essen. Es gab Mohnkuchen, Äpfel und Nüsse. Wir aßen allein, und ich mußte dann zu Bette gehen, ohne daß die Lichter auf dem Weihnachtsbaum gebrannt hätten. Die Mutter war zu mißgestimmt und zu sorgenvoll dazu. Ich lag schlaflos in meinem Bette; ich hatte mich so auf das Christkind gefreut, und nun war es ausgeblieben. Endlich hörte ich den Vater kommen, er wurde nicht freundlich empfangen, es kam wieder zu einer heftigen Szene... Ich guckte bei dem Lärm, der sich nun erhob, von meiner Schlafstelle nach den Eltern – und da sah ich, wie der Vater mit einer Hacke den Weihnachtsbaum zerschlug. – Zu schreien wagte ich nicht, ich weinte nur, weinte, bis ich einschlief.«

Adelheid Popp (1869–1939): Jugendgeschichte einer Arbeiterin. 1909.

356 Franz Skarbina (1849–1910): Berliner Junge vom Weihnachtsmarkt.
357 Theodor Hosemann (1807–1875): Een Dreier, det Schäfeken! 1869.
358 Hanns Fechner (1860–1931): Heimkehr von der Wohltätigkeitsbescherung. 1893.

»Welch lustiger Wald um das graue Schloß
Hat sich zusammengefunden,
Ein grünes bewegliches Nadelgehölz,
Von keiner Wurzel gebunden!

Anstatt der warmen Sonne scheint
Das Rauschgold durch die Wipfel;
Hier backt man Kuchen, dort brät man Wurst,
Das Räuchlein zieht um die Gipfel.

Es ist ein fröhliches Leben im Wald,
Das Volk erfüllet die Räume;
Die nie mit Tränen ein Reis gepflanzt,
Die fällen am frohsten die Bäume.

Der eine kauft ein bescheidnes Gewächs
Zu überreichen Geschenken,
Der andre einen gewaltigen Strauch,
Drei Nüsse daran zu henken.

Dort feilscht um ein verkrüppeltes Reis
Ein Weib mit scharfen Waffen:
Der dünne Silberling soll zugleich
Den Baum und die Früchte verschaffen!

Mit glühender Nase schleppt der Lakai
Die schwere Tanne von hinnen,
Das Zöfchen trägt ein Leiterchen nach,
Zu ersteigen die grünen Zinnen.

Und kommt die Nacht, so singt der Wald
Und wiegt sich im Gaslichtscheine;
Bang führt die arme Mutter ihr Kind
Vorüber dem Zauberhaine.

Einst sah ich einen Weihnachtsbaum:
Im düstern Bergesbanne
Stand eisbezuckert auf dem Granit
Die alte Wettertanne.

Und zwischen den Ästen waren schön
Die Sterne aufgegangen,
Am untersten Ast sah ich entsetzt
Die alte Schmidtin hangen.

Hell schien der Mond ihr ins Gesicht,
Das festlich still verkläret;
Weil sie auf der Welt sonst nichts besaß,
Hatte sie sich selbst bescheret.«

*Gottfried Keller (1819–1890): Der Berliner
Weihnachtsmarkt.*

359 Das Schicksal eines Christbaums. Münchener Bilderbogen Nr. 417.

Gar fern am stillen Waldessaum
Da steht ein junger Tannenbaum,

Der Wind streicht durch sein grünes Kleid
Wie lange wird ihm doch die Zeit!

Da plötzlich kam zum grünen Tann
Mit blanker Axt ein finst'rer Mann,

Der schlägt die zarte Tanne um,
Sagt nicht wohin und nicht warum.

Der hat sie auf den Schlitten sacht
Zum Christmarkt in die Stadt gebracht,

Wo bunt die Leut des Weges wandeln,
Ein reicher Herr that sie erhandeln.

Und als der heilige Abend war,
Da jubelt laut die kleine Schar,

Da strahlt der Christbaum hell von Kerzen,
Voll Spielzeug und voll Zuckerherzen.

Das Zuckerzeug war bald verzehrt,
Da ward der Christbaum abgeleert,

Wehmütig steh'n herum die Kleinen:
Auf's Jahr erst gibt es wieder einen.

Drei Tage nach dem heil'gen Christ,
Da lag er draußen auf dem Mist,

Der Wind strich durch sein grünes Kleid,
Dahin. — ist alle Herrlichkeit.

360

360 F. B. Doubek: O du fröhliche, o du selige gnadenbrin-
gende Weihnachtszeit! 1910.
361 Viggo Johansen (1851–1935): Weihnachtsfeier in Dänemark. 1891.

»Am Weihnachtsbaum die Lichter brennen,
wie glänzt er festlich, lieb und mild,
als spräch' er: wollt in mir erkennen
getreuer Hoffnung stilles Bild.

Die Kinder stehen mit hellen Blicken,
das Auge lacht, es lacht das Herz.
O fröhlich', seliges Entzücken!
Die Alten schauen himmelwärts.

Zwei Engel sind hereingetreten,
kein Auge hat sie kommen sehn,
sie gehn zum Weihnachtstisch und beten
und wenden wieder sich und gehn.«

361

KRIEGSWEIHNACHTEN.

»Zu Hause wurden die Lichter angezündet. Ein teleskopartiges Rohr mit aufgesteckter Kerze erleichterte das. ...Meine Mutter las den Lukas, spielte dabei mit ihrem Topas, das mit blauer Spitze umhäkelte Taschentuch schon in Bereitschaft. Gleich würden Tränen rollen wie jedesmal zu dieser Stunde...

Erstaunlich, was da wieder an Geschenken zusammengekommen war... Braune Kekse und für jeden eine Apfelsine auf Abschnitt III. ...Sörensen saß mit meiner kleinen dunklen Schwester Hand in Hand und betrachtete die Kerzen, wie sie allmählich herunterbrannten... In Dänemark stehe

der Tannenbaum auf einem Hocker, sagte Sörensen. Und dann faßten sich alle an und tanzten drum herum. Lustig sei das und nicht so ernst wie bei uns. Wir drehten ja alles um: Weihnachten traurig und Sylvester, wo Anlaß sei zum Trauern, lustig wie verrückt. Das sei eine andere Art Lustigkeit, die wir Weihnachten empfänden, sagte meine Mutter, eine tiefe innerliche Fröhlichkeit. Er müsse das mal auf sich wirken lassen! Es wäre schade, wenn er nichts davon mitkriegte. «
Walter Kempowski (1929): Tadellöser & Wolff.*
1971.

Wenn es wahr ist, daß sich eine Gesellschaft auch in der Art ausdrückt, wie sie ihre Feste feiert – warum soll dann Weihnachten nicht von neuem zu einem schönen Fest für die Kinder und den spielenden Menschen werden!

»Es ist der 24. Dezember. Die Leute aus der Kommune 1 sind gekommen, um mit uns zu essen. Der weiße Tisch im gemeinsamen Eßzimmer ist bedeckt mit gebratenem Geflügel, Gemüsen, Salaten und teuren Getränken. Jemand hat den Plattenspieler angestellt. Die Rolling Stones zerfetzen das Tischgespräch. Man muß schreien, wenn man miteinander sprechen will. Alle sind bedrückt und unglücklich.

Um die Weihnachtsfresserei hatten wir Tage vorher erbittert diskutiert. Und darüber, ob ein Weihnachtsbaum gekauft werden sollte. Für jeden von uns war mit dem ominösen Datum 24. Dezember ein Stück Familie wieder lebendig geworden: die unerträglich verlogene Sentimentalität dieser häuslichen Weihnachtsfeiern – aber auch die kindliche Sehnsucht nach Geborgenheit und Liebe.

Je nachdem, welche Seite dieser ambivalenten Einstellung vorherrschte, waren die einzelnen für oder gegen gemeinsames Festessen gewesen. Marion und Eberhard schwebte eine gewaltige Freß-orgie vor, etwa so wie in Buñuels Film Viridiana – eine chaotische Vernichtung weihnachtlicher Gefühlsseligkeit und Innerlichkeit. Eike wollte eine besinnliche Gesprächsrunde, in der man hätte nachdenken können, und Dagmar wünschte unbedingt einen Tannenbaum. Sie hatte mit den Kindern zusammen einen Baum gekauft. Und Eberhard meinte, wenn schon Baum, dann müßten die Kinder auch damit machen dürfen, was sie wollten, z. B. ihn zerhacken oder durch die Wohnung schleifen, und Dagmar hatte ein bißchen geweint. Das Ding stand jetzt im Kinderzimmer, und die Kinder hatten anscheinend kein Bedürfnis, den Baum zu zerstören.«

»Kommune 2«. 1970.

362 Rudolf Geissler (1834–1906): Weihnachtszimmer.
363 Weihnachtsbaum. Berliner Oblate um 1900.

362

363

»Weihnachten... Durch die Spalten der hohen, weißlackierten, noch fest geschlossenen Flügeltür drang der Tannenduft und erweckte mit seiner süßen Würze die Vorstellung der Wunder dort drinnen im Saale, die man jedes Jahr aufs neue mit pochenden Pulsen als eine unfaßbare, unirdische Pracht erharrte... Was würde dort drinnen für ihn sein? Das, was er sich gewünscht hatte, natürlich, denn das bekam man ohne Frage, gesetzt, daß es einem nicht als eine Unmöglichkeit zuvor schon ausgeredet worden war. Das Theater würde ihm gleich in die Augen springen und ihm den Weg zu seinem Platze weisen müssen, das ersehnte Puppentheater, das dem Wunschzettel stark unterstrichen zu Häupten gestanden hatte.«

Thomas Mann (1875–1955): Buddenbrooks. 1901.

»DER STERN.

Hätt' einer auch fast mehr Verstand
als wie die drei Weisen aus Morgenland,
und ließe sich dünken, er wär wohl nie
dem Sternlein nachgereist wie sie;
dennoch, wenn nun das Weihnachtsfest
seine Lichtlein wonniglich scheinen läßt.
fällt auch auf sein verständig Gesicht,
er mag es merken oder nicht,
ein freundlicher Strahl
des Wundersternes von dazumal.«

Wilhelm Busch (1832–1908): Schein und Sein.

Literaturverzeichnis

Adolphs, Lotte: Industrielle Kinderarbeit im 19. Jahrhundert. Duisburg 1972

Adorno, Theodor W.: Jargon der Eigentlichkeit. Zur deutschen Ideologie. Frankfurt/M. 1964

Alt, Robert: Bilderatlas zur Schul- und Erziehungsgeschichte. 2 Bde, Berlin 1965

Ariès, Philippe: Geschichte der Kindheit. Mit einem Vorwort von Hartmut von Hentig. München 1975

Arnim, Bettina von: Dies Buch gehört dem König! 1847 (Sämtl. Werke, hrsg. von Waldemar Oehlke, Berlin 1920–1922, Bd. VI)

Bächtold, Hanns: Die Gebräuche bei Verlobung und Hochzeit mit besonderer Berücksichtigung der Schweiz. Eine vergleichende volkskundliche Studie. (= Schriften der Schweizerischen Gesellschaft für Volkskunde, Bd. 11). Basel und Straßburg 1914

Bäumer, Gertrud und Helene Lange: Handbuch der Frauenbewegung. 5 Bde. 1901 ff.

Bäumer, Gertrud: Die Frau in Gesellschaft und Staatsleben in der Gegenwart. Stuttgart 1914

Baumert, Gerhard und E. Hüllninger: Deutsche Familien nach dem Kriege. (= Monographie 5, Gemeindestudie d. Inst. f. Sozialwiss. Forschung) Darmstadt 1954

Baumgarten, Karl: »Die Tischordnung im alten mecklenburgischen Bauernhaus«. in: Dt. Jb. f. Volkskunde 11, 1965, S. 5–15

Bausinger, Hermann: Verbürgerlichung – Folgen eines Interpretaments. In: Kultureller Wandel im 19. Jh. Göttingen 1973, S. 24–49

Bebel, August: Die Frau und der Sozialismus. 1. Aufl. Stuttgart 1879, hier zitiert 26. Aufl. Stuttgart 1896

Becker, Albert: Frauenrechtliches in Brauch und Sitte. Kaiserslautern 1913

Becker, Horst: Die Familie. Leipzig 1935

Begemann, Helmut: Strukturwandel der Familie. Hamburg 1960

Bergmann, Klaus: Agrarromantik und Großstadtfeindschaft. Meisenheim am Glan 1970

Bericht der Bundesregierung über die Situation der Frauen in Beruf, Familie und Gesellschaft. (Drucksache V/909) vom 9. Dez. 1964

Bimmer, Andreas Christian: Traditionelles Verhalten als Konstitutivum autoritärer Strukturen – dargestellt am Beispiel Marburger Studentenfamilien. Diss. Marburg 1972

Bogatzky, C. H. v.: Der christliche Haus- und Ehestand. Halle 1756

Bosse, R.: Das Familienwesen oder Forschungen über seine Natur, Geschichte und Rechtsverhältnisse. Stuttgart-Tübingen 1835

Brandes, E.: Über das Du und Du zwischen Eltern und Kindern. Hannover 1809

Brauch und seine Rolle im Verhaltenscode sozialer Gruppen. Eine Bibliographie deutschsprachiger Titel von 1945–1970. Marburg 1973

Braun, Rudolf: Industrialisierung und Volksleben. Erlenbach und Zürich 1960

Braun, Rudolf: Sozialer und kultureller Wandel in einem ländlichen Industriegebiet im 19. und 20. Jahrhundert. Zürich 1965

Braun, Rudolf: »Probleme des sozio-kulturellen Wandels im 19. Jahrhundert«, in: Kultureller Wandel im 19. Jahrhundert. Göttingen 1973, S. 11–23

Brepohl, Wilhelm: Industrievolk im Wandel von der agraren zur industriellen Daseinsform. Dargestellt am Ruhrgebiet. Tübingen 1957

Brunner, Otto: »Das ›ganze Haus‹ und die alteuropäische Ökonomik«, in: Familie und Gesellschaft. Tübingen 1966, S. 23–56

Bruns, A.: Die Arbeitsverhältnisse der Lehrlinge und Gesellen im städtischen Handwerk in Westdeutschland bis 1800. Diss. Köln 1938

Bücher, Karl: Die Frauenfrage im Mittelalter.² 1910

Bühler, Johannes: Die Kultur des Mittelalters. Stuttgart 1954

Bürgin-Kreis, Hildegard: »Der Wandel der Familie in Sitte und Recht in den letzten 150 Jahren«, in: Schweiz. Arch. f. Volkskunde 49. 1953, S. 101–131

Buttgereit, M.: Familie. Soziologische Materialien. (= Pädag. Forsch. 40: Gesellschaft und Erziehung 11), Heidelberg 1969

Caesar, Beatrice: Autorität in der Familie. Ein Beitrag zum Problem schichtenspezifischer Sozialisation. (rde 366) Hamburg 1972

Caro, Georg: Sozial- und Wirtschaftsgeschichte der Juden im Mittelalter und der Neuzeit. Leipzig 1908

Chartschew, A. G. und S. I. Golod: Berufstätige Frau und Familie. Berlin 1972

Claessens, Dieter: Familie und Wertsystem. Eine Studie zur »zweiten sozio-kulturellen Geburt« des Menschen. Berlin 1962

Claessens, Dieter: »Die Familie in der modernen Gesellschaft«, in: Familie und Gesellschaft. Tübingen 1966, S. 235–266

Claessens, Dieter und Ferdinand W. Menne: »Zur Dynamik der bürgerlichen Familie und ihrer möglichen Alternativen«, in: Soziologie der Familie. Opladen 1970, S. 169–198

Claessens, Dieter und Petra Milhoffer (Hrsg.): Familiensoziologie. Ein Reader als Einführung. Fischer Tb. Frankfurt a. M. 1973

Davidis, Henriette: Die Hausfrau. Praktische Anleitung zur selbständigen und sparsamen Führung von Stadt- und Landhaushaltungen. Leipzig 1860. (zitiert nach 5.–8. Aufl. 1876)

Debus, Friedhelm: »Die deutschen Bezeichnungen für die Heiratsverwandtschaft«, in: Dt. Wortforsch. in europ. Bezügen. Gießen 1958, S. 1–116

Demleitner, Josef: »Hofübergabe und Heirat im bayerischen Alpenvorland«, in: Volk und Volkstum III. München 1938, S. 54–66

Deneke, Bernward: Hochzeit. München 1971

Deuerlein, Ernst: Gesellschaft im Maschinenzeitalter. Bilder aus der deutschen Sozialgeschichte. (rororo tele 15), Hamburg 1970

Dietrich, Richard: »Berlins Weg zur Industrie- und Handelsstadt«, in: Berlin. Neun Kapitel seiner Geschichte. Berlin 1960, S. 161–198

Dirx, Ruth: Das Kind, das unbekannte Wesen. Geschichte, Soziologie, Pädagogik. Hamburg 1964

Dombois, Hans A. und Fr. K. Schumann: Weltliche und kirchliche Eheschließung. Gladbeck 1953

Dubnow, Simon: Die Geschichte des jüdischen Volkes in der Neuzeit. Berlin 1927

Dunker, Hans: Werbungs-, Verlobungs- und Hochzeitsgebräuche in Schleswig-Holstein. Hamburg 1930

Durkheim, Émile: »Introduction à la sociologie de la famille«, in: Annales de la Faculté des Lettres de Bordeaux, 10, 1888

Durkheim, Émile: »La famille conjugale«, in: Revue Philosophique 1921

Ebel, H.: »Arbeitszeit und Familienstruktur«, in: Arbeitswissenschaft 3, 1964, S. 137ff.

Emmerich, Wolfgang (Hrsg.): Proletarische Lebensläufe. Bd. 1 u. 2. Hamburg 1975

Engels, Friedrich: Der Ursprung der Familie, des Privateigentums und des Staates, (nach der 4. – letzten – von E. selbst besorgten Ausgabe von 1891) Berlin 1946

Erlich, Vera St.: »Das erschütterte Gleichgewicht in der Familie«, in: Kölner Zs. f. Soz. u. Sozialpsych. 12, 1960, S. 400–420

Fehrle, Eugen: Deutsche Hochzeitsbräuche. Jena 1937

Feige, Johannes: Der alte Feierabend. München 1936

Feldeck, J. von: Kern Einer vollständigen Hauß- und Landes-Wirthschaft, Oder Der Wohlerfahrene Böhmisch- und Oesterreichische Haußhalter. Leipzig 1718

Franz, Heinrich: »Der Tod im hessischen Volksglauben«, in: Hess. Bll. f. Volkskund 24, 1925, S. 44–63

Die Frau in Beruf, Familie und Gesellschaft. Eine zusammenfassende Darstellung des Berichts der Bundesregierung über die Situation der Frauen in Beruf, Familie und Gesellschaft. Hrsg. vom Presse- und Informationsamt der Bundesregierung, Bonn 1966

Freud, Sigmund: Abriß der Psychoanalyse. Das Unbehagen in der Kultur. (Fischer-Bücherei 47), Frankfurt/M.–Hamburg 1953

Freybe, Albert: Die heilige Taufe und der Taufschatz in deutschem Glauben und Recht, in der Sitte des Volkes und der Kirche, in deutscher Sage und Dichtung. Gütersloh 1900

Freybe, Albert: Das alte deutsche Leichenmahl in seiner Art und Entartung. Gütersloh 1909

Friedberg, E.: Das Recht der Eheschließung. Leipzig 1865

Fröhlich, Karl: »Die Eheschließung des deutschen Frühmittelalters im Lichte der neuen rechtsgeschichtlichen Forschung. Ergebnisse und Ausblicke«, in: Hess. Bll. f. Volkskunde 27, 1928, S. 144–194

Fromm, Erich: Autorität und Familie. Sozialpsychologischer Teil. Paris 1936, S. 77–135

Gantner, Theo: Liebe und Hochzeit. Ausstellung im Schweizerischen Museum für Volkskunde Basel, Februar 1972 bis Mai 1973

Garve, Christian: Über den Charakter der Bauern und ihr Verhältniß gegen die Gutsherren und gegen die Regierung. Drey Vorlesungen in der Schlesischen Oekonomischen Gesellschaft. Breslau 1786

Gavazzi, Milovan: »Das Los der Großfamilie auf dem Balkan«, in: Die Kultur Südosteuropas. Ihre Geschichte und ihre Ausdrucksformen. München 1964, S. 74–75

Geiger, Werner: Studien zum Totenbrauch im Odenwald. Diss. Frankfurt 1960

Geramb, Viktor von: Wilhelm Heinrich Riehl. Leben und Werk (1823–1897). Salzburg 1954

(Germershausen, Chr. F.): Die Hausmutter in allen ihren Geschäften. Leipzig 1778/81

(Germershausen, Chr. F.): Der Hausvater in systematischer Ordnung. Leipzig 1783/1786

Gifford, Edward S.: Liebeszauber. Stuttgart 1964

Göhre, Paul: Drei Monate Fabrikarbeiter und Handwerksbursche. Eine praktische Studie. Leipzig 1891

Griessmair, Johannes: Knecht und Magd in Südtirol, dargestellt am Beispiel der bäuerlichen Dienstboten im Pustertal. Innsbruck 1970

Haas, W.: Leben unter einem Dach. Die Familie damals und heute. Freiburg–Basel–Wien 1963

Habakkuk, H. J.: »Family Structure and Economic Change in Nineteenth-Century Europe«, in: Journal of Economic History 15, 1955, S. 1–12

Hävernick, Walter: Schläge als Strafe. Ein Bestandteil der heutigen Familiensitte in volkskundlicher Sicht. Hamburg 1964

Hahn, Alois: Einstellungen zum Tod und ihre soziale Bedingtheit. Eine soziologische Untersuchung. Stuttgart 1968

Hain, Mathilde: Tod und Begräbnis. Frankfurt 1960

Hammer, Dorothea: W. H. Riehl und seine Betrachtungen über die deutsche Familie. Diss. Leipzig 1940

HdA = Handwörterbuch des deutschen Aberglaubens. Hrsg.

von Hanns Bächtold-Stäubli. 10 Bde. Berlin und Leipzig 1927–1942

Hanika, Josef: Hochzeitsbräuche der Kremnitzer Sprachinsel. Reichenberg i. Böhmen 1927

Hanika, Josef: »Die verlassene Braut im Hochzeitsbrauch und die Aufgebotsszene in Wittenweilers Ringe«, in: Bayer. Jb. f. Volkskunde 1957, S. 103–112

Hanns, J.: Religiöses Brauchtum in der katholischen Familie. ²1949

Herold, Ludwig: »Volksbrauch und Volksglaube bei Geburt und Taufe im Karlsbader Gebiet«, in: Hess. Bll. f. Volkskunde 44, 1953, S. 5–49 Hochzeit. München (1964)

Höhn, H.: »Sitte und Brauch bei Tod und Begräbnis«, in Volkstüml. Überlieferung in Württemberg, hrsg. v. d. Württemberg. Landesstelle f. Volkskunde. Stuttgart 1961, S. 170–220

Hoffmann, Julius: Die »Hausväterliteratur« und die »Predigten über den christlichen Hausstand«. Ein Beitrag zur Geschichte der Lehre vom Hause und der Bildung für das häusliche Leben. Diss. Göttingen 1954

Hofmann, Ernst: »Volkskundliche Betrachtungen zur proletarischen Familie in Chemnitz um 1900«, in: Wiss. Zs. d. Humboldt-Universität zu Berlin. Gesellschafts- und sprachwiss. Reihe 20, 1971, S. 65–81

Hofmann, F.: Über den Verlobungs- und Trauring. (= Sitzungsberichte der k.k. Wiener Akademie der Wissenschaften, phil.-hist. Klasse, Bd. 65) 1870

Horkheimer, Max, Erich Fromm, Herbert Marcuse u. a. (Hrsg.): Studien über Autorität und Familie. Forschungsberichte aus dem Institut für Sozialforschung. Paris 1936

Horkheimer, Max: »Autorität und Familie in der Gegenwart« (Deutsch 1960), in: Claessens, Familiensoziologie. Frankfurt a. M. 1973, S. 79–94

Horn, Klaus: Dressur oder Erziehung. Schlagrituale und ihre gesellschaftliche Funktion. Frankfurt a. M. 1967

Kähler, Wilhelm: Gesindewesen und Gesinderecht in Deutschland. Jena 1896

Key, Ellen: Das Jahrhundert des Kindes. 1902

Das Kind. Kleine Enzyklopädie. Leipzig 1972

König, René: Materialien zur Soziologie der Familie. Bern 1946; ²Köln 1974.

König, René: Soziologische Orientierungen. Köln und Berlin 1965; ²1973

König, René: »Alte Probleme und neue Fragen in der Familiensoziologie«, in: Kölner Zs. f. Soz. u. Sozialpsych. 18, 1966, S. 1–20; auch in Claessens, Familiensoziologie. Frankfurt a. M. 1973, S. 123–143

König, René: »Soziologie der Familie«, in: Hb. d. empir. Sozialfg. II. Stuttgart 1969, S. 172ff.

König, René: »Familie und Familiensoziologie«, in: Wilhelm Bernsdorf (Hrsg.), Wörterbuch der Soziologie. Stuttgart ²1969, S. 247–262

König, René: Die Familie der Gegenwart. München 1974

Köstler, Rudolf: »Raub-, Kauf- und Friedelehe bei den Germanen«, in: Zs. Savigny RG, Abt. Germ. 63, 1943, S. 92–136

Kötter, Herbert: »Die Generationen auf dem Lande«, in: Hans Muthesius (Hrsg.), Die Fürsorge im Spannungsfeld der Generationen. 1921, H. 221, S. 144ff.

Kommune 2. Berlin 1969

Kramer, Dieter: »Sozialkulturelle Lage und Ideologie der Arbeiterschaft im 19. Jahrhundert«, in: Kultureller Wandel im 19. Jahrhundert. Göttingen 1973, S. 112–124

Kramer, Karl-S.: »Das Haus als geistiges Kraftfeld im Gefüge der alten Volkskultur«, in: Rhein.-westf. Zs. f. Volkskunde 11, 1964, S. 30–43

Kriegk, G. L.: Deutsches Bürgertum im Mittelalter. I 1868, II 1871

Kroeschell, Karl: »Die Sippe im germanischen Recht«, in: Zs. Savigny RG, Germ. Abt. 77, 1960, S. 1–25

Kuczynski, Jürgen und Ruth Hoppe: Geschichte der Kinderarbeit in Deutschland 1750–1939. Bd. I u. II, Berlin 1958

Kyll, Nikolaus: Das Kind in Glaube und Brauch des Trierer Landes. Trier 1957

Landau, Georg: Sitte und Brauch in Hessen vor hundert Jahren. Kassel und Basel 1959

Lange, Richard Erwin: Sterben und Begräbnis im Volksglauben zwischen Weichsel und Memel. Würzburg 1955

Lange, Helene: Lebenserinnerungen. Berlin 1925

Langer-El Sayed, Ingrid: Frau und Illustrierte im Kapitalismus. Die Inhaltsstruktur von Illustrierten Frauenzeitschriften und ihr Bezug zur gesellschaftlichen Wirklichkeit. Vorwort von Manfred Teschner. Köln 1971

Lauffer, Otto: »Jungfernkranz und Brautkrone«, in: Zs. f. Volkskunde N.F. 2, 1931, S. 25–29

Le Play, Frédéric: Les ouvriers européens. Etudes sur les Travaux, la vie domestique et la condition morale des populations ouvriès de l'Europe, 6 Bde. Paris 1855, ²1877

Le Play, Frédéric: L'organisation de la famille, selon le vrai modèle signalé par l'histoire de toutes les races et tous les temps. Paris 1871

Lévi-Strauss, Claude: »The Family«, in: H. L. Shapiro (Hrsg.), Man, Culture and Society. New York 1956, S. 261–285

Lévi-Strauss, Claude: (Anthropologie structurale. Paris 1960); Strukturale Anthropologie. Frankfurt a. M. 1967

Lévi-Strauss, Claude: Les structures élémentaires de la parenté. Paris 1949

Lincke, Werner: Das Stiefmuttermotiv im Märchen der germanischen Völker. Berlin 1933

Loerzer, Eckart: Eheschließung und Werbung in der »Kudrun«. München 1971

Lüthi, Max: »Familie und Natur im Märchen«, in: Volksliteratur und Hochliteratur. Bern und München 1970, S. 63–78

Lüthi, Max: Märchen.⁵ Stuttgart 1974

Marcuse, Herbert: Ideen zu einer kritischen Theorie der Gesellschaft (edition suhrkamp 300). Frankfurt a. M. 1969

Mac Lennan, J. Ferguson: Primitive Marriage. 1865; The Patriarchal Theory. 1885

Mahler, Elsa: Die russischen dörflichen Hochzeitsbräuche. Wiesbaden 1960

Marx, Lothar Franz: Kurze Lebensgeschichte heiliger Dienstboten des weiblichen Geschlechtes. Ein Geschenk für junge Christen, für Mädchen insbesondere, die zu diesem Stande herangebildet werden. Frankfurt a. M. ²1830

Mayntz, Renate: Die moderne Familie. Stuttgart 1955

Meier, John: Ahnengrab und Brautstein. (= Untersuchungen zur deutschen Volkskunde und Rechtsgeschichte, 1. Heft). Halle 1944

Meier-Böke, August: »Liebe und Ehe im lippischen Volksbrauch«, in: Lippische Mitt. aus Geschichte und Landeskunde 26, 1957, S. 210–241

Meier-Oberist, Edmund: Kulturgeschichte des Wohnens im abendländischen Raum. Hamburg 1956

Meletinskij, Eleasar: »Die Ehe im Zaubermärchen«, in: Acta Ethnographica Academiae Scientiarum Hungaricae 10, 1970, S. 281–292

Menzel: Mutter und Kind im schlesischen Volksglauben und Brauch. Breslau 1938

Meyer, Elard Hugo: Der badische Hochzeitsbrauch des Vorspannens. Freiburg i. Br. und Leipzig 1896

Meyer, Herbert: »Friedelehe und Mutterrecht«, in: Zs. Savigny RG, Germ. Abt. 47, 1927, S. 198–286

Mitgau-Heidelberg, J. H.: Familienschicksal und soziale Rangordnung. Untersuchungen über den sozialen Aufstieg und Abstieg. Leipzig 1928

Moeller, Anna Elisabeth: Das Kinderspiel in Hessen. Gießen 1935

Möller, Helmut: »Christian Friedrich Sintenis. Ein vergessener Autor am Ausgang der Hausväter-Zeit«, in: Zs. f. dt. Philol. 78, 1959, S. 164–180

Möller, Helmut: Die kleinbürgerliche Familie im 18. Jahrhundert. Verhalten und Gruppenkultur. Berlin 1969

Möser, Justus: Patriotische Phantasien. 4 Bde. Berlin 1774–1786

Morgan, Lewis Henry: Die Urgesellschaft. Untersuchungen über den Fortschritt der Menschheit aus der Wildheit durch die Barbarei zur Zivilisation. Stuttgart 1891 (= Übersetzg. d. engl. Ausgabe von 1877)

Müller, Ernst Wilhelm: »Über Grundformen der Verwandtschaft«, in: Kölner Zs. f. Soz. u. Sozialpsych. 18, 1966, S. 335–354

Müller-Lyer, F.: Die Familie. München 1921

Naumann, Ida: Altgermanisches Frauenleben. Jena 1929

Neckel, Gustav: Liebe und Ehe bei den vorchristlichen Germanen. Leipzig und Berlin 1932; ²1934

Neidhardt, Friedhelm: Die Familie in Deutschland. Opladen 1966; ²1975

Neubecker, F. K.: Die Mitgift in rechtsvergleichender Darstellung. Leipzig 1909

Niemeyer, Annemarie: Zur Struktur der Familie. Statistische Materialien. Berlin 1931

Oeter, Ferdinand (Hrsg.): Familie und Gesellschaft. Tübingen 1966

Peter, Ilka: Gasslbrauch und Gasslspruch in Österreich. Salzburg 1953

Peuckert, Will-Erich: Ehe. Weiberzeit – Männerzeit – Saeterehe – Hofehe – Freie Ehe. Hamburg 1955

Pfeil, Elisabeth: Die Familie im Gefüge der Großstadt. Zur Sozialtopographie der Stadt. Hamburg 1965

Pfeil, Elisabeth: »Die Frau in Beruf, Familie und Haushalt«, in: Familie und Gesellschaft. Tübingen 1966, S. 141–176

Pfeil, Elisabeth: »Die Großstadtfamilie«, in: Claessens, Familiensoziologie. 1973, S. 144–168

Pieske, Christa: Das freudige Ereignis und der jungen Kindlein Aufzucht. München 1963

Planck, Ulrich: Der bäuerliche Familienbetrieb zwischen Patriarchat und Partnerschaft. Stuttgart 1964

Planck, Ulrich: »Die Landfamilie in der Bundesrepublik Deutschland«, in: Claessens, Familiensoziologie. 1973, S. 169–204

Popp, Hermann: Das Werden der deutschen Familie. Weimar 1914

Probst, Johann Gottlieb August: Handwerksbarbarei oder die Geschichte meiner Lehrjahre. Ein Beytrag zur Erziehungsmethode deutscher Handwerker. Halle–Leipzig 1790

Propp, Vladimir: Morphologie des Märchens. Hrsg. von K. Eimermacher. München 1972

Pross, Helge: »Notizen zur gegenwärtigen Situation der Familie«, in: Bll. f. dt. u. internat. Politik 11, 1966, S. 128–134

Pross, Helge: Die Wirklichkeit der Hausfrau. Hamburg 1975.

Rehm, M.: Das Kind in der Gesellschaft. München 1925

Reich, Wilhelm: Massenpsychologie des Faschismus. (2. Aufl. Kopenhagen 1934), Neudruck 1969

Reimann, H. J.: Die Familie in Jeremias Gotthelfs Dichtungen. 1939

Richter, Horst Eberhard: »Konflikte und Krankheiten der Frau«, in: Claessens, Familiensoziologie. 1973, S. 209–308

Riehl, Wilhelm Heinrich: Die bürgerliche Gesellschaft. (= Bd. 2 von »Die Naturgeschichte des Volkes als Grundlage einer deutschen Sozialpolitik«). 1851. (hier zitiert nach der 9. Aufl., Stuttgart 1897)

Riehl, Wilhelm Heinrich: Die Familie. (= Bd. 3 von »Die Naturgeschichte des Volkes als Grundlage einer deutschen Sozialpolitik«). 1855. (zitiert nach der 10. Aufl. Stuttgart 1889)

Rörig, Maria: Haus und Wohnen in einem sauerländischen Dorfe. Münster 1939

Rosenbaum, Heidi: Familie als Gegenstruktur zur Gesellschaft. Kritik grundlegender Ansätze der westdeutschen Familiensoziologie. Stuttgart 1973

Rosenbaum, Heidi (Hrsg.): Familie und Gesellschaftsstruktur. Materialien zu den sozioökonomischen Bedingungen von Familienformen. Fischer Taschenbuch 6521

Rühle, Otto: Das proletarische Kind. Berlin 1911

Rühle, Otto: Illustrierte Kultur- und Sittengeschichte des Proletariats. Bd. I, Berlin 1930

Rumpf, J. D. F.: Der Haus-, Brot- und Lehrherr in seinen ehelichen, väterlichen und übrigen hausherrlichen Verhältnissen gegen Gesinde, Gesellen und Lehrlinge. Berlin 1823

Saller, Karl: »Sexualität und Sitte in der vorindustriellen Zeit«, in: Familie und Gesellschaft. Tübingen 1966, S. 113–140

Salomon, A. und M. Baum (Hrsg.): Das Familienleben der Gegenwart. 192 Familienmonographien. Berlin 1930

Sartori, Paul: Die Speisung der Toten. Dortmund 1903

Sarton, Paul: Sitte und Brauch. 3 Bde. Leipzig 1910 (1. Teil: Hauptstufen des Menschendaseins)

Schäfer, Harald: Struktur-Untersuchungen zur Situation der Familie vor und auf dem Bildschirm. Marburg 1973

Schauerte, Heinrich: »Volkskundliches zur Taufe«, in: Europ. Kulturverflechtg. im Bereich der volkstüml. Überlieferung. Göttingen 1967, S. 41–62

Schelsky, Helmut: »Die gegenwärtige Problemlage der Familiensoziologie«, in: Soziologische Forschung in unserer Zeit. Köln und Opladen 1951, S. 282–296

Schelsky, Helmut: »Die Flüchtlingsfamilie«, in: Kölner Zs. f. Soz. u. Sozialpsych. 3, 1951, S. 159–178

Schelsky, Helmut: Wandlungen der deutschen Familie in der Gegenwart. Stuttgart 1953; [5]1967

Schenk, Annemie und Ingeborg Weber-Kellermann: Interethnik und sozialer Wandel in einem mehrsprachigen Dorf des rumänischen Banats. Marburg 1973; Kap. »Familie«, S. 91–123

Schmidt, Leopold: »Brauch ohne Glaube«, in: Volksglaube und Volksbrauch, Berlin 1966, S. 289–312

Schmitz, Carl August: Grundformen der Verwandtschaft. Basel 1964

Schnapper-Arndt, Gottlieb: Fünf Dorfgemeinden auf dem Hohen Taunus. Eine sozialstatistische Untersuchung über Kleinbauerntum, Hausindustrie und Volksleben. Leipzig 1883

Schneider, Lothar: Der Arbeiterhaushalt im 18. und 19. Jahrhundert. Berlin 1967

Schrader, O.: Die Schwiegermutter und der Hagestolz. Braunschweig 1904

Schröder, Edward: »Brautlauf und Tanz«, in: Zs. f. deutsches Altertum 61, 1924, S. 17–34

Schulte, Otto: »Taufsitten und Taufbräuche in einem oberhessischen Ort vor 250 Jahren und heute«, in: Hess. Bll. f. Volkskunde 7, 1908, S. 65–78

Schulze, Wally: »Kinderarbeit und Erziehungsfragen in Preußen zu Beginn des 19. Jahrhunderts«, in: Soziale Welt 9, 1958, S. 299–309

Schultz, Alwin: Das Alltagsleben einer deutschen Frau zu Anfang des achtzehnten Jahrhunderts. Leipzig 1890

Schwägler, Georg: Soziologie der Familie. Ursprung und Entwicklung. (Mit einem einleitenden Essay von W. E. Mühlmann) Tübingen 1970

Schwalm, Johann Heinrich: »Baste Eckerds Freierei. Schwälmer Kulturbilder aus der 2. Hälfte des 19. Jahrhunderts«, in: Hessenland 43, 1932, S. 145–152

Segalen, Martine: »Photographie de noces, mariage et parenté en milieu rural«, in: Ethnologie française 2, 1972, S. 123–140

Silbermann, Alphons: Vom Wohnen der Deutschen. Köln 1963

Sintenis, Christian Friedrich:
I. Der Mensch im Umkreis seiner Pflichten. Leipzig 1804/07
II. Das größere Buch für Familien. 1/2, 1805/07

Sohm, Rudolf: Das Recht der Eheschließung aus dem deutschen und canonischen Recht geschichtlich entwickelt. Weimar 1875

Spamer, Adolf: »Sitte und Brauch«, in: Handbuch der Deutschen Volkskunde, hrsg. v. Wilhelm Peßler. Potsdam 1935, II, S. 33–236

Spamer, Adolf: Der Bilderbogen von der »Geistlichen Hausmagd«. Ein Beitrag zur Geschichte des religiösen Bilderbogens und der Erbauungsliteratur im populären Verlagswesen Mitteleuropas. Bearbeitet und mit einem Nachwort versehen von Mathilde Hain. Göttingen 1970

Staudt, Reinhold: Studien zum Patenbrauch in Hessen. Darmstadt 1958

Stephan, G.: Die häusliche Erziehung in Deutschland während des 18. Jahrhunderts. Wiesbaden 1891

Strobel, Hans: Bauernbrauch im Jahreslauf. Leipzig 1937

Strübin, Eduard: Baselbieter Volksleben. Basel 1952

Taylor, G. A.: Wandlungen der Sexualität. Düsseldorf–Köln 1957

Thurnwald, Hilde: Gegenwartsprobleme Berliner Familien. Berlin 1948

Thurnwald, Richard: Werden, Wandel und Gestaltung von Familie, Verwandtschaft und Bünden im Lichte der Völkerforschung. Berlin und Leipzig 1932 (= Bd. 2 von: Die menschliche Gesellschaft. Berlin und Leipzig 1931–1934)

Treue, Wilhelm: Illustrierte Kulturgeschichte des Alltags. München 1952

Trier, Jost: »Vater. Versuch einer Etymologie«, in: Zs. Savigny RG, Germ. Abt. 65, 1947, S. 232–260

Vierkandt, A.: Familie, Volk und Staat in ihren gesellschaftli-

chen Lebensvorgängen. Eine Einführung in die Gesellschaftslehre. Stuttgart 1936
Virchow, Rudolf: Die Not im Spessart. Eine medizinisch-geographisch-historische Skizze. 1852. Neudruck Darmstadt 1968

Weber, Marianne: Ehefrau und Mutter in der Rechtsentwicklung. Tübingen 1907
Weber, Max: Die protestantische Ethik und der Geist des Kapitalismus. Tübingen ³1934
Weber-Kellermann, Ingeborg: »Die Volksballade von der schönen Jüdin im europäischen Zusammenhang mit dem Lied von den 2 Königskindern«, in: Schweiz. Arch. f. Volkskunde 58, 1962, S. 151–162
Weber-Kellermann, Ingeborg: Erntebrauch in der ländlichen Arbeitswelt des 19. Jahrhunderts. Marburg 1965
Weber-Kellermann, Ingeborg: »Über den Brauch des Schenkens. Ein Beitrag zur Geschichte der Kinderbescherung«, in: Volksüberlieferung. Göttingen 1968, S. 1–8
Weber-Kellermann, Ingeborg: Deutsche Volkskunde zwischen Germanistik und Sozialwissenschaften. Stuttgart 1969
Weber-Kellermann, Ingeborg: »Hochzeits- und Ehestandslieder«, in: Hb. d. dt. Volksliedes. Bd. 1/I, Freiburg 1973, S. 551–574
Weber-Kellermann, Ingeborg: Die deutsche Familie. suhrkamp taschenbuch 189. Frankfurt a. M. ²1975
Weinhold, Karl: Die deutschen Frauen in dem Mittelalter. Wien 1882

Wolff, Joachim: Das Hochzeitsbuch. (Heyne Tb.) 1970
Welti, Erika: Taufbräuche im Kanton Zürich. Zürich 1967
Wernher der Gartenaere: Meier Helmbrecht. Hrsg. von Friedrich Panzer. Tübingen ⁵1949
Wiegelmann, Günter: Alltags- und Festspeisen. Wandel und gegenwärtige Stellung. Marburg 1967
Wikmann, K. R. V.: Einleitung der Ehe. Åbo 1937
Wilkens, Leonie von: Tageslauf im Puppenhaus. München 1956
Heinrich Wittenwilers Ring. Hrsg. von E. Wiessner, Darmstadt 1964
Wossidlo, Richard: Mecklenburgische Volksüberlieferungen. 3. Bd.: Kinderwartung und Kinderzucht. Wismar 1906
Wurst, F., H. Wassertheurer und K. Kimeswenger: Entwicklung und Umwelt des Landkindes. Wien–München 1961
Wurzbacher, Gerhard: Leitbilder gegenwärtigen deutschen Familienlebens. Stuttgart 1952; ⁴1969
Wurzbacher, Gerhard (Hrsg.): Die Familie als Sozialisationsfaktor. Stuttgart 1968

Zallinger, Otto: Die Ringgaben bei der Heirat und das Zusammengeben im mittelalterlich-deutschen Recht. Sitzungsberichte der Wiener Akademie der Wissenschaften, phil.-hist. Klasse, Bd. 212. Wien 1931
Zallinger, Otto: Die Eheschließung im Nibelungenlied und in der Gudrun. Wiener Akademie der Wissenschaften, phil.-hist. Klasse. Sitzungsberichte Bd. 199/1. Wien 1923

Quellenverweise
(Die Lebensdaten der Verfasser werden nur dann angegeben, wenn
sie für den Nachweis der zeitgenössischen Authentizität wichtig erscheinen.
Die fette Seitenzahl bezeichnet den Standort des Textes.)

1871 – Fragen an die deutsche Geschichte (Katalog). Historische Ausstellungen im Reichstagsgebäude in Berlin und in der Paulskirche in Frankfurt a. M. aus Anlaß der 100. Wiederkehr des Jahres der Reichsgründung 1871.

Anschütz, Ernst: O Tannenbaum. 1824. In: Erk-Böhme: Deutscher Liederhort. Bd. I, 1893, S. 548. **S. 312.**
Auerbach, Berthold (1812–1882): Der Lehnhold. 1853. In: Schwarzwälder Dorfgeschichten. Bd. I, Stuttgart 1864, S. 24 f. **S. 85.**

Bach, Johann Sebastian (1685–1750): Brief an seinen Jugendfreund Georg Erdmann. 1730. Nach Salmen, Walter: Haus- und Kammermusik. Leipzig (o. J.), S. 9. **S. 158.**
Bebel, August (1840–1913): Die Frau und der Sozialismus. 1879. (Zitiert nach der 26. Aufl. Stuttgart 1896, S. 124, 126 ff.) **S. 188.**
Becker, Horst: Die Familie. Leipzig 1935, S. 19, 154. **S. 265.**
Benjamin, Walter (1892–1940): Berliner Kindheit um Neunzehnhundert. Frankfurt a. M. 1950. (Zitiert nach der Ausgabe Frankfurt a. M. 1975, S. 70 f., 62 u. 65, 80 f., 115.) **S. 156, 162, 165, 318.**
Ders.: Aussicht ins Kinderbuch. 1926. In: Jörg Drews (Hrsg.): Zum Kinderbuch. Frankfurt a. M. 1975. insel taschenbuch 92, S. 51. **S. 138.**
Bilz, Hellmut. Die gesellschaftliche Stellung und soziale Lage der hausindustriellen Seiffener Spielzeugmacher im 19. und Anfang des 20. Jahrhunderts. Seiffen 1975, S. 26. **S. 200.**
Boehm, Max Hildebert (1891–1968): Das eigenständige Volk. Grundlegung der Elemente einer europäischen Völkersoziologie. 1932. (Zitiert nach der Neuausgabe Darmstadt 1965, S. 19.) **S. 262.**
Böll, Heinrich (1917–1985): Klopfzeichen. 1960. In: Erzählungen, Hörspiele, Aufsätze. Köln–Berlin 1961, S. 335. **S. 287.**
Bräker, Ulrich (1735–1798): Lebensgeschichte und natürliche Ebentheuer des Armen Mannes im Tockenburg. Von ihm selbst erzählt. 1789. (Zitiert nach Bräkers Werke. Berlin und Weimar 1964, S. 98.) **S. 84.**
Brecht, Bertolt (1898–1956): Gesammelte Werke. Frankfurt a. M. 1967, Bd. IV, Wiegenlieder. **S. 193.**
Bröger, Karl (1886–1944): Der Held im Schatten. Jena 1920, S. 15. **S. 194.**
Büchsel, Carl (1803–1899): Erinnerungen eines Landgeistlichen. 1861. (Zitiert nach Konstanzer Taschenbuch, Konstanz 1966, S. 27, 118 f.) **S. 119, 206.**
Bunsen, Marie von (1860–1941): Die Welt in der ich lebte. 1860–1912. Leipzig 1929. **S. 221.**

Busch, Wilhelm (1832–1906): Kritik des Herzens. (Zitiert nach der 11. Aufl. München 1908, S. 62.) **S. 154.**
Buschan, Georg (1863–1942): Das deutsche Volk in Sitte und Brauch. Stuttgart–Berlin–Leipzig 1922, S. 139. **S. 26.**

Davidis, Henriette (1800–1876): Die Hausfrau. 1860. (Zitiert nach der 8. Aufl. Leipzig 1876.)
Deuerlein, Ernst: Gesellschaft im Maschinenzeitalter. Hamburg 1970 (= rororo 15), S. 55. **S. 196.**

Eberty, Felix (1812–1884): Jugenderinnerungen eines alten Berliners. Berlin 1878. (Zitiert nach der Ausgabe Berlin 1925, S. 115, 112 f., 22 f., 207.) **S. 125, 126, 144, 313.**
Ebner-Eschenbach, Marie von (1830–1916): Meine Kinderjahre. Wien 1906, S. 206, 294 f., 140 f. **S. 95 f., 159, 220.**
Eckert, Georg (Hrsg.): Aus den Lebensberichten deutscher Fabrikarbeiter. Zur Sozialgeschichte des ausgehenden 19. Jahrhunderts. Braunschweig 1949. (Zitiert nach der 2. Aufl. 1954, S. 60.) **S. 217.**
Eisenschmidt, Heinrich (1810–1864): Erinnerungen aus meiner Schulzeit. In: Zwischen Romantik und Biedermeier (Hrsg. E. Volkmann). Darmstadt 1970, S. 242–275. **S. 89.**

Familien-Bilder. Eine Ausstellung für Schüler, Lehrer, Eltern. Frankfurt a. M. (Städel), 1974, S. 32. **S. 290.**
Fehrle, Eugen (1880–1957): Deutsche Hochzeitsbräuche. Jena 1937, Vorwort. **S. 264.**
Fernsehen und Familie. Referate und Diskussionen einer Tagung der Ev. Akademie für Rundfunk und Fernsehen in Bad Boll vom 21.–23. 11. 1953. München 1956, S. 20. **S. 291.**
Fischart, Johann (1546/47–1589/90): Die löblichen Umständ und ergötzlichen Abenteuer des Gurgelritters Gargantua. In faßlichem Deutsch neu herausgebracht von Edith Schaeffer. Berlin 1955, S. 72 f. **S. 39.**
Fontane, Theodor (1819–1898): Meine Kinderjahre. 1893. (Zitiert nach der Ausgabe Leipzig 1955, S. 64 f., 85.) **S. 133, 315.**
Ders.: Von Zwanzig bis Dreißig. 1898. (Zitiert nach der Ausgabe Leipzig 1955, S. 257 ff.) **S. 157.**
Ders.: Irrungen Wirrungen. Nymphenburger Verlagshandlung München 1974, Bd. II, S. 345 f. **S. 121.**
Ders.: Der Stechlin. 1897/98. (Bd. IV, S. 152 ff.) **S. 166 f.**

Gerok, Karl (1815–1890): Am Hochzeitsmorgen. In: Liebe und Leben, Hrsg. Friedrich von Bodenstedt. 1904. **S. 232.**
Glück, Das häusliche. Vollständiger Haushaltungsunterricht nebst Anleitung zum Kochen für Arbeiterfrauen. Leipzig 1882. Mit Interviews aus Arbeiterfamilien neu herausgege-

ben von Richard Blank. München 1975, S. 246, 228. **S. 151.**
Goethe, Johann Wolfgang von (1749–1832): Hermann und
Dorothea. 1797. Jubiläums-Ausgabe, Stuttgart und Berlin
o. J., Bd. VI, S. 155–232. **S. 78.**
Gotthelf, Jeremias (1797–1854): Die schwarze Spinne. 1842;
Wie Joggeli eine Frau sucht. 1848. Sämtliche Werke,
Rentsch-Zürich 1911 ff. **S. 86, 204.**
Grass, Günter (* 1927): Die Blechtrommel. Darmstadt u.
Neuwied/Rh. 1959, S. 60 ff. **S. 250 f.**
Grimm, Ludwig Emil (1790–1863): Erinnerungen aus mei-
nem Leben. 1834. (Zitiert nach der Ausgabe Kassel–Basel
1950, S. 13.) **S. 134.**
Grimm, Wilhelm (1786–1859): 6. Aufl. der Kinder- und
Hausmärchen. 1844. Einleitung. **S. 27.**
Grimmelshausen, Hans Jacob Christoph von (1620/21
bis 1676): Der Abenteuerliche Simplicissimus. 1669. (Zitiert
nach der Ausgabe des Insel-Verlages, Leipzig 1908.) **S. 49.**
Gutzkow, Karl (1811–1878): Aus der Knabenzeit. Frankfurt
a. M. 1852, S. 245 f. **S. 124.**

Handke, Peter (* 1942): Wunschloses Unglück. Salzburg
1972. (Zitiert nach Frankfurt a. M. 1974 = suhrkamp taschenbuch 146, S. 12 ff.) **S. 215.**
Hauptmann, Gerhart (1862–1946): Die Weber. 1892. (Zitiert
nach der Volksausgabe Berlin 1912, Bd. I, S. 303 ff.) **S. 108.**
Hebel, Johann Peter (1760–1826): Alemannische Gedichte
für Freunde ländlicher Natur und Sitten. 1803. (Zitiert nach
der hochdeutschen Ausgabe von R. Reinick. Leipzig 1859,
S. 7 f.) **S. 131.**
Heimburg, Wilhelmine (1850–1912): Trotzige Herzen, Leip-
zig 1897, S. 134. **S. 222.**
Helm, Rolf: Deutsche Erntebräuche. Leipzig 1937,
S. 38. **S. 275.**
Herdan-Zuckmayer, Alice: Das Kästchen. Frankfurt a. M.
1962. (Zitiert nach Fischer Tb. 733, S. 12 f., 19.) **S. 137, 148.**
Herz, Henriette (1764–1847): Erinnerungen. Berlin 1779. (Zi-
tiert nach Alice Bernd: Die gute alte Zeit. Hamburg 1962,
S. 122 ff.) **S. 62.**
Hochzeitslied, Bäuerliches. In: Weber-Kellermann, Inge-
borg: Hochzeits- und Ehestandslieder. In: Handbuch des
Volksliedes. Bd. I, München 1973, S. 564. **S. 240.**

Immermann, Karl Leberecht (1796–1840): Der Oberhof.
1838/39. (Zitiert nach der Ausgabe der Deutschen Bibliothek
Berlin 1912, S. 111 f.) **S. 236.**
Innerhofer, Franz (* 1944): Schöne Tage. Salzburg 1974,
S. 174, 199 f. **S. 296, 297.**

Jung-Stilling, Johann Heinrich (1740–1817): Heinrich Stillings
Jugend. 1777. (Zitiert nach: Lebensgeschichte. Vollständige
Ausgabe mit Anmerkungen, hrsg. von Gustav Adolf Ben-
rath. Darmstadt 1976, S. 60 f., 19, 77 f.). **S. 88, 205, 207.**

Kaschnitz, Marie Luise (1901–1974): So war es bei uns. In:
Familie in unserer Zeit. Westermanns Monatshefte Mai 1965,
S. 79. **S. 299.**
Keller, Gottfried (1819–1890): Hadlaub. In: Züricher Novel-
len 1877. (Zitiert nach Gesamtausgabe Berlin 1958, Bd. VII,
S. 65 f.) **S. 77.**
Ders.: Weihnachtsmarkt. 1855. ebda, Bd. I, S. 213 f. **S. 320.**
Kempowski, Walter (* 1929): Tadellöser & Wolff. Ein bür-
gerlicher Roman. München 1971. (Zitiert nach München
1975 = dtv 1043, S. 203, 390, 279 f.) **S. 262, 323.**
Ders.: Uns geht's ja noch gold. Roman einer Familie. Mün-
chen 1972. (Zitiert nach München 1975 = dtv 1090,
S. 8.) **S. 244.**
Kloeden, Karl Friedrich von (1786–1856): Jugenderinnerun-
gen. Hrsg. und durch einen Umriß seines Weiterlebens ver-
vollständigt von Max Jähns. Leipzig 1874, S. 182 f. **S. 81.**
Kluge, Kurt (1886–1940): Der Herr Kortüm. 1938. (Zitiert
nach der Ausgabe Berlin–Darmstadt 1954, S. 14.) **S. 202.**
Knilli, Friedrich: Die heilige Fernsehfamilie: eine Konsum-
gemeinschaft. In: Die Unterhaltung der deutschen Fernseh-
familie. Ideologiekritische Kurzanalysen von Serien. Hrsg.
Friedrich Knilli. München 1971, S. 19. **S. 291.**
Köllmann, Wolfgang: Die industrielle Revolution. Quellen
zur Sozialgeschichte Großbritanniens und Deutschlands im
19. Jahrhundert. (Zitiert nach der 3. Aufl. Stuttgart 1961,
S. 41 ff.) **S. 192.**
Kommerell, Max (1902–1944): Einem Kind zu einer Puppe.
In: Der Ewige Brunnen, hrsg. von Ludwig Reiners. München 1955, S. 8 (Auszug). **S. 252.**
Kommune 2: Alltag in der Kommune. In: Das Ende der Höf-
lichkeit. Für eine Revision der Anstandserziehung. München
1970, S. 136 f., 133–135. **S. 295, 324.**
Kronoff, Frida von: Lebensart. Ein Wegweiser des feinen
Taktes. 1910, S. 201 u. 205. **S. 167.**
Kügelgen, Wilhelm von (1802–1867): Jugenderinnerungen
eines alten Mannes. 1870. (Zitiert nach Ausgabe Langewiesche-Brandt. Ebenhausen b. München 1920, S. 11,
28.) **S. 132, 135.**

Landau, Georg (1807–1865): Sitte und Brauch in Hessen vor
hundert Jahren. (Hrsg. Bernhard Martin) Kassel 1959,
S. 58. **S. 234.**
Lange, Helene (1848–1930): Lebenserinnerungen. Berlin
1925, S. 103. **S. 218 f.**
Langewiesche-Brandt, Wilhelm (1866–1934): Jugend und
Heimat. Erinnerungen eines Fünfzigjährigen. Ebenhausen b.
München 1914, S. 18 ff., 281 f. **S. 110, 152.**
Lieder der alten Edda. In der Übertragung der Brüder
Grimm. Leipzig, Insel-Bücherei Nr. 47, S. 33 f. **S. 21.**
Lossen, Hilla: Betrachtungen eines Neunzehnjährigen. In:
Das literarische Kabarett. H. 4, München 1946, S. 8. **S. 286.**
Luther, Martin (1483–1546): Traubüchlein. Luthers Werke,
Erlanger Ausgabe Bd. 23, S. 240 f. **S. 52.**

Mann, Thomas (1875–1955): Buddenbrooks. Verfall einer Familie. 1901. (Zitiert nach der Ausgabe der Deutschen Buchgemeinschaft Berlin 1909, S. 512.) **S. 325.**

Ders.: Unordnung und frühes Leid. 1926. In: Erzählungen. Frankfurt a. M. 1954, S. 670 f. u. 682 f. **S. 248.**

Marcuse, Herbert (* 1898): Ideen zu einer kritischen Theorie der Gesellschaft. Frankfurt a. M. 1969, S. 175 f. (= edition suhrkamp 300). **S. 247.**

Marienruf aus dem 16. Jahrhundert. In: Erk-Böhme: Deutscher Liederhort. Bd. III, 1925, S. 744. **S. 44.**

Marx, Karl (1818–1883): Die heilige Familie. 1844/45. (Zitiert nach: Die Frühschriften. Stuttgart 1953, S. 317 ff.) **S. 110.**

Mehner, H.: Der Haushalt und die Lebenshaltung einer Leipziger Arbeiterfamilie. In: Jahrbuch für Gesetzgebung, Verwaltung und Volkswirtschaft im Deutschen Reich. Hrsg. Gustav Schmoller. N. F. 11 (1887), H. 1, S. 304 ff. **S. 190.**

Miksch, Willy (* 1904): Stuben der Armut. In: Reinhard Dithmer: Industrieliteratur. dtv 4228, 1973, S. 208. **S. 197.**

Möser, Justus (1720–1794): Die Deele im niederdeutschen Bauernhaus. Sämtliche Werke III, S. 143. (= Osnabrückisches Intelligenzblatt vom 7. 3. 1767.) **S. 92.**

Musäus, Johann Carl August (1735–1778): Die Moralische Kinderklapper. Gotha 1788. **S. 127.**

Muschg, Adolf: Immer noch Morgen. In: Entfernte Bekannte. Erzählungen. Frankfurt a. M. 1976, S. 144. **S. 294.**

Museum komischer Vorträge für das Haus – und die ganze Welt. Berlin o. J., S. 70 f. **S. 241.**

Neidhardt, Friedhelm: Die Familie in Deutschland. Opladen 1966, S. 65. **S. 288.**

Neubart, Frida: Mütterchen. In: Berliner Fibel 1955/56, S. 75.

Neues Lausitzisches Magazin. Hrsg. M. Chr. A. Peschek. Görlitz, Jahrgang 1933 (Rubrik Lausitzische Miszellen). **S. 169.**

Nibelungenlied, Das. Übertragen und eingeleitet von Max Vanselow. Berlin 1957. **S. 20.**

Opitz, Else (* 1909): Vater und ich. In: Reinhard Dithmer: Industrieliteratur. 1973, S. 213. **S. 246.**

Orelli, Salomon von (1640–1729): Aloysius von Orelli – ein biographischer Versuch, nebst Fragmenten aus der Italienischen und Schweizergeschichte, und ein Gemählde der häuslichen Sitten der Stadt Zürich um die Mitte des 16. Jahrhunderts. Zürich 1797. S. 493 f. **S. 46.**

Orff, Carl (* 1895), und Gunild Keetmann: Musik für Kinder. (Orff-Schulwerk) Bd. I, Mainz 1950, S. 46 ff. **S. 288.**

Paracelsus, Theophrast von Hohenheim (1493–1541): Opus Paramirum Aureoli. Liber secundus, Caput tertium. Ausgabe K. Sudhoff Bd. IX, München 1925, S. 99. **S. 45.**

Peesch, Reinhard: Die Fischerkommunen auf Rügen und Hiddensee. Berlin 1961, S. 98 f. **S. 136.**

Perthes, Clemens Theodor (1809–1867): Das deutsche Staatsleben vor der Revolution. Hamburg und Gotha 1845, S. 272 f. **S. 40, 75.**

Pieske, Christa: Das freudige Ereignis und der jungen Kindlein Aufzucht. München 1963, S. 53. **S. 169.**

Popp, Adelheid (1869–1939): Jugendgeschichte einer Arbeiterin, von ihr selbst erzählt. Mit einführenden Worten von August Bebel. München 1909, S. 89 ff., 2 f. **S. 223, 319.**

Preuss, Traute: Starkes schwaches Geschlecht. Hamm/Westf. 1956, S. 58 f., 226. **S. 54 f., 117.**

Probst, Johann Gotthilf August (1759–1830): Handwerksbarbarei oder die Geschichte meiner Lehrjahre. Leipzig 1790, S. 13 ff. **S. 80.**

Rehbein, Franz (1867–1909): Das Leben eines Landarbeiters. Hrsg. und eingeleitet von Paul Göhre (1864–1928). Jena 1911, S. 19, 37 f. **S. 195, 216.**

Reinick, Robert (1805–1852): Deutscher Rat. In: Märchen, Lieder und Geschichten. 1873. (Zitiert nach der 13. Aufl. Stuttgart o. J., S. 1.) **S. 147.**

Reuter, Johann Christoph, Fr. W. Ufferhard: Specification dessen, was zu einem Brautwagen und der Aussteuer gehört. In: Norddeutsche Familienkunde. Zeitschrift der AG genealog. Verb. in Niedersachsen 22 (1973), S. 265. **S. 238.**

Rhoden, Emmy von (1832–1885): Der Trotzkopf. 1884. (Zitiert nach der 12. Aufl. Stuttgart 1893, S. 271 f.) **S. 160.**

Riekmann, Anna (1855–1884): Handschriftliches Tagebuch einer Hamburger höheren Tochter. 1870–1876. **S. 218 f.**

Riehl, Wilhelm Heinrich (1823–1897): Die Familie. 1855. (Zitiert nach der 10. Aufl. 1889, S. 156.) **S. 74.**

Rinser, Luise (* 1911): Schaufel und Besen. In: Weihnachts-Triptychon. Zürich 1963, S. 9–14. **S. 317.**

Ritter, Anna: Der kleine Hauptmann. In: Gartenlaube-Bilderbuch. Leipzig 1902, S. 24. **S. 149.**

Rühle, Otto (1874–1943): Das proletarische Kind. München 1911. **S. 191.**

Ders.: Illustrierte Kultur- und Sittengeschichte des Proletariats. Berlin 1930. (Zitiert nach Neudruck Frankfurt a. M. 1971, S. 469 f.)

Sachs, Hans (1494–1576): Fastnachtsspiele: »Der bös' Rauch«. 1551. (Zitiert nach: Drei Fastnachtsspiele. Leipzig o. J. = Insel-Bücherei Nr. 46, S. 52.) **S. 43.**

Sapper, Agnes (1852–1929): Im Thüringer Wald. 1914. (Zitiert nach der Neuausgabe Hannover 1966, S. 9.) **S. 201.**

Schiedlausky, Günther. Essen und Trinken. Tafelsitten bis zum Ausgang des Mittelalters. München 1956, S. 38 ff. **S. 50.**

Schiller, Friedrich (1759–1805): Die Glocke. 1797. Säkular-Ausgabe Stuttgart und Berlin o. J., Bd. I, S. 45 ff. **S. 116, 146.**

Ders.: Würde der Frauen. 1795. Säkular-Ausgabe Stuttgart und Berlin o. J., Bd. I, S. 25 ff. **S. 118.**

Schlegel, August Wilhelm von (1767–1845): Schillers Lob der Frauen. Xenien. **S. 118.**

Schmidt, Leopold: Wiener Schwänke und Witze der Biedermeierzeit. Wien 1946, S. 67. **S. 82.**

Schnack, Friedrich (* 1888): Der Spielzeugladen. München 1947, S. 42. **S. 151.**

Sintenis, Christian Fr.: Das größere Buch für Familien. Leipzig 1805–1807, S. 93 ff. **S. 72 f.**

Spamer, Adolf (1883–1953): Weihnachten in alter und neuer Zeit. Jena 1937. Darin S. 80 Ausschnitt aus der Abhandlung des Gottfried Kißling »Von Heyligen Christgeschenken«, 1737. **S. 314.**

Spemanns goldenes Buch der Sitte. Berlin und Stuttgart 1902, Nr. 595/596. **S. 233.**

Stephan, G.: Die häusliche Erziehung in Deutschland während des 18. Jahrhunderts. Wiesbaden 1891, S. 112, 23 f. **S. 120, 128.**

Stifter, Adalbert (1805–1868): Nachsommer. 1857. (Zitiert nach der Ausgabe der Deutschen Buchgemeinschaft Berlin o. J., S. 1.) **S. 123.**

Stillich, Oskar: Die Lage der weiblichen Dienstboten in Berlin. Berlin 1902, S. 200. **S. 166.**

Stinde, Julius (1841–1905): Die Familie Buchholz. Berlin 1884. (Zitiert nach der 89. Aufl. Berlin 1910, S. 40 f.) **S. 161.**

Stolle, Walter: Heuernte und Hausindustrie in Hessen. Marburg 1973, S. 12 f. **S. 216.**

Strobach, Hermann: Bauernklagen. Berlin 1964, S. 146. **S. 51.**

Struck, Karin (* 1947): Die Mutter. Frankfurt a. M. 1975, S. 39. **S. 298.**

Teuteberg, Hans J./Günter Wiegelmann: Der Wandel der Nahrungsgewohnheiten unter dem Einfluß der Industrialisierung. Göttingen 1972, S. 46.

Thoma, Ludwig (1867–1921): Altaich. München 1918, S. 63. **S. 198.**

Thomas von Aquino (1223–1274): Summa Theologica Pars Prima, quaestio XCII, art. II. **S. 47.**

Tucholsky, Kurt (1890–1935): Herr Wendriner kauft ein. 1924. (Zitiert nach: Rheinsberg und Anderes. Berlin 1956, S. 233–235.) **S. 254.**

Turek, Ludwig (* 1898): Ein Prolet erzählt. 1930. (Zitiert nach der Ausgabe Berlin 1963, S. 11 f.) **S. 200.**

Unseld, Siegfried: Peter Suhrkamp. Zur Biographie eines Verlegers. Frankfurt a. M. 1975 (= suhrkamp taschenbuch 260, S. 38 f.) **S. 214.**

Varnhagen von Ense, Karl August (1785–1858): Denkwürdigkeiten des eigenen Lebens. 1842 ff. (Zitiert nach der Ausgabe Berlin 1922, Bd. I, S. 254 f.) **S. 112.**

Viebahn, Georg von (Hrsg.): Statistik des zollvereinten und nördlichen Deutschlands. 3 Bände. Berlin 1858 ff., Bd. III, S. 1031.

Virchow, Rudolf (1821–1902): Die Not im Spessart. 1852. (Zitiert nach Neudruck Darmstadt 1968). **S. 209.**

Voß, Johann Heinrich (1751–1825): Luise. Ein ländliches Gedicht in 3 Idyllen. 1807. (Zitiert nach der 3. Aufl. Berlin 1891, S. 66.) **S. 235.**

Weber-Kellermann, Ingeborg: Erntebrauch in der ländlichen Arbeitswelt des 19. Jahrhunderts. Marburg 1965, S. 152. **S. 274.**

Weidenheim, Johannes: Treffpunkt jenseits der Schuld. Gütersloh 1956, S. 176. **S. 208.**

Welk, Ehm (1884–1966): Die Heiden von Kummerow. 1937. (Zitiert nach der Ausgabe Rostock 1948, S. 210 f.) **S. 253.**

Wich, J. P.: Steckenpferd und Puppe. Nördlingen 1843. **S. 139.**

Wildermuth, Ottilie (1817–1877): Lebenserinnerungen. In: Daheim 1878, S. 49 ff. **S. 143.**

Wüsthoff, Carl: Das wunderbare Weihnachtsfest. In: Der rote Großvater erzählt. Hrsg. Werkstatt Düsseldorf des Werkkreises Literatur der Arbeitswelt. Frankfurt a. M. 1974, S. 12–18 (= Fischer Tb. 1445). **S. 83.**

Zille, Heinrich (1858–1929): Berliner Geschichten. In: Alfred Mühr, Berliner Witz ABC. Berlin 1957, S. 143. **S. 168.**

Zimmern, Graf Froben Christoph von († 1563): Aus der Chronika derer von Zimmern. Hrsg. Bernhard Ihringer. München–Leipzig 1911, S. 499. **S. 42 f.**

Verzeichnis der Abbildungen

Bayer. Staatsgemäldesammlungen München.

304 Budzinski, Robert (1874–1955): Ostpreußisches Erntefeld. 1935.

5 Bügelfibel aus Silber. 6. Jahrhundert. Nationalmuseum Kopenhagen

2 Busch, Wilhelm (1832–1908): Julchen. Ein Blatt aus der Handschrift. Wilhelm-Busch-Museum Hannover.

244 Busch, Wilhelm (1832–1908): Alte Frau. Wilhelm-Busch-Museum Hannover.

310 Busch, Wilhelm (1832–1908): Zwei Prügelszenen aus »Plisch und Plum«.

70 Busschop, Cornelis (1630–1674): Die Familie des Weinhändlers. Staatl. Gemälde-Galerie Kassel.

227 Campe, Friedrich (1777–1846): Vater unser oder die 7 Bitten.

63 Chodowiecki, Daniel (1726–1801): Morgendliche Begrüßung. Sammlung Weber-Kellermann.

64 Chodowiecki, Daniel (1726–1801): Die Abendgesellschaft bei Pastor Bocquet. Blatt aus dem Reisebuch »Von Berlin nach Danzig«, 1773.

75 Chodowiecki, Daniel (1726–1801): Die Handwerke: Schreiner. Sammlung Weber-Kellermann.

76 Chodowiecki, Daniel (1726–1801): Gutsherrliches Züchtigungsrecht Ende des 18. Jahrhunderts. Sammlung Weber-Kellermann.

86 Chodowiecki, Daniel (1726–1801): Bauernschule. Hessisches Landesmuseum Darmstadt.

94 Chodowiecki, Daniel (1726–1801): Die beiden Mädchen. Sammlung Weber-Kellermann.

107 Chodowiecki, Daniel (1726–1801): Morgendliche Begegnung. Buch der Liebe. Insel Verlag. Hausfreuden; Ach, da ist er ja! Sammlung Weber-Kellermann.

135 Chodowiecki, Daniel (1726–1801): Der Maler und seine Familie im Tiergarten. 1772. Märkisches Museum Berlin.

261 Chodowiecki, Daniel (1726–1801): Dieser Kranz sey eurer Unschuld Preis. Sammlung Weber-Kellermann.

303a Chodowiecki, Daniel (1726–1801): Überreichung der Erntekrone an den Gutsherren. Sammlung Weber-Kellermann.

44 Cleve, Marten van (1527–1581): Bäuerliche Szene. Städel Frankfurt/M.

337 Colius, C.: Briefe ans Christkind. 1884. Aus einem Familienbilderbuch im Hause Zeppelin.

24 Coques, Gonzales (1618–1684): Familienbild. Gemälde-Galerie Kassel.

282 Corinth, Lovis (1858–1925): Familie Rumpf. 1901. Neue Nationalgalerie Berlin.

173 Cornicelius, Georg (1825–1898): Kinderbildnis. Foto Marburg.

38 Cranach d. Ä., Lucas (1472–1553): Hl. Sippe. Um 1507/10. Gemälde-Galerie Wien.

233 Dankworth, August (1813–1854): Der sterbende Großvater. Bomann-Museum Celle.

1 Daumier, Honoré (1808–1879): Die schönen Tage des Lebens. Lithographie

66 Denner, Jakob (1720–um 1749): Balthasar Denner und seine Familie. Kunsthalle Hamburg.

238 Dettmann, Ludwig (1865–1944): Am Schweinestall. Nationalgalerie Berlin.

127 Dieterich, Johann Friedrich (1787–1846): Die Familie Rauter. 1836.

171 Dieterich, Johann Friedrich (1787–1846): Der Kaufmann Karl Friedrich Kurtz mit seinen Kindern. Um 1815. (Foto Ralph Kleinhempel) Hamburger Kunsthalle.

283 Dix, Otto (1891–1969): Familie des Malers. 1927. Städel Frankfurt/M.

226 Dorf auf einer Spanschachtel. Katalog Oehme 1840. Karl-Ewald Fritzsch: Erzgebirgische Spielzeugmusterbücher. In: Dt. Jb. f. Volkskunde 4 (1958), S. 109.

360 Doubek, F. B.: Weihnachtsabend. 1910. Kunstbeilage zur »Sonntagszeitung fürs Deutsche Haus«.

111 Dröling d. Ä., Martin (1752–1817): Kücheninterieur. Staatl. Kunstsammlungen Kassel.

180 Dryander, Johann Friedrich (1756–1812): Familie Bruch. 1798. Foto Marburg.

33 Dürer, Albrecht (1471–1528): Dürers Mutter. 1514.

315 Duwe, Harald (*1926): Sonntagnachmittag. 1956. Kunsthalle Kiel. (Mit freundlicher Genehmigung des Künstlers).

316 Duwe, Harald (*1926): Familienfeier. 1974. (Mit freundlicher Genehmigung des Künstlers).

328 Duwe, Harald (*1926): Strandbild. 1973. (Mit freundlicher Genehmigung des Künstlers).

142 Eckersberg, Christoffer Wilhelm (1783–1853): Die Familie Nathanson nach einer Audienz bei Frederik VI. 1818. Kunstmuseum Kopenhagen.

242 Ehrentraut, Julius (1841–1923): Schwälmer Bauernjunge.

355 Eintritt des Christkinds (»Herrschedame«). Bleistiftzeichnung 1837. Archiv des Spielzeugmuseums in Sonneberg/Thür.

197 »Elendsvieh«. Reifentierchen aus dem Erzgebirge. Nach Geist-Mahlau: Spielzeug. München ²1971.

81 Engelhart, Johann Andreas (1801–1835): Familienszene. Um 1835. Staatl. Kunstsammlungen Kassel.

34 Erich, August (1620–1644 Hofmaler in Kassel): Familienporträt des Landgrafen Moritz. Städtische Kunstsammlungen Kassel.

62 Familie eines Architekten im Garten mit dem Grabmal des Erstgeborenen. Um 1800 (unbekannter Maler). Museum Wiesbaden.

60 Familienstube. Um 1700. (unbekannter Maler).
358 Fechner, Hanns (1860–1931): Heimkehr von der Wohltätigkeitsbescherung. In: Die Gartenlaube 1893, S. 848.
30 Flettner, Peter (1500-1546): Der Ehebruch. 1532. Foto
Marburg.

Fotografien
20 Grabstein des 17. Jahrhunderts auf einem oberhessischen
Friedhof, auf dem 8 im Säuglingsalter verstorbene Kinder
abgebildet sind. Foto Weber-Kellermann.
89 Niedersächsisches Flett aus der Gegend von Diepholz.
1654. Foto Germanisches Nationalmuseum Nürnberg.
126 Biedermeierzimmer. Um 1840.
Lippisches Landesmuseum, Detmold.
132 Biedermeier Puppenmama liest ihrem Söhnchen vor.
Historisches Museum Basel.
151 Küche des sog. Stromerchen Puppenhauses Nürnberg.
1639. Germ. Nationalmuseum Nürnberg.
133 Puppe »Salomé«. Spielzeugmuseum Riehen b. Basel.
163 Familienfoto. Um 1880.
164 Familienfoto Kaiser Wilhelm II. 1885.
165a Puppenstube mit Berliner Wohnzimmer. Um 1890.
165b Puppenstube, Berliner Musiksalon. Um 1880.
beide: Rheinisches Freilichtmuseum Kommern/Eifel.
172 Hirtenbuben aus dem Bündner Oberland.
Foto Derisweiler in: Schweizer Volksleben, Zürich 1933, Bd.
I, Abb. 115.
174 Junges Mädchen. Um 1885. Sammlung Weber-Kellermann.
176 Erinnerung an die Confirmation. Um 1890.
187 Hängeboden in einer Altberliner Wohnung.
Foto Heiner Weber; Sammlung Weber-Kellermann.
190 Puppe in Spreewälder Tracht.
Puppenmuseum Jeannine. Im »Adler«, Güttingen.
206 Rückkehr von der Fabrik. Foto Heinrich Zille 1902.
209 Minderjährige im Bergwerk. Foto Lewis Hine 1911.
213 Die Armen kaufen bei der Freibank. 1910.
Ullstein Bilderdienst Berlin Nr. 2611 Z 1.
214, 216, 217 Elends-Wohnungen in der Altstadt Hannover.
Um 1933. Historisches Museum am Hohen Ufer Hannover.
226, 226a Heimarbeit im Erzgebirge. 1900 und 1925
Oskar-Seyffert-Museum Dresden.
234 Familienfoto aus Lenauheim/rum. Banat.
264 Hochzeitsfoto mit schwarzem Brautkleid. Um 1900.
Sammlung Weber-Kellermann.
265 Hochzeitsfoto. Um 1950. Sammlung Weber-Kellermann.
267 Hochzeitsbild aus der Schwalm. 1907.
Sammlung Weber-Kellermann.
268 Hochzeitsbild des deutschen Kronprinzenpaares. 1905.
274 Hochzeitsfoto eines katholischen Brautpaares aus Mar-
dorf/Hessen, 1919. Sammlung Weber-Kellermann.
275 Hochzeitsfoto eines Brautpaares in Hüttenberger

Tracht, 1921. Sammlung Weber-Kellermann.
276 Modernes Hochzeitsfoto. 1965. Sammlung Weber-Kellermann.
277 Modernes Hochzeitsfoto. 1975. Sammlung Weber-Kellermann.
280 Sonntagsausflug mit Vater. 1930. Bildarchiv Preußischer Kulturbesitz.
285 Geschwister. Fotografie 1921.
286 Der erste Schultag. 1932.
Fotografie Weinrother. Bildarchiv Preußischer Kulturbesitz.
287 Der erste Schultag.
288 Klassenzimmer einer Volksschule in Berlin-Hohen-
schönhausen. Foto 1918. Bildarchiv Preußischer Kulturbesitz.
289 Puppenmütter. Foto 1932.
Fotografie Weinrother. Bildarchiv Preußischer Kulturbesitz.
290 Jungen spielen »Schützengraben«. Foto 1929.
Fotografie Seidenstücker. Bildarchiv Preußischer Kulturbesitz.
302 Heimkehr 1945. Pressefoto 1945.
303 Überreichung der Erntekrone an den Bauern.
Fotografie 1935.
312 Vater kommt.
Fotografie Hilmar Pabel. Aus: Westermanns Monatshefte.
Familiennr. Mai 1965, S. 16.
313 Die Kommunion. Sammlung Weber-Kellermann.
319 Die Fernsehfamilie. dpa Bilderdienst Frankfurt/M.
321 Verlobung. 1972. Foto Götz Fischer, Kiel.
322 Verlobung. 1860. Foto L. O. Grienwaldt, Bremen.
323 Doppelverlobung. 1881.
Fotografie aus einer Marburger Studentenverbindung.
324/325 Eine Wohngemeinschaft feiert Jubiläum.
Foto Götz Fischer, Kiel.
327 Heumahd. Foto Walter Stolle, Laubach, 1972.
329 Vater und Tochter. Foto Reinhard Singer, Essen,
1970.
330 Moderne Familie. Foto Siegfried Kühl. In: Was ist
der Mensch? Eine Antwort in 1509 Photos. München 1975,
Nr. 383.
347 Weihnachtsfest bei der Familie Jamrath. Berlin 1863.
Märkisches Museum Berlin.
353 Berliner Schulkind. 1955. Sammlung Weber-Kellermann.

228 Gaiser, Jakob Emanuel (1825–1899): Der Gänsebraten.
Foto Marburg.
256 Gedenkbuch für das Leben. Titelblatt für das Kapitel
»Ehe«. Berlin 1861.
362 Geissler, Rudolf (1834–1906): Weihnachtszimmer. Um
1855. Historia-Photo.
223 Die Gelehrten des Hauses. Holzschnitt aus dem Jahre
1873. Bildarchiv Preußischer Kulturbesitz.
149 Gensler, Jakob (1808–1845): Inneres einer Fischerhütte in

Rethkule. 1834. Landesmuseum Schleswig.

299 Gerhardinger, Constantin (*1888): Familienbild.
In: Die Kunst im Deutschen Reich 2 (1938), S. 240.

117 Geschwisterbild aus der Familie Stahlknecht. Um 1850.
Focke Museum Bremen.

334 Geselschap, Eduard (1814–1878): Christkind. (Schabkunstblatt, scp. A. Martinet). Bomann-Museum Celle.

14 Grimm, Ludwig Emil (1790–1863): Frau Ewig, Kinderfrau im Hause Grimm, erzählt Märchen. Weihnachten 1829. Hessisches Staatsarchiv Marburg.

80 Grimm, Ludwig Emil (1790–1863): Schlafender Hirtenknabe. Brüder-Grimm-Museum Kassel

95 Grimm, Ludwig Emil (1790–1863): Carl Hassenpflug. 1829. Brüder-Grimm-Museum Kassel.

128 Grimm, Ludwig Emil (1790–1863): Der Lotte ihre Stube. Lotte Grimm im Haus am Wilhelmshöher Tor. 1820. Hessisches Staatsarchiv Marburg.

141 Grimm, Ludwig Emil (1790–1863): Drei Mädchen aus Goßfelden. Foto Marburg.

146 Grimm, Ludwig Emil (1790–1863): Präzeptor Joh. Georg Zinkhan. Brüder-Grimm-Museum Kassel.

314 Grimm, Ludwig Emil (1790–1863): Schlafendes Kind. Carl Hassenpflug 1829. Brüder-Grimm-Museum Kassel.

186 Grün, Jules Alexander (1868–?): Das Ende des Soupers.

101 Gudden, Rudolf (1863–1935): Holländische Spinnerei. Foto Marburg.

229 Günther, Otto (1838–1884): Tagelöhner in Thüringen. 1875. Museum Wiesbaden.

292 Halbritter, Kurt: Adolf Hitlers Mein Kampf. Gezeichnete Erinnerungen an eine große Zeit. München–Wien 1975.

320 Halbritter, Kurt: Fernsehfamilie. 1970.
In: Halbritters Halbwelt. Bärmeier & Nikel Verlag 1970.

27 Hansen, Wilhelm: Fachwerkgiebel aus dem Jahre 1612 in Bad Salzuflen, Lange Str. 33. Wilhelm Hansen: Fachwerkbau im Oberweserraum. In: Kunst und Kultur im Weserraum 800–1600. 1966, S. 308.

225 Hasenclever, Johann Peter (1810–1853): Spielende Kinder.

294 Die Hausfamilie. Blatt aus einer Dorfchronik der dreißiger Jahre.

291 Heartfield, John (1891–1968): Untertanen. Fotomontage 1929. Katalog zur Ausstellung der Neuen Gesellschaft für bildende Kunst. Berlin 1969/70.

97 Heine, Thomas Theodor (1867–1948): Schmücke dein Heim! Bilder aus dem Familienleben Nr. 19.

194 Heine, Thomas Theodor (1867–1948): Die Enthaltsamen.

160 Hendschel, Albert (1834–1883): An der Waschbütte. ca. 1880. Sammlung Weber-Kellermann.

69 Henry, Louise (1798–1839): Die Gärtnerfamilie Matthieu. Um 1820.

54 Hensel, Wilhelm (1794–1861): Bildnis Henriette Herz. 1823. Nationalgalerie Berlin.

106 Hensel, Wilhelm (1794–1861): Rahel Varnhagen, Karl Varnhagen von Ense. 1822. Nationalgalerie Berlin.

61 Herrlein, Johann Andreas (1720–1796): Vesperstunde im Bauernhaus. Städel Frankfurt/M.

340a Heydel, Paul (1854–1923): Der Striezelmarkt in Dresden. Illustrirte Zeitung, Leipzig, vom 20. XII. 1879.

342 Hiddemann, Friedrich Peter (1829–1892): Spiele unter dem Weihnachtsbaum.

150 Hillebrandt, Johann Heinrich (1804–?): Spielendes Mädchen der Familie von der Lieth. 1832. Kunsthalle Kiel.

262 Hochzeitsfoto! Unser Dorf- und Hausbuch. Anweisung zur Anlage einer Dorfchronik in den dreißiger Jahren.

257 Hochzeit des preußischen Kronprinzen Friedrich Wilhelm mit der Tochter Viktoria der Queen Viktoria. Kreidelithographie 1858. Sammlung Weber-Kellermann.

68 Ländliche Hochzeitsgesellschaft des 18. Jahrhunderts. Sammlung Weber-Kellermann.

263 Hochzeitszeitung von 1911. Sammlung Weber-Kellermann.

339 Hoffmann, Heinrich (1809–1894): Der Frankfurter Christkindchesmarkt. Um 1850.
Aus: König Nußknacker und der arme Reinhold.

340 Hoffmann, Heinrich (1809–1894): König Nußknacker.
Aus: König Nußknacker und der arme Reinhold.

32 Holbein d. J., Hans (1497–1543): Madonna des Bürgermeisters Meyer. Schloßmuseum Darmstadt.

41 Holbein d. J., Hans (1497–1543): Holbeins Sohn. Ausschnitt aus dem Gemälde der Gattin mit den ältesten Kindern. 1528. Öffentliche Kunstsammlung Basel.

147 Hosemann, Theodor (1807–1875): Eine unangenehme Bekanntschaft. 1842. Bildarchiv Preußischer Kulturbesitz.

357 Hosemann, Theodor (1807–1875): Een Dreier, det Schäfken. 1869.

102 Hübner, Carl Wilhelm (1814–1879): Die schlesischen Weber. 1844. Galerie Paffrath Düsseldorf.

159 Ihlée, Johann Eduard (1812–1885): Familienbild Schmitz-Eggener. 1850. Staatl. Kunstsammlungen Kassel.

181 Ingres, Jean A. (1780–1867): Familie mit Tochter am Klavier. 1818. Bildarchiv Preußischer Kulturbesitz.

189 Jacob, Julius (1842–1929): Der Wilhelmsplatz mit dem Hotel Kaiserhof. 1886. Berlin-Museum.

332 Jarslin: Das Nikolausfest. Holzschnitt des 19. Jahrhunderts.

232 Jessen, Carl Ludwig (1833–1917): Letzte Tröstung. Städt. Museum Flensburg.

361 Johansen, Viggo (1851–1935): Weihnachtsfeier in Dänemark. 1891. Hirschsprungsche Sammlung Kopenhagen.

43 Jordaens, Jacob (1593–1678): Wie die Alten sungen, so

zwitschern die Jungen. Bayer. Staatsgemäldesammlung München.

251 Kalckreuth, Leopold von (1855–1928): Kindertheater. Bayer. Staatsgemäldesammlung München.
168 Katalogseite »Puppen«. August Stukenbrok, Einbeck, 1912.
37 Keyser, Thomas de (1596–1667): Ausschnitt aus einem holländischen Familienporträt. Museum für bildende Kunst Budapest.
96 Kinder mit Spielzeug. Um 1800. Unbekannter Maler. Sammlung Weber-Kellermann.
207 Kinderarbeit im Arbeitssaal der Buntpapierfabrik Dessauer in Aschaffenburg. Staatsbibliothek Berlin St-B 736.
208 Kinder als Lagerplatzarbeiter. Maschinenbauanstalt von Maffei in Hirschau b. München. Um 1850.
Historia Photo Nr. 3841.
74 Kirn, G. M.: Lithographien aus dem Biedermeier. Der Zirkel- und Zeugschmied, seine Arbeitswelt und sein Werkzeug. Ein Bildkalender für das Jahr 1964.
113 Kleinenbroich, Wilhelm (1814–1895): Familie Bernards. 1837.
Historische Museen – Kölnisches Stadtmuseum.
255 Koch, Carl (1827–1905): Eine Arbeiterinnen-Versammlung. Illustrirte Zeitung, Leipzig, vom 8. 3. 1890, Abb. S. 146.
162 Koch, Friedrich Ferdinand (1863–1923): Die Wäscherinnen.
196 Koch-Gotha, Fritz (1877–1956): Autorität. 1909.
222 König, Gustav (1808–1869): Obdachlose Kinder fertigen im Arbeitshaus, in dem sie Asyl gefunden haben, Zigarrenkisten an. 1857 in Berlin. Staatsbibliothek Berlin.
157 Kolbe, Heinrich Christoph (1771–1836): Die Kinder Luise und Etienne Kolbe. Foto Marburg.
195 Kollwitz, Käthe (1867–1945): Spendenpostkarte zur Linderung der Berliner Wohnungsnot. 1912.
161 Kraus, Friedrich (1826–1894): Die Wäscherin. Foto Marburg.
248 Kraus, Friedrich (1826–1894): Nicht angetroffen! DU. November 1970, S. 793.
79 Kraus, Georg Melchior (1737–1806): Ländliche Mahlzeit. Städelsches Kunstinstitut Frankfurt/Main.
134 Kraus, Georg Melchior (1737–1806): Christoph Martin Wieland mit seiner Familie. 1775. Foto Marburg.
103 Krevel, Ludwig (1801–1876): Unternehmerpaar.
6 Wie Kriemhild zu Etzel geführt wurde.
Aus der Hundeshagenschen Handschrift des Nibelungenliedes, Bl. 16, um 1440. Berliner Staatsbibliothek.

183 Kugler, Georg (1840–1913): Familienszene. 1894.

18 Der Landesvater. Stammbuchblatt. 1765.
Städtisches Museum Göttingen.

237 Lansinck, J. W. (17. Jahrhundert): Das geschlachtete Schwein. Staatl. Museen zu Berlin.
250 Lehrbuch der Weltgeschichte für Töchterschulen. Hrsg. Friedrich Noesselt. Titelblatt der 6. Auflage. Breslau 1858.
295 Lenz, Karl (1898–1948): Braut aus Mardorf in Hessen. 1936. Landratsamt Marburg.
56 Liebermann, Max (1847–1935): Sitzender Schusterjunge. 1880. Staatl. Museen Berlin, Kupferstichkabinett.
91 Liebermann, Max (1847–1935): Das Tischgebet. 1884.
100 Liebermann, Max (1847–1935): Der Weber. Städel. Frankfurt/M. Foto Marburg.
252 Liebermann, Max (1847–1935): Leseunterricht. Nationalgalerie Berlin.
220 Limmer, Emil (1854–1931): Arbeiterkundgebung am 1. Mai in Dresden. Illustrirte Zeitung, Leipzig, vom 10. 5. 1890, S. 205.
188 Limmer, Emil (1854–1931): Im Dienstbotenvermittlungsbüro. 1889.
297 Lobisser, Switbert: Feldpost.
In: Die Kunst im Deutschen Reich. 5 (1941), S. 320.
202 Loeffler, Ludwig (1819–1876): Barackenstadt von Berlin. Um 1875. Ullstein Bilderdienst Berlin.
348 Lüders, Hermann (1836–1908): Weihnachtsabend im kaiserlichen Palais Berlin. Illustrirte Zeitung, Leipzig, vom 22. 12. 1877.

55 Magnus, Eduard (1799–1872): Die Familie des Bankiers Freiherr von Magnus. Um 1845.
22 Manessische Handschrift 1300–1340: Ritter mit Bauernmädchen.
104 Maschinensaal einer Baumwollspinnerei. Um 1830.
138 Matthieu, Georg David (1737–1778): Prinzessin Sophie Friederike und Prinz Friedrich Franz I. von Mecklenburg. Foto Marburg.
346 Meier, Ludwig: Weihnachtsstube. Aus W. Harnisch: Der Himmelsgarten. Breslau 1824
58 Meister, deutsche: Bildnis eines Offiziers und seiner Gattin. Um 1640. Gemäldegalerie Berlin.
52 Meister, E.S.: Mädchen mit Blume. Oberrhein um 1470. Städel Frankfurt/M.
35 Meister, Nürnbergische, Stiftergruppe, Unterteil des Strosmer-Epitaphs. Um 1540. Germanisches Nationalmuseum Nürnberg.
29 Meister, schwäbischer: Bildnis eines Mannes mit Sohn. 1525. Städel Frankfurt/M.
71 Meister, Simon (1796–1844): Die Familie Werbrun. Wallraf-Richartz-Museum und Museum Ludwig, Köln.
110 Meister, Simon (1796–1844): Familie Tillmann. 1832. Kunstmuseum Düsseldorf.
278 Mense, Carlo (1886–1965): Familienbild. 1918. Falkenhof-Museum Rheine.
284 Mense, Carlo (1886–1965): Mutter mit Kindern. 1925. Marburger Universitätsmuseum.

317 Werbeseite: Familie.
318 Werbeseite für Waschmittel.
In: Familienbilder. Eine Ausstellung für Schüler, Lehrer, Eltern. 1974, S. 32 f.
309 Wieder eine schlechte Osterzensur. Gartenlaube 1873.
92 Winter, Bernhard (* 1871): Familie beim Essen im »Siddelsch«.
239 Winter, Bernhard (*1871): In der Leutekammer. Süderdithmarschen 1913. Ernst Schlee: Schleswig-Holst. Volksleben in alten Bildern. Flensburg 1963, Abb. 49 und 50.
184 Woodville, Richard Caton (1856–1926): Drei Generationen. 1887. Das Buch für Alle, Heft 22.
351/353 Weihnachtsmann und Wunschzettel an den Weihnachtsmann, Berlin 1955.
Sammlung Weber-Kellermann.

136/137 Zick, Januarius (1732–1797): Familienbild. 1771.
Foto Marburg.
98 Zille, Heinrich (1858–1929): Berliner Dienstmädchen.
Titelblatt für »Kubinke« von Georg Hermann.

170 Zille, Heinrich (1858–1929): Vor dem Spielzeugladen.
191 Zille, Heinrich (1858–1929): Spreewälder Amme.
210 Zille, Heinrich (1858–1929): Schwangere Frau.
211 Zille, Heinrich (1858–1929): Mädchenbild.
212 Zille, Heinrich (1858–1929): Zwei Arbeiterfrauen.
Foto. Sämtlich: Katalog der Ausstellung im Haus am Lützowplatz, Berlin 1968.
221 Zille, Heinrich (1858–1929): Sozialist geht zur Parade.
Galerie Matthiesen Berlin.
224 Zille, Heinrich (1858–1929): Heimarbeit in der Puppenherstellung.
In: Otto Nagel: Heinrich Zille. Berlin 1962, S. 94.
258 Zille, Heinrich (1858–1929): Berliner Kinder spielen Hochzeit.
300 Zille, Heinrich (1858–1929): Das Eiserne Kreuz. 1916.
Katalog der Ausstellung im Haus am Lützowplatz, Berlin 1968.

Personen- und Sachregister

Die Kindheit

Kleidung und Wohnen · Arbeit und Spiel
Eine Kulturgeschichte von Ingeborg Weber-Kellermann
288 Seiten. Mit zahlreichen, zum Teil farbigen Abbildungen

»Zunächst kommt man gar nicht dazu, in diesem Buche zu lesen, so faszinierend ist die vielfältige Erscheinung der Kinderwelt auf den Bildern der unterschiedlichen Epochen, auf ihren Gemälden und graphischen Blättern, auf den Bilderbögen und Fotografien, die vom Sammlerfleiß der Autorin, von ihrem Gespür für treffende Bildsprache, für den repräsentativen Gegenstand und die äußeren Zeichen eines historischen Prozesses reichliche Belege bieten«, so schreibt Gert Ueding.

Seit dem aufsehenerregenden Werk des französischen Kunsthistorikers Philippe Ariès, *Geschichte der Kindheit,* ist das Thema »Kindheit« in Deutschland modern. Es stellte sich erschreckend heraus, daß die Kinder als Gruppe der Gesellschaft bisher nicht erkannt, nicht wissenschaftlich ausreichend erfaßt worden sind oder daß man sie nicht anders sah als in ihrer rührenden Abhängigkeit und ihrem Sozialisationsbedürfnis. Mit dem vorliegenden Buch wird nun ein neues Stück des immer noch weitgehend unerforschten Geländes Kindheit entdeckt.

Vier Bereiche der Kinderkultur stehen im Mittelpunkt der Darstellung: Kleidung und Wohnen, Arbeit und Spiel. Mit einem überreichen Bildmaterial und neuerschlossenen Texten aus Autobiographien informiert die Verfasserin nicht nur zuverlässig im Sinne traditioneller Kulturgeschichte über die genannten Stoffe der Kinderkultur seit dem 16./17. Jahrhundert. Über die Beschreibung der Details hinaus weist sie auf den Zeichenwert der Dinge hin und deutet ihn im Hinblick auf seine Rolle in der Gesellschaft.

In vielen Einzelheiten äußert sich das Phänomen Kindheit, und es ist spannend, den Wandel seiner Zeichen zu verfolgen: Knaben in Mädchenkleidern und Mädchen in langen Wäschehöschen, Gehschule und Fallhut, Vogelspiel und Puppendame, Barfüßigkeit und Stiefelluxus, Matrosenanzug und Schülermütze, Wiege und Gitterbett, Puppenhaus und Heimarbeit, spielende und arbeitende Kinder, Zinnsoldat und Teddybär, Lederhose und Jeans – das sind nur einige der Themen, deren Gegenstände hier beschrieben und analysiert werden.

Ihre Befragung und Ausdeutung ergibt eine Fülle von Aufschlüssen über die Dauer der Kindheit, des Hätschel- und des Lernalters in den verschiedenen Epochen und sozialen Schichten. Worin zeigt sich das Ende der Kindheit? Wie sehen die Erwachsenen den Wert von Kindern, die Bedeutung von Kindheit? Wie schätzen die Kinder selbst ihren Status ein? Diese Fragen werden zu beantworten versucht, soweit das Material und die angewandten Methoden solche Überlegungen erlauben. Daß vieles offenbleibt und nur ein paar Schritte auf neuem Gelände gemacht worden sind, ist der Verfasserin wohl bewußt. »Kindheit« wird in diesem Buch erklärt als ein Status, der den wechselnden dynamischen Prozessen der Gesellschaft zugeordnet ist. Die bunten und auch grauen Zeichen der Kinderkultur sind die Marken am Wege; sie sprechen eine eigene Sprache, deren Vokabeln man lernen kann zu verstehen.

Das Buch wird Kulturgeschichtler, Volkskundler, Lehrer und Erziehungswissenschaftler interessieren, aber auch Soziologen und Kunsthistoriker, die hier neue Anregungen für die Entzifferung der Bildsprache erhalten. Es ist gut lesbar geschrieben, so daß auch Nichtwissenschaftler Zugang zu Problemen darin finden, die sie beschäftigen. Mancher wird sich an seine eigenen kindlichen Kleidungssorgen erinnern und über den Bildern und Texten anknüpfend weiterdenken. Viele werden auch einfach die vielfältigen und anregend geordneten Illustrationen genießen und mit den Familienbildern persönliche Erlebnisse verbinden.